KB161382

일본/이데올로기/
日本/イデオロギイ/

SHINPEN NIHON IDEOLOGY - TAKEUCHI YOSHIMI HYÔRONSHÛ
DAINIKAN

by Yoshimi TAKEUCHI

First published in 1971 in Japan by CHIKUMASHOBO LTD.
Korean translation rights arranged with Hiroko TAKEUCHI
through Japan Foreign-Rights Centre / Shinwon Agency Co.

일본 이데올로기

다케우치 요시미 지음 | 윤여일 옮김

2017년 1월 26일 초판 1쇄 발행

펴낸이 한철희 | 펴낸곳 돌베개 | 등록 1979년 8월 25일 제406-2003-000018호
주소 (10881) 경기도 파주시 회동길 77-20 (문발동)
전화 (031) 955-5020 | 팩스 (031) 955-5050
홈페이지 www.dolbegae.co.kr | 전자우편 book@dolbegae.co.kr
블로그 imdol79.blog.me | 트위터 @Dolbegae79

주간 김수한
편집 최혜리
표지디자인 김동신 | 본문디자인 이은정·이연경
마케팅 심찬식·고운성·조원형 | 제작·관리 윤국중·이수민
인쇄·제본 한영문화사

ISBN 978-89-7199-799-4 (03040)

이 도서의 국립중앙도서관 출판예정도서목록(CIP)은 서지정보유통지원시스템 홈페이지(http://seoji.
nl.go.kr)와 국가자료공동목록시스템(http://www.nl.go.kr/kolisnet)에서 이용하실 수 있습니다.(CIP제
어번호: CIP2017001299)

책값은 뒤표지에 있습니다.

일본/이데올로기/
日本/イデオロギイ/

다케우치/요시미/
竹内 好/윤여일

돌베개

다케우치 요시미
1910~1977

차 례

I

지도자 의식에 대하여

최근 나는 전쟁 중에 나온 "쳐부수자" "미영 격멸" 투의 『후지』富士
(현재의 『킹』)나 『주부의 친구』 등 낡은 잡지를 전차 같은 데서 여념
없이 읽고 있는 젊은 여성 등을 자주 본다. 유행하는 '결혼 잡지'
'연애 잡지'나 '범죄 잡지'는 살 돈이 없으니, 책장에서 그런 수상한
시대물을 꺼내서는 차 안에서 유심히 탐독하는 것일 게다. 세탁했
어야 할 더러운 옷가지를 그대로 몸에 다시 걸치는 바람에 이〔蝨〕
를 배양하여 발진티푸스의 발생을 돕듯이, 잊히려 하는 군국풍, 도
조*풍에 대한 재탕과 윤색이 이루어지고 있지 않다고 누가 장담할
수 있겠는가. 정말이지 위험한 노릇이다. 마쓰모토 마사오, 「에로그로 추방」,
『문화 타임즈』 1947년 12월 8일 호

여기까지 읽으면 마쓰모토 마사오**는 "책장에서 그런 수상한 시대물을

---

*   도조 히데키東條英機(1884~1948)를 가리킨다. 강경파 군인이자 정치가로서 1941년부터
     3년간 총리를 지내는 등 일본 제국의 수뇌부에서 중일전쟁과 태평양전쟁 등을 일으키고
     일본의 군사국가화를 주도했다. 패전 후 대표적인 A급 전범으로서 체포되어 처형당했다.

** 마쓰모토 마사오松本正雄 1901~1976. 평론가이자 영문학자. 1927년 헤이본샤平凡社에
     입사해 『신흥문학전집』을 편집하면서 프롤레타리아문학운동에 가까워졌다. 이후 일본
     프롤레타리아작가동맹에 참가하고 미국 문학을 소개하며 『프롤레타리아 영어 입문』 등
     을 썼다. 전후에는 일본민주주의문화연맹의 창설에 참여하고 일본저널리스트회의의 부

꺼내"는 것을 반대하고, "유행하는 '결혼 잡지' '연애 잡지'나 '범죄 잡지'" 사는 건 장려하거나 묵인하고, 다만 그것들을 "살 돈"도 없는 "젊은 여성 등"을 동정하는 것처럼 보이지만 전체 의미는 그렇지 않다. 마쓰모토는 어느 쪽이든 다 반대한다. 애초 이 글은 "젊은 여성 등"에게 충고하려고 쓴 게 아니다. '출판 시평'으로 썼으니 출판 관계자가 읽게 할 목적이었을 것이다. 결론을 보면 확실히 알 수 있다.

> 비문화적 반민주적 악덕 출판의 도량跳梁으로부터 소박한 독자를 보호하기 위해 민주적 저술가들과 출판인들이 인민적 양서 보급 투쟁을 강력히 수행할 것을 나는 간절히 요망한다.

마쓰모토가 "간절히 요망"하는 것은 지당하며, "소박한 독자"의 한 명인 나 혹은 "민주적 저술가"의 한 사람이고픈 나도 결론만을 두고 말하자면 이론이 없다. 나는 소박한 독자를 보호할 생각이 없으며 독자로서 보호받고 싶지도 않지만, 그럼에도 '에로그로'*를 추방하고 싶다는 마쓰모토의 주관적 희망에는 공감하며 힘이 닿는 대로 역할을 하고는 싶다. 그러나 그 희망을 말하기 위해 상관도 없는 "젊은 여성 등"을 끌어오는 방식과 마쓰모토가 내놓은 판단, 분석, 대책 모두를 나는 납득할 수 없다.

그것을 하나하나 물고 늘어지자면 이야기가 길어질 테니 그냥 넘어가겠다. 어쨌든 마쓰모토의 이 글을 보면 주관적 기분(그건 공상적이다)만큼은 알겠지만 무엇을 어찌하라는 혹은 하지 말라는 것인지, 무엇을

의장을 맡았다. 『미국문학사론』, 『과거와 기억』 등의 저서를 남겼다.

* 에로그로エログロ 색정적이고 엽기적이라는 뜻인 Erotic Grotesque의 축약어로, 쇼와 초기의 퇴폐적 사회 풍조를 가리키는 유행어였다.

하겠다는 혹은 하지 않겠다는 것인지, 그 가장 중요한 대목은 알아볼 수 없게끔 쓰여 있다. 그런 단정을 내리지 않을 셈이라면 그런 대로 넘어갈 일이지만, 글에서 받는 느낌상 마쓰모토는 매우 분명히 단정을 내리는 것 같은데, 그 '분명히'가 구름 잡는 듯한 '분명히'라 도무지 무얼 말하려는지를 알 수 없어 나는 불안하고 초조해진다. 예를 들어 다음 구절 같은 것이 그렇다.

> 지금부터 수십 년 뒤 오늘의 출판계를 되돌아볼 때, 올바르게 사용되었더라면 패전 후 일본의 민주화를 촉진하고 따라서 일본 민중의 행복을 얼마간 앞당겼을 중요한 문화 재료가, 거꾸로 그 행복을 늦추고 부패시키는 에로그로적 퇴폐 풍조를 만연하게 하는 데 얼마나 다량으로 사용되었는지를 깨닫고 아마도 사람들은 몹시 후회하리라.

마쓰모토가 "몹시 후회하리"라며 경고하는 "사람들"이란 누구인가? 마쓰모토는 누구를 향해 "사람들"이라 하며 호소하고 있는가? 그건 나인가, 마쓰모토 자신인가, 아니면 양쪽 모두인가?(그 외의 상대는 논리적으로 생각할 수 없다.) 글만 가지고서는 판단하기가 어렵다. 그 대목을 판단할 수 없도록 글이 쓰였다면, 나로서는 글의 성립 조건을 갖추지 못했다고 생각할 수밖에 없다. 즉 글이 아닌 것이다.

무의미한 글이 세상에는 없지 않다. 가령 관료의 글이 그렇다. 학자가 써내는 글도 태반이 그렇다. 문학자라고 해서 다를 바 없다. 그리고 그 상태가 현재 일본에서 특히 눈에 밟힌다. 일반적으로 말해 문장의 관료화라는 현상을 인정해야지 싶다. 필시 거기에는 사회적, 심리적 배경이 있으리라. 일본 문화의 구조와 닿아 있는 문제인 것이다. 따라서 그 문제를 파고들어도 궁극의 지점에 다다를 것이다. 바로 전쟁이다. 전쟁의 영향을 고려하지 않고는, 특히 오늘날처럼 심각한 문장의 관료화 경향을 설명할 수 없을 것이다. 그러나 문장론에서부터 살펴 나가는 것은 지금 나의 주제가 아니니 다음 기회로 미뤄 두겠다.

마쓰모토의 (주관적인) 선의는 의심하지 않는다. 그가 좋은 사람이란 건 의심의 여지가 없다. 예를 들어 마쓰모토가 "그저 어이가 없을 뿐이었다"던 '오사다 씨와 모 유행 작가의 대담'을 두고 비평한 다음 대목을 보면 매력적인 데다가 개성적이기까지 하다.

> 어떤 내부적 혹은 외부적 사정이 있었는지 모르겠으나 문제의 그녀와 대담해 의도치 않게 자신을 잡지사의 먹이로 내준 그 유행작가도 꽤나 등신이라 생각했다.

이런 문장을 써내는 사람에게 싫은 소리를 하기란 괴롭다. 좋은 사람이라는 것은 그 자체로는 미덕이라고 생각한다. 이것은 결코 관료의 문장 같은 게 아니다. 거의 반대의 것이다. 인간으로서의 마쓰모토를 나는 사랑한다. 나로서는 범접하기 어려운 장점을 갖고 있다. 그것은 관료적이지 않다는 점이다. 그러나 다른 각도에서 말하자면, 관료적이지 않은 만큼 관료에게 속기 십상이다. 결핵은 농촌을 범한다. 아이는 어른보다 어른적이다. 관료는 관료라서 악이라기보다 민중을 관료화하기에 최대의 악이다. 그리고 민중은 민중이기에 관료화된다. "인민은 언제나 자신들의 피로 권력자의 손을 씻는다"고 루쉰은 말했다. "폭군의 신민은 폭군보다 억압적"이라고도 말했다. 마쓰모토의 장점은 동시에 그의 단점이다. 마쓰모토는 자신이 비마쓰모토적이라는 걸 알아차리지 못할 만큼 마쓰모토적이다. 내가 판단하건대 그건 지도자 의식 탓이다. 본래 마쓰모토적이어야 할 마쓰모토가 지도자 의식에 가려져 비마쓰모토적이 되었다. 마쓰모토는 관료가 아니며 관료 되기를 거부하지만, 그가 드러나는 방식은 관료적이다. 그리고 나는 일본에서는 그리되지 않을 수 없구나, 하는 기분이다. 일본에서는 관료 되기를 반대하려면 스스로 관료가 되지 않을 수 없는 것인가. 그러니까, 마쓰모토가 문부대신 같은 말투로 말하는 건 이상한 노릇이지만 실은 일본적이다.

"그 유행작가도 꽤나 등신이라 생각했다"는 문장을 쓰는 사람을 그 "꽤나 등신"인 "유행작가"와 함께 미워할 마음은 생기지 않는다. 그는 사랑해야 할 민중의 한 사람이다. 마쓰모토가 "꽤나 등신"이라 여긴 "유행작가"와 그 작가를 등신이라고 "생각했던" 마쓰모토는 다른 존재가 아니다. 그 마쓰모토가 "어떤 내부적 혹은 외부적 사정이 있었는지" 마쓰모토는 "모르"겠지만 "몹시 후회할" 일을 "사람들"에게 경고하니 이것은 밖에서 보면 희극이고, 마쓰모토 및 마쓰모토가 "보호"해 주는 "소박한 독자"에게는 비극이다. 그리고 마쓰모토 자신이 그 비극성을 깨닫지 못하는 것 또한 희극이다.

만약 마쓰모토에게 "소박한 독자를 보호"하는 기분, 즉 지도자 의식이 없었다면 그는 마쓰모토일 수 있었으리라. 시나리오대로 움직여 작자를 기쁘게 하지는 않았으리라. 그저 "그 유행작가도 꽤나 등신이라 생각"하는 것으로 족할 뿐 그 이상으로 재주를 부려 세상에 나올 필요는 없었다. 마쓰모토가 '에로그로'를 싫어한다면 싫어한다고 말하는 걸로 족했다. 민중이 '에로그로'를 좋아하는 게 못마땅하다면 마음에 들지 않는다고 말하면 그만이다. 마쓰모토와 민중 사이의 동질의 끈을 끊은 것은 지도자 의식이다. 지도자 의식은 아무래도 가치를 거짓으로 꾸며 내기 마련이니 현실이 이중이 된다. 있는 민중과 있어야 할 민중을 나눈다. 정직한 마쓰모토가 부정직해진다. 실은 민중은 '에로그로'를 싫어하지만 '에로그로' 이상으로 "보호"받기도 싫어하며 "보호"로부터 자신을 "보호"하고자 싫어하는 '에로그로'를 좋아할 수밖에 없는 게 아닐까 싶다. 좋은 예가 마쓰모토가 언급한 "젊은 여성 등"의 경우다.

애초 지도자라는 게 원래부터 악인지 어떤지 나는 아직 모르겠다. 지도자도 종류가 여럿일 것이다. 나치의 총통과 데모크라시의 지도자는 다를 것이다. 일본의 지도자 또한 다르다. 일본의 관료가 비스마르크나 차르나 대청 제국의 관료와 다르듯 일본의 지도자에게는 분명 일본 특유의 무엇이 있다. 그 전형이 일본 문화의 첨병인 과거 군대였다. 나는 군대를 겪어 봐서 아는데 군대에서는 모든 게 이중적이다. 예를 들어 실제 전투와 기록된 전투(이게 진정한 전투이며 따라서 책임은 여기서만 발생한다)는 다르다. 나는 관료나 정치가가 거짓말하는 것처럼 보여도 실은 거짓말하는 게 아니라는 것, 그들은 가공의(따라서 실제의) 책임에 충실할 뿐임을 군대를 겪으며 이해했다. 일본의 문학자가 우수하면 우수할수록 타락하는(타락을 거부하면 패배한다) 이유도 잘 알게 되었다. 군대를 보고 있노라면 위계라는 일본 문화의 구조를 실로 잘 알 수 있다. 일본 문화는 위계의 정점을 향하는 움직임 속에서 각 순간마다 지도자가 튀어나오도록 짜여 있다. 일본인은 지도받든지, 그게 싫으면 스스로 지도자가 되어야 한다. 그렇지 않고서는 살아갈 방도가 없다. 오히려 지도자가 동시에 피지도자이며 피지도자는 동시에 지도자인 식으로 눈에 보이지 않는 실이 수직으로 이어져 있다. 「링컨」이라는 영화에 등장하는, 인민 가운데서 태어나는 지도자는 일본에서는 태어나지 않으며 태어날 근거도 없다.

일본 자본주의의 지도자들은 뒤처진 일본의 자본주의를 세계 수준으로 끌어올리려고 노력했다. 일본 문화의 대표 선수들은 일본 문화를 세계 문화로 이끌었다. 어찌 되었건 그들의 노력은 성공했다. 그리고 그 성공이 일본의 문화적 구조와 일본인의 심리적 경향을 결정했다. 일고—高-제대帝大-고문高文*이라는 교육 코스와 거기에 수반되는 일본적 입신출세의 교육 정신이 곳곳에서 수직으로 관철되었다. 그리고 피라미드의 정점에서 세계기록을 달성하는 것이 선수들 개인의 욕구로서라기보다 국민적 욕구로서 자리 잡았다. 나는 이것이 지도자 의식이 발생하는 지반이라고 본다. 그리고 일본에서는 해방운동조차 인민 사이에서 부정의 운동으로서 일어나는 게 아니라, 반대로 인민을 질질 끌고 가는 방향으로, 해방운동의 세계적 수준을 따라잡는다는 방향으로, 피라미드의 정점을 넓혀 가는 방식으로 일고-제대 출신들이 주도한다. 오히려 본래 부정의 계기를 품고 있던 것들이 일본 문화의 구조 속에서 형태가 뒤틀렸다고 봐도 좋을 것이다. 좋은 사례가 메이지의 자유민권운동과 다이쇼의 좌익운동이다. 자유민권은 대륙 침략의 선두로 탈바꿈했고, 다이쇼부터 쇼와 시대에 걸친 좌익운동은 이른바 신관료를 형성해 이번 전쟁을 강력하게 밀어붙였다. 일본에서는 해방운동마저 올림픽 경기를 닮는다. 그건 해방운동 지도자들의 의식에서 잘 드러나며, 내가 문제 삼는 마쓰모토도 대표선수 가운데 한 명이다.

일본 문화의 구조가 이렇게 굳어진 것은 시기로 말하자면 메이지 10년**이 아닐까 싶다. 메이지유신의 혁명이 반혁명에 맞서 승리를 거뒀던 때, 즉 반혁명을 압살함으로써 그 자체가 반혁명이 되어 가는 방향으로 혁명에 성공했을 때다. 메이지유신은 혁명으로서 성공했기에 실패

---

* 제일고등학교(제국대학의 예비과정)-제국대학-고등문관시험으로 이어지던 일본의 엘리트 양성 과정을 말한다.

** 메이지 10년, 즉 1877년에는 세이난西南전쟁이 있었다. 사이고 다카모리가 주도해 사쓰마번 무사들이 무력반란을 일으켰고, 메이지 신정부가 군대를 동원해 이를 진압했다. 메이지 신정부에 대한 최대이자 최후의 반란으로 평가받는다.

했다. 신해혁명이 혁명으로서 실패했기에 혁명의 원동력을 잃지 않았던 것과는 대조적이다. 진보주의자들은 일본에서 부르주아혁명이 성공한 것은 그만한 물질적 기반이 있었기 때문이라고 설명한다. 나는 그 말을 믿을 수 없다. 그런 논의를 들고 나오는 정신이야말로 역시 일본 문화의 구조에서 나왔다고 생각한다. 즉 일고-제대형의, 지도자형의 사고다.

일본에는 러시아나 중국에서 드러났던 야만스러운 아시아적 저항이 없었다. 즉 반동의 힘이 약했다. 반동이 약했기에, 그래서 혁명이 반혁명의 방향에서 성공했던 것이라고 나는 생각한다. 왜 저항이 약했는가는 일본 문화의 구조와 닿아 있는 물음이며, 역사적으로 형성된 일본인의 노예근성과 연관된다고 생각한다. 거기에는 물질적 기반이 있을 것이다. 그러나 진보주의자가 말하는 것처럼 직접적이고 일방적인 관계는 아닐 것이다. 정신과 물질을 직접적이고 일방적으로 연관 지으려는 것은 칭찬받고 싶어하는 일본식 지도자 심리의 반영으로, 결국은 노예근성을 뒤집은 게 아닐까 생각한다.

일본의 진보주의자들은 진보를 믿는다. 그러나 그 진보란 진보라는 관념이지 유럽의 진보가 아니며 루쉰이 말하는 '인류의 진보'도 아니다. 루쉰의 진보는 절망을 매개로 하지만, 일본의 진보는 그림자가 없는 관념이다. 가토 히로유키*가 작성한 전향성명의 전통으로부터 나온 진보다. 진보주의는 일본 이데올로기의 중요한 특징 가운데 하나이지 싶은

---

* 　가토 히로유키加藤弘之 1836~1916. 작가이자 정치학자. 19세기 근대 일본에서 서구 사상을 도입하는 데 주력했으며 메이지유신 이후 신정부 초기의 정책 구상에서도 큰 역할을 맡았다. 1874년에 『국체신론』國體新論을 저술해 유럽의 정체·민주주의·인권 등에 대한 이론을 일본에 소개했다. 그러나 1880년 무렵 자유민권운동이 일어나자 입장을 전환해 프로이센이 그러하듯 국가의 부강에 민주주의가 반드시 필요한 것은 아니라며 의회 개설이 시기상조라고 주장했다. 1889년에는 그의 『인권신설』人權新說에 기초해 프로이센을 모델로 한 헌법이 발포되었다.

데, 그것은 부정의 계기를 머금지 않은 진보주의, 즉 노예적 일본 문화의 구조에 올라타고는 안심하는 진보주의. 메이지의 정부는 반란자 사이고 다카모리**를 원훈元勳으로 제사 지낼 만큼 개명開明이었다. 그러나 그로 인해 사이고는 인민적으로는 살해당했다. 이 관용의 정신은 타락한 형태로 아마카스 사건***이나 5·15사건****으로 흘러들었다. 일본의 진보주의자는 그러한 개명주의가 편안할 것 같으니 지배자와 하나가 되어 반동을 공격하고 인민에게 혁명을 설파하지만, 반혁명 속에서 혁명의 계기를 움켜쥔다는 건 생각해 보지도 못하고 지배자에게 협력했다. 그들은 인민을 조직하려고 분주했지만 실은 인민을 자기 명령에 따르게 만들려 했다. 권위를 갈아 끼웠을 뿐이다. '에로그로' 속에서 저항의 계기를 움켜쥐는 게 아니라 그걸 금지하고 대신 위에서 '민주주의'를 내리눌렀을 뿐이다. 그리하여 '에로그로'에 물든 "소박한 독자"의 요구는 "보호"당한다. 그 금지명령의 절대권위에 따르지 않으면 "비문화적 반민주적"이란 소리를 들으니 "소박한 독자"는 '에로그로'를 읽으려면 떳떳지 못하여 진보주의자의 눈을 피해 몰래 읽어야 한다. 일본에 인민의 지도

** **사이고 다카모리**西鄕隆盛 1827~1877. 무사이자 정치가. 메이지유신의 중심인물로 도쿠가와 막부 시대를 종결하고 천황 중심의 왕정복고를 성공시키는 데 결정적 역할을 했다. 1873년 정한론을 주장했다가 실각하고 1877년에 세이난전쟁을 일으켰으나 실패하여 스스로 목숨을 끊었다.

*** **아마카스 사건** 1923년 9월 1일의 간토대지진으로 야기된 혼란을 틈타 9월 16일 도쿄헌병대 분대장이었던 아마카스 마사히코甘粕正彦가 아나키스트인 오스기 사카에大杉榮와 그의 아내 이토 노에伊藤野枝, 그리고 일곱 살이었던 그들의 조카 다치바나 소이치橘宗一를 헌병대 본부로 강제연행한 뒤 취조 끝에 살해해 시체를 우물에 유기한 사건이다. 아마카스의 단독 범행으로 처리되어 아마카스는 10년 형을 받았고 헌병과 육군의 책임은 추궁되지 않았다.

**** **5·15사건** 1932년 5월 15일 무장한 일본 해군 급진파 청년 장교들이 수상 관저로 난입해 당시 호헌운동의 기수 격이던 이누카이 쓰요시犬養毅 수상을 암살한 사건이다. 이로 인해 전전의 일본 정당정치는 쇠퇴일로를 걷게 된다.

자는 있을지 몰라도 모든 저항의 계기를 활용한 루쉰 같은 '인민의 문학자'는 없는 것이다.

나는 마쓰모토를 거론했는데, 그건 마쓰모토의 사회적 지위(민주주의문화연맹 이사장) 때문만이 아니라 일본식 지도자의 모습이 그에게서 매우 전형적으로 드러나기 때문이기도 하다. 마쓰모토는 본디 지도자에는 어울리지 않는 인간이라고 생각한다. 어울리지 않는 인간이 오히려 어울리지 않아서 만점 지도자가 된다는 점이 참으로 일본적이라 생각한다. 나치 총통이라면 이렇게 될 수 없으리라. 마쓰모토 같은 사람은 인민위원장이나 대통령으로서도 실격이다. 그러나 일본에서는 인간적으로 미워할 수 없는 호인이라면 지도자가 되는 게 어렵지 않다. 이런 예를 군대에서 많이 봤다. 따라서 이는 역시 일본 문화의 구조에서 비롯한다고밖에 할 수 없다. 즉 민중이 지도자를 요구하는 것이다. 지도자 의식의 뿌리는 민중에게 있다. 지도-피지도 외에는 인간관계가 없는 것이다. 자신이 일고-제대에 가든지, 그게 아니면 일고-제대에 콤플렉스를 갖든지 둘 중 하나다. 제3의 길은 없다. 노예이든지 아니면 노예의 주인이든지다. "주인이 되어 모든 사람을 노예로 부리다가도 주인을 모시게 되면 노예로 자처한다. 이것은 천경지의天經地義, 변할 수 없는 진리다."(루쉰, 「속담」)

처음에 나온 "젊은 여성 등"의 문제로 돌아가자.

나는 지도자 의식의 모범적 사례를 제시할 작정으로 이 인용구를 처음에 꺼냈다. '에로그로 추방'과 논리적으로 이어지지 않는 '군국풍 추방'(그 효과는 차치하고)을 억지로 결부짓는 방식은 마쓰모토의 정신이 산만해서 저지른 구성상의 결함일 텐데, 그걸 덮어 두더라도 그런 방식을 가능케 한 심리적 지지대는 역시 지도자 의식이라고 생각한다. '에로그로'도 안 되지만 '군국풍'도 곤란하다. 그러므로 그것을 배격해야만

편파에서 벗어나는 기분, 그런 기분 때문에 배격을 하려니 '배격'이라고 종이 위에 적어야 하고, 그로써 자기 책임은 다했다는 식의 관리근성—그러나 그런 일반적인 것을 지금 문제 삼지는 않겠다. 구체적인 "젊은 여성 등"만을 들기로 하자.

마쓰모토는 "전차 같은 데"서 실제로 본 "젊은 여성 등"을 거론하고 있다. 나는 "자주 본" 적이 없지만, 이 점은 마쓰모토의 관찰력을 존중해 실제로 봤다고 인정하겠다. 그 "젊은 여성 등"이 '에로그로'를 살 돈이 없어서 "수상한 시대물을 꺼냈"다는 건 마쓰모토의 상상일 것이다. 그 때문에 "군국풍, 도조풍에 대한 재탕과 윤색이 이루어지고 있다"는 것은 마쓰모토의 판단이다.("…지 않다고 누가 장담할 수 있겠는가"라 하긴 했지만, "…라고 나는 장담한다"를 학자풍으로 바꿔 쓴 것일 뿐이다.) "정말이지 위험한 노릇이다"라는 영탄은 지도자가 조심성 없이 드러낸 속내로서 마쓰모토의 사람 좋음을 보여 주는 외에 별 뜻은 없다고 생각한다.

여기서 "젊은 여성 등"이 돈이 없어서, 라는 마쓰모토의 가정은 흥미롭다. 돈이 있으면 '에로그로' 사는 것을 암묵적으로 인정하겠다는 셈이기 때문이다. 나도 '에로그로'를 사지 않는다. 하지만 돈이 없어서가 아니라(돈이 없기도 하지만) 내가 젊지 않아서다. 나도 젊은 시절에는 『호색일대남』好色一代男의 지워진 구절을 상상하며 읽으러 도서관에 다녔다. 따라서 '에로그로' 사는 청년을 그런 걸 샀다는 이유로 비난할 마음은 없다. 내가 만일 젊다면 마쓰모토의 "보호"의 시선을 피해 '에로그로'를 살 것이다. 그 증거로 '보호'를 하면 할수록 '에로그로' 잡지는 판매량이 늘고 있다.

'에로그로'를 사지 않는 나도 "수상한 시대물"은 돈 주고 사는 일이 있다. 따라서 마쓰모토의 비난은 돈 없는 "젊은 여성 등"보다 나를 향해야 가치가 있을 것이다. 그러나 나는 내 체험을 통해 헤아리건대 "젊

은 여성 등"의 기분을 알 것 같다. 그건 마쓰모토가 생각하는 그런 게
아니다. 예를 들어 지난번에도 『문예』의 1943년 10월 호를 사 왔다. 그
호는 '대동아문학자회의에 부쳐' 특집이었는데, 니와 후미오*가 「미영
동아 죄악사의 작성」이라는 제목으로 "우리는 매사에 미국과 영국에 대
한 적개심을 더욱 분출해야 한다"면서 마쓰모토가 얼굴을 찡그릴 만한
내용을 써 놓았으며 고바야시 히데오**나 가와카미 데쓰타로***도 글을 썼
지만, 구보카와 이네코****의 글도 실려 있어 나름대로 재미가 있었다. 마쓰
모토에게 야단맞을 소리지만 이 한 권의 낡은 잡지는 요즈음에 나온 그
어떤 '인민적 양서'보다 내게는 감명이 있었다. 나는 거기 있는 살아 있는
몸의 진실에 얻어맞았다. 진실의 중량감으로 비틀거렸다. 그리고 그 잡지
가 나오던 무렵 내가 잡지를 더 이상 읽지 않았다는 걸 알아차리고는 스
스로에게 치가 떨렸다. 나는 '시대물'을 좀 더 모으고 싶지만, 마쓰모토
가 '보호'한 탓인지 유감스럽게도 책방에서 좀처럼 찾기가 어렵다.

---

* **니와 후미오**丹羽文雄 1904~2005. 소설가. 1934년 인간의 애욕과 번뇌를 비정한 눈으로
그린 『갑각류』로 주목을 받았고 생모의 이야기인 『군살』贅肉을 발표하며 신진작가로 입
지를 굳혔다. 전중에는 『해전』海戰 등 전기문학을 쓰기도 했다.

** **고바야시 히데오**小林秀雄 1902~1983. 평론가. 1933년 『문학계』文學界를 공동 창간했다.
프랑스 상징주의의 영향을 받아 근대적 자의식과 언어관의 문제를 파고들었으며 프롤레
타리아 문학을 넘어서는 근대비평을 확립했다고 평가받는다. 저작으로 『다양한'의장』樣
樣なる意匠, 『사소설론』私小說論, 『모토오리 노리나가』本居宣長 등이 있다.

*** **가와카미 데쓰타로**河上徹太郎 1902~1980. 평론가. 쇼와 초기부터 프랑스 상징주의의 영
향 아래 평론활동을 전개했으며 근대비평의 선구로 꼽힌다. 『문학계』 동인으로 '근대의
초극' 좌담회 당시 『문학계』의 대표 편집자였다. 저작으로 『자연과 순수』, 『일본의 아웃
사이더』 등이 있다.

**** **구보카와 이네코**窪川稻子 1904~1998. 소설가. 십대에 캐러멜 공장에서 일한 경험을 바
탕으로 1928년 『캐러멜 공장에서』キャラメル工場から를 발표해 프롤레타리아문학의 신진
작가로 인정받았다. 잡지 『일하는 부인』働く婦人의 편집에 종사했으며 1932년 비합법이
었던 일본공산당에 입당했다. 전쟁기에는 시류에 타협한 작품을 집필하고 전장으로 위문
을 가기도 했다. 전후에는 이름을 사타佐多 이네코로 바꾸고 체험에 입각해 공산당과의
곡절을 다룬 작품을 남겼다.

마쓰모토는 "잊히려 하는 군국풍, 도조풍의 재탕"에 반대한다. 나는 마쓰모토에 반대한다. 마쓰모토에겐 '잊히려 하'는지 모르겠으나 나로서는 잊으려 해도 잊지 않는다. 아마 "젊은 여성 등"도 그러리라 생각한다. 만약 여성이 '처부수자'에 아버지나 오빠를 빼앗겼다면, 그 '처부수자'야말로 가슴에 사무쳐 잊을 수 없을 것이다. 망각은 잠시 위로가 될지 모르나 마음의 상처를 어루만지지 못한다. 나는 전쟁을 잊는 것에 반대한다. 진실에서 눈을 돌리는 것에 반대한다. 젊은 여성이 아버지나 오빠를 빼앗은 '처부수자'를 잊는 것에 반대한다. 전쟁하는 동안 진실에서 눈을 돌렸다가 어떻게 되었는지를 내가 잊게 될 참이면 나는 『문예』를 펼쳐 니와 후미오의 글을 몇 번이고 다시 읽을 것이다. 젊은 여성이 아버지나 오빠가 떠올라 슬퍼질 때라면, 남에게 빌려서라도 좋으니 '처부수자' 읽기를 권한다. 거기에는 쓰라린 만큼 마음을 위로하는 진실이 있을 것이다. "그렇구나. 정말이지 그래" 하고 젊은 여성이 울며 말하"지 않으리라고 누가 장담할 수 있겠는가." 마쓰모토에게 "정말이지 위험한 노릇이다."

민중은 바보라서 도조에게 속았고, 내버려 두면 또 속을 테니 "정말이지 위험"하다고 마쓰모토는 말하고 싶은 것이리라. 과연 민중은 도조에게 속을 만큼 바보였다. 그러나 속은 덕분에, 도조를 대신한 '민주주의' 지도자를 함부로 믿지 않을 만큼은 바보가 아니게 되었다. 또 속는 게 아닐지를 의심할 만큼 영리해졌다. 그렇게 영리해진 게 지도자의 눈에는 반대로 "도조의 재탕"으로 보이는 모양이다. 속는 데 넌더리가 나서 의심하고 있는데, 이제는 그렇게 의심하는 게 나쁘다며 바보 취급하니 민중은 속상하다. 결국 지도자라는 건 모두 못됐다고 여길 것이다. 나는 그리되리라고 생각한다. 그리고 그게 민중의 진정한 각성이라고 생각한다. 사실 민중이 지도자들만큼 도조를 무조건 신봉한 것은 아니다. 민중의 비협력은 도조조차 알고 있었다. 그 저항이 성장해 오늘의 '민주주의'를 불신하게 되었는데, 그 저항의 계기를 붙들지 않고 도조에게 굴복한 권위주의의 면만을 바라보고서 '민주주의'를 위에서 내리눌러 저항을 뭉개려 한다면 도조의 실패를 반복할 뿐이다. '에로그로'는 배격할 수 있는 게 아니다. 종이 위에 뭔가를 적어 배격할 수 있는 건 더더욱 아니다. "지금부터 수십 년 후"에 "사람들은 아마도 몹시 후회하리라"는 마쓰모토의 예언을, 나는 내 나름대로 확신한다.

나는 신문에서 천장절* 사진을 보았다. 황거에 가서 방명록에 이름을 기록하기 위한 긴 행렬. 예쁘게 차려입고 만원전차에 시달렸을 텐데도 서명 한 번 하겠다고 반나절을 우두커니 서 있는 수만 인파. 나는 행렬에 참가하지 않았지만, 행렬에 참가한 사람들의 마음은 알 것 같다. 얼마나 생활이 고될까. 얼마나 그 고생을 호소하고 싶을까. 루쉰이 쓴 「소리 없는 중국」이라는 글 제목이 떠올랐다. 『아카하타』**는 메이데이 사진을 실었고 천황 탄생일의 사진은 싣지 않았다. 진보주의자가 어떤 눈으로 천장절의 풍경을 바라볼지 짐작이 간다. '바보 같은 민중'이라 생각했으리라. '천장절 따위 말고 메이데이에 참가할 생각을 왜 안 할까'라고 생각했으리라. 그러나 나는 그것과 이것은 다르다는 생각이다. 한쪽은 구제받고 한쪽은 구제 불능이라는 건가.

천황의 군대에서는 병사가 죽기 전 "만세"를 외친다는 이야기가 있었다. 나는 애국주의자의 선전으로 치부했지만 군대를 겪고 나서는 그렇지 않다는 것을 알았다. "만세"라 외치는 것 말고 병사에게 대체 어

---

* **천장절**天長節 천황 탄생일의 구칭이다. 쇼와 천황인 히로히토는 1901년 4월 29일에 태어났다.
** **『아카하타』**赤旗 일본공산당의 일간 기관지. 평일판과 일요판이 있으며 1928년부터 현재까지 발행되고 있다.

떤 말이 가능할까. 병사에게 그 외침은 힘을 다한 저항이며, 그만큼이 그의 자유다. 천장절 행렬에는 참가하고 메이데이에 참가하지 않는다고 비난하는 것은 "전쟁 반대"나 "천황제 타도"가 아니라 "만세"를 외쳤다고 비난하는 것과 마찬가지이지 않을까. 그 천장절 사진만큼 천황제의 모습을 있는 그대로, 어떤 논문보다 구체적으로, 가슴 쑤실 정도로 보여 주는 것은 없다고 생각한다. 하지만 천황제를 문제 삼는 『아카하타』가 그 귀중한 기록을 외면했으며, 그게 마쓰모토에게서 드러나는 지도자 의식과 닿아 있는 것 같아 나는 불만이었다.

행렬 사진과 함께 천황이 지붕 위로 오르는 사진이 있었다. 내 어머니는 그걸 보고 "뭘 이렇게 배우 흉내를 내지"라고 말했다. 천황에 대한 동정인 동시에 천황을 비인간적으로 다룬 데 대한 의구심도 담겨 있었다. 이런 '소박한 독자'가 간직한 천황제 비판의 계기가 천황에 대한 동정의 형태로 표출되었다고 해서 "보호"당해도 되는 걸까.

가령 경축일 문제도 그렇다. 진보주의자는 새로운 경축일을 만들고 싶어하나 여론은 변경을 바라지 않았다. 그건 민중이 바보고 뒤처져 있고 보수적이라서 그렇다고 진보주의자는 말한다. 따라서 계몽시켜야 한단다. 그러나 내가 보기에 민중이 그런 것은 주어지는 게 싫어서지 싶다. 주어지는 것이라면 넌더리가 나는 것이다. 대조봉대일***에 넌더리가 났다. 그러니까 새로운 것을 거부한다. 그건 보수고 반동이겠지만 동시에 거기에 저항의 계기가 있으니, 그 저항의 계기를 억누르고 새로운 것으로 내리누른다면 새로운 경축일을 낳을 수 있는 민중의 자체적 힘을

*** **대조봉대일**大詔奉戴日 1941년 12월 8일 일본 해군의 진주만 습격으로 태평양전쟁이 발발한 후, 1942년 1월부터 매달 8일을 대조봉대일이라고 부르며 기념했다. 기관과 학교에서는 개전조서를 봉독하고, 가정에서는 국기를 게양하고, 신사에서는 필승기원식을 올리도록 내각이 고시했다.

죽이는 꼴이지 않을까? 민중을 보수라고 내모는 지도자 쪽이야말로 메이지 이래 이어져 온 '진보'의 방향을 유지하고 싶어한다는 점에서 실은 민중보다 보수적이지 않을까?

이런 일은 그 밖에도 많다. 나는 그 모든 장면에서 중국 문화와 일본 문화의 구조적 차이를 느낀다. 그리고 루쉰을 떠올린다. 루쉰은 "관이 말하는 민과 민이 말하는 민"을 구분했다. "지배자가 성공하건 실패하건 상관없이 민중은 거기에 호오를 갖는다는 무서움"(「심야에 적다」)을 깨닫지 못한 마쓰모토 같은 비평가로부터 자신을 구분했다. 루쉰은 그저 한 사람이다. 그러나 그 단 한 사람을 낳은 중국 문학은 일본 문학과 구조적으로 다르다. 왜냐하면 일본 문학에는, 그 단 한 사람—계승되어야 할 전통이 없기 때문이다.

1948년 10월

일본공산당 비판 1

일본공산당에 대한 나의 불만을 파고들면 결국 일본공산당이 일본의 혁명을 주제로 삼지 않는다는 데 이르지 않을까 생각한다.

코민포름*이 일본공산당을 비판한 사건**의 전체 경과를 지켜보며 이런 생각이 더욱 강해졌다. 이 사건이 일어나자 일공은 처음에는 유언비어라고 했다. 이윽고 사실이라는 게 드러나자 유언비어란 부르주아 신문의 보도 방식을 두고 꺼낸 말이라고 변명했다. 그다음에는 코민포름의 비판이 반은 타당하지만 반은 타당하지 않다, 즉 코민포름은 일본의 실정을 충분히는 알지 못한다고 변명했다. 끝으로 노사카***의 자기비판이 등장해 코민포름에 '전면항복'했고 확대중앙위원회는 그것을 인정했다. 그동안에 문제에 관한 접근 방식을 두고 서기국이 당원에게 훈계

---

* 코민포름Cominform 공산당 정보국, 곧 Communist Information Bureau의 약어다. 1949년 소련을 필두로 유럽 9개국의 공산당 사이에서 연락과 정보교환을 담당하는 기관이었다. 1956년에 해산되었다.

** 1950년 1월 코민포름은 '평화혁명론'이 민족투쟁을 경시하고 제국주의를 찬미하는 이론이라며 일본공산당을 비판했다. 일본공산당은 이러한 비판을 소극적으로 받아들인 소감파와 전면적 수용을 주장한 국제파로 분열되었다.

*** 노사카 산조野坂参三(1892~1993)를 가리킨다. 정치가로서 일본이 패전하자 중국에서 귀국해 일본공산당을 재건하고 중앙위원회 의장을 맡는 등 1950년대 후반에서 1960년대에 걸쳐 일본공산당에서 지도적 역할을 담당했다. 공산당이 평화적으로 의회정치에 참여해 당의 혁명적 목표를 달성해야 한다고 주장했다.

를 늘어놓기도 했다. 마지막에 등장한 노사카의 장문의 자기비판은 과연 곡절을 소상하게 밝혔는데, 곡절을 소상하게 밝혔을 뿐 읽어 보면 들통났다는 느낌밖에 들지 않았다. 그 글을 읽고 나는 '너 역시'라고 생각했으며, 내가 얼마나 궁핍한 환경에서 살아가는지 새삼스럽게 마음이 저몄다.

저널리즘을 통해 이 사건을 바라보면 일공은 시종 선수를 빼앗겼다. 상업신문은 마음껏 일공을 조소했다. 조소받아도 싸다고 보일 만큼 일공의 태도는 겁먹은 개처럼 비굴하고 약해빠졌다. 보고 있노라면 견디기가 힘들어 눈을 감고 싶은 장면도 있었다. '너 역시'는 '너 역시 나처럼 약한가'라는 의미다. 처음에 나는 일공에 분노했지만 화를 낸들 어찌되는 것도 아니어서 오히려 슬픔이 깊어졌을 뿐이다. 여느 때처럼 체념이 점차 나를 물들였다.

코민포름의 비판문은 이제 와 생각하면 제대로 된 문장이 아니었다. 예를 들어 유엔의 「인권선언」 등과 견주어도 세계를 포괄하는 논리를 만들어 내려는 열의가 뒤처져 보인다. 하지만 그렇더라도 공산주의의 원칙만큼은 굽히지 않았다. 이에 대한 일공의 회답이 거의 문장이 되지 못한(문장을 성립시키는 근본 조건을 결여한) 것과 비교하자면, 그 타락한 모습에 비해 어쨌든 원칙을 관철하려는 기력은 확실히 눈에 들어오며, 문장의 조건을 갖춘, 따라서 비평의 가치가 있는 문장인 것만은 분명했다. 일공 당원 중의 정치기술자들은 문제를 그들 식의 '전략'의식이라는 평면에서만 받아들이니 거론할 것도 없지만, 당원 가운데 문학자들은 그들의 문학관에 비추어 일공의 회답문이 지닌 문제를 어떻게 생각하고 있을까. 문장이란 것은 당시 상황에서의 착상이니 일단 써내면 인간은 그 안에 없어도 괜찮고, 그렇게 썼다고 다음 행동을 구속받아야 할 책임도 없으며, 논리를 바깥에서 빌려와 사실들을 묶어 내기만 하면 그걸로 그만이다. 이 문장을 쓴 사람은 주관적으로야 어찌 되었든 객관적으로는 그렇게 믿고 있는 것이 분명하다. 그렇게 써낸 문장과 그 문장에 서명한 중앙위원회를 당원 중의 문학자들은 문학의 이름 아래서 용납하고 있는 걸까. 일본 문학을 타락시키는 전국적 후원에 민자당, 사회당과 함께 일공도 거들고 있다는 사실을 그들은 어떤 심정으로 지켜보고 있을까.

> 일본에서의 객관적 및 주관적 조건은 일정한 목적을 달성함에 있어 지그재그의 언동을 취하지 않을 수 없는 상태에 있다. 그런 까닭에 각종 표현이 노예의 말을 입고 나타날 수밖에 없는 때도 있고, 우여곡절한 표현을 취하지 않으면 안 되는 대목도 있다.
> 이런 상태를 충분히 고려하지 않고 외국의 동지들이 우리의 당 그리고 동지의 언동을 비판한다면 인민과 우리 당에 중대한 손해를 미칠 것임에 틀림없다.

이 문장은 전형적인 일본어 관료 문체다. 말꼬투리가 잡히지 않도록, 어디서 추궁당해도 도망칠 구멍을 남기려고 조심에 조심을 거듭해 누군가가 작성한 원문에 자구를 수정하며 '이렇게 하는 편이 좋겠다'는 지점에서 적당히 타협한, 따라서 자신의 발상법을 갖지 못한 생명 없는 문장이다. 꼴은 취했지만 피는 통하지 않는다. 하직 관리들이 만들어 의회에서 대신이 읽는, 시정방침이라 불리는 의례적 문장과도 비슷하고, 아마도 그 연원은 칙어로까지 거슬러 오를 수 있을 문체다. 무엇보다 그 비굴함이 각별해, 나는 이 문장을 읽으면서 예전에 나카노 시게하루*가 호소다 다미키細田民樹의 「진리의 봄」을 비평하며 "불만이 있더라도 '주인 나으리도 참 성격 하시고는'이라며 비굴하게 이마를 친다"라던 형용이 떠올랐다. 표면으로 드러난 허세만을 보고 일공이 코민포름에 대들고 있다며 지레짐작한 사람도 있었지만 내 생각은 달랐다. 허세는 강함과는 반대의 것이다. 문장의 상태가 약해빠졌다. 실제로 며칠 뒤에 발표된 확대중앙위원회의 결의에서는 허세가 굽신거림으로 바뀌었을 뿐 아니라 그렇게 변한 것을 수치라고 여기지도 않는 모습이 문장에 고스란히 드러났다.

인간의 의식은 개인이든 사회든 시시각각 변해 간다. 거기에 사상의 진보도 있고 퇴보도 있다. 그러나 바깥 세계의 자극을 매개해 변화하면서도 자신의 일관성을 유지하며 이전 단계 위에 다음 단계를 축적해야 한다. 그러지 않는다면, 사상에 일관성이 없다면 개인이든 단체든 독립된 인격이라고 볼 수 없다. 오늘 A라고 판단하고는 그건 아랑곳하지 않고 내일은 A가 아니라 판단한다면, 그런 자의 정신은 병적이다. 코민포름의 비판을 반쯤 반박한 성명을 발표한 지 며칠 지나 그 일은 잊어버린 듯이 덮어 두고 전체적으로 긍정하는 성명을 내는(하나는 중앙위원회 정치국, 다른 하나는 제18회 확대중앙위원회의 서명이기는 하나) 일본공산당의 정신은 온전하다고는 할 수 없다. 아니면 나의 이해력이 실은 모자란 것일 뿐, 어차피 공약이란 한 조각 종잇조각에 불과하다고 여기는 민자당처럼 실리주의에 입각한다는 점에서는 사상의 일관성을 인정해야 하는 것일까?

아마도 공산주의자는 내 주장에 반박할 것이다. 두 가지 성명 사이에는 내적 관련이 있다. 뒤에 나온 성명은 앞의 성명을 지양하니 결코

* **나카노 시게하루**中野重治 1902~1979. 소설가이자 평론가. 1929년 나프NAPF(전일본무산자예술단체협의회) 결성에 중심적 역할을 했으며 프롤레타리아문학과 전후 민주주의 문학의 대표적 작가로 꼽힌다.『예술에 관해 갈겨쓴 메모』,『노래의 헤어짐』,『사이토 모키치齊藤茂吉 노트』등의 저작을 남겼다.

당착이 아니며, 인식의 보다 올바른 단계로 일보전진한 것이다, 라는 식으로 말이다. 그러나 나의 상식으로는 그런 궤변을 납득할 수 없다. A와 B는 어디까지나 다르다. A와 B가 조건 없이 동시에 올바를 수는 없다. 물론 A라는 판단이 잘못되었다는 걸 알았다면 A를 버리고 B를 취해야 할 일이지만, 그러려면 먼저 A를 취소하는 절차가 필요하며 이를 위해서는 A가 왜 잘못되었는지를 A가 발생한 근거로 거슬러 올라가 검토해야 한다. 이유도 설명하지 않고 A가 잘못되어서 B로 바꾸겠다는 것만으로는 B의 올바름이 보증되지 않는다. 하물며 B를 주장함으로써 일찍이 주장한 A가 자연소멸한다고 여긴다면, 예상되는 C에 의해 B가 자연소멸하리라는 것을 스스로 증명하는 꼴이다. 그렇다면 대체 사상의 일관성이, 따라서 인격의 독립이 어디에 있겠는가.

"그것이 거짓이 아니라면"이라고 미야모토 유리코宮本百合子는 미타카 사건**에 관해 쓰고 있다. 아! 그것이 거짓이 아니라면. 하지만 거짓인들 상관없지 않을까. 취소하면 그만이고, 취소하지 않더라도 다른 거짓을 제시하면 앞선 거짓은 사라진다.

누군가는 내 생각이 정치의 실정을 모르는 아마추어 시각이라고 말할 것이다. 그 성명은 복잡한 당내 사정을 반영하고 있으니, 따라서 인적 관계로부터 뒷면의 뒷면을 살피지 않는다면 진상을 파악할 수 없다는 식으로 말이다. 실제로 이러한 리얼리스트 소식통의 충고로 나는 귀

** **미타카 사건** 1949년 7월 15일 국철 미타카三鷹 차고에서 기관사 없이 대기 중이던 열차가 갑자기 폭주하더니 선로 근처 상가를 덮쳐 6명이 현장에서 사망하고 20명이 부상을 입었다. 검찰은 범행 용의자로 12명을 체포했는데, 다케우치 게이스케竹內景助를 제외한 11명은 모두 공산당원이었고 무혐의로 풀려났으나 비공산당원이고 노조에도 가입하지 않은 다케우치만이 단독범행자로 내몰려 사형을 선고받았다. 그가 미타카 사건의 진범이었는지는 여전히 논란이 되고 있다. 공산당계 변호인이 부추겨 그가 단독범행이라고 진술했다는 지적이 나오기도 했다.

가 아플 정도다. 나는 뒷면의 뒷면은 모른다. 사상이 특정한 인간관계로부터 독립해 있지 못한 일본에서 뒷면을 모른 채 사상만을 논해 봐야 하나마나한 이야기다. 『아카하타』를 읽고 문장론 운운하는 나 같은 무리는 분명히 철부지, 풋내기로 불릴 만하다. 대중은 현명하니 신문에 올라온 성명 따위를 섣불리 믿지 않는다. 정보국의 발표를 전혀 신용하지 않듯이. 그들은 문장을 쓰는 사람이 자신의 문장을 얼마나 신용하지 않는지를 간파한다. 그래서 문장을 읽지 않고 문장의 뒷면을 보려고 한다. 유언비어를 알려고 한다. "유언비어를 믿지 말라"는 명령이 거꾸로 유언비어 탐구열을 부추기고 유언비어 제조자를 기쁘게 만든다. 예전 정보국 시대에 그러했듯이. 확실히 여기서도 육체파(마루야마 마사오의 조어)는 완전한 승리를 거두고 있다.

일공은 코민포름 앞에서 두 손 모아 사과했다. 제가 잘못했습니다. 이제부터는 안 그럴 테니 아무쪼록 용서해 주세요. 한 번은 반항하는 척했지만 곧바로 마음을 고쳐먹고 사과했다. 이것이야말로 노예의 모습이다. 노예의 말을 사용했든 하지 않았든 그런 것과 무관하게 이것이야말로 권위 앞에서 조아리는 노예의 모습이다. 부르주아 신문에게조차 조롱당한 노예의 모습이다.

터무니없는 중상이라고 공산주의자는 아우성칠 것이다. 권위에 항복한 게 아니라 올바른 이론에 승복했으니 이것이야말로 진리애의 표출이라고 말이다. 그러나 나는 공산주의의 권위보다는 자신의 문학적 직관 쪽을 믿는다.

내 문학적 직관에 근거하면 코민포름의 비판문은 일공이 이해한 내용과 달랐다. 코민포름의 비판문은 노사카 이론을 격렬히 비난했지만, 그 비난은 노사카나 일공이 코민포름의 권위에 복종하지 않는 것을 비난한 게 아니었다. 노사카 이론의 오류가 일본의 인민에게 그릇된 관념을 이식하고 있음을, 공산당은 인민의 지도자(봉사자라 해도 좋다)여야 한다는 신념에서 비난한 것에 불과하다. 말하자면 일본의 인민 앞에 일공을 꿇어앉히고는 일공이 잘못된 이론으로 말미암아 인민을 대표하지 못한다고 책임을 규탄하는 모습이다. 따라서 비판자가 호소하는 대상은 사실 일본의 인민이다. 일본의 인민 앞에서 일공을 비판하는 것이지 일본의 인민을 비판하는 것이 아니다. 일공이 인민을 올바르게 지도(대표라 해도 좋다)하지 못한다고 꾸짖고 있으며, 그것이 공산주의적이지 않다고 지적하고 있다. 비판자의 눈에 일본의 인민은 공산주의가 아닌 것을 공산주의처럼 철저히 주입받는 피해자로 비친다. 그리고 가해자인 일공은 공산주의가 아닌 것을 공산주의처럼 가르침으로써 일본의 인민에게 죄를 짓는 동시에 공산주의에 대해서도 배교자가 된 것이다.

따라서 만일 일공이 이 비판을 올바르게 받아들여 자기비판했다고 한다면, 그 자기비판은 일본의 인민에 대한 책임이라는 관점에서 이뤄져야 할 것이다. 그렇다면 단순히 전략의 문제, 원칙 적용의 문제로서 피상적으로 정리할 수 없을 터이며, 이론의 근저에 있는 궁극의 모럴 문제로까지 반성이 깊어져야 할 것이다. 손을 모아 사과하려거든 코민포름이 아니라 일본의 인민에게 해야 했다. 인민에게 사죄하지 않고 공산주의에 충성할 수는 없다. 그런데 일공의 태도는 정반대였다. 시종일관 인민에게 등진 채 코민포름의 눈치만 살폈다. 자신이 일본의 인민을 대표하지 못한 것(그게 비판의 핵심이다)은 반성하지 않고 여전히 인민의 대표라는 생각으로, 더구나 피해자(비판에 따르면)인 인민을 끌어들여 코민포름에 사과문을 보냈다. 코민포름의 비판자는 분명히 구제하기 힘든 노예근성이라고 여겼을 것이다.

다만 일공 당원의 주관으로는 자신들이 인민을 등진다는 생각이 없었을 것이다. 그들에게는 '인민'이 눈에 보이지 않기 때문이다. 그리고 눈에 보이지 않는 것은 그들에게는 실재하지 않기 때문이다. 일본식 육체주의자의 예외일 수 없는 일본식 공산주의자는 인민이라는 범주를 외계의 실체로서 A 혹은 B라는 개물個物의 형태로서가 아니면 이해하지 못하는 것 같다. 그들은 인민이라는 개념을, 추상적으로는 바깥에서 주어지고 고정된 형태로서 일단 이해할 수 있지만, 인민을 구체화하는 경우에는 A 혹은 B라는 개물로까지 비약하지 않는 한 표상해 내지 못한다. 그 중간에 존재하는, 구체적 일반자라고도 불러야 할 진실재眞實在의 관념에는 결코 이르지 못한다. 왜냐하면 그들은 그 통합의 주체여야 할 무언가를 결여하고 있기 때문이다. 나는 그 주체가 무엇인지를 알지 못하지만, 어쨌든 그들이 일본의 혁명을 주제로 삼지 못하는 것은 그 결여의 결과다.

그리하여 코민포름 혹은 중국공산당이 말하는 인민과 일공이 말하는 인민은 말은 같아도 내용이 달라진다. 이것은 코민포름 혹은 중공의 일공 비판문과 이에 대한 일공의 몇 차례 회답문을 비교해 보면 확실히 알 수 있다. 일공이 왜 모순된 성명을 냈는지, 왜 비판의 핵심을 알아차리지 못하는지, 왜 원칙의 문제를 전략의 문제로 바꿔치기했는지, 왜 일본의 인민을 등지고 코민포름의 눈치만을 살피는지도 이 점에서 설명할 수 있다. 즉 일공에게 일본의 혁명은 문제가 아니다. 설령 문제라 하더라도 신성불가침의 권위에 대한 충성도 드러내기로서만 문제일 수 있다. 일본의 혁명을 주제로 한다는 원칙론의 관점에 서서, 따라서 혁명의 담당자인 일본의 인민에게 호소한 코민포름의 비판이 일단 일공의 주관을 거치자 일공은 선생에게 야단맞은 학생처럼 자신이 원칙을 잘못 적용하는 바람에 권위가 지적을 했다고 믿게 된다. 그러고는 자기 식으로 '지상 명령'을 지레짐작해 이리저리 다른 적용 방식을 궁리해 보지만, 그럴수록 원칙으로부터 멀어진다는 사실은 깨닫지 못한다. 인민의 대표인

(공산주의의 원칙으로부터 보건대) 자신이 꾸중을 들었으니 인민에게 책임을 느끼지만, 그렇다고 인민에게 사과하려고는 하지 않고 거꾸로 인민을 끌어들여 권위에 사과하려는 태도로 나온다. 사실 그들 뒤에 인민은 없지만, 있더라도 그들은 등을 지고 있어 깨닫지 못한다.

공산주의 사상이 원래 권위주의 구조를 품고 있는지 나로서는 말하기 어렵지만, 아무튼 이번 사건의 경과를 봐도 알 수 있듯이 일본의 그것은 분명 특수하다. 코민포름 혹은 중공의 비판문에서는 권위주의의 냄새가 나지 않지만, 그것을 일공이 받아들이는 방식은 전형적으로 일본적이다. 따라서 같은 공산주의라 하더라도 질적으로 다르며, 일본의 공산주의는 따옴표 쳐서 불러야 하지 않을까 싶다.

다른 각도에서 보자면, 이는 사상 일반이 그러하듯 일본에서는 공산주의도 아직 사상화되지 않았음을 보여 준다. 사상은 생활로부터 나와 생활을 넘어선 곳에서 독립성을 유지해야 성립한다. 그렇다면 생활로부터 나오지 않은 것, 생활을 넘어서지 못한 것은 모두 사상이라 말할 수 없다. 그런데 일본에서는 생활의 차원에 머물러 있는 싹트지 않은 사상과 아직 생활에 매개되지 않은, 따라서 생산성을 갖지 않는 외래의, 따옴표 친 사상이 있을 따름이다. 공산주의라고 예외는 아니다. 그리고 양자는 모든 개인과 사회 속에서, 모든 면에서 서로 매개되지 않은 채 혼재하고 있다. 일본 문화의 분열 혹은 일본 문화의 다양성이라 불리는 것은 이러한 사상의 결여, 동시에 모든 의사擬似 사상의 범람 현상과 무관치 않다. 이 현상은 비판정신의 결여라고 불리기도 한다. 그게 얼마나 일본적인지는 외국의 여러 관찰자, 예를 들어 최근에는 레비트나 베네딕트가 지적했다. 그것은 제도와 의식 양면에서 오랫동안 축적되어 일종의 민족성이 되었으며 좀처럼 자각되지 않는다. 자각되지 않는다는 점에서 그것은 노예적이다. 코민포름의 비판을 제대로 받아들이지 못하는 것은 일공이 이 노예구조 속에 있으면서도 그 사실을 자각하지 못하는 탓이다.

일본의 공산주의자는 두 종류가 있다. 하나는 인텔리로, 이들은 자신의 관념 속에서 공산주의가 옳은지 그른지를 따져 본 끝에 옳다고 판단해 입신한 우상숭배자이며 따라서 설교로써 남들을 개종시킬 수 있지만, 우상을 파괴하지는 즉 공산주의를 실천하지는 못한다. 또 하나는 대중으로, 이익에 이끌려 생활의 편의 때문에 입당한 자들이다. 그들은 이익을 위해 공산주의를 수단으로 삼으니 이익이 사라지면 수단을 버린다. 따라서 이들도 공산주의자가 될 수 없다. 이 대중은 그 상태라면 인민, 즉 혁명의 담당자가 아니다. 왜냐하면 혁명, 즉 권력의 전이는 일상의 이익에 위배되니 생활의 차원에서 달성할 수 없기 때문이다. 거기에 지도자의 역할이 있지만 그 지도자는 아직 성립되지 않았다. 왜냐하면 그들의 신경은 온통 우상 쪽으로 쏠려 좀처럼 뒤를 돌아보지 않기 때문이다. 이따금 돌아보더라도 대중 가운데서 신심이 굳은 자를 자기 부하로 뽑아다가 쓰려고 돌아볼 뿐이다. 한편 대중은 이 은총을 입고자 충실하게 힘쓰는 자와 무관심한 자의 구별은 있지만, 어느 쪽이나 이 신분적 계층을 자연의 소여로서 인정하고 있으니 그것을 파괴해 스스로 인민이 되려는 의지는 없다. 제도는 의식을 뒷받침하고 의식은 제도를 뒷받침해 일본 문화의 노예 구조를 안온케 만든다. 그래서 일본의 혁명은 거의 절망적으로 힘들다.

코민포름의 비판이 호소하는 일본의 인민은 어디에 있을까? 실은 어디에도 없다. 코민포름은 가공의, 잠든 인민에게 호소하고 있을 뿐이다. 일공이 대표해 코민포름에 사과한다고 생각할 때의 일본의 인민이란 진정한 인민이 아니다. 그들은 일공의 부하이며, 노예의 부하이며,

따라서 마찬가지로 노예다. 노예는 인민이 아니다. 인민이란 자신의 모럴을 갖추어 혁명을 수행할 만한 능력이 있는 자유로운 인간이다. 권위(공산주의를 포함해)에 아첨하는 노예가 아니다. 그러한 인간은 머지않아 노예로부터 형성되어야겠지만, 그 형성 작용은 일어나지 않았다. 만약 일어났다면 문화의 면으로도 반영되어 문화 문제의 모든 논의에서 일본의 혁명이 주제로 올라와야 할 텐데 그런 징조는 아직 보이지 않는다. 일본공산당의 타락에 분개하는 목소리는 내 주위에서 결코 크게 울리지 않는다.

여기서 중요한 역사적 사실이 있다. 일본에서는 인간해방의 원리인 근대사상에 충실할수록, 그 주관적 의도가 인간적으로 성실할수록 반대 측면에서는 그것이 동시에 구조적인 것을 강화한다. 개인이 그렇고 단체도 그렇다. 일본에 근대사상을 들여온 선각자들은 누구 하나 예외가 없다. 일본공산당은 거의 유일한 근대적 정당이지만 그 권위주의와 관료주의의 측면에선 봉건적 입장에서 비롯되는 민자당의 반관료주의조차 당해 낼 재간이 없는 건 그 까닭이다. 공산주의도 발생 시점에는 일본의 혁명을 주제로 삼았다. 일본에서 혁명을 하려면 공산주의가 최선의 방법이라는 판단에서 출발했다. 그런데 운동의 과정에서 수단이었던 공산주의가 목적화되어 일본에서 공산주의를 퍼트리는 게 일본의 혁명이라고 생각하게 되었다. 혁명의 주체여야 할 공산당이 자기목적화해 공산당원을 늘리는 것, 혹은 선거에서 표가 늘어나는 것이 곧 일본의 혁명이라고 관념화하게 되었다. 구조적인 것을 파괴할 목적으로 도입된 수단이 그 구조에 뒤틀려 반대로 구조를 견고하게 만드는 기능을 한다. 노사카 이론이 노예적 공산주의의 근거를 마련하는 것이다. 더구나 주관적으로는 그것이 어디까지나 사상에 충실한 태도라고 관념화한다는 데 문제의 심각성이 있다. 선의가 선의일수록 악의가 된다. 혁명적인 것이 혁명적일수록 반혁명적이 된다. 왜 그런가? 사상이 생활에 매개되지 않았기 때문이며, 일본 문화의 노예구조를 파괴한다는 혁명의 주제를 망각했기 때문이다.

코민포름의 비판이 호소하는 일본의 인민은 아직 잠들어 있다. 잠든 인민에게 호소해 봤자 대답이 돌아올 리 없으니 아마도 이것은 비판자의 치명적 착오이리라. 비판자는 설마하니 상대가 잠들어 있으리라고는 생각지 못한 것이다. 따라서 일본공산당의 타락에 분개하는 목소리가 인민 사이에 왜 터져나오지 않는지를 이상하게 여기고 있을지도 모른다. 그러나 실은 이상하지 않다. 그 까닭은 재우는 자가 일본공산당이며, 일본식 공산주의자의 주관에서는 잠에서 깨어나지 않는 것이 공산주의의 권위에 충실한 소이라고 여겨져, 그들은 극력으로 인민을 잠재워서 공산주의에 충성을 바치는 동시에 권력에 봉사하고 있기 때문이다. 이 점에서 코민포름의 비판자는 "노사카의 오류는 간단히 고칠 수 있는 단순한 혹은 우연한 오류가 아니다"(베이징의 『인민일보』)라고 지적한 중공만큼 "일본에서의 객관적 및 주관적 조건"을 정확히 알아차리지는 못했는지 모른다. 분명 "이런 상태를 충분히 고려하지 않고 외국의 동지들이 우리 당 그리고 동지의 언동을 비판한다면, 인민과 우리 당에 중대한 손해를 미칠 게 분명하다."

1950년 4월

일본공산당 비판 2

이것은 나만의 생각이라 남에게 동의해 달라고 요구할 수는 없지만, 우리 일본인은 적어도 당분간은 바깥세계에 관해선 생각하지 않는 편이 낫지 않을까?

이런 말을 꺼내는 것은 바깥세계는 결국 알 수 없다는 느낌이 들어서다. 알 수 없는 것을 무리해서 알려고 하다가 그로 인해 그릇된 판단의 재료를 붙잡기보다는 처음부터 탐구를 포기하고, 남의 생각을 신경쓰지 않고, 자기 눈으로 보고, 납득이 가는 범위 안에서만 차분하게 자신의 처신을 생각하는 편이 현명하지 않을까?

세계는 둘로 나뉘어 있다고들 한다. 과연 세계는 둘로 나뉘어 있는지 모른다. 그러나 둘로 나뉜 세계를 누가 보았는가. 누구도 자기 눈으로 보지는 못했으리라. 남들이 그렇다고 하니 그렇게 생각하고 있을 따름이다. 일견 자명한 것 같지만, 이 근본적 명제가 어쩌면 도그마일지도 모른다. 일단은 의심해 보는 편이 좋다. 왜냐하면 우리 생활의 장에서 실증되지 않았으니.

소련의 사정에 대해 우리가 아무것도 확실하게는 모른다는 걸 귀환자 문제만 봐도 알 수 있다. 실제로 소련을 봤던 자의 관찰이 저만큼 어긋나는 걸 보면, 소련을 안다는 게 참으로 지난하구나 싶다. 알아야겠다는 요량으로 파고들다 보면 알고 싶은 사실을 만나기 전에 이데올로기의 벽에 부딪힌다. 아는 게 아니라 그 대신 믿기를 혹은 선택하기를 요구받는다. 벽에 부딪혔으니 돌아오면 좋으련만, 슬프게도 우리 일본인은 실증주의적 훈련이 부족해 체면을 구길까봐 돌아오지 않는다. 학자는 모르는 것 혹은 애매모호한 것을 무리해서라도 아는 척하고, 민중은 학자가 하는 말을 믿지 않으면서도 학자가 경멸할까봐 두려워서 대놓고 아니라고는 하지 못한다.

소련의 사정을 모르면서 소련에 자유가 있는지 없는지를 판단할 수는 없다. 공산주의에는 자유가 없다는 일반론을 나는 신용하지 않는다. 나는 소련은 모르지만 중국은 조금 안다. 그리고 중국에서는 오늘날 국민당 시대와 비교하건대 민중의 자유가 현저히 커졌다고 나름으로 추론하고 있다. 따라서 신민주주의가 공산주의 이외의 것이 아닌 한, 공산주의에는 자유가 없다는 일반론을 나는 신용하지 않는다. 하지만 공산주의라면 자유가 있다는 일반론도 신용하지 않는다. 왜냐하면 일본 공산당을 바깥에서 바라보건대 같은 공산주의라도 중공과는 질적으로 다르다고 느끼기 때문이다. 현재의 일공을 공산주의라고 부를 수 있다면 나는 일본식 공산주의가 바람직해 보이지 않는다.

내가 판단하건대 그렇다면 일공과 중공이 어떻게 다른지가 문제일 것이다. 한마디로 말해 중공은 사상의 핵심이 되는 자신의 모럴을 갖추고 있고 따라서 사상이 살아 있지만, 일공은 그렇지 않다. 사상이 자신으로부터 멀어지고 있다. 즉 사상을 결여하고 있다. 이 차이는 근본적인 것으로서 노예와 자유인의 차이라고 말해도 좋다. 그 차이가 어디서 기인하느냐 하면, 내 경우는 문장을 보고 판단한 문학적 직관을 바탕으로 삼는다. 이 점에 대해서는 전에도 썼고 앞으로도 따로 쓸 작정이니 지금은 언급하지 않겠다. 이런 차이가 왜 빚어지는지도 내게는 주요 연구주제의 하나이나 지금은 자세히 다루지 않겠다. 다만 그것이 천황제와 깊이 결부되어 있으며, 중소조약에서 일본이 정면으로 적대시되었던 것이 그 증거이며, 그것은 중국 민중의 자연스러운 감정에 바탕하고 있으며, 앞으로 자신을 천황제로부터 해방시키고 일본을 천황제로부터 해방시킬 수 있을지가 일공의 관건이자 중국과의 관계에서도 우호의 시금석이 되리라는 나의 전망을 밝혀 두고자 한다.

여기서는 민족전선이 당면한 현 상황을 언급하는 정도로 문제를 말하겠다. 전후 인민전선이 제창되고 그것이 흐지부지해진 가운데 민주민족전선으로 바뀌어 문화 영역에서도 민주주의 문화, 민주주의 문학이 주창되었는데 아직까지 결실을 본 것 같지는 않다. 그 까닭은 무엇인가? 원래 이런 동향은 중국 혹은 동유럽의 형태를 모방하며 시작되었는데, 그것이 중국에서 성공한 것처럼 일본에서 성공하지 못한 이유는 무엇인가? 이런 문제다. 실은 이러한 의문이 들던 참에 코민포름 사건이 일어나고 일공이 크게 흔들려 양상이 복잡해지기도 했지만, 각도를 달리하면 본질적인 것이 드러나 포착하기 쉬워졌다고도 보인다.

코민포름의 비판 사건에서 일공이 내비친 태도는 바깥에서 보기에는 납득할 수 없는 것이었다. 설명이 부족해서일지도 모르지만, 그 부족함은 기술적으로 미숙하다는 것 이상으로 본질적인 허약함을 드러내고 말았다. 허약한 개가 상대를 가리지 않고 쓸데없이 짖는 것 같았고, 자신의 허약함을 가리려는 허세처럼 보였다. 앞뒤로 모순된 성명을 냈다는 사실이 이미 낭패했음을 보여 준다. 당시 일부 저널리즘이 당내 대립을 들어 낭패의 이유를 설명했다. 나는 그 폭로를 곧이곧대로 믿을 마음이 없었지만, 폭로의 근원지인 주체 측의 원인은 비밀스러우며, 그 비밀스러움은 허약함에 근거한다는 것은 느끼고 있었다. '시가 대 도쿠다'*라는 형태로 대립을 감출 수 없게 된 지금, 생각보다 사태가 심각해 말문이 막힐 지경이다. 저널리즘의 혜안에 놀랄 정도다. 생각건대 이러한 약체로부터는 통일전선은 물론이고 어떠한 창조적인, 따라서 혁명적인 사건도 생겨날 수 없으리라.

이른바 국제파와 간부파라 불리는 양 진영의 성명을 거듭 읽어 보았지만, 나로서는 대립의 정체를 포착할 수 없었다. 겉으로는 이론적 대립을 치장해 코민포름의 비판에 관한 평가를 계기로 폭발했지만, 내 눈에는 이론적 대립처럼 보이지 않는다. 주된 논점은 조직 문제와 전략 문제지만 어느 쪽이나 기술적인 것이다. 우리 생활의 장과는 무관해서 사상보다 오히려 감정 다툼에 가까워 보인다. 서로가 서로를 분파라고 부르고 관료주의라고 매도하지만 그러한 평가는 양쪽 모두에게 어울리지 싶다. 어느 쪽이나 일본의 현 상황으로부터 출발하는 것이 아니라 코민포름의 권위에 대한 충성을 놓고 경쟁한다는 점에서 한통속이다.

이처럼 폐쇄적이고 발전 가능성이 없는 논쟁이 왜 일어나는지는 일본인의 정신구조(그것은 천황제와 불가분이다)에서부터 설명하는 편이 가장 이해하기 쉽다. 일본의 공산주의는 일본의 모든 사상이 그러하듯 가공의 절대적 권위에 다가가고 싶다는 일종의 동경을 내부충동으로 삼아 움직인다. 권위에 다가간 정도에 따라 지배-피지배 관계가 성립하는 심리구조 위에 올라타 있다. 그런 구조를 파괴하는 수단으로서 공산주의를 선택한 것이 아니다. 반대로 공산주의에 충실하겠다는 주관적 의도가 결과적으로 그 구조를 강화하고 있다. 중공의 경우 공산당은 인민에 대한 봉사자이며 인민의 의지를 선취해서는 안 된다는 신조가 바탕

---

*   전전에 공산주의 활동을 벌여 투옥당했던 시가 요시오志賀義雄와 도쿠다 규이치德田球一
     는 1945년 10월 GHQ의 지령에 따라 석방되어 노사카 산조 등과 함께 일본공산당의 세
     력을 넓히는 데 정진했다. 1950년 1월 코민포름이 일본공산당의 평화혁명노선을 비판하
     자 도쿠다 규이치 등은 무장투쟁노선을 주장했고, 시가 요시오는 이에 반발해 미야모토
     겐지宮本顯治 등과 함께 국제파를 형성했다. 그러자 도쿠다가 속한 주류파는 시가의 당원
     자격을 박탈했다.

에 깔려 있지만, 일공의 경우는 인민의 의지를 선취하는 것, 오히려 인민의 의지를 위에서 규정하는 것이 공산당의 사명이라고 관념화하고 있다. 당내 헤게모니를 두고 벌이는 경쟁은 일공 당원의 주관에 따르면 인민에 대한 배신이 아닌 것이다.

이것은 공산주의를 바깥에서 바라보는 입장에서도 마찬가지로 들어맞는다. 가공된 공산주의의 권위가 모든 판단의 규준이 된다. 전후, 프랑스나 중국의 인민전선을 모범으로서 유행으로서 수입해 오면 사람들에게 비웃음을 살 일이 없으니 권위의 서열에 자신을 맞추려는 동향이 생긴다. 혁명성을 일상성으로 비속화한 노사카 이론에 사람들이 달려든 것은 이러한 심정적 토양을 감안하건대 당연한 일이다. 공산주의와 조화할 수 있다는 발견은 영광스런 권위의 서열에 참가한다는 착각과 함께 자기만족감을 제공했다. 한편 '사랑받는 공산당'은 이처럼 떠다니는 인기를 끌어모으는 데 속물성을 유감없이 발휘했다. 이러한 '도둑주의'(나카노 시게하루의 조어)와도 같은 공모가 진정한 통일이 아니라는 것은 오늘날 명명백백해졌다. 통일은 이해를 전제로 하며, 이해는 자기와의 대결을 통한 부정적 매개를 필요로 하지만 공모자는 거꾸로 그러한 이해를 거부한다. 술을 마시고 서로 어깨를 두드려 주는 하라게이**로부터는 저속한 문학과 보스정치만이 자라날 뿐이다. 좋은 아이가 되고파서 잘못을 서로 못 본 척하고 손을 잡아 본들, 그런 통일은 겉모양뿐이고 일이 생기면 하루아침에 깨진다.

공산주의의 원칙론에 선 코민포름의 비판이 일공뿐 아니라 일공과 손을 잡았다는 생각으로 안심하고 있던 인텔리 대중을 흔든 것은 당연

** **하라게이**腹藝 연극에서 배우가 대사나 동작을 하지 않고 표정 등으로 심리를 전달하는 것을 가리키는데, 말이나 행동으로 분명히 하지 않은 채 일을 임의로 적당히 처리한다는 뜻도 있다.

하다. 그들은 공산주의를 이해하고 그것과의 투쟁을 통해 조화의 지점을 발견한 게 아니라 상대를 자신과 같은 속물로 간주해 이론을 뺀, 따라서 애정을 뺀 중매결혼을 했을 뿐이니 일단 원칙론에 일격을 당하면 잡다하게 구성된 모임에 금이 가는 게 당연하다. 일공이 평화혁명에서 폭력혁명으로 전환이야 하겠는가, 모처럼 정든 편안한 '무혈혁명'의 장소에서 쫓겨나기야 하겠나 생각하는 인간이 나오는 것은 당연하다. 안심하세요, 염려 마세요 여러분. 현상유지파가 걸쳐 입은 의상으로서의 혁명은 언제나 안전하답니다. 자기개조의 문제로서 끌어안지 않는 한, 평화적이든 폭력적이든 구호가 무엇이든 간에 애당초 혁명 따위는 어디에도 없었으니 말이다.

중국공산당은 일공처럼 가공의 권위를 갖지 않는다. 그것은 중공이 상대적 가치관 위에 서 있어서가 아니라 모든 가치를 인민의 의지라는 절대자와 결부짓기 때문이다. 중공은 언제라도 인민의 의지 앞에서는 자신을 희생할 준비가 되어 있다. 항전 중에 토지정책을 바꾸고 군대를 개편하고 원칙을 굽혀 타협하지 않은 것도 인민의 의지에 따른다는 원칙에 철저했던 결과다. "그것이 인민의 의지라면"이라는 사고방식이 중공 당원의 행동을 이끌고 있다. 작년, 각 파들이 공동강령을 결정했을 때도 되도록 인민의 의지를 반영할 수 있도록 민주적 토의를 실시했다.

민주적 토의는 공모와는 반대다. 그것은 어디까지나 자신을 지키는 것이다. 자설自說을 고수하는 것이다. 자설을 고수함으로써 상대를 굴복시키고 상대를 굴복시키는 과정에서 자기를 변혁해 높은 차원의 통일의 장으로 나아가는 것이다. 설정된 목적을 향해 일직선으로 노선을 긋고, 그 노선 안에 현실을 할당하고, 노선으로부터 비어져 나오는 것은 버린다는 식이 아니다. 그처럼 안이한 태도에서는 통일이라는 창조적 결과가 나오지 않는다. 통일이 실현될지 안 될지는 신만이 안다. 즉 인민의 의지가 결정한다. 이론투쟁의 와중에 있는 개개의(공산당을 포함해) 주관이 미리 결정할 문제가 아닌 것이다.

인민의 자유로운 의지가 표명되려면 아래로부터의 민주적 조직이 필요하다. 위로부터의 다이쇼익찬회*식 조직방법으로는 곤란하다. 아래로부터의 조직이 없다면 어떻게 해서든 그것을 준비해야 한다. 그런 노력 없이 중국에서 성공했으니 그 결과만을 모방한들 뿌리 없는 나무다. 일본에 통일전선이 없다는 것은 국제적으로 보아서 수치스런 일인지도 모르지만, 공산당원을 포함한 인텔리의 감정에서 수치인 것이며 일종의 겉치레다. 타협을 하는 형태로만 통일을 하는 것이 가장 수치스럽다.

요컨대 외부에 그만 신경 쓰고 발밑을 보라는 것이다. 우상숭배를 그만두고 현실 분석에서 출발하라는 것이다. 그렇지 않으면 시간이 아무리 지나도 역사적으로 형성된 일본인의 노예적 정신구조를 내부로부터 주체적으로 포착해 낼 수 없다. 그것을 포착하지 못하면 일본의 혁명이라는 공통과제도 발견할 수 없을 것이다. 이상적 공산주의라는 가공의 이미지를 주관으로 그려 내고 거기서 현실을 내려다보는 일본식 공산주의자의 우등생 근성과 거기에 열등감을 느끼는 민중 사이에서는 아무리 시간이 흘러도 인민의 의지를 끌어모으는 혁명의 주체가 태어날 공통의 장이 형성되지 않는다. 도쿠다와 시가의 분쟁은 우등생끼리의 점수 따기 경쟁이다. 어느 쪽이 분파이며 어느 쪽이 올바른지의 문제가 아니다. 분파라고 한다면, 어느 쪽이든 일본의 혁명을 주제로 할 때 일본 인민에 대한 분파 행위일 뿐이다.

---

* **다이쇼익찬회**大正翼贊會 1940년 10월 국민동원체제의 핵심으로 출범한 관제 국민조직이다. 당시 일본 군부가 총력전을 펼치려면 일국일당제一國一黨制가 필요하다고 목소리를 높이면서, 기존 정당이 해산되고 군부·관료·정계·재계를 망라하는 다이쇼익찬회가 조직되었다.

세계가 정말 둘로 나뉘는지를 우리는 가르침받았을 뿐 확인할 수단이 없지만, 일본인의 분열은 우리의 고통으로 날마다 실감하고 있다. 개인으로서도 민족으로서도 일본인은 분열되어 있다. 손과 머리가 따로 논다. 안과 바깥의 부조화, 문화의 편재와 동시에 황폐, 사상의 범람과 동시에 결핍, 억압과 허위와 폭력과 거기에 짓눌려 의지를 표출할 자유를 갖지 못한 인민. 학자들(공산주의자를 포함해)은 일본인의 분열이 세계 분열의 반영이라며 지당한 말씀을 늘어놓지만, 우리는 학자들의 이러한 논의에 귀 기울일 만한 여유가 없을 정도로 이미 자기분열의 고통으로 견디기가 어렵다. 나에게 세계는 문제가 아니다. 문제라고 해도 나와 관련되어야 문제다. 세계가 통일될 때까지 자신의 통일을 기다리고 있을 수 없다. 나는 통일을 바란다.

　　통일을 바라는 일본 국민의 한 사람으로서 나는 통일전선의 제창자인 일본공산당에 관심을 갖는다. 그러나 통일은 버거운 사업이다. 각각의 계급이 계급적 이해를 주장하며 그것을 끌어안는 포괄적 장으로 나아가는 일은 현재 일공의 생각만큼 간단치 않을 것이다. 중국의 경우를 봐도 기나긴 시련을 겪었다. 자신에게 영합하는 자들만을 불러모아 독불장군이 되어 전체 일본혁명 속에서의 분파 행동을 부흥이라 부르고, 그로써 통일전선을 꾀하는 일공의 방식으로는 성공이 미덥지 않다. '민족의 독립과 평화'가 목적인지, 그것을 들먹이며 가공의 권위를 명목으로 삼아 자신의 세속적 야심을 채우려는 것이 목적인지를 끊임없이 의심받고 있어서는 대중으로부터 혁명의 전위라는 신뢰를 얻지 못할 것이다. 만약 일공이 진심으로 통일전선에 나설 요량이라면, 먼저 자신을 민주적으로 개조하는 것이 선결조건이다.

1950년 6월

40주년의 일본공산당

일본공산당은 오는 7월 15일에 창립 40주년을 맞이한다. 나는 당원은 아니지만, 우선 40주년 축하합니다, 라고 한마디 축사를 하고 싶다.

지금의 정당은 모두 전후에 새롭게 발족해 역사가 얕다. 공산당도 전후에 재건되었지만, 거슬러 올라가 역사를 계승했으니 당사黨史로 보자면 모든 정당 중 최고참이다.

작년의 이맘때는 제8회 대회를 목전에 두고 어수선했다. 이 대회에서 결정을 앞둔 신강령을 둘러싸고 당내가 갈라졌다. 대회가 원활하게 열릴지도 미지수였다.

이 대립은 직접적으로는 신강령의 내용과 심의과정을 둘러싸고 일어났다. 이른바 반주류파는 혁명의 2단계설에 반대하고 한편으로는 토의 절차가 당내의 민주주의 원칙에 반한다고 주장했다. 대립의 정점은 당시 중앙통제 감사위원회 의장이라는 요직에 있던 가스가 쇼지로春日庄次郎 씨의 탈당성명과 이에 맞선 당 주류 측의 '파괴 분자' 제명 처분이었다. 작년 이맘때는 이 내분이 절정에 달해 평소 공산당에 냉담하던 신문도 지면을 상당히 할애했다.

일 년이 지난 지금 되돌아보면, 결과는 주류파의 완벽한 승리다. 적어도 외관상으로는 비가 내리고 나서 땅이 굳었다는 느낌마저 든다. 요란하게 선전해 화제가 된 '가스가 신당'도 쇠퇴해 끝내 대항세력이 되지 못했고, 잇달아 제명당한 학자들과 작가들도 비판의 힘을 유효하게 결집해 내지 못했다. 반면 새로운 진용을 갖춘 당의 주류는 지난번 참의원 선거에서도 의원수를 하나 늘렸고 표도 더 많이 받았다. 올해 40주년의 축하주는 추측건대 달콤할 것이다.

모든 조직은 권력투쟁에서 주류가 이기는 것이 거의 철칙이다. 자민당이든 공산당이든 일경련*이든 총평**이든 모두 그럴 것이다. 일공의 '집안싸움'도 예외는 아니었다.

'집안싸움'이라며 쌀쌀맞게 말하면, 열성인 당원이 반드시 반격해 올 것이다. 나는 몇 번이나 그런 경험을 했다. 공산당에는 이처럼 열성인 당원이 실로 많다. 그것이 공산당의 특징이며, 동시에 우리가 보기에는 일면 약점이기도 하다.

공산주의의 이미지는 지금 상당히 바뀌었다. 그러나 바뀌지 않고 남아 있는 것도 꽤 있는데, 그중 한 가지가 일국일당—國—黨의 원칙이지 싶다. 공산주의는 운동으로서는 러시아에서 처음으로 실현되었고 오랫동안 소련이 세계에서 유일한 공산주의 국가였다. 중국이 동료가 되어 양대국 병립의 정세 속에서 이데올로기적으로도 정책 면에서도 내부대립이 발생했다. 그러나 이런 변화도 일국 규모에는 아직 이르지 않았다. 국내에 두 개의 공산당 또는 공산주의 단체가 병립하는 나라는 아직 없다.

차리즘의 나라에서 공산주의가 최초로 성공했다는 사실은 이후 공산당의 형태를 상당히 결정했다고 보인다. 코민테른에 의한 일원화는 그 결과다. 코민테른은 사라졌지만 그 유산은 지금도 남아 있다.

---

* **일경련**日經連 '일본경영자단체연맹'의 준말이다.
** **총평**總評 '일본노동조합총평의회'의 준말이다.

일본의 공산당은 이 유산을 계승하는 동시에 그 이상으로 일본의 독자적 유산인 천황제적 구조에 침투당한 상태다. 공산당은 천황제와 정면으로 대립했지만, 그로써 공산당 자체가 천황제적으로 변형되었다. 정통성과 기나긴 역사를 내세워 발화하려는 조직 원칙, 심리적 경향에서 일공은 러시아나 중국의 공산당 이상일지도 모른다.

정통성은 모든 조직의 권력투쟁에서 활용되지만, 특히 위와 같은 사정 때문에 그 경향은 공산당에서 두드러진다. 이단은 언제까지나 이단이며 정통이 될 수 없다. 그리고 정통성은 주류파가 독점한다. 선의의 당원 대중이 반드시 주류파에 붙기 때문이다.

일공은 10년 전에도 분열 소동이 있었다. 그때가 작년보다 위기였다. 지금 주류파의 일부는 10년 전에 반주류였다. 그러고 보면 작년의 탈당과 제명이라는 응수는 대중적 수준에서 말하자면 규모가 작았다.

전전의 비합법 시대에도 분열이나 당 해산 소동이 없지 않았다. 다른 정당이었다면 진즉에 당명이 바뀌었을 것이다. 그런데도 공산당만이 40년의 전통을 자랑하고 역사의 일관성을 주장하는 근거는 무엇인가. 또한 분파가 끊임없이 숙청되고 또한 끊임없이 재생산되는 이유는 무엇인가. 차리즘(중국의 경우라면 만다린 지배)과 천황제의 전통이라고 생각하는 수밖에 없다.

이 전통을 파괴하는 힘을 전통에 입각해 내부로부터 만들어 내는 것, 뒤집어 말하자면 이단을 배제하지 않는 적극적인 정통성을 만들어 내는 것을 나는 일본의 공산주의자에게 바란다. 그게 가능하지 않다면 일공은 영영 의회에서 소수당에 머무를 것이다.

물론 소수당이기는 하나 공산당이 합법적으로 존재하는 것은 좋은 일이다. 원내 활동은 차치하고, 진지하고 선의를 가진 민중의 터전으로서도 집결소로서도 공산당은 없으면 안 된다. 그러나 그 정도로 괜찮은

지가 문제다. 합법성을 정치적 무력함과 맞바꿔도 좋은가.

　　나는 일본공산당의 창립 40주년을 축하하는 데 주저하지 않는다. 남몰래 건배라도 하고 싶을 정도다. 다만 한편에서는 "40년 따위 똥이나 처먹어라" 하는 공산주의자도 있었으면 좋겠다. 역사는 끊임없이 현재로부터 시작하기 때문이다.

1962년 7월

노동조합과 관료주의

노동자만이 아니라 일반 국민도 주목한 총평(일본노동총평의회)의 제5차 대회는 작년의 일반보고를 승인하고 올해의 새로운 운동방침을 가결하며 무사히 끝났다. 노동자를 중심으로 국민 총저항의 태세를 정비해 민족적 위기를 타개하자는 취지다. 나 역시 국민의 한 사람으로서 이러한 운동방침을 지지한다.

총평으로 결집된 노동자의 힘이 이러한 임무를 감당할 만큼 강하다는 것을 나는 원칙적으로는 의심하지 않는다. 노동자는 국민의 핵심이며 총평은 전 노동자 계급의 중핵이다. 먼저 이 점을 서로 간에 승인해야 한다. 승인하고 나서 희망이든 주문이든 내놓는 게 필요하다. 연대관계를 확인하고 다지려면 이해를 해야 하고, 이해를 하려면 비판이 없어선 안 된다. 성실한 상호비판이야말로 우리의 무기다. 총평으로 결집된 노동자 제군, 특히 간부 제군이 열의를 갖고 국민의 비판에 귀 기울이기를 희망한다.

나는 노동자, 조합조직, 노동운동에 대해 거의 아무것도 모른다. 문서나 통계를 통해 표면으로 드러나는 것이라면 몰라도 내부사정에 대해서는 완전히 문외한이다. 그러나 그들과 제휴하고 협력하려면 아무래도 알아야겠다. 대체 노동조합은 어떠한 인간적 결합관계 위에서 성립하는가? 그들을 움직이는 것은 무엇이고, 그들의 장점과 약점은 어디인가? 우리가 그들과 제휴하려면 무엇을 고려해야 하는가? 나는 이것들을 간절히 알고 싶다.

　나의 좁은 경험에 비춰 보더라도 조합의 성격은 천차만별이다. 교사, 은행원, 공장노동자 등을 비교하면 이리도 다를까 싶을 만큼 사고방식과 행동양식이 다르다. 같은 공업 노동자라도 업종에 따라 다른 듯하다. 노동과정은 인간의 내용을 결정하는 중요 요소이니 노동자라고 한마디로 뭉뚱그려서는 안 될 것이다.

　그러나 차이 속에 엄연히 일치점도 있기 마련이며, 그렇지 않으면 계급이라고 말할 수 없다. 따라서 우리는 노동운동에서 차이와 일치 양쪽 모두를 봐야 한다. 우리만이 아니라 노동자 자신이 다른 일을 하는 노동자를 볼 때 그리해야 한다.

　지금은 차이에 대해 다루지 않기로 한다. 노동운동을 전체적으로 보는 경우, 특히 그것을 인간적 결합관계라는 각도에서 보는 경우, 가장 신경 쓰이는 대목은 조합조직의 메커니즘과 관료주의의 삼투 정도 및 그 실태다. 일본의 모든 부분사회에 관료주의가 스며들어 있으니 노동조합만이 자유로울 리 없다. 또 한 가지, 조합의 민주화는 절박한 요구다. 민주화하지 않으면 조합은 강해질 수 없다. 국민의 핵심이 될 수는 더더욱 없다. 민주화를 위해서는 관료주의를 극복해야 할 텐데, 현재 아래로부터의 민주화 동향과 관료주의의 상충은 어떠한가? 그리고 극복할 전망은 있는 것인가? 이런 관점에서 바라보는 것이 중요하다. 그 대목을 정확히 포착하지 못한다면 노동운동에 대한 평가는 물론이고 국민 총저항의 역량에 대한 자기평가도 불가능하다.

　그런데 이런 종류의 문제는 인간관계의 미묘한 사정과 얽혀 있어, 작성된 자료가 실로 부족하다. 진작부터 나는 조합활동에 종사하는 친구들로부터 이 문제에 관한 데이터를 모으려 했다. 우연히 3개월 정도

전에 내 의도를 헤아려 준 한 친구가 자신의 견문을 바탕으로 조합 내의 관료주의에 대해 보고해 줬다. 이 보고 안에서 중요하다고 여겨지는 일부를 일단 여기서 소개하고 싶다. 분명 독자에게도 흥미로울 것이다.

친구는 최근까지 어느 산업별 단일조합 중앙의 사무국 직원이었다. 지금은 그만두고 다른 일을 한다. 직원이라는 위치는 조합 간부를 아래로부터 그리고 제삼자로서 바라보기에 유리하다. 그래서 내가 부탁했던 미묘한 사정에 관한 관찰을 얼마간 제공해 줬다. 나의 친구는 인품이 성실한 청년이니 보고에 거짓이 끼어들지 않았다는 것은 보증할 수 있다.

아래에서 소개할 조합의 내부사정 혹은 결함이 얼마나 일반적인지 나는 잘 알지 못한다. 다만 일본 사회의 전체 구조와 내가 접한 교원사회의 실정을 토대로 감안하건대 그리 특수하지는 않으리라고 짐작한다. 어느 조합도 조금은 그러하며, 따라서 극복해야 할 긴박한 대상이라고 생각해도 좋지 않을까 싶다.

2

보고는 서두를 이렇게 시작한다.

현재 총평을 필두로 하는 노동조합이 일본의 정치, 경제, 사회에서 차지하는 역할이나 평화운동에서 차지하는 비중이라면 새삼스럽게 말할 필요가 없으니, 그런 적극적 측면은 일체 생략하고 여기서는 주로 부정적 측면에 한해서 말씀드리겠습니다. 올바르지는 않겠지만 이런 방식이 선생께서 주문한 주지라고 여겨지고, 또한 부정적 요소를 노골적으로 드러내 일본 노동조합의 훌륭한 투쟁을 한층 강화할 수 있다면, 즉 현재 지닌 약점을 극복할 수 있다면 일본의 노동운동은 비로소 '진짜'가 되리라고 생각합니다. 언제였나 선생께서도 일본 노동운동의 내적 결함은 진보적 사람들 사이에서도 하나의 맹점이 되어 있다고 말씀하셨습니다. 저도 같은 생각입니다. 그리고 그 한 가지가 조합 간부의 관료화와 그에 따른 부패에 있음을 지적하지 않을 수 없습니다.

이윽고 보고는 조합 간부를 대하는 조합원 대중의 감정이 국회의원을 대하는 국민 대중의 감정과 닮았으며 간부가 대중에게 제대로 '복무'하지 못한다고 지적한다. 그리고 그 근거가 간부의 관료화와 그에 바탕을 둔 부패에 있다며 구체적 실례를 들고 있다. 이어 해결책에 관한 의견을 개진한다. 여기서는 보고의 순서에 따라 먼저 조합 간부의 생활 실태에 관한 분석으로부터 시작하겠다. 보고는 "총평의 주류에 속한다고 회자되는 유력한 중앙 산업별 단일조합"을 주된 사례로서 거론한다. "이 조합은 연합체 조직이니 일단 Q연합회라고 부르기로 합니다."

이제부터 주로 보고를 인용하고 나의 해설이나 감상은 주석의 형태(고딕체)로 첨부한다.

조합의 조직과 조합 임원의 수입

Q연합회의 중앙 본부는 도쿄에 있으며, 그 하부조직은 전국에 아홉 개(홋카이도부터 규슈까지)의 블록으로 나뉘어 있습니다. 그 지구 연합회 아래에 각 지구의 기업별 조합이 조직되어 있습니다. 알고 계시리라 생각하지만 기관의 종단 관계를 정리하면 다음과 같습니다.

총평 - Q연합회 중앙 본부 - Q연합회 지구 본부 - 단위조합 본부
(=기업별)

>> 각 지구연합회마다 수십 조합, 전국에는 약 백 조합.

결의기관은 '전국대회-중앙위원회'이고 집행기관은 '중앙집행위원
회'입니다. 각 지구연합회는 활동가를 추천하고 그들은 전국대회
의 신임투표를 거쳐 중앙집행위원으로 전임합니다. 지구연합회 이
하의 기관에도 집행위원이 있는데 각각의 하부조직에서 선출된
집행위원으로 구성됩니다. Q연합회 본부의 중앙집행위원회는 약
20명의 위원으로 구성되고 그들이 기관을 운영합니다. 본부에는
중앙집행위원회를 보좌하기 위해 조직 바깥에서 약 15명의 비조합
원 직원이 고용되어 있습니다. 직원은 주로 기술적 실무를 담당합
니다. 예를 들면 조사부의 자료 정리, 기관지의 편집 사무, 등사판
인쇄의 프린트, 그 밖에 하부조직과의 연락통보 사무 등입니다.

>> 이 보고의 필자는 직원 가운데 한 명이었다.

Q연합회 본부의 1952년도 연간 예산은 총액이 3,660만 엔이며, 지
금 여기서 근무하는 사람들의 실태를 알기 위한 단서로서 이 예산
에 계상計上된 인건비를 추려 1인당 평균치를 내 보면 집행위원의
몫은 대략 다음과 같습니다.

1. 월수입: 기본 2만 4,300엔(연말 상여금은 이의 1.5배)

2. 집행위원 수당: 한 달 6,000엔(이건 '조직자オルグ 출장비'라는 항목
   속에 '임원 수당'으로 책정되어 있는데, 1인당 13개월분이 계상되며 매월
   정기적으로 지급되니 역시 월수로 간주해야 할 것입니다. '인건비'가 아
   닌 '여비' 속에 집어넣은 것은 눈속임인 듯합니다.)

3. 숙소 증정금: 한 달 5,000엔(도쿄에서는 지방에서 상경해 상주하는

임원에게 미곡을 배급하지 않기 때문에 이 뇌물은 암거래 쌀을 포함한 금액입니다.)

4. 귀성비: 일 년에 보통 일곱 번이며, 한 번에 2,700엔이니 한 달분으로 계산하면 1,575엔(단 도내 출신에게는 지급되지 않습니다.)

5. 출장비의 연간 총액을 1인당 1개월 비율로 나누면 약 5,723엔(전국조직의 조합 임원은 출장 갈 일이 많은데, 출장해 여관에서 묵을 때 숙박비를 현지의 조합이 부담하기도 합니다. 자신의 출신지로 돌아가도 '공무'가 있다면 역시 '출장'이 되니 이 경우는 큰 벌이입니다. 하지만 그렇지 않은 경우도 있으니 출장비 전액을 일률적으로 수입이라고 간주해서는 안 될 것입니다. 다만 관청의 공무원이 출장을 즐기듯 조합 임원에게도 출장이 일종의 뒷주머니 차기임은 짐작할 수 있습니다.)

이상의 금액을 집계하면 1인당 한 달 평균 4만 2,598엔이며, 이걸 그대로 수입으로 간주할 수 없더라도 1, 2, 3, 4의 합계인 3만 6,875엔 아래로는 내려가지 않을 것입니다. 또한 예산에는 월급 인상을 전망해 계상된 연간 50만 엔 남짓의 예비금이 포함되어 있습니다. 하지만 이상은 어디까지나 '공표'된 '평균', 말하자면 최저 기준이며, 임원 중에서도 3역이라 불리는 위원장, 부위원장, 서기장급이 되면 역에 달린 수당이 능력급 형식으로 가산되고 교제비도 나옵니다. 또한 각종 명예직을 맡아 거두는 수입, 예를 들면 노동성의 자문기관인 '최저임금위원회', '노동재해보험심의회', '복리후생심의위원회' 등에서 위원을 맡거나 상급단체·우의友誼단체의 임원이나 고문, 중노위의 위원 등을 맡아 발생하는 수입이 있습니다. 이것들을 감안하면 앞서의 금액은 다시금 정정해야 할 것입니다. 지난번 총평을 탈퇴한 어느 대조합(연합회)처럼 인건비에 관한 예산에 임원이 급여로 받는 실수입 가운데 약 절반만을 계상하고 나

머지 반액은 회사 측과 거래해 획득한다는, 즉 조합에서 정식으로
받는 급료와 같은 액수를 회사 측으로부터도 받는다는 철저한 곳
도 있습니다. 반대로 간부의 급여를 일반 노동자 수준으로 제한하
는 조합도 물론 있지만, 예산만을 보고서는 정확한 수치를 알 수
없는 게 보통입니다.

>> 관료화와 그로부터 생겨나는 부패의 원인을 규명하려면 생활의 물질적 기반을 봐야
한다. 위와 같이 보고된 수치만으로는 자세한 내용을 알 수 없지만, 어쨌든 임원이 되면 일
반 노동자보다 상당히 고액의 소득을 얻는다는 것은 짐작할 수 있다. 보고는 임원, 직원,
평조합원의 수입을 구체적으로 비교하고 있다. 가령 이 연합회의 전국적 평균임금은 약 1
만 4,000엔, 도내만의 평균은 1만 6,000엔 미만이다. 따라서 "임원들은 지방으로부터 상경
해 상근하는 경우 이중생활을 감안하더라도 직장에 있는 편보다 생활은 훨씬 나아진"다.
애초 임원의 수입이 너무 많은 게 문제가 아니라 일반 노동자의 수입이 너무 적어서 문제
지만, 아무튼 그 차이에는 관심을 기울여야 할 것이다. 그리고 예산으로 잡힌 수치에 꿍꿍
이가 있는 것도 일반 사회와 다를 바 없다. 조합의 회계가 이중장부라는 비극을 좀 더 곱씹
어야 할 것이다. 경영자로부터 임원이 돈을 받는 관습에 관해서는 말할 것도 없다.

조합 임원의 일상생활

>> 수입 말고도 편한 일을 맡는다는 사실, 특히 노동 강화에 비례해 현장과의 차이가 벌어진다
는 점이 임원의 지위를 매력적으로 만든다. 보고는 이렇게 이어진다.

Q연합회 임원이 일하는 모습을 말하자면 ― 근무시간은 9시부터 5
시까지지만, 5분 거리의 기숙사에서 임원들이 본부 사무소로 출근
하는 시각은 대개 10시경입니다. 임원들 중에는 애초 사무에 서투
른 사람이 많고 일상적 운영은 직원에게 맡겨 두면 충분하니 임원
은 그저 직원을 감독하고 명령하면 그만인데, 그리하면 자신이 무
척 훌륭해진 것처럼 느끼는 모양입니다. 관공서의 과장 같은 자가

적지 않습니다. 물론 임원이 일 년 내내 놀고 있는 것은 아니며, 전국대회나 파업을 할 때면 꽤나 분주합니다. 보통 때도 임원은 회의와 조직자를 위한 출장에 대부분의 시간을 할애하는데, 특히 투쟁할 때면 이 두 가지 일에 쫓깁니다. 그렇더라도 '조직자'는 비행기를 타고 호화여행을 누리는 예도 있는데, '여행' 분위기를 꽤나 즐길 수 있는 모양입니다. 대체로 의지가 있으면 할 일도 얼마든지 있고, 게으름 피울 요량이면 얼마든지 농땡이를 칠 수 있는 게 노동조합입니다. 대학생이 하는 공부와 비슷합니다. 그러니까 사무소에서는 짬만 나면 잡담이고, 휴식 시간에는 바둑, 장기, 탁구를 즐기며 기숙사로 돌아가면 마작과 화투가 성행합니다. 기숙사에서 지낸다는 것이 부자유한 조건임은 부정할 수 없으며, 한창 일할 나이의 남자들이니 술과 여자에 관해서는 말을 꺼낼 필요도 없겠죠. 기숙사에서 가까운 번화가의 어느 술집에는 Q연합회 서명으로 기증한 '대박'大入り 축액祝額이 걸려 있었습니다. 종종 초밥집 등에서 볼 수 있는, 나무에 조각하고 적색과 흑색으로 칠한 액자입니다. 지금은 이미 떼어 냈을지 모르지만요. 그런 식이니 기숙사는 조용히 책을 읽을 수 있는 분위기가 아닙니다. 책이라면 『부부생활』 따위가 한두 권 굴러다니고 있죠.

집행위원은 매년 있는 정기대회에서 새로 뽑지만 절반가량은 유임입니다. 물론 지방의 순박함을 지닌 성실한 조합활동가가 선출되어 오기도 합니다. 상당한 열의와 포부를 갖고서 상급기관으로 일하러 온 귀중한 사람들입니다. 그러나 그들(말하자면 1학년 의원)도 한 달이 지나고 석 달이 지나면 2학년, 3학년 의원들의 분위기에 물들어 어느덧 같은 길로 접어듭니다.(드물게 고독한 노동 인텔리가 되거나 상급기관에 실망해 출신 조합으로 돌아가든 자들은 예외입니다.) 대체로 관료란 자는 일을 하면 안 된다고 합니다만, 그들은 일을 하고 싶어도 방법을 모르고, 선배들의 유혹을 거부하면 소외당하며, 지리도 어두운 도쿄에서는 외출해도 갈 곳이 없으니 선배들의 난잡한 이야기를 귀담으며 선배들이 내기마작에 열중하는 동안 옆에서 무릎 꿇고 멍하니 있어야 합니다. 하지만 그런 상태가 오래가는 것은 아닙니다. 이윽고 그들은 젊은 피를 모두 도시의 향락에 바치든지(예전에 공산당원인 집행위원이 부임해 온 지 얼마 되지 않아 성병에 걸린 사례가 있습니다), 임기가 끝나서 돌아가기 전에 서둘러 돈을 모으든지(1년이 지나면 입을 것은 모두 갖추어진다고들 합니다), 유혹에 무릎 꿇어 지배계급과 교분을 나누든지(자본가의 스파이가 되거나 파업을 파는 '개' 이야기는 예나 지금이나 여전합니다), 관료적 출세주의자가 되어 정계 진출을 노리든지(노조를 지반으로 한 똘마니 의원이 꽤나 늘었습니다) ― 어쨌든 노동자 대중에 관한 일은 (예외를 제외하면) 점차 그들의 머릿속에서 떠나가는 것 같습니다.

>> 이후 보고는 임원이 급료를 가불하는 사례나 가불한 액수가 늘어나 조합비를 사사롭게 사용하는 사례를 들고 있다. 그리되면 '유혹과 회유의 손'이 사방에서 뻗어 온다. 이는 때때로 임원 동지 사이에서 불화와 대립을 초래하는 원인이 되기도 한다. 어쨌든 "상근하는 집행위원 쪽이 직장에 있는 것보다 급료가 훨씬 높고 몸은 편하고 상사의 구박도 없고 마음먹기에 따라서는 [의원이 되거나 미국에 가는 등] 전도양양합니다. 그리고 그 정도는 상급기관으로 올라갈수록 커집니다"라는 것이다.

부패의 실례

작년 일입니다만, Q연합회에 속한 모 단위조합에서 재정 담당자가 3년 동안 현금과 기물 등으로 합계 약 400만 엔을 횡령한 사실이 드러났습니다.

이 사건의 중심인물은 다른 문제 때문에 사기죄 용의자로 올랐다가 이 사건도 발각되었습니다. 경찰이 그 문제를 따지던 중에 여죄가 들통난 것입니다. 조합원들은 그때까지 아무것도 몰랐습니다. 그도 그럴 것이 재정부장의 악행을 알아차린 조합 임원들은 거의 모두 한통속이 되어 부장의 약점을 이용해 그를 협박해서는 몫을 챙기고 있었던 것이죠. 관계자는 현재 기소당했지만, 조합은 재정부장 이하 두 명을 제명하고 다른 다섯 명에 대해선 조합에서의 권리를 각각 1년에서 5년간 박탈했을 뿐입니다. 그러나 그 일도 '냄새 나는 데는 뚜껑'이라고나 할까요. Q연합회 내부에서는 비판도 자기비판도 거의 나오지 않았습니다. 이 사건은 금액이 컸던 만큼 떠들썩했던 편이지만, 관료적 부패는 좀처럼 문제가 되지 않습니다.

다음은 파업을 잘 하기로 유명한 도내의 어느 단위조합에 관한 이야기입니다. 언젠가 이 조합의 서기 한 사람이 어떤 이유로 며칠 동안 잔업을 해서 몹시 많은 잔업수당을 받게 되었는데, 월급날에 계산해 보니 위원장의 급료보다 많았다고 합니다.(단위조합의 임원은 Q연합회 본부 임원만큼 많이 받지는 않습니다.) 급료의 지불서류를 본 위원장은 자기 급료보다 서기가 많이 받는 것에 화가 나서 장부를 조작해 자기 쪽을 크게 만들었습니다. '말단 서기 주제에 괘씸하다'고 생각했던 것일까요.

이 위원장은 일찍이 조합대회에서 불신임되어 집행위원회가 즉시 해산되었으나, 선거를 새로 했을 때 다시 입후보했고 기묘하게도 다시 당선되었습니다. 자유당 내각처럼 말이죠. 또한 이 조합의 집행위원회는 낮에는 그다지 회의를 하지 않는다는 소문이 있었습니다. 낮 시간에 위원들은 파친코 등으로 시간을 때우고 저녁 무렵이 되면 슬슬 회의를 시작해 때로 밤을 샌다고 합니다. 표면상의 이유를 치우고 사실을 말하자면, 다섯 시가 지나면 잔업수당이 붙고 철야하면 잔업수당이 두 배로 늘어나기 때문이라고 합니다. 너무나 씁쓸한 이야기이지 않은가요? 이제 임원의 잔업수당이 폐지되었으니 더 이상 그런 일은 없겠죠.

기만적 파업의 사례

원래 이 조합은 1만이 넘는 조합원을 거느리며 좌파의 지주라고도 불리는 대조합입니다. 임금인상투쟁 때마다 파업을 벌이는 것을 외부에서 보면 과연 단결력이 강하고 두루 통솔되는 조합처럼 보이지만, 내부 사정을 들여다보면 기가 차는 일도 있습니다.

먼저 조합 본부에 가서 확인해 보면, 이곳의 기본임금이 도내 동일 산업 가운데서 가장 낮다는 것을 알 수 있습니다. 다음으로 사내의 현장을 둘러보면 종업원의 노동조건이 매우 열악하다는 것을 알 수 있습니다. 지붕 없는 작업장, 지붕이 있어도 비가 내리면 침수되는 공장, 차분하게 일도 볼 수 없는 화장실, 양동이도 걸레도 없는 영업지소, 숙직실에 이불도 다다미도 없어서 겨울 내내 숙직원은 콘크리트 바닥에 거적을 깔고 스토브 주위에 모여서 잤다는 이야기 등 시설의 미비와 노쇠, 불결의 예는 일일이 헤아릴 수조차 없습니다. 더구나 일손이 부족하다는 이야기를 어딜 가나 듣습니다.

즉 이 조합은 조합원 개개의 문제에 대해 노동조건을 물심양면으로 개선하려고 일상투쟁을 조직하고 계급적 교육선전 모금활동을 거듭해 조합원의 의식을 끌어올리고 단결을 강화하는, 즉 노조로서 해야 할 기본적 노력은 하지 않고, 그저 울적한 노동자의 에너지 배출구이기라도 한 듯 일견 화려하지만 덧없는 파업에 열 올리는 것처럼 보입니다. 역시 일종의 기만정책입니다. 그러니까 파업은 언제나 기본급을 올리는 것이 중점으로 놓일 뿐입니다. 이처럼 덧없는 파업은 아무리 해 봐야 소중한 경험으로 축적되지 않습니다. 따라서 화려한 겉모습과는 달리 이 조합기관에 대한 일반 조합원들의 불신감은 상당합니다. 조합원들이 간부의 기만적 본질을 본능적으로 간파하기 때문인지도 모릅니다.

무시되는 밑바닥 소리

전부터 강력한 좌파로 알려진 모 단위조합에서 일어난 일입니다만, 그 회사의 어느 영업 출장소에는 특수한 야근이 있습니다. 집이 멀어서 사무소에서 묵는 사람이 많은데 숙박설비가 제대로 갖춰져 있지 않아 가건물에서 남녀 종업원이 함께 잠을 자는 상태였습니다. 거기서 당연히 문제가 일어났습니다. 그런데 문제는 조금도 해결되지 않았습니다. 여자 종업원이 회사를 그만두거나, 밤늦게라도 여자 종업원을 무리하게 귀가시키거나 하며 불미스런 분위기는 내버려 둔 채 문제 해결을 질질 끌었습니다. 당시 조합 본부에서 그 소문을 접하지 못한 이는 거의 없던 모양입니다만, 누구 하나 적극적으로 나서지 않았습니다. 그 이유는 먼저 당사자가 그 문제를 직접 조합에 제기하지 않았고 조합 쪽에서 물어도 자세한 이야기는 기피했다는 것, 그리고 그 조합의 해당 지부가 들춰내지 않는 이상 본부에서 문제 삼는 건 지나치다, 즉 해당 지부의 체면이

깎인다는 것이었습니다.

가령 임금 요구라면 조합원 전체의 공통된 문제이고 획일적으로 투쟁을 벌일 수도 있겠지만, 개개의 구체적 문제는 꽤 복잡하고 해결하기 어려운 경우가 많은 게 사실입니다. 그러나 역시 그런 말단까지 조합 조직이 유기적으로 착근하지 못한다면, 조합기관은 부평초가 되어 언제까지고 '임금인상투쟁 청부업'에 머무르며, 당연히도 조합 간부의 결정은 대중에게 공감을 얻지 못한 채 건성이나 허세로 비치겠죠. 조합기관이 조합원 개개에 관한 '밑바닥 소리'를 길어 올리지 못한다는 것은 노동자가 인간으로서 겪는 내적 문제에는 관여하지 않겠다는 뜻입니다. 여러 사정이 있겠지만 역시 근본적으로는 조합 간부의 관료성이 그 원인이라고 생각합니다.

선거의 실상

조합 임원은 원칙적으로 무기명 투표를 통해 선출되지만, 그렇더라도 실질적으로 민주적이라고 말하기는 어렵습니다. 예를 들어 도내의 어느 저명한 조합에서는 집행위원 선거 때, 직장의 감독자가 하급 종업원에게 투표용지를 나눠 주고는 자신이 보는 앞에서 특정 후보자에게 투표하도록 시킨 사건이 있습니다. 그런데 조합기관은 그 문제를 특별히 들춰내려 하지 않았습니다. 애초 그 조합의 간부들이 그런 식으로 선출되었을지 모르며, 그렇지 않더라도 부정선거를 강요받은 조합원은 직제職制 보복이 두려워 입을 다물기 때문에 문제가 표면화되지 않습니다. 그러나 이처럼 노골적인 방식은 아직 조합 어용화의 초보단계이며, 어용화가 보다 진행된 곳에서는 직제 같은 것이 굳이 간섭하듯이 나서지 않더라도 자본가가 '싫어할 만한 인물'이 조합 임원으로 선출되는 일은 일어나지 않습니다. 그런 곳에서 일반 조합원은 자신들의 조합을 '어용조합'이라고 욕하고 뒤에서는 조합 간부들을 "그 자식들 한통속이야"라고 비난하면서도 선거 때만 되면 그 '한통속'에게 '깨끗한 한 표'를 던집니다. 이것은 민주주의에 대한 모독이라고도 여겨지고 너무나 무기력한 모습처럼도 보이지만, 반대로 생각하면 선거를 모독함으로써 사이비 민주주의에 침을 뱉고 어용 간부를 대중으로부터 고립시키는 것이기도 하겠죠.

그렇더라도 그런 식으로 만들어진 조합기관은 회사의 방침을 조합원에게 흘려보내는 중개자에 불과합니다. 회사와의 단체교섭에서 회사 간부가 경칭을 생략하고 조합 임원을 부르거나 고함쳐도 고개조차 못 쳐드는 광경이 드물지 않습니다.

그런 일은 극단적 사례입니다만, 일반적으로 말해 지배권력에 의한 조합의 어용화 정책은 현재 숙명이라고 믿길 만큼 교묘하게 짜여 있는 게 사실입니다. 물론 공명한 선거로 간부를 선출하는 조합도 분명히 있습니다. 그러나 애초에 조합 간부는 계급적 성실함이 아니라 혀끝의 능란함이나 허세로 선택받곤 합니다. 상급기관, 예를 들어 연합회 본부의 3역 선거라면 지구연합회 사이의 거래로 결정을 짓고 전국대회의 무기명 투표는 형식적 절차가 되기 일쑤입니다.

대중과 간부 사이의 간극

>> 민주화는 언제나 아래로부터, 대중의 생활에서 비롯하는 요구로부터 일어난다. 그 힘이 약

하면 관료화가 진행되어 거꾸로 민주화를 방해하는 힘으로 바뀐다. 이 힘의 뒤얽힘을 보고자는 다음처럼 파악하고 있다.

그런데 이런 약점을 내부에 안고 있으면서도 노동조합은 조국의 식민지 종속국화에 반항하며 투쟁의 깃발을 쳐듭니다. 안으로는 간부들이 보기 역겹도록 부패하고 타락해 있는데도 말입니다. 이상에서 말한 대로 '조합 관료'들이 능력에 어울리지 않게 파업을 감행하는 것은 그들 마음속에 노동자적 양심이 아직 남아 있어서가 아니라 조합원 대중의 압력에 따른 것이라고 저는 생각합니다. 지금껏 조합 관료는 대중의 유약함 위에서 안주해 왔지만, 대중의 전반적 궁핍화는 이미 침묵을 지키고 있을 수 없는 지점까지 그들을 내몰았습니다. 집행위원장이 단체교섭 석상에서 사장의 얼굴도 제대로 쳐다보지 못할 만큼 비굴해진 때에도 갓난아기를 업은 가족회의 주부들은 가슴을 펴고 사장에게 대듭니다. 그리되면 조합 관료는 자기 지위를 지키기 위해서라도 대중의 요구를 얼마간 받아들이든가 적어도 받아들이는 시늉을 해야 합니다. 조합 간부의 타락상을 보며 이제 가망 없다고 단념하고 조합 무용론을 운운하며 체념해도 될 만큼 대다수 노동자의 생활이 녹록한 게 아닙니다. 또한 허무감에 젖어 있지도 않습니다.

조합원 대중이 조합 관료와의 사이에서 생각과 감정의 간극을 느끼는 것은 타개해야 할 현 상황의 일단이라고 생각하는데, 조합 관료들 중에는 직장이나 회합에 나올 때면 부러 평소에 즐겨 입던 신사복을 벗고 꼬질꼬질한 노동복으로 갈아입을 만큼 신경 쓰는 경우도 있지만, 이 간극은 점차 넓어지고 그 뿌리도 깊어지고 있습니다. 그것이 조합 관료를 향한 비판으로서 목적의식적으로 조직된다면 이윽고 건전한 조합운동을 이끌어 낼 수 있겠죠.

그러나 결코 쉬운 일일 리 없습니다. 그 한 가지 원인은 일본의 사회체제, 그리고 일본인의 정신구조 자체, 나아가 그것들과 뒤얽혀 일본의 노동조합이 성립된 과정 속에 있습니다.

>> 관료주의의 발생 근거에 대한 이와 같은 지적은 완전히 옳다고 생각한다. 그리고 근본 원인은 천황제 자체에 있다. 조합운동의 미숙함이 그것을 조장하고 있다. 보고는 이후 전후 조합운동의 특징과 기업별 조합의 장단점을 다루지만, 이 대목은 추상적이고 이론異論이 많을 수 있으니 여기서는 생략한다. 다만 동일 연합체 내부의 대립 감정에 대한 서술, 나아가 노동자의 통일적 자각이 자라나기 어렵다는 지적에 관해서는 생략하지 않겠다.

특히 연합체는 단위조합의 '자주성'을 몹시 존중하기 때문에 단결력이나 통솔력이 약합니다. 그리고 최근에는 이 경향이 더욱 심화되어 대기업과 중소기업의 간극이 각각의 조합 간 대립으로 발전하고 있습니다. 상급기관이 중소기업에 관한 대책 수립에 냉담한 것도 이유로 작용해 중소기업 조합 사이에서는 상급기관 무용론마저 고조되는 중입니다. 그런 일이 아니더라도 각 기업의 조합원에게는 자신이 속한 기업을 배경으로 한 분파주의나 체면 같은 게 있어 연합회에서 함께 일하면서도 대기업 출신의 간부는 중소기업 출신의 간부에 대해 일종의 우월감을 가지며 중소기업 출신자는 일종의 열등감을 느낍니다. '한 기업 한 가족주의' 등의 잔재도 있겠죠. 조합 간부들은 자기 조합의 약점을 서로 숨기며, 자기 회사의 중역이 타 노조로부터 비판받으면 근심하기도 합니다.

예를 들어 도쿄의 어느 조합에서 일어난 일인데, 단체교섭 자리에서 중역들이 조합 측으로부터 추궁당하느라 이상한(자본가로서 대단히 상징적인 동시에 다소 골계적인) 포즈를 취한 장면을 그 조합의 기관지 기자가 재빠르게 찍어 기관지에 실은 적이 있습니다. 그 사진은 다른 노조들 사이에서 걸작으로 평판이 높았지만, 나중에 그 기자는 해당 조합의 간부에게 야단을 맞았습니다. 이유인즉슨 '회사의 수치를 밖으로 드러냈다'는 것이었습니다. 이런 일들을 보면 노동자가 사회적으로 폭넓게, 계급으로서 대동단결하는 일은 더구나 일본에서는 어렵지 싶습니다.

>> 보고는 이어서 조합의 어용화 방식에 대해, 특히 전후의 특징인 미국 방식의 적용에 대해 다룬다. "직계제職階制는 근대적으로 분식된 신분·서열의 정착제定着劑입니다"라는 의견에 나는 동감한다. 한때의 '노동귀족'이 아닌 '조합 관료' 자체가 오늘날엔 "군사적 식민지 지배의 일환으로서 체계적으로 형성되고 있다"고까지 보고는 단언한다.

3

이상, 나의 젊은 친구의 보고를 인용해 조합운동의 실태, 특히 관료주의의 발생 상황을 살펴보았다. 그리하여 가까스로 대책을 모색해야 할 단계에 이르렀다.

그러나 대책 마련은 어렵다. 나의 친구도 구체적으로 대책을 내놓지 못했다. 즉효약은 없다는 게 진실이리라. 다만 지금으로서는 민주화는 아래로부터 솟아오르는 수밖에 없다는 원칙을 확인해 두는 동시에, 이를 위해서라도 의식적으로 지도자를 양성하는 방법을 강구해야 한다는 점을 강조해 두고자 한다. 왜냐하면 대중의 낮은 의식(이 현실에서 눈을 돌려서는 안 된다)과 조합 간부의 관료화는 상관관계에 있으며 일종의 악순환인 경우가 많기 때문이다. 보고도 이 점을 지적한다.

그런데 정당의 문제가 되면 여기서 다시 지도자 문제에 맞닥뜨립니다. 지금은 다루지 않겠지만, 이에 관해서도 한 가지만큼은 말씀드리고 싶습니다. 지도자가 대중적 기반으로부터 생겨난다고 한다면 대중의 성장과 지도자의 성장은 상관관계를 가지며 지도자의 탄생은 필연성을 지니겠으나, 그와 동시에 지도자의 조직적 양성이 불가결해집니다. 그렇지만 이른바 진보적 진영조차 이 노력이 여전히 몹시 불충분합니다. 지도자의 잘못은 대중의 의식이 유약한 경우 악순환을 거듭해 골수에 이릅니다. 선생께서 언젠가 말씀하셨듯이 일본의 인민이 아직 자고 있다면 다음 세대의 지도자도 그 안에서 잠들어 있겠죠.

그러나 우리가 망국의 길을 바라는 게 아니라면 악순환의 쇠사슬을 끊어 내야 합니다. 혁명적 정당의 강화가 이 과제의 핵심이 아닐까요. 특히 지금, 노동조합에 대해 말하자면 이 점은 반드시 염두해야 할 것입니다.

만일 현재의 지도자가 일반적으로 말해 보고에서 드러난 것처럼 구제하기 어려울 정도라 하더라도(보고자가 노동자 출신이 아니니 부당하게 비판적으로 바라봤음을 감안해야 할지 모르나) 그들 가운데 양심적인 일부는 당연히도 다음 세대의 지도자 양성에 관해 진지하게 생각해야 하며, 분명 생각하고 있을 것이다. 악조건 속에서 어쨌든 오늘날까지 노동운동을 키워 온 사람들이니 그 경험을 살려 자기 안의 관료주의와 투쟁하고 다음 세대를 교육할 수 있을 터이며, 해야만 한다. 이를 위해 하부 대중의 목소리는 물론, 세상의 비평에 넓고 너그럽게 귀 기울이고 자신이 서 있는 자리에 대한 자기인식을 갖추도록 노력해 주길 바란다. 나는 조합 간부 제군을 험담할 생각이 조금도 없다. 일본 민족의 운명을 타개하는 데 공통의 책임을 나눠 가진 국민의 한 사람으로서, 가려진 밑바닥 목소리의 일부를 대표해 굳이 고언을 하는 바다.

1954년 10월

정치와 지식인

지식인이 살아가는 방식을 현재 상황 속에서 다시금 생각해 보고자 한다.

총선거가 끝나고 나서 뭔가 기가 빠진 것처럼 멍해졌다. 처음에는 알아차리지 못했지만 사람을 만나고 회합에 나가고 신문이나 잡지를 읽으며 일상을 보내는 동안에 아무래도 선거 전과 분위기가 많이 달라졌다는 느낌이 들었다. 누구의 얼굴을 봐도 나처럼 멍하다. 표정에서 긴장감이 사라졌다. 오가는 화제가 밝지 않다. 눈에 보이지 않는 어두운 그림자가 드리워서 짓누르고 있다. 그 그림자를 의식하며 선거 결과를 두고 소곤대고 있다. 이긴 건지 진 건지 잘 모르겠다. 다만 알고 있는 것은 전보다도 불안의 색이 짙어졌다는 사실이다.

내가 주위를 관찰해 확인한 일종의 허탈이 지식인 일반에 들어맞는 정신 상황인지 자신 있게 말하지는 못하겠다. 아마도 그렇지 않을 것이다. 나는 그렇지 않기를 바라지만, 그렇지 않다는 확증도 없다. 만약 그렇다면 이건 불길한 징조다.

선거 때, 나는 거의 아무것도 하지 않았다. 친구를 위해 한 차례 지지 연설을 했을 뿐이다. 그 밖에 선거 운동이랄 만한 것은 아무것도 하지 않았다. 신념이 있어 하지 않은 게 아니다. 어쩌다 보니 그리되었다. 이번 선거가 얼마나 중요한지는 나름대로 납득하고 있었으니 힘닿는 범위에서 도움이 될 일은 하고 싶었다. 그러나 도움이 될 만한 역할을 찾기가 쉽지 않았고, 일상생활의 질서를 깨뜨리면서까지 할 필요가 있을지, 할 가치가 있을지를 결정하는 데 자신이 없었다. 일부 지식인이 용감하게 선거 운동에 나서는 것을 방관자로서 복잡한, 얼마간 떳떳치 못한 기분으로 지켜보다가 날이 지나가 버렸다. 지금 내가 맛보는 후회에 가까운 기분에는 이와 같은 결단력 부족에 대한 반성과 혐의가 깔려 있음을 부정하지 않는다. 그러나 그것만은 아닌 듯하다.

이번 선거는 전례 없이 많은 지식인이 동원되었고, 지식인이 직접행동의 형태로써 정치 참가를 하는 사례가 두드러졌다는 점에서 획기적이었다. 종래의 선거에서는 기껏해야 공산당 소속인 혹은 공산당에 동조적인 지식인들이 활발히 움직였을 뿐이지만, 이번에는 좌파 사회당*도 지식인에게 적극적으로 제의를 해 꽤나 폭넓은 동원을 이끌어 냈다. 사회당이 했다기보다 모태인 총평이 주로 한 것이지만, 이런 형태로 지식인이 노동조합의 정치활동에 참가한 첫 경험이다. 역시 파방법** 반대 운동 이후 이른바 저항의 기운이 고조된 결과임이 분명할 것이다. 지식인도 국민적 위기의식을 갖고 있다. 노동자나 농민처럼 직접적 생활 체험에서 나온다고는 할 수 없지만, 따라서 생활권 주장이라는 든든한 기반을 결여하고 있을지도 모르지만, 한편에서는 그 결함을 지식으로 메

---

* 제2차 세계대전 이후 일본 정치권에서는 정당의 난립과 이합집산이 계속되었다. 사회당은 좌파 사회당과 우파 사회당으로 분열되었다가 1955년 10월 일본사회당으로 재통합했으나 내부의 노선 차이는 여전히 남아 있었다. 한편 진보계 정당의 결합에 위협을 느낀 보수 진영은 그해 11월 자유당과 민주당이 통합해 자유민주당을 출범시켰다. 이로써 진보계를 대표하는 일본사회당과 보수계를 대표하는 자민당이 일본 정당의 대립구도를 형성해 소위 '55년 체제'를 이룬다.
** **파방법**破防法 정식 명칭은 '파괴활동방지법안'으로, 1952년 치안 유지를 위해 제정되었다. 이 법에서 말하는 '폭력주의적 파괴활동'이란 내란·외환 원조나 교사 내지 선동, 정치상의 주의와 시책을 추진하거나 반대하려는 목적으로 일으키는 소란이나 방화, 열차 전복 등을 말한다. 이를 근거로 단체의 금지나 해산 등의 처분이 내려졌다.

우기도 하니 질이야 달라도 위기감의 정도가 일하는 대중보다 낮다고는 할 수 없다. 다만 지식인의 경우는 그것을 표현할 수단을 결여하고 있다. 아니, 결여한 것은 아니지만 적어도 평상시에는 힘을 결집하지 않는다. 우연히 그런 형태를 취하는 것은 파방법 반대나 선거 같은 캠페인 시기뿐이다. 그러한 공동투쟁의 형태를 불완전하나마 선보인 것은 지식인 측에서 보더라도 이번 선거의 획기적 의의다.

이것은 말하자면 첫 경험이다. 따라서 그 경험의 결과를 정리하지 않고서는 확정적인 것을 말할 수 없다. 노조는 노조 나름으로 지식인 측은 지식인 나름으로 각자의 입장에서 정리해 보고 나서 다음 단계를 예상하고 보다 나은 형태를 고민해 가는 게 바람직하다. 경험이 없는 나로서는 경험의 정리를 할 수 없다. 그러나 선거 기간 동안 지식인의 정치 참가 문제를 줄곧 고민했으니 그것을 참고의견으로 쓸 수는 있다. 그것으로도 계기 정도의 역할은 할 수 있지 않을까 기대해 본다.

　　2

결과로부터 보건대 총평은 지식인의 동원에 성공했다고 평가하고 있을 것이다. 분명 좌파 사회당은 예상 이상으로 진출했으니 이 결과는 얼마간 지식인의 응원에 힘입었다고 봐도 좋으리라. 시미즈 이쿠타로*** 씨처럼 대중적 인기가 있는 학자가 나서 준 것은 무엇보다도 큰 호재였다.

***　**시미즈 이쿠타로**清水幾太郎 1907~1988. 사회학자이자 비평가로, 현실비평과 아울러 지식인들의 자기비판에 관한 평론을 남겼다. 일본기독교의 지도자이기도 했다. 저서로 『사회학비판 서설』, 『사회와 개인』, 『민주주의의 철학』, 『조지 오웰: 「1984」로의 여행』 등이 있다.

언론을 이용해서 얻은 표로 말하자면 시미즈 씨만 한 사람은 아마도 없을 것이다. 공산당이 눈엣가시로 삼는 것도 무리는 아니리라. 물론 시미즈 씨는 반공이 아니다. 그러나 표를 두고 다투는 막판에 이르면, 오늘날 공산당의 비좁은 전술 시각에서는 시미즈 씨조차 적으로 보이나 보다. 이것은 비극이다. 그리고 국민적 입장에서 해결해야 할 문제다.

시미즈 씨만 두고 하는 이야기가 아니다. 총평이나 사회당이 지식인 동원에 성공한 일은 지금껏 공산당에 국한되었던 정치에 대한 지식인 직접참가의 틀을 넓힌 것으로서, 지식인 측에서 보아도 관심이 모일 만한 사건이다. 나처럼 직접 참가하지 않은 사람조차 선거 기간에 이 문제를 줄곧 곱씹었다는 것은 역시 그만큼 영향을 받은 셈이다. 매우 값진 정치 교육의 기회였다. 이번 선거 중에는 "평화인가 전쟁인가"라는 슬로건이 일부에서 제기되었는데 나는 그 과도한 표현을 반길 수 없었고, 그처럼 비장의 카드인 듯한 딱딱한 슬로건이 일회성 선거에서 내걸리는 게 위험하다고 느꼈지만, 어쨌든 그 과정을 통해 나는 크게 배웠다. 선거는 커다란 캠페인이다. 나는 지금도 선거에 모든 걸 거는 건 어리석다고 본다. 그래서 사회당부터 공산당까지를 포함한 정당과 노조의 정치 활동으로는 만족할 수 없다. 그러나 선거가 지니는 교육적 효과는 의심하지 않는다. 불가피하게 수반되는 축제적 속성의 폐해를 고려하더라도 선거라는 캠페인만큼 국민의 정치 교육에서 효과를 내는 건 없는 듯하다. 그 점에서는 선거를 자주하는 편이 좋은 것 같다.

정당의 입장에서 말하자면, 선거는 무엇보다도 중대한 행사다. 선거에서 진다면 말이 안 된다. 따라서 선거에 모든 걸 거는 건 당연하다고 할 수 있다. 그로 인해 선거에서 득표 수를 두고 다투는 것을 목적으로 삼는 심리에는 동정할 구석이 있다. 그러나 그 심리를 일방적으로 강요하고 모든 걸 선거라는 실리의 관점에서 산출하고 가치평가한다면 도를 넘어선 일이다. 이러한 정당 심리는 국민 심리와 어긋난다. 정당은 고립해 존재하는 것이 아니라 국민이 있기에 정당일 수 있으니 국민 심리와 배치된 정당 심리를 갖는다면 정당으로서는 자살 행위다. 하물며 정당이 아닌 노조라면 해악이 더욱 크다. 노조가 하는 정치활동의 한계를 짚자고 꺼내는 이야기가 아니다. 노조의 본래 기능인 생활권 주장을 위해 기능하도록 선거투쟁을 조정할 수 있는지를 물으려는 것이다.

선거 기간에 노조의 기능이 중단될 여지는 없는지, 만약 있다면 그건 잘못이지 않냐는 것이다. 그리고 이는 노조뿐 아니라 우리 지식인의 정치 참가에서도 늘상 문제인 지점이다.

나는 실제 정치를 아무것도 모르듯이 노동운동에 관해서도 전혀 모른다. 다만 다소의 견문과 지식인으로서 자기 체험을 바탕으로 유추해 판단하건대 선거에만 모든 걸 거는 건 위험하지 싶다. 일상적 경제투쟁이나 평화운동 등이 선거로 인해 고조되는 게 아니라 선거 기간에 중단되는 경향이 있지는 않은가. 만약 그렇다면 그것은 선거제일주의 심리가 초래하는 부정적 결과로서 축제에 말려든 경우다. 그것은 잘못이다. 가령 그 징조로서 최근의 전산*과 탄노**의 파업은 내가 보기에 뭔가 뜬금없었다.

또한 학술회의가 헌법옹호결의안을 부결한 것도 파방법 반대운동 때에 비해 이상하게 뜬금없어 보였다. 평화추진국민회의나 그 밖에 일련의 평화운동이 수그러든 것도 이상해 보인다. 반면 보안대 발족을 비롯해 전쟁준비 세력은 선거 기간 동안 눈부시게 성장했다. 정말이지 대조가 뚜렷하다. 이럴 거라면 선거를 왜 했는지 모를 지경이다. 좌파 사회

* **전산電産** '일본전기산업노동조합'의 준말이다.
** **탄노炭勞** '일본탄광노동조합'의 준말이다.

당의 진출조차 이러한 형세 역전 앞에서는 대단치 않게 보인다. 선거가 끝난 뒤 지식인들의 표정이 멍한 것도 까닭이 없지는 않다.

사실 여기에는 좀 더 복잡한 사정이 있다. 무엇보다 자유당의 다수 의석을 무너뜨리지 못한 것이 우울의 근본 원인이다. 공산당의 전패도 원인이다. 좌파 사회당의 진출은 공산당으로부터 표를 빼앗은 것일 뿐 보수당의 지반을 탈환한 게 아니었다. 진보 정당의 득표 수는 조직 노동자의 인원 수에도 못 미친다. 예상은 했지만 4년 만에 치러진 총선거의 뚜껑을 열어 보니 새삼스레 무력감에 사로잡힌다. 팽팽하던 긴장이 풀려 실망하고 마는 것이다. 그러나 곰곰이 생각해 보면, 이 또한 선거에만 과도한 기대를 건 심리의 결과가 아닐까? 나는 꽤나 경계할 작정이었지만 나도 모르는 새 흥분의 소용돌이에 휘말렸다. 그리고 국민 대다수도 그러할 것이다. 따라서 지식인은 선거에서 선거운동이나 계몽활동도 해야겠지만, 한편에서는 들뜬 축제 분위기를 가라앉히는 역할을 하는 것도 중요하지 않을까? 선거는 신문이나 라디오로서도 중요한 행사이니 대대적으로 캠페인을 벌여 열을 올린다. 그 열광에 휘말리기를 경계하는 것은 선거가 국민 생활에서 차지하는 의미를 정당하게 평가하고, 따라서 투표에서도 냉정한 판단을 내리기 위한 필요조건이 아닐까? 그렇지 않고서야 선거가 끝날 때마다 언제까지고 환멸을 맛볼지 모른다. 보수 세력은 선거에만 모든 걸 쏟아붓는 것처럼 가장하면서 실은 뒤에서 전쟁준비 태세를 착실히 해 나가고 있으니 말이다.

3

국회는 국권의 최고기관이다. 그리고 그 권위는 국민으로부터 나온다.

따라서 국민은 정당한 대표자를 국회로 보내야 할 의무가 있다. 그러나 국회가 국권의 최고기관이라는 규정은 명목적인 것이며, 실제로는 국민에게서 나오지 않은 다른 권위가 국회 위에 올라타 있는 것 같다. 그렇더라도 이 명목적 규정에 실질적 내용을 주입해 가는 노력은 역시 필요하며, 그렇게 노력하지 않는 한 아무것도 개혁되지 않을 거라 믿는다. 국회를 실질적으로 국권의 최고기관답게 만드는 것은 우리 국민의 몫이다. 그것은 가능하며 가능해야 한다. 다만 그 노력은 선거 때만 한다고 되는 게 아니다. 평범한 일상에서 언제나 해야 한다. 그렇지 않으면 국민을 주권자라고 부를 수 없다. 선거가 중요하기는 하지만, 국민의 일상생활 이상으로 중요하지는 않다. 일상생활로부터 멀찌감치 떨어져서 선거를 과대평가하는 것은 위험하다.

그런데 실상은 과대평가하고 있으니, 그것을 정당한 평가로 되돌릴 필요가 있다. 혹은 반대로 선거 때의 긴장상태로까지 일상의 경제투쟁과 평화운동을 끌어올릴 필요가 있다. 그리고 그것을 일관된 국민운동의 형태로 조직해야 한다. 선거에만 과도한 기대를 건다면 잘못이다.

다소 짓궂은 관점이지만, 큰 조직의 노조 간부가 되면 국회든 지방의회든 의원 되기가 쉬워진다. 조직표를 쥐고 있어서다. 그리하여 설령 선의더라도 선거를 과대평가하는 심리 경향이 생겨나는 게 아닐까? 그리고 그런 심리 경향이 조합원에게도 스며들어 일종의 입신출세를 닮은 위계형 심리구조를 만들어 내는 게 아닐까? 거기서 선거투쟁 일변도라는 전술이 생겨난다고도 볼 수 있다. 현 상황이 그렇다는 건 아니다. 다만 그리될 위험에 대해 당사자들이 얼마나 자각하고 또 대책을 강구하고 있는지를 묻고 싶다. 조직 노동자는 광대한 미조직 노동자나 농민에 대해 어떠한 책임을 자각하고 있나? 그들의 희생 위에서 자신들의 안온을 꾀하는 것이 아니냐는 비난을 되받아칠 만한 자신감이 있나? 즉 혁명의 진정한 전위인지를 묻고 싶은 것이다. 우리 지식인으로서는 선거에서 지지 활동에 나서려 할 때 이 지점이 가장 먼저 마음에 걸린다. 공산당에 동조하는 사람이라면 이 지점을 비교적 덜 신경 써도 되겠지만, 총평이나 좌파 사회당이 지식인에게 호소하는 경우라면 이 지점을 소홀히 여겨서는 안 된다. 지식인이 가장 싫어하는 인간 유형의 하나는 노동 보스다.

4

지식인의 정치 참가는 이미 종이 위의 논의 단계를 지나 실행의 결의 단계로 들어섰다. 이번 선거는 그 실험 시도였다. 따라서 실험의 결과를 꼼꼼히 따져 보는 편이 바람직하다. 그에 관해서는 나름의 감상을 밝혔다. 지식인이 정치 행동으로 옮겨가는 경우에는 학문 연구든 예술 제작이든, 즉 직능에서의 내적 비약을 피할 수 없다. 비단 지식인만이 아니라 노동자도 마찬가지라 생각하지만, 나는 지식인의 한 명이니 지식인 심리의 내적 갈등은 잘 알고 있다. 지식인의 결단에는 내적 긴장의 지속이 선행한다. 지지 연설을 한 번 나갈 때도 격렬한 내적 갈등을 겪는다. 이해타산 때문에 그런 게 아니다. 이해타산이 전혀 없다고는 할 수 없지만 그것만은 아니다. 학자든 예술가든 간에 직능에 충실하려는 양심과 환경의 압박 사이에서 긴장상태가 조성되고, 그것이 부단하게 그에게 결의를 강요하는 것이 보통이다. 그때의 머뭇거림이 겉보기에는 지식인의 비겁함이나 무관심으로 비칠지 모른다. 하지만 비겁은 실은 진정한 용기의 근원이다.

　지식인을 선의로 이용하려는 정치세력은 그 사정을 헤아려 비겁이 그대로 용기로 전화될 수 있도록 외부조건을 정돈해야 한다. 즉 정치 참가가 곧 국민에 대한 봉사임을 몸소 실증해야 한다. 잠시뿐이더라도 지식인에게 지적 활동을 버릴 것을 요구한다면, 그것은 영속적 협력의 방법이 아니다.

한편 지식인 내부에도 문제가 있다. 적극적으로 정치활동에 몸을 던진 자와 그렇지 않은 자 사이에서 유대가 끊기곤 하는데 이를 경계해야 한다. 두드러진 결과는 학자, 특히 사회과학자와 문학자 사이에서 엿보이는 의식의 간극이다. 이 간극은 역사적으로 형성되는데 선거를 통한 지식인의 정치 참가가 그 간극을 메우는 게 아니라 심화하는 방향으로 작용한다는 경향은 부정할 수 없을 것이다.

예를 들어 최근 읽고 기억에 남은 데즈카 도미오手塚富雄 씨의 「골격이 되는 것」(『세계』 1952년 8월 호), 이토 세이* 씨의 「정치와 문예작가」(『개조』 1952년 10월 호), 미요시 주로三好十郎 씨의 「저항의 근거」(『군상』 1952년 11월 호), 그리고 문학자는 아니지만 다키자와 가쓰미滝沢克己 씨의 「이론과 실천: 학자가 정치적이어선 안 된다는 것은 무슨 말인가」(『사상』 1952년 9월 호) 등은 모두 이 간극을 실감하면서 그로부터 문제를 제출했다. 그 문제를 지식인 사이에서 공통 과제로 삼아 토론하고 해결해야 하는데도 그 노력이 충분치 않다.

이것은 우리의 책임이다. 이번 선거에 즈음한 실험이 이 문제를 푸는 데 조금이라도 단서를 제공했다면 그것은 우리 지식인 전체에게 큰 수확이다.

1952년 12월

---

* **이토 세이**伊藤 整 1905~1969. 평론가. 전후 사소설적 문학전통과 문학정신의 이론화에 주력했다. 『근대 일본인의 발상의 제諸 형식』, 『문학 입문』, 『일본문단사』 등의 저작을 남겼다.

II

인텔리와 민중의 관계

이층집에서 살아가는 것처럼, 아래층에서는 일본적으로 생각하거나 느끼고 위층에서는 플라톤에서 하이데거에 이르기까지 유럽 학문이 끈으로 꿴 것처럼 진열되어 있다. 그리고 유럽인 교사는 위층과 아래층을 오가는 사다리가 대체 어디에 있는지를 궁금해한다. 칼 레비트, 『유럽의 니힐리즘』

1

전후, 저널리즘에서도 인텔리(지식인)론은 떠들썩했던 화두 가운데 하나다. 거의 매달 잡지에서 관련 논문이나 좌담회를 찾아볼 수 있었다. 지식인은 무엇을 해야 하는지 혹은 일본 인텔리의 특징은 무엇인지 등의 문제를 두고 여러 사람이 여러 관점에서 의견을 개진했다. 이미 나올 만한 의견은 얼추 나왔지 싶다. 이즈음에서 일단의 결론을 내도 좋지 않을까. 그렇다고 행동의 규준을 끌어낼 만큼 기초연구가 충분하다는 이야기는 아니다. 우리의 연구는 아직도 부족하다. 예를 들어 인텔리가 속한 중간층의 사회적 성격에 관한 분석이나, 이를 포함한 일본 자본주의의 특수 구조에 관한 연구도 개별적 성과는 나왔지만 활용할 수 있을 만큼 일반성을 가진 형태로는 아직 가다듬어지지 않았다는 인상이다. 기초 연구 없이는 이론을 낳을 수 없고, 이론 없이는 행동의 규준을 낳을 수 없다. 따라서 인텔리론의 결론을 내는 일은 시기상조라고 할 수도 있다. 그러나 정세는 몹시 긴박해서 완전한 결론이 나올 때까지 기다리기 힘든 실정이다. 뿐만 아니라 결론이란 것은 끝내 주어지지 않는다. 끊임없이 과정적 형태로 제출하고 행동을 통해 검증해 다음 단계에서 보다 올바른 결론을 도출해 가는 성질의 것이다. 그렇다면 전후 5년의 경험을 되살리기 위해서라도 일단의 결말은 짓고 싶다.

전후에 번창한 인텔리론을 돌이켜보면, 출발점은 전쟁책임 반성이었다. 왜 일본에서는 파시즘에 맞선 저항이 조직되지 않았느냐는 물음 앞에서 인텔리는 무력함을 자각했다. 프랑스든 중국이든 인텔리가 통일전선의 중심으로 나섰고, 혹은 중심이 아니어도 민중과 하나가 되어 저항운동을 부흥했다. 그런데 왜 일본에서는 그리되지 않았던가? 거기에 뭔가 일본 인텔리의 결함이 있지 않은가? 혹은 특수 사정이 있지 않은가? 어떠한 문제든 죄다 인간은 빼 버리고 체계만으로 설명하려는 유물론자가 아니라면, 주체적으로 책임을 사고하려는 사람이라면, 입장의 좌우를 불문하고 이 물음과 맞닥뜨려야 했다. 파시즘과 전쟁의 위기는 지나간 듯하지만 사실 완전히 끝난 게 아니다. 다시금 위기에 닥쳤을 때 지난번 실패를 반복하고 싶지는 않은데, 그러려면 어찌해야 하는지가 인텔리론의 공통 과제였다. 그리고 이 문제라면 결론이 나왔다. 인텔리가 고립되어 있던 게 잘못이었다.

인텔리가 고립되어 있다는 것은 두 가지 의미인데, 우선 인텔리는 서로 간에 고립되어 있다. 따라서 전쟁에 저항한 소수도 심리적인, 내면의 저항에 머물렀지 그것을 행동으로 표출해 타인과 결합된 사회적 힘을 일궈 내지는 못했다. 그리고 인텔리는 전체적으로도 민중으로부터 고립되어 있다. 일본의 인텔리는 민중과 생활 지반을 공유하지 못한 채 떠다니기 때문에 자신의 지적 능력을 민중을 대변하는 데 유용하게 사용하지 못한다.

이 두 가지 고립은 별개의 것이 아니라 뒤얽혀 있지만, 비교하자면 첫 번째 고립은 알아차리기 쉽고 그만큼 개혁의 방법을 찾아내기도 쉽다. 실제로 전후에 이는 얼마간 개혁되었다. 여러 지적 분야 간에 의견이 교환되고 공통의 과제를 찾으려는 노력도 진행 중이다. 과거와 견주어 보면 커다란 진보다. 학계나 문단에서 분파주의가 여전히 횡행하지만, 그걸 깨려는 움직임도 있으니 점차 개혁되리라고 전망해도 틀리지 않을 것이다. 다만 문제는 두 번째 고립이다. 인텔리와 민중이 격절된 상태는 오늘날에도 거의 나아진 것이 없다.

그렇다면 인텔리와 민중은 어떻게, 그리고 왜 격절되어 있는가? 현상황을 분석해 결론을 내지 않는다면 개혁안도 나오지 않을 것이다. 그런데 이것은 문제가 여러 방향으로 얽혀 있고, 나오는 의견도 가지각색이라서 개괄하기가 어렵다. 그러나 그 과정을 회피한다면 한 걸음도 전진하지 못할 테니 나름으로 일단의 결론을 내 보고자 한다.

그 전에 인텔리(지식인)라는 개념부터 규정하고 넘어가고 싶다. 애초 인텔리란 무엇인가? 그걸 정리해 두지 않으면 논의에 혼란이 일지 모른다. 그 때문인지 인텔리론은 대체로 인텔리를 정의하는 데 지면을 많이 할애한다. 그러나 나는 내 원칙에 따라 개념 규정으로부터 출발하는 방식을 피할 생각이다. 그건 논의를 정리하는 데 보탬이 되기보다 오히려 혼란을 야기하곤 한다. 문제는 오늘날 일본 인텔리의 상황이며, 누가 인텔리이고 누가 아닌지는 굳이 정의하지 않더라도 막연한 형태로나마 일단 경험적으로들 알고 있으리라 생각한다. 적어도 나는 그 한 명이며, 독자 대부분도 분명히 그러할 것이다. 문제는 오늘날 일본 인텔리가 놓여 있는 상황이다.

이상적 시민사회를 상정한다면, 인텔리는 전체 사회의 두뇌 작용을 기능적으로 대표하는 존재여야 한다. 개인에게 머리와 손이 있듯 사회에도 머리와 손이 필요하다. 머리와 손이 분화된 것은 인간이 고등동물인 까닭이며, 사회 역시 진화가 진행될수록 분화가 격렬해진다. 그러나 아무리 분화되더라도 그것은 기능적 분화이니 각각이 따로 존재하는 것은 아니다. 그리되면 생명체에 필요한 통일성을 잃고 만다. 사회가 건전하다면 머리와 손은 반드시 조화를 이루어야 한다.

이상적 시민사회는 현실에는 존재하지 않으니 이 조화가 완전한 경우는 없다. 어디선가 끊겨 있는 게 보통이다. 그렇더라도 일본만큼 심하게 끊긴 경우는 세계적으로 드물다는 사실을 인정해야 할 것이다. 극단적으로 말해 일본의 인텔리는 전체 사회에서 특수한 기능적 역할을 맡는 것이 아니라 실체적인 부분 사회에 고착되어 있다는 견해가 있다. 즉 봉건시대의 신분제가 형태를 바꾼 채로 뿌리 깊게 남아 있다는 것이다. 인텔리와 민중은 직능적으로가 아니라 신분적으로 나뉜다. 뿐만 아니라 각각의 인텔리 부분 사회가 다시 폐쇄적이고 자족적인 길드로 분열되어 있다. 각각의 길드 내부는 두목-부하의 계층적 질서가 관철되며, 독특한 야쿠자적 모럴을 가지며, 서로만 알아들을 수 있는 기호적 용어가 통용된다. 길드의 규율에 따라 바깥과의 커뮤니케이션은 견고하게 차단된다. 전후에 상당히 바뀌기는 했어도 길드의 자괴自壞 작용을 일으키는 데까지는 이르지 못했다. 이것이 현 상황에서 인텔리의 조감도다.

물론 반대의견도 있을 것이다. 일본은 더 이상 봉건사회가 아니며 근대사회, 더구나 부분적으로는 무척 고도화된 근대사회를 실현했다고, 신분제는 메이지 이후 폐지되었고 모든 직업은 국민에게 개방되었다고 반대의견을 펼칠 것이다. 일단 나도 그 전거들을 인정한다. 그러나 내가 보기에는 이것 자체가 신분제를 근대로 반입하는 데 기능했다. 메이지의 신분제 폐지는 말하자면 형식적 폐지였지 실질적으로는 신분제를 국민적 규모로 확대해 부활시킨 것이 아니었나 생각한다. 제도만을 폐지해 낡은 의식을 온존했다. 무엇이 낡은 의식인가 하면, 권위주의며 관존민비며 입신출세주의다. 국민은 자유로운 개인을 향해 해방된 게 아니라, 노예를 향해 해방되었기 때문에 신분의 틀에서 떼어 내진 것에 불과하다. 국민개병, 의무교육 등의 제도 개혁이 그것을 뒷받침했다. 이 점에 관해서라면 역사가들이 유용한 연구를 많이 내놓았다. 또한 제도와 의식의 괴리에 관해서는 법사회학자들이 여러 재료를 제공하고 있다. 이는 한마디로 말하자면 일본 근대의 특수한 뒤틀림이며, 인텔리 역시 국민이니 이 뒤틀림을 반영한 기형화를 면할 수 없는 것이다.

　인텔리와 민중이 신분적으로 갈리는 건 이러한 일본의 사회구조에서 유래한다. 그로부터 인텔리는 민중에 대해 뿌리 뽑기 어려운 우월감을 가지며 민중은 인텔리에게 열등감을 느낀다. 민중은 학자든 의원이든 중역이든 관료든 때로는 예술가든, 요컨대 인텔리를 결코 자신들과 등질한 인간으로 보지 않는다. 대체로 내심 경멸하면서 두려워한다. 이 관계는 과거 무사와 조닌*의 관계를 닮았다. 의원이나 학자나 예술가는 실은 민중이 자신들의 의지나 감정을 대변시키고자 생산의 잉여로 길러 낸 존재임에도 불구하고, 그들은 그렇게 생각하지 않는다. 따라서 학문이나 예술이 민중의 생활에 우연히 도움을 줄 때는 그것을 학문이나 예술의 당연한 의무가 아니라 은혜라고 여긴다.

　이 경우 노동조합이나 진보적 학자는 반대의견을 내놓을지 모른다. 자신이 말하는 민중이란 의식이 뒤처진 층, 특히 농민이나 소상인이며,

---

* 　조닌町人 에도 시대에 도시에 거주한 상인·장인 계급의 사람들을 말한다.

근대적 노동자는 그렇지 않다고 말할 것이다. 나는 그것을 인정한다. 일부는 분명히 나아간 면이 있다. 그러나 전체적으로는 근대적 노동자라고 해도 결코 예외가 아님을 나는 여러 증거를 들어 말할 수 있다.

그런데 인텔리와 민중이 신분적으로 나뉜다고 하더라도 일본은 일단 근대사회를 실현하고 있으니 양자가 혈통에서 갈리는 것은 아니다. 또한 소유관계나 권력으로 갈리는 것도 아니다. 인텔리는 민중 출신이며 뿌리는 같다. 민중 이외의 것에서 인텔리가 나오는 게 아니다. 따라서 반대로 말하자면, 민중은 누구나 잠재적으로는 인텔리이며, 기회가 생기면 인텔리가 된다. 그리고 인텔리가 되어 일종의 신분과 거기에 따르는 특권을 취한다. 좋은 사례로서 전쟁 중의 통제경제로 공단公團이 대거 신설되자 상인이 공단의 임원이 되어 하루아침에 지위가 바뀐 일을 상기해 보자. 그리고 공단이 문을 닫자 그들은 다시 예전으로 돌아갔다. 혹은 농민 출신의 하사관이 같은 농민 출신의 병사를 얼마나 괴롭혔던가를 상기해 보자. 공단의 임원이나 하사관이 순수한 인텔리는 아닐 것이다. 그러나 넓은 의미에서는 그들 역시 인텔리이며, 좁은 의미에서도 달라지지 않는다. 예를 들어 어느 소설가는 경관으로부터 모욕을 받자 소설가(즉 인텔리)라는 특권을 이용해 항의했다. 어느 대학교수는 공무원의 대우가 얼마나 열악한지에 대한 예증으로서 자신의 생계를 공개해 평판을 얻었다. 사실 이 경우 푸념처럼 보이는 호소의 밑바닥에는 국립대학 교수라는 특권적 지위엔 거기에 걸맞은 물질적 뒷받침이 따라야 한다는 무의식의 전제가 깔려 있다. 인텔리의 언행을 조금만 주의해서 살펴보면, 이런 사례는 얼마든 찾을 수 있다. 누구든 인텔리라면 자각 여부와 관계없이 이런 우월감에서 벗어나지 못한다.

즉 인텔리와 민중의 괴리는 제도적이라기보다 심리적인 것이다. 따라서 마음먹기에 따라 쉽게 고칠 수도 있지만, 거꾸로 고치기가 어렵기

도 하다. 이런 의식은 거대한 체제로 유지되며 오랜 교육을 거쳐 역사적
으로 굳어졌기 때문이다. 일부의 인텔리가 자기주장을 그만두면 민중
사이에서 다른 인텔리가 등장할 따름이다. 그리고 최근에는 인텔리 지
망자가 더욱 늘어나는 추세다. 작가 같은 직업은 최근까지 사회적 지위
도 낮고 물질적으로도 풍족하지 않아서 적격자가 제한되어 있었지만,
최근에는 작가 지망자의 수가 엄청나다. 국민경제가 파국에 직면한 시
기에 비생산적 인텔리 지망자가 늘어난다는 것은 일본 근대의 뒤틀림이
근본적 지점에서 아직 바로잡히지 않았음을 보여 준다.

2

민중과 격절된 일본의 인텔리는 그 자체가 기형화한다. 기형화는 개인으
로서도 전체로서도 통일성의 결여로 드러난다. 인텔리는 인텔리로서도
분열하고 있다. 개인으로서의 분열은 그 지적 활동이 현실과 동떨어지
고 생활과 유리된 데서 비롯된다. 그러니까 사상이 자라지 않는다. 현장
의 검증을 거치지 않고 빌려 온 외래사상을 유행에 따라 몸에 걸치는 게
일본의 인텔리다. 2층에는 플라톤부터 하이데거까지가 끈으로 꿰여있
어도, 주인은 아래층에서 가미다나*에 등명을 올리고 있을지 모른다. 이
론과 실행이 서로 무매개한 인간이라면 인격분열을 의심해 봐야 한다.

　　또한 인텔리는 전체로서도 통일성을 결여하고 있다. 일본 전체 사회
가 실제 정치에 관한 지성을 결여했다고 여러 사람이 지적하는데, 이는
그 분열이 드러난 것이다. 위로는 국회에서부터 아래로는 작은 학회에

---

*　가미다나神棚 일본 신도神道에서 가정이나 상점에 꾸며놓고 참배하는 작은 제단이다.

이르기까지 운영은 지성이 아닌 다른 힘에 맡겨져 있다. 헌법에서 시작해 학회의 규약에 이르기까지 모든 성문법은 작문이며, 그럴듯하게 작문하는 것과 그걸 지키는 것은 별개의 일로 여겨진다. 실제의 질서를 유지하는 건 일종의 야쿠자 인의仁義적인 자연법이다. 나는 군인이었을 때 전투 기록이 실상과 무관하게 창작되는 것을 보고는 경악했는데, 이런 일은 오늘날 모든 선언, 강령, 회계 보고에서 상식이다. 관청 간의 할거, 예산 나눠먹기, 국민적 이해의 관점에서 벗어난 행동, 즉 모든 관료주의도 그 사상적 뿌리는 인텔리의 자기분열에 있다고 봐도 좋을 것이다. (마루야마 마사오* 씨는 일본의 인텔리층에 두 가지 유형이 있으며 양자는 격절되어 있다는 의견을 냈다. 『존양사상과 절대주의』에 수록된 「일본 파시즘의 사상과 운동」 참조. 또한 가라키 준조唐木順三 씨는 일본 인텔리의 세대적 단절을 지적한다. 『현대사를 향한 시도』 참조.)

인텔리의 자기분열이라는 현상은 일본 문화의 자기분열이라는 표현으로 대체해도 무방할 것이다. 인텔리는 문화의 담당자다. 적어도 문화 중 고도의 집중점이다. 문화에서 국민적 통일이 부재한 것과 인텔리가 민중으로부터 격절된 것은 별개의 현상이 아니다. 일본 문화의 분열을 두고는 이미 외국의 많은 관찰자가 지적을 했고, 국내에서도 여러 분야에서 거론하기 시작했다. 그렇다면 어떻게 이 분열을 극복해야 하느냐는 문제가 되는데, 이 문제는 생각하다 보면 결국 인텔리와 민중을 어떻게 묶어 내야 하느냐는 문제로 귀착할 것이다. 인텔리와 민중 사이의 격절이 없어지면, 일본 문화는 국민통일을 향해 움직이기 시작할 것이다.

그런데 인텔리와 민중의 격절이 제도적인 것이 아니라 심리적인 결

---

*　**마루야마 마사오**丸山眞男 1914~1996. 정치학자. 일본 정치사상사 연구의 최고봉으로 전후 민주주의 사상의 지도적 존재였다. 저서로는 『현대정치의 사상과 행동』, 『일본 정치사상사 연구』, 『충성과 반역』 등이 있다.

과로서 인텔리의 내부분열을 일으킨다는 사실은 앞서 말한 바다. 그렇다면 인텔리를 주체로 두고 생각할 경우 인텔리가 자신의 분열 상태를 자각하고 통일의 회복을 기도하는 것이 나아가서는 인텔리와 민중 사이의 도랑을 메우는 길이기도 하다. 인텔리가 개인으로서 또한 전체로서의 기형화로부터 자신을 구해 내고 완전한 통일을 실현할 때, 바꿔 말하면 인텔리로서의 기능적 역할에 충실할 때 그는 민중과 이어질 것이다. 인텔리가 민중으로부터 고립되는 것은 그가 아직 온전히 인텔리가 되지 못한 까닭이다. 인텔리와 민중의 기능적 분화를 미분화 상태로 되돌릴 것이 아니라 오히려 분화를 완전하게 진행해 신분적 구획을 제거해야 하는 것이다.

인텔리가 인텔리의 역할에 충실하다는 것은 그가 직공으로부터 두뇌 노동자 혹은 기술인이 된다는 뜻이다. 즉 근대적 시민이 된다는 뜻이다. 그리고 전후에 들어 잡지 『근대문학』 등은 이 점을 재빠르게 지적했다. 여러 논자가 여러 방면에서 일본의 인텔리에 전근대적 요소가 얼마나 남아 있는지를 들춰냈다. 재차 그 이야기를 반복할 필요는 없으리라. 다만 지적에 그치고 실천적 해결로 이어지지 못한 이유는 여기서 생각해 봄 직하다.

3

이를 위해서는 먼저 전제로서 인텔리를 근대적 기술인으로서 추상화해 보는 데서 시작하는 편이 좋을 것이다.

기술인으로서의 인텔리는 생산관계에서 주요한 대립 요소가 아니며 중립적이다. 근대의 기본적 대립은 자본가 계급과 노동자 계급의 대립이며, 인텔리는 본래 어느 쪽에도 속하지 않는다. 그는 직접적으로는 아무것도 생산하지 않고 착취하지도 않는다. 물론 인텔리는 정신적 가치를 생산한다고 말할 수 있겠지만, 이것이 인간의 생활에서 물질적 생산만큼 근본적이지는 않다. 적어도 일정한 물질적 생산의 잉여가 없다면 성립하지 않는다. 이것은 원시사회의 예를 봐도 알 수 있고, 자신 혹은 주위를 둘러봐도 알 수 있다.

예를 들어 여기에 한 사람의 농민이 있다. 그는 일정시간 일하고 일정시간 쉰다. 만약 그의 생산력이 낮아서 생산에서 잉여가 발생하지 않는다면, 그는 문화적 소비에 시간을 할애하지 못할 것이다. 생산력이 높아지고 생산에서 잉여가 생겨 그것이 축적되어야 비로소 그는 직접적 생산에 필요한 시간을 줄일 수 있다. 거기서 문화활동이 시작된다. 그 문화활동에서 그가 농기구와 종자의 개량을 시도했다고 치자. 거기에 성공하면 그의 생산력은 더욱 올라갈 테니 더 많은 잉여가 생겨 그는 다른 문화적 소비를 즐길 수 있을 것이다.

만약 그가 농기구와 종자의 개량을 스스로 궁리하는 대신 그 시간에 좀 더 일해서 얻은 잉여생산물을 타인에게 제공해 그 일을 맡긴다면, 여기서 처음으로 두뇌 노동자인 인텔리가 분화되어 나온다. 물론 이런 사례는 생산수단의 소유자인 농민에게는 들어맞지만, 무소유자인 노동자에게는 들어맞지 않는다고 말할지도 모른다. 그러나 순수한 프롤레타리아라는 경제학적 범주는 현실에 존재하지 않으니 노동자의 경우에도 얼마간 같은 말을 할 수 있으리라. 아무튼 문화활동이란 일정한 노동이 축적되지 않는 한 불가능하다는 것은 경험적으로 자명하다.

이 관계를 고도로 복잡화한 것이 근대사회다. 여기서는 생산력의 발달에 힘입어 직접적 생산에 드는 사회적 필요노동시간이 크게 줄어든 결과 비생산 부분을 상당히 늘릴 수 있다. 나아가 물질 생산의 잉여로써 길러 낸 두뇌 부분이 기계를 발명해 필요노동시간을 더욱 절감하여 두뇌 부분을 상대적으로 키우는 경향이 있다. 머리가 손으로부터 분화할 뿐 아니라 머리 내부가 복잡한 분화를 겪는다. 바로 문명의 진보라고 불리는 현상이다. 머리가 분화해 기술이 전문화되지 않았다면 생산력의 무한 발달은 일어나지 않았을 것이다.

아무리 머리가 커지더라도 그것이 손과의 관련성을 잃지 않는 이상 유기체에게 필요한 통일성이 유지된다. 그런데 머리가 자신의 독립을 주장하면 그 유기체는 개인이든 사회든 건강을 잃는다. 손에 의한 노동은 인간의 생존에서 절대로 필요하다. 손에 의한 노동 없이 혹은 노동의 축적 없이 두뇌활동은 발생하지 않는다. 반대로 두뇌활동은 직접적 생산에서 근간이 아니다. 문명의 진보는 아마도 무한할 테니 필요노동량은 상대적으로 점차 줄어들 것이다. 그러나 아무리 줄어들어도 결코 제로가 되지는 않는다. 손이 머리를 기른다는 관계는 어디까지나 불변이다. 설령 인류의 필요노동량이 모두 기계로 대체되더라도 그 기계를 가동하는 한 개의 손은 남을 것이다.

직접적 생산에 종사하는 노동자나 농민, 넓게 말해 민중과, 두뇌활동을 대표하는 인텔리의 사회적 분화는 맞닥뜨린 역사 단계에서는 필연적이다. 만인이 함께 일하고 즐기는, 모든 게 평등한 이상사회는 공상 속에나 있든지, 역사에서는 태고 아니라면 무한의 미래에야 만날 수 있다. 이 공상을 현실에 적용하려고 한 유토피언들은 언제나 실패한다. 인텔리라는 집단은 모든 인류의 사회에서 불가피하게 존재한다.

그러나 인텔리의 존재는 역사에 대해 합법칙성을 갖는 경우, 즉 생산력 증대라는 인류의 목적에 합치했을 경우 그 의의를 갖는다. 사회의 비생산 부분인 인텔리는 미래 생산력의 증대라는 더 커다란 행복 실현을 위해 생산자가 길러 내고 있기에, 만일 이 목적에 부합하지 못하면 인텔리의 존재는 사회에 마이너스가 된다. 축적된 노동을 낭비하기 때문이다. 그가 직접적 생산활동에서 자유로운 것은 노동에 종사할 때보다 많은 가치를 낳으리라는 기대에서 전체 사회가 두뇌활동을 기탁했기 때문이다. 그 기대에 부응하지 않고 단순히 기생적이 된다면, 역사법칙에 따라 사회는 그를 내쫓을 것이다.

여기에 인텔리의 이중성이 있다. 생산과 결합되면 유용하지만 기생적이라면 불필요하다. 생산과 결합된다는 것은 직접적 생산자인 민중과 결합되는 것이다. 기생적이 된다는 것은 착취(봉건적 착취든 자본가적 착취든)가 떨어뜨린 고물을 먹고 자라나 생산과의 관계를 잊는 것이다. 자본가적 생산이 지배적인 오늘날 사회에서 잉여생산물은 모두 착취의 통로를 거쳐야만 실현되며, 직접적 생산자가 인텔리를 직접 길러 내는 일은 없으니 인텔리는 생산과의 관계를 더욱 망각하고 기생적이 되는 경향을 띤다.

게다가 이 현상은 세계적 규모로 진행 중이다. 세계가 하나가 된 오늘날에는 인텔리의 기식성도 세계적이다. 오늘날 서구적 지성은 인류의 두뇌를 대표하지만, 동시에 그들이 제국주의 식민지 지배라는 인류적 규모의 착취로써 자라난 것 또한 사실이다. 근대 초, 르네상스기에 서구에서 등장한 문화적 주체들은 생산자와 일체였다. 따라서 자주독립의 정신을 갖추고 있었다. 전반적 경향으로는 시민사회가 완성되어 가면서 이런 정신이 사라지고 기식성이 늘어났다고 말할 수 있을 것이다. 물론 자주성이 아예 사라지지는 않았지만, 그것은 기식성과 뒤얽히고 있다. 따라서 이러한 인텔리를 인텔리의 자기개조 모델로 삼는 것은 바람직하지 않다. 근대주의자들이 문제를 올바르게 제출해 놓고도 해결 방향을 잘못 잡는 이유도 여기에 있다.

4

문제를 본줄기로 돌리자. 현 상황에서 일본의 인텔리가 민중과 격절되어 있음을 나는 인정했다. 이 격절은 제도적이라기보다 심리적이며 봉건잔재와 맞물려 있음을 인정했다. 그로 인해 인텔리 자체에서 내부분열이 일어난다는 것도, 따라서 인텔리가 주체적 입장에서 문제를 실천적으로 해결하려면 자신의 통일성을 회복하고자 노력해야 한다는 점도 인정했다. 그러려면 미분화 상태로 되돌아가려는 반역사적 방법으로는 문제의 해결이 불가능하니 인텔리와 민중을 완전하게 분화하는 방법밖에 없음도 인정했다. 거기서 인텔리가 완전한 인텔리가 되려면 어떻게 해야 하느냐는 대목에 이르며, 근대적 인텔리의 이중성에 맞닥뜨리게 된다.

시민사회가 완성된 이후의 서구 인텔리를 모델로 삼는 것은 자기개조에 나서야 할 인텔리의 목표로는 바람직하지 않다. 까닭인즉슨 그것은 기식성이 승리한 경우이기 때문이라고 나는 앞서 밝혔다. 아마도 이 주장에는 많은 반대론이 따르리라. 일본의 인텔리 사이에서 근대주의는 주요한 한 가지 경향이 되어 있다. 오늘날 서구가 달성한 높은 지성을 거부하자는 주장은 그들의 눈에 폭론으로 비친다. 그러나 나는 실상 그 대목이 일본 인텔리의 약점을 잘 보여 준다고 생각한다.

근대주의에 반대하지만 실은 근대주의의 변형에 불과한 일파로서 마르크스주의자가 있다. 그들은 공식을 제시한다. 인텔리는 인류의 진보를 믿는 한 부르주아지로부터 프롤레타리아트 진영으로 옮겨 가야 하고 또한 옮겨 가고 있다고 말이다. 그러나 이 공식으로부터는 아무것도 나오지 않는다. 구체적 프로그램 없이 실천적 힘이 나올 리 없다. 주체의 조건을 생각하지 않는다는 점에서 마르크스주의자는 근대주의자와 다를 바 없다. 예를 들어 오늘날 경제적 몰락에 직면한 일본의 인텔리(넓게는 중간층)가 특권을 급속히 상실해 프롤레타리아트 진영으로 이행해 혁명세력이 될 것이라는 낙관설 따위가 얼마나 현실에서 유리되었는지는 굳이 설명할 필요도 없을 것이다. 오늘날 국민경제의 위기 상황에서 인텔리 지망자는 실제로는 거꾸로 늘어나고 있다. 그리고 이 부동성浮動性이야말로 일본 인텔리 사이에서 근대주의(마르크스주의를 포함해)가 지배적 경향이 되는 현상과 표리일체다.

이 점에 관해서는 일본 인텔리의 발생 계통을 조사해 봄 직하다. 일본의 자본주의는 국가권력이 위로부터 육성한 것이다. 여기에 조응해 인텔리 역시 인위적으로 만들어졌다. 근대사회에 적응하는 인텔리를 일거에 대량생산하고자 메이지 정부는 교육에 힘을 쏟았다. 사관학교·제국대학·사범학교 등은 목적은 달라도 전체적으로 일본 인텔리의 골격을 구축하는 역할을 맡았다. 국가권력은 권력의 배당을 당근으로 삼아 수재를 낚아 올림으로써 인텔리에 대한 늘어나는 수요를 충족했다. 이렇게 형성된 인텔리의 골격 부분은 처음부터 생산에서 유리되고 입신출세주의에 물들어, 권력이 풍기는 냄새에는 민감하지만 생산활동(정신적인 것을 포함해)에는 흥미를 느끼지 않는다. 일본의 자본가가 생산보다 군사적 투기에 열을 올리는 것과 마찬가지다. 스스로 고심해서 생산하기보다 완성된 것을 빼앗아 오는 지름길에만 골몰한다. 학문이 그렇고 예술이 그렇다. 오늘날 마르크스주의자를 포함한 근대주의자가 횡행하는 것도 이상할 일이 아니다.

나아가 중요한 것은 신분제가 형식적으로나마 폐지되어 교육 기회의 균등이 주창된 까닭에 교육이라는 수단을 매개로 인텔리의 비생산적·부동적 속성이 민중 사이에서 만연하고 있다는 점이다. 농민은 토지를 팔고 소상인은 빚을 져서라도 머리 좋은 자식을 상급학교로 보내는 것이 견실한 생업보다도 확실하고 유리한 투자라고 믿는다. 그로 인해 생산을 우러러보는 질실質實한 기풍은 사라지고, 한편 건전한 자본가적 모럴은 자라나지 않아 국민은 전체적으로 권력을 둘러싼 도박에 몰입하게 되었다. 오늘날 국민적 궁핍이 심화될수록 민중의 마음은 생산을 향하는 게 아니라 소비를 동경하며, 따라서 비생산적 인텔리 지망자가 늘어나고 있다.

그렇다면 이러한 현상을 어떻게 개혁해야 하는가? 인텔리는 무엇을 이뤄 내야 하는가? 내게도 구체적 계획 같은 건 없다. 만약 혁명을 성취해 현재의 거대한 체제를 무너뜨린다면 근본의 장애가 사라지겠지만, 나는 일본에서 사회혁명이 하루아침에 가능하다는 공상을 전혀 믿을 수 없다. 나는 할 수 있는 것을 할 수 있는 범위에서 하고, 그 노력을 쌓아 나가는 수밖에 없다고 생각한다. 인텔리는 개인으로서도 전체로서도 일단 자기의 분열 상태를 직시하고 통일을 꾀해야 한다. 그러려면 생산에 대한 존중을 회복할 필요가 있다. 일체의 기식을 힘닿는 대로 그만두는 게 중요하다. 자주적이 되는 것, 자기 자신이 되는 것, 그게 첫걸음이다.

어떻게 하면 생산에 대한 존중을 회복할 수 있을까? 이를 위해서는 타락한 오늘의 서구가 아니라 발흥기에 있던 시민사회의 정신으로부터 배우는 게 한 가지 방법이리라. 그러나 시대가 달라졌으니 시민정신을 그대로 일본에 이식할 수 있을 리 없다. 혹은 지난 세기말 러시아의 인민주의자 운동이나 금세기 초 중국의 학생운동 정신도 참고로 삼을 만하다. 반대의 각도에서 말하자면 일본의 혁명이 권위구조를 그대로 가져와 바깥에서 혁명을 내리눌렀다가 실패했다는 과거 경험을 돌이켜보는 일도 중요하다. 그런 개개의 문제를 지금 다룰 여유는 없다. 여기서는 당면한 문제인 인텔리가 살아가는 방법에 대해 일본의 과거 전통 속에서 얻을 수 있는 교훈의 일례로서 안도 쇼에키*라는 인물을 소개하고 마무리 짓겠다.

5

2백 년 전 일본의 독창적 사상가인 안도 쇼에키에 대해서는 허버트 노먼 씨가 자세한 연구(『잊혀진 사상가』)를 내놓았다. 나는 먼저 거기서 일부 내용을 취해 오겠다. "단지 책을 통해서만 이뤄지는 학문의 위험을 말한 회의가懷疑家 베이컨의 언어"를 인용한 뒤 노먼 씨는 다음과 같이 쓰고 있다.

> 인간성에 대한 쇼에키의 자각 역시 그로 하여금 둔세적遁世的이고 자기만족적인 학자를 증오하고, 나아가 민중을 향한 깊은 존경의 마음이 생겨나게 만들었다. 특히나 쇼에키는 타인에게 밥을 먹이고자 토지를 경작하는 사람들을 존중했다. 양洋의 동서를 불문하고 목가시인이나 중농사상가들은 나름의 방법으로 농민과 농업을 상찬하지만, 그것은 대개 시류에 편승한 문필적 관행이며, 농업이 중심인 사회에서 당연한 일이었다. 그러나 쇼에키의 경우 그것은 실로 인생관의 본질이었다. 쇼에키는 직접 농경에 종사하는 것, 즉 그가 말하는 이른바 직경織耕을 인간의 유일한 건전健全으로 삼고

---

*　**안도 쇼에키**安藤昌益 1703~1762.　에도 중기의 의사이자 사상가. 기존의 유학과 종교를 부정하고 만인이 농업 생산에 종사하는 평등사회관을 펼쳤다. 만년을 아키타군의 마을에서 보냈다. 메이지 후기에 저작 『자연진영도』自然眞營道가 세상에 알려졌으며, 제2차 세계대전 이후 캐나다의 일본사 연구자 노먼E. Herbert Norman이 조명해 논의되었다.

자연스런 영위로 여겼으며, 반복해서 그 기본적 주제로 돌아갔다. 더구나 이 집요함은 감정이라기보다 열정에서 발했으며, 문필적 몸짓이 아니라 신념의 표명이었다. 농민에 대한 존경이 쇼에키의 일면이라면, 그 반면은 사회악에 대한 증오, 탐욕과 낭비와 허식과 미신에 대한 경멸이었다. 쇼에키는 열심히 사계의 농사에 종사하고, 대자연에 의존하고, 직접 자연의 기에 닿고, 만상을 그 자리에서 관찰하고, 타인을 해쳐서까지 명리名利를 구하지는 않고, 분에 넘치지 않도록 성실히 살림을 세워 가면 그것으로 충만해 행복으로 여기는 검소한 사람들을 존경했다. 그러나 그 사람들이 그렇게 살아갈 수 있으려면 농민이 만들어 내는 생산물의 대부분을 조공이랍시고 멋대로 착취하는 무사 승려 계급이 있어서는 안 된다. 쇼에키가 폭로해 논란이 된 것은 봉건사회의 실로 이러한 특징에 다름 아니었다.

이 정도 서술로도 안도 쇼에키의 진면목은 드러난다. 그는 아키타의 의사이며, 아울러 『자연진영도』 등의 저술을 남긴 학자다. 그의 사상은 한마디로 말해 철저한 농본주의다. 그는 생산을 무엇보다 중시했고, 그 결과 당시 유일한 생산자인 농민과 '열정'을 통해 결합되었다. 그리하여 비록 역사적 제약은 따랐지만 봉건제의 허위를 날카롭게 파헤치는 통찰의 눈이 열려 독창적 사회개혁안의 입안자가 되었다.

쇼에키는 생산자인 농민을 존경했다. 그리고 스스로는 생산하지 않고 농민을 착취하는 무사나 승려를 당연히도 증오했으며, 학자 또한 미워했다. "문자를 만드는 것조차 자연을 거스르는 발단"이라고까지 극론했다. 왜인고 하니 "자서字書 학문에 대한 이러한 철저한 비난과 공격은 당시 모든 학파에 대한 쇼에키의 깊은 의혹으로부터 발했다"는 노먼 씨의 서술처럼 당시 학문은 태반이 봉건적 착취 위에서 기식하고 "먼지투성이의 무미건조와 사상적 빈곤과 비현실성"을 특징으로 했기 때문이다.

그런데 이처럼 학자를 철저히 공격한 쇼에키 자신이 실은 학자였다. 그의 주장에 따르면 문필활동은 비생산적 활동임에도 불구하고 그는 저술을 그만두지 않았다. 그래서 노먼 씨는 "쇼에키의 사상을 들여다보면, 독자는 쇼에키가 '직경'의 거의 배타적 중요성을 강조하면서 자신의 문필적·지적 활동을 어떻게 정당화했는지가 의문이리라"고 문제를 제출했다.

노먼 씨는 신경이 쓰인 나머지 열심히 조사했지만, 쇼에키의 의견 가운데 자신의 인텔리적 일면을 정당화하는 재료는 발견하지 못한 듯하다. 다만 센카쿠仙確라는 제자가 쓴 서문에 "스승 일생의 직경直耕은 일대一代의 진도眞道라. 직경을 대신해 진영도眞營道를 책으로 써서 후세에 남기는 것은 영영 무한의 진도眞道 직경이라. 이로써 진영도의 책을 쓰는 것이 수십 년이라"라는 문구가 있었다.

이것을 단서로 노먼 씨는 다음처럼 해석한다.

이 의문에 대해서는 위에 적힌 일구가 해답을 준다. 즉 센카쿠에 따르면 쇼에키는 자연호성自然互性의 진도를 밝혀내는 대저大著의 집필을, 자연진영도에 걸맞은 사회에서 필요불가결한 일부라 여겼다. 쇼에키의 사회개혁안을 보면 인민이 진도를 찾아내는 데 보탬이 되는 학자나 저작가는 '사회의 의사'라고 불러야 할 것이며, 그들은 전반적 복지에 기여하니 직경에 종사하는 인민 대중 속에 포함시켜야 한다고 한 것을 알 수 있다.

나는 노먼 씨의 해석이 완전히 올바르다고 생각한다. 직접적 생산에 보탬이 되지 않는 인텔리가 자기를 정당화할 수 있는 경우는 '사회의 의사'일 때뿐이다. 노먼 씨의 이러한 해석으로 밝혀진 안도 쇼에키의 살아간 태도야말로 그대로 오늘날로 옮겨 인텔리론의 결론으로 삼을 수 있을 것이다.

1950년 1월

일본의 민중

나로서는 접근하기 어려운 과제다. 어떻게 문제를 세워야 할지, 어디서 출발해야 할지 손을 대기가 참으로 어렵다. 나 자신이 그 일원인 민중에 대해, 그러나 민중과 결코 일체가 아니며, 이질적 요소를 간직한 나는 무엇을 어떻게 생각해야 하는 것일까? 자신을 생각해 보는 일로 족할지, 아니면 자신을 괄호 쳐 두고 주위를 생각해야 할지, 그것도 아니라면 어떠한 조작을 거쳐 양쪽 모두를 정리해야 할지 아무래도 잘 모르겠다.

자연히 내가 쓰는 내용은 그다지 학문적이지 않은, 꽤나 사변적인 독백 같은 평론 식의 감상이 되고 말 것이다. 미리 양해를 구해 둔다.

민중이 역사를 만든다는 테제의 진실성을 나는 거의 의심하지 않는다. 역사의 담당자는 언제나 민중이다. 동서고금을 막론하고 그렇다. 창조의 가장 깊은 근원은 민중 속에 있다.

역사는 왕왕 제왕이나 귀족들이 쌓은 사적事績의 퇴적으로서 기록되지만, 이것은 그들이 기록자를 독점했다는 사실을 보여 줄 뿐이다. 제왕이나 귀족들, 즉 지배자는 자신의 의식주를 유지하는 데 필요한 그 무엇 하나 생산하지 않는다. 생산하지 않는다는 것과 지배권력을 잡는다는 것은 표리일체다. 그 지배가 계약에 의한 것이든 강제에 따른 것이든 말이다. 생산을 위한 노동으로부터 벗어나지 못하면 지배자의 자리에 오를 수 없다.

그러나 지배자의 생활은 직접 생산자인 민중의 노동에 의해 유지된다. 인간이 살아가는 근간은 노동이다. 노동이 있고서야 제왕의 사적이 있지 그 역은 아니다. 민중이 언제나 역사의 주인이란 말은 그런 의미다. 민중이 자신의 노동으로써 먹이고 기르기를 그만두겠다고 마음먹으면 지배자는 그 자리에서 물러나야 한다. 역사는 그런 사례를 몇 번이나 기록했다.

이러한 직접적 생산에 종사한다는 것이 민중의 첫 번째 속성일 것이다. 그들은 인류의 생존에서 근간이 되는 가치를 만들어 낸다. 그들은 수렵자든 경작자든 수공업자든 또 근대적 노동자든 간에 넓은 의미에서의 노동자다. 그들이 하는 노동의 잉여에 의해 민중 이외의 것, 즉 넓은 의미에서의 지배자가 먹고 지낼 수 있다.

거기서 도출되는 민중의 두 번째 속성은 지배권력으로부터 차단되어 있다는 것, 즉 피지배자의 위치에 놓인다는 것이다. 애초 계급이 발생하지 않은 원시사회와 계급이 소멸할 미래사회는 논외다. 거기서는 민중 자체가 고유의 의미를 잃는다. 즉 민중은 계급사회의 산물이다. 이처럼 지배권력으로부터 내밀려 그와 대립하는 관계라는 지점을 강조한 민중의 동의어가 이른바 인민일 것이다.

직접적 생산을 짊어진 민중과 지배권력에 맞서는 피지배자 인민은 일신동체이나, 전자에서 후자가 나오는 것이지 후자로부터 전자가 파생하는 것은 아니다. 인민은 생산자이기에 역사를 움직인다. 피지배자여서 역사를 움직이는 것이 아니다. 사회적 생산력을 높이는 혹은 그 저하를 막는다는, 역사에 대한 합법칙성을 유지하기 위해서만 그들은 권력의 교체를 요구할 수 있다. 그렇지 않고 권력 취득을 목적으로 삼아서는 안 된다. 이것은 오늘날 일본 민중에게 혁명을 짊어질 능력이 있는지를 가늠하는 눈금이 되리라고 생각한다. 이 점에 관해서는 뒤에서 다루기로 하자.

민중의 세 번째 속성은 다수라는 것이다. 민중은 언제나 매스다. 대중이거나 군집이라는 것이다. 지배자는 언제나 소수며, 민중은 항상 다수다. "인구의 99퍼센트를 차지하는 근로대중"이라든지 "최대 다수의 최대 행복" 등을 논할 때 표상되는 것이 이런 형태의 민중이다.

다수는 힘이다. 혁명에 동원된다면 반혁명에도 동원될 수 있다는 의미에서의 힘이다. 민중의 힘이 결집되지 않으면 혁명을 성취할 수 없지만, 민중의 힘이 결집된다고 혁명을 성취할 수 있는 것은 아니다. 결집된 힘이 그대로 파시즘으로 쏠리기도 한다. 대중의 생활이 궁핍해지면 혁명의 기운이 고조되지만, 기운의 고조가 곧 혁명은 아니라는 역사의 교훈을 잊어선 안 된다. 그것을 잊은 것이 혁명 낙관주의다. 혁명의 향배를 결정하는 것은 대중의 궁핍화가 아닌 다른 요소다. 아마도 민중의 첫 번째 속성이 이 대목에서 중요하게 기능하지 않을까 생각한다.

다수인 민중이 언제나 단일한 힘의 통일체는 아니다. 잡다한 이해관계로 분열되어 있다. 이 점은 지배층도 마찬가지지만 지배층의 분열보다 매스인 민중의 분열이 좀 더 복잡하다. 민중의 분열은 지배자가 장려하고 조장하기 때문이다. '분할통치'는 식민지 지배의 철칙일 뿐 아니라 모든 지배의 철칙이다. 민중이 통일체이면 권력은 민중을 지배할 수 없다. 그러한 민중은 권력을 자기 손으로 거머쥘 것이기 때문이다. 인간이 집단 내에서 지배·피지배의 관계에 있는 것 자체가 근본적 분열이다. 계급 대립도 민족 대립도 남녀·부모자식 간의 사회적 대립도 모두 이 분열의 표현이다.

이 분열이 잡다하게 드러난다는 것을 민중의 네 번째 속성으로 꼽을 수 있을 것이다. 민중은 매스일 뿐 아니라, 겹겹이 내부대립하는 무명의 집단이다. 이 지점을 포착해 명명한 것이 '서민'이다. 서민에게는 전통의 하중이 짐 지워져 있다.

오늘날 나를 포함한 일본의 민중은 신분상으로는 노예가 아닌 자유인이다. 근대시민이라고 불러도 좋다. 그러나 근대시민 속에 전근대적 것이 많이 남아 있다. 이 점은 여러 방면에서 지적되었다. 일본의 민중을 파악하기 위해선 서민이라는 명명이 가장 어울린다는 설에는 따져 봐야 할 대목이 있다. 근대시민의 첨단만을 포착해 그것으로 전체를 포괄하려 든다면 분명 잘못이다. 그것은 실제적이지 않다. 근대시민을 출발점 삼아 혁명의 코스를 그려선 안 된다. 전통의 그림자를 짊어진 서민이 간직한 이면의 어두운 밑바닥으로부터 에너지를 길어 올리지 못한다면 혁명은 성취할 수 없을 것이다.

오늘날 일본에서 혁명은 반드시 이뤄야 할 과제다. 이미 혁명을 거치지 않는 전진은 생각할 수 없다. 권력은 구제할 수 없을 만큼 부패했다. 부패한 정도만 해도 혁명의 조건으로 충분할 정도다. 여기에 주체 측의 조건이 모인다면, 모이지 않더라도 몇 가지 조건이 충족된다면 혁명은 성취된다고 생각할 수 있을 것이다.

혁명의 주체는 민중이다. 민중의 의지가 발동한 결과가 혁명이다. 그 민중은 앞서 언급한 네 가지 속성을 갖는다. 나의 생각은 조잡하니 짚어 둬야 할 것들을 빠뜨렸을지 모른다. 학문상 그다지 정밀하지 않으리라는 것은 처음에 양해를 구해 뒀다. 나의 생각을 펼치는 데는 이 정도로도 충분하다. 이 분석을 전제 삼아 현재 내가 생각해 두었던 것 중에서 두세 가지를 꺼내 본다.

자본가와 노동자라는 기본적 계급대립이 역사를 움직이는 결정적 요소임은 의심할 여지가 없다. 그러나 이를 도식화해서는 안 된다는 것도 의심할 여지가 없다. 순수한 자본가도 순수한 노동자도 현실에는 존재하지 않는다. 자본가나 노동자는 현실에서 추출한 개념이지만 거꾸로 자본과 노동을 인격화한 것이라 해도 좋은데, 각각은 현실에 존재하는, 인간의 냄새가 나는 개개의 자본가나 노동자와 동일하지 않으며 그 총화와도 같지 않다. 당연한 얘기지만 혁명을 수행하는 민중의 능력에 대해 생각할 때 일어날 수 있는 혼란을 미리 방지하고자 이 점 역시 짚어두고자 한다.

오늘날 일본에 대해 말하자면, 이 기본적 대립은 미국을 선두로 하는 국제독점자본과 그 앞잡이인 일본의 사실상 괴뢰정권에 맞선, 노동자를 선두로 하는 광범한 일본 인민의 총체라는 대립 형태를 취하고 있다. 여기서 민중이라는 표현의 적절함이 드러난다. 이러한 기본 구도에 관해서는 공산주의자든 사회민주주의든 이론이 없을 것이다. 거기서 도출되는 혁명의 성질과 구체적 전략전술을 두고서는 의견이 갈리겠지만, 그 대목은 당면과제가 아니며 내 능력을 넘어선 것이기도 하니 일단 생략한다. 어쨌든 이런 조건 아래서 힘을 결집하려면 주체 측에는 무엇이 요구되는지를 생각해 보고자 한다.

첫 번째로 말할 수 있는 것은 중심세력인 노동자 계급이 관료주의의 극복을 과제로 삼아야 한다는 것이다. 그렇지 않으면 민중으로부터 신뢰를 얻을 수 없고, 따라서 혁명의 중심세력이 될 수 없다. 앞서 말했듯 이 민중은 본디 잡다한 이해의 대립을 끌어안고 있다. 그 대립을 간직한 형태로 통일전선을 결성하는 경우 가장 큰 장애로 작용하는 것이 관료주의다. 관료주의는 대립의 틈새에 박힌 쐐기와도 같다. 그것은 인간을 세로로는 연결할지 모르나 가로로는 이어주지 못한다. 그리고 일본의 민중은 역사적으로 보건대 관료주의에 특히 약하다.

관료주의는 본래 민중의 속성이 아니다. 지배자의 것이다. 그러나 지배 체제를 통해 민중에게 스며들었으며, 더구나 그 정도가 매우 심각하다. 아마도 이는 일본 자본주의 성립의 특수성에 상응하는 현상일 것이다. 메이지의 개국으로 신분제가 철폐되었을 때, 새로운 사회질서는 민중생활의 자율성을 기반으로 한 것이 아니라 지배층의 사정에 따라 결정되었고, 그것이 거꾸로 민중적 질서를 파괴해 신분제를 국민적 규모로 부활시키고 재편성하는 결과를 초래했다. 관료주의에 대한 민중의 저항이 약한 까닭은 거기 있지 싶다. 혹은 좀 더 복잡한 사정이 있을지 모르나 일단 넘어가기로 하자. 오늘날 관료주의는 위로부터 아래까지 스며들어 국민적 유산이 되어 있다. 그리고 가로 방향의 결합을 가로막고 있다. 그로부터 입신출세 규범의식이 나오며, 그 배타성이 혁명운동의 암적 요소다.

오늘날 노동조합의 조직률은 상당히 올라왔을 것이다. 반길 일이다. 그러나 높은 조직률은 거꾸로 관료주의가 민중 속으로 더욱 스며드는 계기로도 작용한다는 사실을 간과해서는 안 된다. 평조합원이 상근자가 되고 간부가 되고 국회의원이 된다는 입신출세 코스가 깔린 바람에 좋든 싫든 간에 그 영향을 받고 있는 것이 현재 상태이지 않은가. 이것은 일부 보스화된 노동귀족만을 두고 하는 이야기가 아니다. 일반적으로 그렇다. 따라서 각 산업 혹은 조합마다 세로로 연결된 범위에서는 일단 단결하지만, 다른 부문 혹은 조합 간의 유대는 놀랄 만큼 드물다. 하물며 농민이나 시민과의 연계는 전무에 가깝다.

의회주의자든 아니든 오늘날 일본에서 의회투쟁의 필요를 부정하지는 않을 것이다. 그것은 권력 탈취를 위한, 적어도 유력한 수단의 하나다. 그러나 권력 탈취가 곧 혁명의 목적은 아니다. 그리고 관료주의에 편승하는 의회주의자라면 권력 탈취조차 어렵지 않을까 싶다.

메이지 정부는 소수의 국민을 골라 권력을 배당하는 회유책을 썼다. 그리고 이 방책을 교육의 힘으로 선전했다. 이것이 문명개화다. 이로써 민중이 본래 지닌 혁명의 에너지는 위에서 빨아들여 고사되었다. 이러한 관료주의의 독이 더욱 대규모로 퍼져 가고 있는 것이 오늘날 상황이지 않은가. 이 경향이 심화되면 노동자는 뼈가 발리고 혁명운동은 중심세력을 잃게 된다. 따라서 일본의 혁명을 위해서는 관료주의에 맞선 저항을 안에서부터 조직해 내는 일이 무엇보다 중요하다. 이로써 비로소 민중이 본래 지닌 에너지를 해방할 수 있다.

그러려면 어찌해야 하는가? 민중의 속성 가운데 기본적인 첫 번째 것, 생산자의 자각을 회복하는 일이 관건이다. 현장의 노동자보다 조합 임원이나 의원을 존중하고 가치서열에서 상위에 올리는 습관을 뜯어고쳐야 한다. 민중의 제일의적 의미를 본래의 모습으로 되돌리고자 고민하고 그걸 기준으로 끊임없이 이론과 행동을 조정해 가지 않으면 안 된다.

노동자는 생산자이기에 혁명을 짊어질 수 있다. 생산으로부터 떠난 노동자는 더 이상 본래 의미의 노동자가 아니다. 물을 떠난 물고기와 같다. 현장에서 멀어진 정도에 따라 신분적 계층이 구성되는 현 상황을 역의 형태로 다시 짜내야 한다. 생산의 저해를 막고 만인의 행복을 실현하는 데 혁명의 목적이 있다. 이 목적을 위해 민중으로부터 권력 탈취를 의탁받은 자가 혁명의 중심세력인 노동자 계급이며, 이를 거역한다면 노동자는 전위도 뭣도 아니다. 생산을 위한 자기 노동에 대한 신뢰야말로 알파요 오메가다.

일본교직원조합이 「교사의 윤리강령 10개조」를 발표한 적이 있다. 그 1조에 "교사는 노동자다"라는 항목이 있다. 일본 교사로서는 획기적 선언이지만, 교사가 얼마만큼의 자각으로 이런 선언을 했는지, 나는 얼마간 못 미덥고 또 불안하다. 예를 들어 이마무라 아키라今村 彰 씨는 다음처럼 설명한다.

오늘날 교사가 경제적·사회적 조건에서 다른 노동자와 하등 다를
바 없다는 사실은 말할 필요가 없다. 굳이 밝히자면 그 노동이 육
체적인지 아니면 보다 두뇌적인지, 또는 고용자가 회사인지 정부인
지가 다를 뿐이다. 교사가 교육이라는 특수한 분야에서 일한다고
해서 노동자라는 본질적 계급성이 훼손되지는 않는다.

이와나미 강좌 '교육' 제8권 『일본의 교원조합』

　이 발언은 노동자의 규정으로서 대단히 불충분하다. 노동자가 노동
자인 건 고용관계나 사회적 조건(아마도 지위나 명성, 재산 같은 것) 때문이
아니다. 노동자의 첫 번째 의미는 사회적 부의 생산자라는 것이며, 이것
은 노동자에게만 가능한, 말하자면 특권이다. 이 문장은 그 긍지가 느껴
지지 않는다. 생각건대 교사가 노동자임은 그가 직접적 생산과 유기적으
로 결합된 부분을 구성하기 때문이다. 즉 민중의 한 분자이기 때문이다.
　교사만 노동자로서의 자각이 낮은 것은 아니다. 공무원이나 은행원
등도 비슷비슷하다. 주제넘은 상상일지 모르지만 기초산업 분야의 노
동자더라도 의식이 대단히 높을 리 없다. 더러 의식이 높다는 자의 의식
은 노동을 존중하는 관념에서 비롯된 것이 아니라 바깥에서 들어와 교
양으로서 부자연스럽게 올라타 있는 정치의식만을 의미하는 경우가 흔
치 않던가. 이런 식으로 높아진 의식이라면 의원 자리를 노리는 간부가
투표에서 써먹기야 좋겠지만, 민중의 힘을 결집하는 데는 직접적 도움
이 되지 않는다.
　작년 전기산업노조와 탄광노조의 커다란 파업이 일어나 한때는 산
업중추를 마비시켰다. 그런데 민중은 움직이지 않았다. 나도 그 한 명인
데, 정세를 그다지 절박하게 느끼지 않았다. 그 정도의 대규모 투쟁이
라면 다른 부문으로도 번져 나가 총파업이 일어날 법하지만, 실상 내각

하나 무너뜨리지 못했다. 민중의 지지가 없었던 탓이다.

민중의 최하층부는 노동조건이 가혹해서 생각할 여유가 없으니 노동자(농민을 포함해)로서의 자각이 자라지 않는다. 얼마간 생각할 여유가 생기는 자들은 노동조건이 비교적 좋은 공장노동자, 특히 강한 조합의 노동자다. 따라서 그들은 민중 가운데 최하층의 요구를 대변해야 하지만, 실제로는 노동조건이 좋은 만큼 노동자 의식이 흐릿하다. 관료주의에 물들어서다. 민중의 요구로 향하는 게 아니라 오히려 거기서 멀어진다. 이런 식으로는 연대감이 생겨날 리 없다.

"인민은 언제나 자신의 피로 권력자의 손을 씻는다"고 루쉰은 말했다. 가장 시달리는 인간이 선거 때는 자유당에 투표한다. 그들의 잠든 의식을 깨우는 것은 민중 속에서 이미 깨어난 부분의 역할이다. 그런데 실제로는 관료주의가 그것을 방해한다.

노동자, 특히 기초산업 분야의 노동자가 민중이라는 혁명세력의 중핵임은 의심할 나위가 없다. 그러나 거기에는 조건이 있다. 민중 전체의 요구를 대변하려면 민중과 등질한 자로서 최하층부와 이어져 있어야 한다. 최하층에서부터 축적해 의식의 높이가 도출되어야 한다.

이러한 연대 관계를 검증할 쪽은 윗부분이 아니라 아랫부분이다. 남자와 여자 중에는 여자가, 부모와 아이 중에는 아이가, 노동자와 농민 중에는 농민이 검증해야 한다. 국제적 시야에서 바라보면 국내 소수민족이 그렇다. 중국혁명의 성공이 보증되는 데도 소수민족의 지지가 큰 요소였다. 일본에서 말하자면 조선인이, 나아가 미해방 부락이 혁명의 성공 여부를 가늠하는 바로미터가 될 것이다.

서술이 장황해졌다. 내가 말하고 싶은 것은 대체로 이상과 같다. 나는 여기서 외부조건을 고정해 두고 생각을 전개했지만 외부조건도 물론 변화한다. 그리고 그것이 내부조건에도 작용한다. 실제로 기지 반대

국민운동 등에서 그런 징조가 있다. 국민경제회의, 국민교육회의, 국민 외교 등에서도 그런 징조가 엿보인다. 그러나 외부조건의 변화가 내부 조건에 작용하기는 해도 내부조건의 고유한 의미를 궁극적으로 지우는 것은 아니니 내 제언이 쓸데없지는 않을 것이다. 내가 말하고 싶은 것은 단 하나, 지배자가 하사한 관료주의에 의지해 혁명을 성공시킬 수는 없 다는 것이다.

만일 어떠한 힘관계로 오늘의 지배권력이 무너진다면 관료주의를 극복하기가 한결 수월할 것이다. 그러나 그 경우에도 문제는 여전히 남 는다. 하물며 오늘날 상황하에서는, 아무리 외부조건이 바뀌어도 관료 주의를 극복해야 할 필요는 변치 않는다고 생각한다. 혁명은 그것을 떠 받쳐 주는 인간혁명 없이는 성공할 수 없다. 혁명은 인간혁명을 수월하 게 만들며, 인간혁명은 또한 혁명을 가능하게 만든다.

민중이라는 건 이미 존재하는, 그러므로 이용하면 좋은 그런 성질 의 것이 아니다. 상명하달식의 소위 '대중노선' 사고는 글러먹었다. 민중 은 부단히 형성되어야 하며, 민중을 형성하는 것은 다름 아닌 민중 자 신이다.

1953년 8월

리더십

리더십은 새로운 단어 가운데 하나다. 그것은 이중의 의미에서 새롭다. 일본어로서도 새롭고, 어원을 감안하건대 일본에서 사용되는 방식도 새롭다.

'리더십'은 일본어 문장에서 가타카나로 표기되므로 외래어임을 한눈에 알 수 있다. 더구나 아직 일본어적籍을 충분히 취득했다고는 말하기 어렵다. 뿌리내리지 못한 외래어다. '펜'이나 '잉크'처럼 완전히 일본어화한 외래어와 비교해서도 물론이고, 그보다 새로운, 예를 들어 이 '현대윤리' 강좌에 노상 나오는 '모럴'과 비교해도 잘 통용되지 않는 신참이 아닌가 싶다. '리더십'이라는 제목으로 의견을 말하라는 요구를 받았을 때 가장 먼저 들었던 느낌은 이 대목을 어떻게 처리해야 할까 하는 일종의 곤혹스러움이었다.

말에 대해 나는 보수적인 편이다. 새로운 말은 되도록 사용하지 않으려고 스스로를 억제한다. 하지만 새로운 말이라고 모두 배척하지는 않는다. 일본어의 조어력이 본래의 기능을 회복해 생활의 체험 속에서 새로운 말이 생겨나고 그것이 다듬어져 공통어로 부상한다면 나도 찬성이다. 국어의 진보이며, 나아가 문화의 진보일 것이다. 그런데 실정은 그렇지 않을뿐더러 적어도 학술 용어에서는 역방향이 대세다. 새로운 말의 상당수는 학자와 관료가 만들고, 그걸 신문이나 라디오가 흘려보낸다. 요즘은 노동조합 등도 조어를 하지만, 조어력이 작용하는 방식을 보면 역시 관료적인 게 많다. 그러한 조어법은 일본어의 조어력을 더욱 좀먹는다. 일본어의 조어력이 쇠약해지고 있으니 관료적 조어법이 세를 넓히는 것인데, 거꾸로 관료적 조어법이 횡행하여 일본어의 조어 기능을 회복하기가 점점 어려워지고 있다. 양자는 악순환의 관계다.

리더십도 그러한 말 가운데 하나다. 이 말의 유래와 쓰임새에 대해서는 뒤에서 자세히 다룰 예정이며, 오히려 말의 해석을 주된 것으로 삼고 그걸 통해 배후에 있는 인간관계를 탐구해 가는 것 말고는 내게 방도가 없다고 생각하지만, 리더십이라는 외래어가 일본어로서 정착하는 게 좋은 건지는 판단을 내리기가 어렵다. 나 자신이 편리해서 무심코 사용하기는 하나 되도록 이 말은 사용하지 않는 편이 좋다고 생각한다. 말은 살아 있으니 나 한 명의 힘으로 어찌 되지는 않는다. 하지만 내 힘으로 어찌 되지 않는 건 사용할 이유도 되지만 사용하지 않을 이유도 된다. 이 점도 뒤에서 다룰 생각이지만, 리더십이라는 말이 일본에서 사용되는 방식, 정치학자나 사회학자 간의 폐쇄적 용어이던 그 말이 일반 사회로 흘러들어간 과정을 보면 이 말의 무색성이 활용되고 있다는 혐의가 보인다. 이데올로기적으로 무색이니까(실상 그렇지 않다는 점은 뒤에서 말하겠다), 적어도 무색으로 보이니까 마찰을 피하려고 애용되는 듯하다. 즉 리더십이라는 말이 사용되는 것 자체가 과도기의 정신 상황을 보여 준다. 그 과도기의 양상을 살피는 것이 이 원고의 목적이다. 그러나 거듭 말하지만, 나는 리더십이라는 말에 미래가 있다고 생각하지 않는다.

'리더십'의 어원은 영어의 leadership이고 이것은 lead-er-ship이라는 복합어다. lead를 '지도'로 번역한다면 leader는 '지도자'에 해당한다. '지도'도 '지도자'도 완전한 일본어이며, 원어인 채로 수입한 '리드'와 '리더'도 지금은 상당히 일본어 안으로 녹아들었다. 무엇보다 '리드'

는 야구로 친숙해진 "○○팀 1점 리드"의 의미로 고정되는 경향이 있어서, '지도'와는 내용이 다르고 원어인 lead와도 점차 멀어졌다. '리더' 쪽도 등산이나 소풍 인솔자의 의미로 사용되는 빈도가 높으니 점차 '지도자'에서 멀어질 것이다. 이것은 외래어가 토착화되며 거치는 당연한 과정이다. 다만 '리더십'만은 사용된 지 오래되지 않았고 의미 내용의 추상도가 높아서 아직 원어로부터 그만큼의 거리를 두고 있지 않다. 그만큼 토착화가 어렵고, '리드'나 '리더'와의 관련도 지금은 거의 끊겨 있다. 원어의 leadership이 본래 일상어이며, 어원인 lead와의 관련이 끊기지 않은 채 학술어로 승화된 것과 견준다면 커다란 차이다. 그리고 이 또한 외래어의 피할 수 없는 숙명이다.

리더십의 정의를 『정치학 사전』(平凡社)에서 조사하면 "일상어로서 널리 사용되는 말로 지도권, 지도적 지위, 지도자로서의 능력, 지도관계 등 다양한 의미를 포함한다"고 되어 있다. 그리고 아래에 장문의 정치학적 해석과 역사가 적혀 있다. 이 정의는 정확하다고 생각한다. -ship이라는 접미사는 상태나 관계나 능력 등을 나타낼 때 추상명사의 어미로 사용되며, 일상어 leadership의 경우 -ship이라는 접미사에 그렇게 풀이될 싹이 담겨 있다. 그것이 학술어로 승화된 경우에도 당연히 각각의 싹이 자랄 가능성이 포함돼 있었으며, 실제로도 그리되는 것 같다. 따라서 '리더'를 가령 '지도자'라고 번역할 수는 있어도 '리더십'은, 지금 단계에서는 일본어 한 단어로 번역할 수 없다. 분석적으로 그 다의성을 하나하나 넓혀 나가는 것 말고는 방도가 없는 것이다.

리더십이라는 말을 사용하지 않아도 된다면 그야 좋겠지만, 일본의 현재 상태에서는 이 말을 빌리지 않으면 난처한 경우가 있다. 구미, 특히 미국에서 리더십 연구가 번창한 사정과 어느 부분에서는 포개지며, 어느 부분에서는 완전히 다른 일본식 특수성에서 연원하는 보급의 사정이 있어 이 말이 현실에서 쓰이는 것이다. 예를 들어 서클 등 자주적 집단의 조직론을 모색하는 입장에서는 이 말이든 이 말에 담기는 사고방식이든 피할 수가 없는 듯하다.

구미에서 리더십에 대한 논의가 유행하는 양상을 직접 조사해 소개할 능력은 없지만, 번역서나 일본 학자의 글을 단서 삼아 간접적으로 얼마간 짐작할 수는 있다. 그것을 나름대로 지금의 필요에 따라 정리하자면 다음과 같다.

지금 사용되는 리더십은 인간과 인간의 관계를 나타내는 사고방식의 한 가지 기본축 같은 것이다. '인간은 관계 속에서 인간'이라는 것이 이 사고방식의 바탕에 깔린 인간관이다. 이 인간관을 밀고 나가면 순수한 개인이라는 결정結晶도 불가능해지고, 반대로 사회라는 비인격적 표상도 불가능해진다. 그렇다기보다 개인과 사회라는 별개의 범주를 두고 인간을 파악하는 방식에 반대하려는 데서 이러한 인간관이 등장했다고 설명하는 편이 낫겠다. 고전적인 근대 인간관에서 개인은 어디까지나 전일全一적이고, 자유의지의 주체이며, 그것이 인간의 이념형이었다. 그 전일적 개인이 계약이든 강제든 간에 어쨌든 온전한 인격으로 모여 사회를 구성한다고 생각했다. 사회 쪽에 중점을 두는 자들은, 사회는 개인의 힘의 총화 이상의 힘을 지니며 그 자신의 운동법칙을 갖는다고 주장하지만, 그렇더라도 사회는 개인으로 분할되며, 분할되지 않는 궁극의 단위가 개인임은 부정하지 않았다. 즉 개인과 사회는 인간을 사고하는 두 축이었다. 리더십론은 그런 사고방식을 거부한다. 궁극의 단위인 개인도 인정하지 않으며, 한편의 극인 사회의 초월성도 인정하지 않는다. 인간은 관계를 통해서 존재하기 때문이다. 거기서 인간을 파악하는 포괄적 방법으로서 사회나 개인 대신 집단(그룹)이라는 축을 내세우는 것이다.

다양한 형태로 서로 얽히고 있지만, 어쨌든 인간은 언제나 집단생활을 영위하며 집단 없이는 인간을 생각할 수 없다. 인류적 규모로 생각하든 개인으로서의 인간을 생각하든 마찬가지다. 집단은 인간의 기본적 속성이며 오히려 인간 자체다. 사회든 개인이든 그 밖의 계급이든 민족이든 간에 그것들은 집단의 특수 형태에 불과하다. 각각의 특수 형태에는 각각의 질서 내지 무질서가 있다. 따라서 그것을 법칙화할 수 있다면, 그 법칙을 집단의 법칙으로 일원화할 수도 있을 것이다. 이것이 리더십이다. 따라서 리더십은 사회개념이자 정치개념이자 동시에 윤리개념이다.

이상은 나의 독단적 추정이 상당히 반영된 개괄이니 세부적 내용은 오해를 살지도 모르겠다. 그러나 리더십론의 바탕에 깔린 인간관을 그 인식론적 측면을 강조해 끄집어낸다면, 아무래도 논리적으로는 이리된다고 생각한다. 즉 리더십은 집단에 얽여 들어간 인간의 기본적 존재형식이다.

이러한 사고방식은 어디서 왔을까? 리더십에는 아마도 세 가지 유래가 있지 싶다. 한 가지는 시민사회의 쇠약과 거기서 비롯되는 데모크라시의 위기감이다. 여기에는 두 가지 측면이 있는데 인간의 사회생활을 조화시키는 유효한 수단으로 간주되던 데모크라시가 이른바 '매스 데모크라시'로 변질되어 원래 기능을 잃은 데 대한 실망과 또 한 가지 측면, 즉 데모크라시의 태내에서 파시즘이 발생했다는 충격이 표리일체가 되어 있다고 생각한다. 나치의 조직원리인 퓨러Führer(영어의 '리더'에 해당하는 독일어)제를 내부로 끌어들여 통일적으로 설명하는 이론을 만들어 내지 못한다면 데모크라시의 위기를 극복할 수 없다. 나아가 파시즘과는 체계를 달리하지만, 조직론 가운데 지도를 중시한다는 점에서는 닮아 있는 코뮤니즘도 통일적, 포괄적으로 설명해 낼 수 있어야 한다. 그리되면 고전적 '개인 대 사회'라는 사고방식은 역할을 잃게 될 것이다.

두 번째 유래는 매스 데모크라시의 발생과 뒤얽혀 있는 자본주의의 질적 변화다. 가장 두드러진 결과는 자본의 소유와 경영의 분리일 것이다. 그로부터 자본의 욕구와는 별도로 경영의 능률화 욕구가 나온다. 경영과 관리는 생산부문만이 아니라 사회활동의 모든 분야에 걸쳐 유사한 현상이 인정되니 그 사이의 법칙을 통일적으로 파악할 필요가 생긴다. 말하자면 기계 앞에서의 인간 균질화가 인간의 상호관계도 새롭게 볼 수 있는 계기를 만들어 낸 셈이다.

세 번째 유래는 생태학의 진보다. 생태학이라는 학문은 인간 일방의 사고방식을 경계하고 인간을 자연의 연장으로서 파악한다. 자연으로부터 일정한 법칙을 발견하려는 근대과학과는 달리 종합적 체계를 지향한다. 생태학의 관점에서는 인간만 '사회적 동물'인 게 아니라 모든 군서동물이 정도의 차이는 있을지언정 사회생활을 한다고 인정할 수 있다. 인간이나 원숭이나 질적 차이가 없는(상징의 차이가 있을 뿐) 질서가 그 사회생활을 지배하고 있다. 이것이 리더십이다.

세 가지 유래는 무관한 것이 아니라 서로 섞여 들어가 있으며, 나아가 리더십론과의 대응관계도 복잡한 형태로 조응하고 있다. 예를 들어 생태학은 일견 순수학문 내부의 변종처럼 보이지만 실은 현실의 대중화 현상과도, 관리 능률화의 요구와도, 자연 개발의 필요성과도 뒤얽혀 있다. 또한 관리 능률화 요구에서 진행된 리더십의 이론화는 현실에서 결과적으로 인간의 기계화에 복무하는 것처럼 보이지만, 반면 인간의 기계화에 대한 저항, 인간성 회복의 요구로부터 비롯된 역의 리더십 이론화 동향과도 집단 구성원의 자발성에 대한 기대라는 지점에서 맞닿는다. 요컨대 고전적 데모크라시 시대에는 지배-피지배 관계로부터의 인간해방이라는 형태로만 문제시되었던 인간의 상하관계가 오늘날에는 지도-피지도 관계로서, 모든 사회집단에 공통되는 리더와 팔로워 관계로서, 즉 리더십 문제로서 재검토되고 있으며 그것은 오늘날 인류 문명의 기반에 깊이 뿌리내리고 있다.

리더십은 정치학이나 사회학 같은 개별 학문에서, 그리고 개별 학문의 벽을 넘어서 이론화가 상당히 진전된 듯하다. 나로서는 그 전모를 파악할 수 없지만 일부는, 예를 들어 교고쿠 준이치京極統一 씨의 논문 「리더십과 상징과정」(『사상』 1956년 11월 호) 등에서 이를 접할 수 있었다. 난해한 논문이지만 상당히 정치한 분석을 내놓고 있어 유익하다. 리더십론의 방법적 신선함을 잘 알 수 있다. 이 글을 읽고 나서 나는 본래의, 특히 미국에서 성장하는 리더십에 대한 사고는 이데올로기적 색채가 몹시 짙다는 인상을 받았다. 리더십론은 어디까지나 엄정한 과학을 목표로 하지만, 학문의 중립성으로 말미암아 바닥에 흐르는 이데올로기는 오히려 강하다. 나는 앞서 일본에서는 리더십이 이데올로기적으로 무색이어서 통용될 수 있었다고 적었다. 이 두 가지는 모순처럼 보이지만 실은 그렇지 않다. 거기에 오늘날 일본에서 리더십의 문제성이 자리한다고 생각한다.

대중사회의 상황이든 경영과 관리의 능률화 요구든 조직과 인간이라는 발상법이든 그 밖에 무엇이든 간에 리더십론이 필요해질 조건들은 일본에서도 거의 갖춰져 있다. 생태학마저 일본에서 발언권을 획득했다는 것은 지난번 우메사오 다다오* 씨가 생태사관의 각도에서 일본

---

* **우메사오 다다오**梅棹忠夫 1920~2010. 민족학자. 1957년에 발표한 「문명의 생태사관」에서 서구 문명과 일본 문명이 비슷하게 진화해 왔다는 '평행진화설'을 주장했다. 정치와 이데올로기에 근거해 아시아, 유럽이라는 식으로 지리를 나누는 일에 반대하며 생활양식을 기준으로 문명 형태를 가르는 문명생태사관을 내놓았다.

문명론을 제시하자 논단이 뜨거워졌던 사건을 통해서도 확인할 수 있다. 오늘날 리더십이라는 사고방식이 받아들여졌다는 사실은 일본 학문의 해외 의존성만으로는 설명할 수 없으니 역시 상당한 현실적 기반이 마련되어 있다고 봐야 할 것이다. 다만 앞서 적었듯이 바로 그 리더십이라는 말이 토착화될 수 있을지는 의문이다. 현상적으로 엇비슷한 사실이 대충 갖춰져 있더라도 인간관의 개정을 요구하는 정신 상황에서 일본과 미국은 본질적으로 다르기 때문이다.

그것은 리더십보다 먼저 수입된 '커뮤니케이션'이라는 말의 운명이 예증하고 있다. '매스 커뮤니케이션'이라는 말은 '대중 전달'이라는 번역어를 넘어 '매스컴'이라는 약어 형태로 정착했는데, 그 바탕인 '커뮤니케이션'은 아직도 일본어적을 취득하지 못했다. 라디오나 텔레비전 등 사물의 형태로 쥘 수 있는 매스컴과 달리 커뮤니케이션은 추상적 인간관계이니 포착하기 어렵다. 그리하여 커뮤니케이션이라는 사고방식이 나오기 어렵다. 커뮤니케이션 의식은 커뮤니케이션이 억눌려 있다는 실감으로부터 나와야 할 텐데 일본에서는 그 실감이 충분한 근거를 갖기 위한 인간관계가 결여되어 있다. 커뮤니케이션이 확대되며 본래의 커뮤니케이션 기능을 억누른다는 것이 매스컴의 이중성이다. 그런데 일본에서는 이중성의 형태로는 문제가 제출되지 않는다. 매스컴은 소비문화에 대한 동경을 드러내는 상징이든지 아니면 그것을 뒤집은 가치평가 즉 도덕적 비난의 대상에 머물러 있다.

리더십도 사정이 비슷하다. 리더십이 문제시되는 것은 대중사회에서 인간이 원자화되어 고전적 시민사회의 전일적 인간상이 유지되지 않기 때문이다. 사회적 각도에서 말하자면 사회의 유기적 통일이 깨져 거대한 메커니즘이 맹목적으로 자기운동할 위험에 대한 불안에서 비롯되는 것일 게다. 그런데 일본에서는 겉모습은 비슷해도 밑바탕은 역시 그와는 사정이 다르다. 우리의 경우는 개인의 독립이라는 체험이 비교할 수 없을 만큼 부족하다. 물론 현재 일본에서 리더십이 문제시되는 까닭을 보면, 적어도 자주적 소집단의 조직론에 관한 가장 핵심적 부분에서는 인간성 회복의 요구가 동기로서 작용한다. 하지만 이것은 회복이라기보다 오히려 건설 내지 창조로 봐야 한다. 과거에 있던 것이 지금 사라진 게 아니다. 과연 관료기구의 거대화는 일본에서도 진행중이다. 그것이 한편으로 인간성을 억압하고 한편으로 조직능률을 떨어뜨리는 것도 사실이다. 그러나 그것은 이제야 빚어지는 사태가 아니라 천황제적 관료기구가 애당초 그러하며, 거기서 벗어나는 데 아직 성공하지 못했을 뿐이며, 설령 대중사회의 상황이 그와 관련되더라도 우리의 경우에는 이차적 의미를 갖는 데 불과하다.

천황제가 드셌던 전전에 일본인은 개인으로서 살아갈 수 없었다. 거대한 계층적 질서의 어딘가에 처넣어져 모든 기본적 인권을 빼앗긴 채로 지냈다. 자유의지가 발동할 여지는 거의 없었다. 패전은 이 상황을 크게 바꿔 놓았다. 언론의 자유도 결사의 자유도 법적으로는, 즉 외적 조건으로서는 보장되었다. 그 결과 전전에는 없던 정치결사와 노동조합 활동이 일어났다. 그러나 그것이 인간 내용을 충실하게 만드는 방향으로 작용했는가 하면, 오늘날을 보건대 반드시 그랬다고는 자신할 수 없다. 분명 일면에서는 인간을 해방했지만, 반면에서는 모처럼 해방된 인간성을 거꾸로 억압했다. 정당이든 노동조합이든 천황제 조직원리가 스며들어서 다른 조직원리를 마련하지 못했으며, 그것들은 통일적 천황제 대신 복수의 미니어처 천황제를 난립시켰을 뿐이기 때문이다.

천황제의 조직형태라면 구 일본제국 군대와 각종 야쿠자의 세계가 대표적이다. 하나는 천황제적 정통제의 극이고 다른 하나는 이단의 극임에도 불구하고 둘은 놀랄 만큼 내용이 유사하고 통일적인 원리가 관철되어 있다. 그 근저에는 아마도 부락공동체적 질서가 존재할 것이다. 어떤 사회집단에서도 이 원리가 작용한다. 학계나 문단도 예외는 아니다. 그리고 전후 13년이 지난 오늘날도 전전과 본질적으로는 별반 달라지지 않았다.

노동조합이나 정당이 천황제적 조직원리로부터 출발한 것은 일본의 해방이 특수했으니 하는 수 없지만, 조직이 성장하는 동안 내부에서 이 원리를 반대하는 움직임이 일어나 조직 자체를 바꿔 가지 않는다면 조직과 인간의 유기적 통일은 실현되지 않는다. 자유로운 개인이 존재하지 않았으며, 개인이 집단을 자발적으로 만드는 습관도 역사에서 거의 찾아보기 힘든 일본의 조건에서 노동조합이나 정당은 우선 무엇보다도 천황제와는 다른 조직원리를 만들어 내는 데 힘을 기울여야 했다. 의견이야 분분하겠지만, 나는 실상 이 기대가 완전하게는 아니더라도 거의 배신당했다고 생각한다.

천황제를 대체할 조직론 가운데 전형적인 것으로는 근대시민사회의 데모크라시, 그리고 이것과는 체계를 달리하는 공산주의의 조직론이 있다. 후자는 스탈린이 정식화하고 중국공산당이 계승발전시킨 것으로서, 오늘날 민주집중제라 불리는 프롤레타리아트 독재가 그것이다. 전자의 리더십에 해당하는 것이 후자에서는 전위이론이다. 그러나 일본에서는 어느 쪽이든 전통이 빈약하다. 전자는 전후 '관허'의 형태로 관료세력이 장려했지만, 당연히도 관료에게는 실행할 의지가 없었고 실행될 조건도 아니었다. 후자는 일본공산당과 그 하부조직이 추진했지만, 일본에서는 스탈린 이전부터 전위이론이 천황제적으로 변형되었다. 즉 인간성과 집단 구성원의 자발성을 억압하는 일방적 '상명하달' 방식이 전통으로서 뿌리 깊어, 전전의 통일적 천황제 아래서 유지되었던 카리스마적 권위를 야금야금 탕진하는 데 머물고 말았다. 즉 어느 쪽이든 새로운 조직원리를 만들어 내는 데 유효하게 활용되지 못했다.

　비록 이런 조건이지만 자주적 활동이 서서히 일어나고 있다. 최근 수년간 자주적 활동은 한편에서는 대중사회의 발전, 한편에서는 스탈린 비판으로 상징되는 '자유화'의 확대 등과 복잡하게 반응하며 얼마간 성과를 올렸다. 성과의 하나는 기성 집단의 내부에서 제기된 관료주의 비판 혹은 반대파 활동의 활성화이며, 다른 하나는 서클운동이다. 양자는 새로운 조직을 지향한다는 목표에서 대응할 뿐 아니라 서로에게 섞여 들고 있다. 그리고 그 근저에 인간성 회복, 아니 그보다는 오히려 해방의 충동이 있다.

　정당이나 노동조합이나 문화단체 내부에서 반대세력이 결집하고, 극단적인 경우 분열 소동이 일어나는 것은 그 자체로는 기뻐할 일도 슬퍼할 일도 아니다. 자연의 기세다. 조직이 커지고 굳어지고 관료화되면 내부에서 반대파가 나오는 게 안전밸브로서 당연히 필요하다. 그것까지 틀어막으면 불만이 축적되어 폭발을 일으키든지, 아니면 에너지가 바깥으로 발산되어 조직 안에는 조직을 노쇠하게 만드는 무관심만이 남는다. 집단은 성원의 자발성이 사라지면 생명을 유지할 수 없다. 불만의 소리가 올라오는 건 건전하다는 증거다. 그러나 카리스마적 권위에 기대는 천황제적 지배-피지배 관계의 아늑함에 길들여진 전전의 지도자 감각을 가지고서는 이러한 조직상의 위기를 타개할 수 없다. 그리하여 전후의 '민주적' 단체 대부분이 비극을 맛봤다. 공산당에 이르면 비극을 넘어 희극을 연출했다.

　그리하여 오늘날 여러 종류의 기성 사회집단은 집단 내부로부터 올라오는 반대파의 목소리를 어떤 절차로 어떤 통로로 이끌어 내야 건강하게 발전할 수 있느냐는 과제에 직면했다. 리더십이라는 말을 사용하든 사용하지 않든 이것은 리더십의 문제다. 문제를 그 각도에서 파고

든 일례로 미우라 쓰토무三浦つとむ 씨의 『지도자란 무엇인가』(三一書房, 1957)를 들 수 있다.

　한편 기성집단 내부의 비판이 고조되는 상황에 발맞추어 서클의 활동도 최근 수년간 활발해졌다. 발생한 서클에는 세 가지 유형이 있다. 한 가지는 전전부터 존재해 온 문화단체의 하부조직이다. 이것은 일본식 '상명하달'의 전위이론에 따라 만들어진 것으로 자주성도 창조성도 거의 결여하고 있다. 다른 한 가지는 지역 혹은 직역職域에서 자연발생한 것으로서 다종다양하며 성쇠가 격렬하다. 마지막은 주로 노동조합 내부에서 노동운동을 보조하는 문화운동 혹은 레크리에이션 목적으로 만들어진 것인데 지속성은 있지만 창조성이 부족하다. 이 삼자는 유형의 구분인 동시에 발생 순서도 내포한다. 그리고 각각의 유형 속에서 소수나마 창조적으로 활발하게 활동하는 서클이 등장하고, 그게 자극이 되어 전체 서클활동을 양적으로도 질적으로도 끌어올렸다. 오늘날 서클 세력은 하나의 정치세력으로서도 무시할 수 없을 만큼 성장하고 있다.

　아마도 서클은 일본인이 창의를 발휘해 최초로 성공을 거둔 자주적 결사 형태이지 싶다. 서클의 다양함은 일본인 사회생활의 다양함을 대변하며 서클의 격렬한 성쇠는 일본인이 처한 환경의 험난함을 보여 준다. 그럼에도 불구하고 서클운동의 전반적 성장은 일본인의 인간적 해방이 지금껏 없던 기초를 마련했음을 증명한다.

　서클운동이 진전하자 서클의 이론화도 시도되고 있다. 센자키 긴메이先﨑金明 씨의 『서클활동 입문』(三一書房, 1957)은 그 일례다. 이 책에 보이는 "서클은 인간성 해방의 장소다"라는 규정, 그리고 "서클은 어떠한 단체의 하부조직도 아니다"라는 규정은 그것이 실제 활동의 경험으로부터 온 구절들이라는 점에서 오늘날 이론의 수준을 보여 주는 귀중한 유산이다.

그러나 이 정도의 이론 수준으로는 아직 리더십에 이르지 못한다. 그리고 이로 인해 서클운동이 주춤하는 게 오늘의 문제 상황이다. 예를 들어 문화단체 하부조직의 서클이 자주적으로 활동하면, 대체로 지도 중추의 정통성과 충돌한다. 노동조합의 문화서클이 활발해지면 조합중심주의와 충돌한다. 최근의 실례로는 도아東亞방직 노동조합 도마리泊 지부의 '생활을 기록하는 모임' 사건이 생생하다. 소집단 내부의 정상적 인간관계가 자체적으로 해결될 수 없고 집단과 집단의 관계, 대집단과 소집단의 관계로까지 내딛어야 할, 즉 리더십을 통일적으로 파악할 수 있도록 이론화가 이뤄져야 할 단계에 접어든 것이다.

앞서 예로 들었던 미우라 쓰토무 씨의 지도자론을 이 경우에 적용해 본들 해결은 나지 않으리라고 생각한다. 미우라 씨의 입장은 어디까지나 반대자의 입장이다. 실천의 경험으로부터 마련된 입장이라는 점에서는 오늘날 이론의 수준을 가늠하는 데 역시 소중하지만, 조직의 민주화 요구와 지도자의 자질을 열거하는 데서 그치고 있으며, 집단 내부에서 소수의견이 어떤 논리과정을 거쳐 정당성을 획득하느냐는 전위이론의 핵심 논제를 비껴갔다는 점에서는 오히려 스탈린 이론으로부터 한 걸음 후퇴했다는 느낌마저 든다.

리더십에서 관건은 리더의 자질이 아니다. 과정에서는 리더의 자질을 문제 삼을 필요도 있겠지만, 최종적으로는 인간관계 전체를 논리적으로 파악하는 데까지 나아가야 한다. 그렇지 않으면 천황제적 정통성의 근거를 탈환할 수 없다. 그리되면 일본인은 다시금 "너희 신민臣民"의 처지로 전락하는 것을 감수해야 하리라.

서클운동의 실천 속에서 이론이 형성되는 것은 바람직할 뿐 아니라 반드시 필요하지만, 그것을 자연성장에 맡겨 두는 건 어리석은 일이다. 반드시 기성의 이론을 활용해 이론화를 앞당겨야 한다. 서클은 일본인의 인간 형성에서 전부는 아니나 오늘날 가장 중요한 수단이며, 그 목표는 천황제로부터의 인간해방이다. 따라서 인간의 위기적 상황에서 생겨난 리더십의 사고방식을 그대로 적용할 수는 없다. 그러나 고전적 데모크라시의 꿈이 오늘날의 대중사회에서 깨지고 있다는 것은 의심할 수 없는 사실이며, 오히려 서클운동 자체가 주어진 '관허' 데모크라시를 이용해 그 관료적 발상을 안으로부터 뒤집는 형태로 일어났다고도 볼 수 있다. 리더십은 그 운동의 이론화를 어떤 측면에서 보완할 수 있으며, 실제로도 그렇게 활용되고 있다. 그 경우에는 당연히 리더십이 본래 지닌 반공적 이데올로기를 약화하거나 완전히 씻어 내면서 대등한 인간관계적 논리라는 측면만이 순수하게 받아들여진다. 거듭 말했듯이 리더십이라는 말이 정착할 수 있을지는 의문이다. 그러나 리더십이라는 사고방식은 이제 뿌리를 내렸다고 말할 수 있으리라.

서클운동의 이론을 넓혀서 집단 전체의 논리로 전개하고자 할 때 리더십만으로 재료가 충분한지 나로서는 의문이다. 리더십론은 리더를 기능적으로 파악하는 사고방식이다. 인간이 원자화된 상태에서 연대감을 회복하려면 이 사고방식이 도움이 되겠지만, 일본에서는 그보다 먼저 부락공동체 질서로부터의 인간해방이 관건이다. 인간을 기능적으로 파악하는 사고방식은 이러한 과제에서 소수자 우월의 논리, 즉 혁명의 논리와 결합되지 않는다. 슈미트의 분류법에 근거한 '대표적 리더'만으로는 부족하니 아무래도 '창조적 리더'의 유형이 필요하다. 즉 기존의 가치와 상징에 기대는 것이 아니라 그것을 파괴해 새로운 가치와 상징을 창조하는 엘리트의 존재가 아무래도 필요하다. 이리하여 일본은 리더십 문제에서 특수한 곤란에 직면한다.

아마도 그러한 엘리트의 인격을 조형하려면 이론적 절차로서는 공산주의 조직론에서 제시된 전위의 사고방식을 빌리는 수밖에 없다고 본다. 그러나 이것은 자칫하면 히틀러로 가는 길이나 스탈린으로 가는 길을 열게 된다. 기능적 분석으로부터는 가치의 전환이 나오지 않으며, 궁극적인 가치의 전환을 목표로 삼지 않고선 인간관계의 갱신도 없다고 한다면, 우리는 어떻게 해야 하는 것일까? 논리적으로 일치 불가능한 것을 일치시키는 새로운 장의 창조를, 뭇사람의 지혜를 모아 고민해 가는 수밖에 없다.

1958년 3월

군대교육에 대하여

'군대교육 비판'이라 나온 주제를 비교적 편한 마음으로 맡았지만, 실제로 착수해 보니 만만찮은 작업임을 알게 되었다. 이제 와 물릴 수는 없으니 어떻게든 답을 보내고자 하지만, 이건 답일 수 없다. 기껏해야 문제의 정리, 그조차 아니라면 문제의 제출이라도 되기를 바랄 따름이다.

처음에 편한 마음으로 맡은 것은 우리 세대에게 군대는 잊을 수 없는 존재며, 나 자신도 그 피해자인 동시에 일면으로는 책임자이기 때문이다. 군대라는 일본 사회의 거대한 메커니즘을 외면한다면 결코 우리의 역사적 형성과정을 사고할 수 없기 때문이다. 군대는 일본의 근대와 걸음을 함께했다. 군대는 특수한 사회이나 그 특수는 전체를 반영하는 특수이며, 전체로부터 동떨어진 이질적인 것이 아니다. 어떤 의미에서 군대는 일본 사회의 축도라고까지 말할 수 있으리라. 군대는 관료기구의 첨단이며, 관료기구가 불가피하게 양산하는 인간멸시와 허위를, 일체의 수식을 빼고서 노골적으로 보여 준다. 나는 군대생활을 통해 그 점을 뼈저리게 체험했다. 일본인의 국민적 자기형성과 재형성(그것이 넓은 의미의 교육에 관한 정의라고 생각한다)을 생각할 경우 군대의 존재를 간과할 수 없다. 뿐만 아니라 군대라는 (전체로 보건대) 단순화된 메커니즘은 교육을 포함한 모든 국민 생활에서 일종의 실험실적 의미를 갖는다. 실험실에 던져지면 사물들은 관찰하기 쉬운 형태가 되어 본질을 드러낸다. 그런 의미에서 군대교육의 문제를 생각해 보는 건 국민이라면 누구에게나 자격이 있는 일이니 나도 편한 마음으로 출제를 받아들였던 것이다.

그런데 누구든 할 수 있으며 또한 해야 하는 일은 오히려 그래서 쉽지 않다. 일상에서 경험하는 만큼 무심히 흘려보내기 십상이라 연구가 소홀해진다. 그 증거로서 군대 연구에 관한 참고서는 이즈카 고지飯塚浩二 씨의 『일본의 군대』 말고는 나로서는 떠오르는 게 거의 없다. 물론 아주 없는 것은 아니어서 전후에 두세 잡지가 특집으로 다뤘고, 그중에서 마루야마 마사오 씨의 발언 등은 내게 큰 참조가 되었다. 또한 일본 군대의 성립과정에 관해서는 E. H. 노먼 씨의 귀중한 연구 『일본에서의 병사와 농민』이 있다. 그 밖에도 몇 가지 단편적 재료가 있지만(예를 들어 기시다 구니오岸田國士 씨의 사관학교 회상 등) 어느 것도 군대의 메커니즘을 총체적으로 다루지는 않았다. 아마도 군대 연구는 향후의 과제일 것이다.

일본에서 군대가 사라졌으니 군대 연구가 불필요해졌다고는 결코 말할 수 없다. 오히려 반대다. 이제야말로 군대 연구가 자유로워지고 가능해지고 동시에 필요해졌다. 군대가 있던 시대에 군대 연구는 터부였다. 사실 그 터부를 범해서라도 하다못해 재료라도 모아 뒀어야 하는데, 많은 사람이 군대 연구의 중요성을 깨닫지 못했다. 나도 그중 한 명이다. 애석하게도 기회를 놓친 안타까움을 이제 와 느끼고 있다. 예를 들어 에타지마 해군사관학교의 교육에 관해서는 이와타 도요오岩田豊雄의 소설 『해군』을 이용하는 것 말고는 지금은 방도가 없다. 직접 관찰을 할 수 없어져서 연구는 더욱 어려워지고 있다. 그러나 한편에서는 연구의 자유를 얻었다. 군대 연구는 회고 취미가 아니다. 일본 근대의 특수한 뒤틀림이라는 오늘날의 긴급한 과제를 풀어낼 가장 유효한 방법 가운데 하나다. 군대는 사라졌지만 국민 생활의 가장 밑바닥까지 좀먹은 군대의 영향은 여전히 남아 끊임없이 재생산된다. 유형의 군대는 자취를 감췄으나 무형의 군대는 여전히 국민 생활을 지배하고 있다. 그것은 기회만 있다면 언제라도 형태를 갖춰 표면으로 등장할 가능성이 있다. 실제로 경찰예비대가 이를 증명했다. 위로부터 주어진 오늘날의 자유주의 교육이 국민 생활로 스며들기가 얼마나 어려운지를 당사자들이 입을 모아 한탄할 때, 이 현상은 그들의 한탄과 기묘한 대조를 이룬다. 만약 다른 조건이 없다면 군대는 교육 분야에서도 일본 문화의 정수라는 것이 쉽사리 증명되지 않을까.

군대교육이라 하면 군대 자체의 교육, 즉 군대 조직이 요구하는 자기 내부의 교육과 그것이 시민사회 안에 자리 잡아 국민 생활에 영향을 미치는 교육이라는 두 가지 의미를 생각할 수 있다. 직업교육인 동시에 국민교육의 일환인 것이다. 모든 직업교육은 많든 적든 이러한 양면성을 지니지만, 특히 군대는 그 강제력과 거대한 규모로 국민교육에서 큰 비중을 차지했다. 지원병 제도인 해군은 징병제인 육군보다 규모가 비교적 작았고, 따라서 해군교육은 육군만큼 세간의 관심을 모으지 않았다(다른 이유도 있지만). 반면 육군은 재향군인 제도를 통해 국민 각층으로 삼투해서 국민교육에 대해 발언할 기회가 많았다. 군부 세력이 확장하면서 발언력도 세져 종국에는 모든 국민교육을 자기 통솔 아래 두려고 했다. 이것은 직업교육인 동시에 국민교육이라는 군대교육의 양면성으로부터 유래한다.

전쟁 말기의 광란시대에 군부가 국민교육에 간섭하려는 것을 끝까지 반대했던 게 관립학교, 특히 고등학교였다는 사실(다케야마 미치오竹山道雄 씨의 『잃어버린 청춘』 참조)은 흥미롭다. 만약 다케야마 씨의 기록을 신뢰한다면, 관립학교는 군대교육의 침입에 강하게 반발했다. 다른 유형의 학교에서도, 학교 이외의 장소에서도 볼 수 없는 저항이 있었다. 아마도 이 기록은 믿어도 좋을 것이다. 다만 그 저항이 고립되어 민중과 결합하지 못했다는 사실은 인정하지 않을 수 없다.

옛 고등학교는 자유주의 교육의 아성이었다. 그리고 군대는 성립 당초의 사정으로 자유주의에 대한 완강한 반대자였다. 양자의 충돌은 불가피했다. 군대교육의 근본 성격인 획일주의, 형식주의, 실용주의 등은 자유주의와 어울리지 않는다. 모든 리버럴리스트는 군대교육을 특수한 직업교육으로서는 인정한다 해도 국민교육으로 채용하는 일에는 절대로 반대한다. 그런데 군은 그걸 강행했다. 군사교련 강제를 필두로 점차 일반 교과에 간섭하더니 인사권과 행정권을 거머쥐려 들었다. 그 과정에서 여러 충돌이 일어났고 그때마다 군이 승리했다. 만약 여론이 관립학교식의 자유주의 교육을 지지했다면 민중을 둔덕으로 삼아 저항을 조직할 수 있었겠지만, 그런 사례는 전무했다(교토대 사건 정도가 예외로 보이지만). 민중은 오히려 자유주의에 반대하는 군을 지지하는 쪽으로 기울었다. 여기서 일본 자유주의의 비참함이 엿보이는데, 교육 문제의 각도에서 보자면 과거 자유주의 교육의 뿌리가 얼마나 얕았는지를 증명한다고 할 수 있다.

그렇다고 군대교육이 여론의 지지를 얻었다고는 말할 수 없다. 일반 교육제도 안에서 고등교육이 세상으로부터 차가운 시선과 무언의 비난을 받았기에 군대교육이 지지를 얻은 것처럼 보였을 뿐이다. 민중은 고등교육으로부터 직접적 혜택을 받지 못했다. 그래서 그들은 대학이 자기 생활에 보탬이 된다고 생각하지 않는다. 그런데 군대는 그들의 생활과 직접 닿아 있다. 모든 남자는 성년이 되면 징병검사를 받는다. 그것은 민중에게 번거로운 일인 동시에 기쁨이기도 했다. 선택된 자는 2년간 봉공한다. 본인과 가족에게는 부담이지만 도제수업을 통해 보상받는다. 군대생활 혐오는 인텔리의 편견이다. 민중은 군대를 혐오하는 동시에 동경하기도 했다. 적어도 일본 군대가 부패하기 전까지 민중들은 군대에서 받는 단체훈련이 시민생활의 건전화를 위한 유효한 교육수단이라고 믿었다. 이 전통은 내가 군대생활을 체험한 전쟁 말기에도 분명히 남아 있었다. 그때 나는 내가 인텔리여서 갖게 된 고정관념에 관해 여러 생각이 들었다.

군대 — 적어도 과거의 일본 군대가 악의 근원이었음은 의심할 여지가 없다. 그 붕괴는 기뻐해 마땅하다. 일본의 근대화를 방해하는 최대의 지주 하나가 사라졌으니까. 그러나 그저 기뻐하고 있을 수만은 없는 이유가 있다. 한때 군대가 맡았던 성인 교육의 역할이 달리 채워지지 않아 공허한 채로 남았기 때문이다. 새로운 교육제도는 철저한 성인 의무교육이었던 군대교육에 필적할 만한 힘을 갖지 못했으며, 따라서 민중의 지지를 얻지 못했다. 군대를 대신해 시민교육에 대한 민중의 요구에 부응할 제도가 없는 것이다. 없을 뿐 아니라 그 필요를 자각하지 못하는 경향이 있다. 강제력을 수반하기는 했으나 직업교육을 무상으로 전수하고, 뒤틀린 도덕이기는 했으나 어쨌든 최저 수준에서 국민을 도덕적으로 훈련시킨 군대교육은 일본의 상황에 어울리는 교육 방식이었다. 일본이 진보된 시민사회를 실현했다면, 지금의 방임 상태도 좋을 것이다. 그러나 거꾸로 말해 일본이 만약 진보된 시민사회를 실현했다면, 과거의 군대는 발생하지 않았을 것이다. 군대가 없어진 것만을 두고 일본 사회가 진보했다고 본다면 인텔리적 편견이다. 민중이 자유주의 교육을 백안시하는 데는 이유가 있으며, 군대가 사라져서 생겨난 민중의 공허감을 해소하기 위해서라도 오늘날 군대교육의 연구는 필요하다.

군대와 관립대학은 일본 교육의 양대 근간인데, 관료주의의 온상이라는 점에서는 한 뿌리다. 둘은 대립하나 그 대립은 지배층 내부의 파벌 대립에 불과하다. 한편이 학문의 독립을 주장하고 다른 한편이 학문의 공리성을 주장하는, 일견 정반대로 보이는 대립도 실은 본질적 대립이 아니다. 왜냐하면 학문의 독립은 권력으로부터의 독립을 의미하며, 독립하려면 투쟁을 해야 하고, 투쟁하려면 민중과 관계해야 하지만, 관립대학의 학문은 민중으로부터 초연한 독립을 주장할 뿐이기 때문이다. 지배자에게 봉사한다는 같은 목적 아래서 방법을 두고 벌이는 대립에 불과하다. 따라서 비속한 형태로 민중과 결합하는 군대교육의 공리주의와 겨뤄 이겨 낼 수 없었다.

관립학교가 전쟁 말기에 보여 준 저항은 용감했지만 새로운 가치를 낳는 모태가 되지는 못했다. 그것은 이데올로기적으로는 중신重臣층 자유주의자들의 전쟁 반대와 통했다. 따라서 오늘날 군대교육이 사라지고 남은 공간을 채우지 못하는 것이다.

이상으로 군대교육이 국민교육에서 점하는 역할의 중요성에 관해 내가 느끼는 바를 밝혀 보았다. 그런데 그 역할이 어떻게 가능한가를 보면 본래의 자기교육에 기초를 두고 있음이 분명하다. 거기서 좁은 의미의 군대교육에 관한 연구가 요청되는데 여기에는 여러 난점이 있다. 앞서 적었듯이 군대 메커니즘 자체에 관한 연구가 그다지 진척되지 않았다는 것이 난점의 근원이다. 군대 연구는 이제 막 시작되었고 아직 자료를 모으는 단계다. 터부였기 때문에 기록이 남아 있지 않다. 드문드문 있더라도 단편적이거나 특수한(예를 들어 학도병) 입장을 반영한 것으로서 전체를 포괄하지 못한다. 애초에 전체를 포괄하지 못하는 것 자체가 군대의 특징이다. 철저한 관료주의 기구가 전망을 방해하는 것이다. 군대 안에 있으면 위아래의 연결은 알 수 있지만, 옆으로는 어떻게 연결되는지 절대 알 수 없다. 비합법 시대 공산당의 세포조직과 닮았다. 예를 들어 입대해서 가장 먼저 기억으로 입혀지는 것은 직속상관의 관등성명이다. 분대장에서부터 시작해 사단장에 이른다. 더 올라가면 대원수에 이른다. 얼굴은 몰라도 이름만큼은 확실하게 외워 둬야 한다. 하지만 이웃 부대의 소대장 이름은 몰라도 그만이다.

따라서 군대의 실상을 조사하려면 여러 사람이 협력해야 한다. 엄격한 관료제에 의해 간부 교육과 군사 교육이 확연하게 구획되고, 또한 병종兵種, 병과兵科, 연차에 따라 다르고, 주류와 방계는 간부 교육도 다르기 때문이다. 물론 육군과 해군도 전혀 다르다.

아울러 역사적 변천도 고려해야 한다. 예를 들어 관료주의와 더불어 군대교육이 지니는 특징의 한 가지로 철저한 합목적성을 들 수 있다. 이것이 종종 애초의 목적을 망각하고 수단이 자기목적화되어 거꾸로 교육의 효과를 반감하는 경향이 있다. 직속상관의 이름을 외우게 하는 일이 그저 군대 내의 이지메가 되거나, 무기 존중이 사물 숭배가 되거나, 수치를 강조하는 관념이 도둑질을 공허公許하는 형식화, 고정화가 그것이다. 이 점에 관해서는 군대교육의 변천을 일반 교육의 역사 속에서 거슬러 올라가 보지 않으면 진상을 파악하기 어렵다. 방금 거론한 문제는 사소한 것처럼 보이지만, 분명히 군기의 퇴폐와 불가분하며 동시에 일본 문화의 퇴화 현상과도 결부되어 있다.

이 점과 관련해 내가 겪은 일화를 하나 소개하겠다. 패전 이후 얼마 지나지 않아 내가 속해 있던 부대에서 아침점호 때 대대 부관이 군인칙훈을 이례적인 방식으로 읽었다. 그는 "아국의 존엄을 널리 떨치지 못하는 근심을 너희는 짐과 함께 나눠야 할지니라"라는 일절을 뽑아냈다. 정렬한 병사 무리 속에서 합창하며 나는 괴로워졌다. 이제껏 단순한 문학적 수사라며 간과하고 있었는데 그 대목이 뜻밖에도 군대 이데올로기를 통한, 패전에 대한 의미 부여로 전용될 만한 유연함을 가진다는 것을 비로소 깨달았다. 물론 패전하기 전에는 이런 해석을 생각할 수 없었다. 설령 문학적 수사라고 하더라도 이런 어구를 기입한 진지함은 아마도 성립 당시의 일본 군대에 어울렸을 것이다. 나는 이후 『칙훈집』을 통람하며 일청전쟁의 선전조서에는 "적어도 국제법에 어긋나지 않는 한"이라는 한마디가 있다는 것도 발견했다. 군대의 정신사는 그대로 국민의 정신사를 반영하지 않을까. 군대교육이 시작부터 허위로 도배되었다고 단정하는 것은 내게 경솔한 판단처럼 보인다.

1951년 4월

인간·예술·교육

　예술과 교육이 인간의 사회생활에서 각각 고유하게 기능한다는 사실은 의심할 여지가 없다. 고유한 기능을 갖고 서로 독립해 있기 때문에 하나가 다른 하나를 대신할 수 없다. 예술에는 예술의 역할이 있고 교육에는 교육의 역할이 있다. 예술의 제작에 종사하는 예술가와 교육의 실천에 종사하는 교육자는 인격적으로 다른 존재다. 예술가가 동시에 교사이거나 교사가 동시에 예술가인 예가 없지는 않지만, 구체적 인간 속에서 양자가 융합하더라도 그것을 기능으로서 꺼낼 때 양자는 나뉜다. 예술가가 예술가인 채로 교사가 될 수 없으며, 교사가 교사인 채로 예술가가 될 수 없다. 예술가만이 아니라 학자나 정치가의 경우도 마찬가지다.

　예술과 교육은 기능적으로 다르지만 모두 인간생활에서 없어서는 안 된다. 이 또한 의심할 여지가 없다. 예술이 아주 없는 사회는 존재하지 않는다. 한편 교육이라는 자기형성작용이 사라지면 사회는 소멸한다. 사회가 존속하고 인간생활이 계속되는 한 예술과 교육이라는 두 가지 인간 활동은 어떠한 형태로든 기능할 것이다. 따라서 양자 간에 일정한 관계가 성립하고 있을 것이다.

　교육은 인간의 전 내용과 관계하는 형성과 재형성의 영위다. 교육이라는 사회적 행위는 인간 전체를 대상으로 삼고, 따라서 언제나 목표로서 전인간의 내용을 갖춘 새로운 인간상을 상정한다. 당연히도 이러한 인간은 육체와 정신의 혼합물이다. 여기서 육체 쪽을 빼고 생각하면 인간의 정신에는 지知·정情·의意라는 세 가지 측면이 있다고들 한다. 따라서 인간 정신을 길러내는 교육에도 세 가지 측면이 있다. 흔히들 이것을 과학교육, 예술교육(정조情操교육), 도덕교육이라고 부른다.

다만 일반적 용례에서 과학교육은 보다 좁은 의미로 사용된다. 용어 자체가 새로워서 이것을 가지고서는 포괄적 지육知育의 의미로 대용할 수 없을지도 모른다. 지육 가운데 어떤 일부를 가리킨다고 해석되기 십상이다. 그러나 과학교육을 제창하는 자들은 그런 해석이 잘못되었다면서, 오히려 이를 계기로 교육 전체의 개혁을 꾀하는 방향에서 과학교육이라는 말을 사용하는 듯하다. 이러한 사정은 예술교육의 경우에도 얼마간 들어맞는다고 보인다.

지육과 함께 삼위일체를 이루는 관용어로서 덕육과 체육이 있다. 지육, 덕육, 체육의 종합이 교육의 전체다. 그러나 이리되면 예술교육은 포함되지 않는다. 포함되지 않는다기보다, 지육이나 덕육에 포괄되고 말아 고유 영역을 인정받지 못한다. 이러한 사고방식은 예술을 부당하게 경시하고 인간 정신의 한 측면인 감정을 무시해서 생긴다. 감정을 교육 내용으로 거둬들이지 않고 그대로 방치하거나, 그게 아니면 감정을 억압할 목적으로 거둬들이든지 둘 중 하나다. 그리고 이것은 도덕교육의 오랜 사고방식과 깊이 결부되어 있다.

예술은 그 말의 어원이 명확히 보여 주듯 기술의 성격이 강하다. 혹자는 예술이 곧 기술이라고 한다. 기술은 습득 가능하며, 그 습득이 교육의 내용이 된다. 따라서 예술을 기술로 환원하면 낡은 교육관과 충돌하지 않아도 된다. 우리 시대는 학교에서 이런 식으로 도입된 예술교육을 받았다. 음악이나 미술이 그렇다. 그러나 이건 진정한 의미의 예술교육이 아니다. 지육의 일부며 단순한 기술 전수다. 그 증거로 음악이나

미술 과목은 수학을 정점으로 하는 과목의 등급설정에서 가장 밑바닥에 놓여 부록처럼 취급되어 왔다.

예술에 관한 또 다른 평가는 오락이라는 것이다. 예술은 분명 오락의 요소를 함유하고 있으니 완전히 잘못된 평가라고는 할 수 없지만, 예술을 곧장 오락과 동일시한다면 역시 편견이라 하겠다. 그리고 이 편견이 교육 내용에서 예술을 추방하는 경향을 방조해 왔다. 즉 오락은 공부에 방해된다는 사고방식이다. 교육은 신성하고 엄숙해야 하니 가급적 오락의 요소를 솎아내 그 존엄을 지키겠다는 것이다. 따라서 교육과 예술은 정면으로 대립한다. 선량한 학생이라면 소설을 읽거나 영화를 봐서는 안 된다. 너그럽게 봐줘 봐야 교사의 감독으로부터 벗어난 학교 바깥에서 학생들이 저지르는 어쩔 수 없는 악일 뿐, 교과과정의 내용으로 받아들인다는 건 상상조차 못 한다.

오늘날은 사정이 많이 달라졌다. 우리가 학교에서 겪었던 금욕적 교육은 거의 찾아보기 힘들다. 예술을 교육의 대립물로 간주하는 낡은 관념이 사라지고 예술은 교과과정으로 척척 도입되었다. 이 사실은 일대 진보라고 해야 할 것이다. 아마도 예술가의 사회적 지위가 매우 높아졌다는 사실과 대응하는 현상일 것이다.

그런데 교육의 견지에서 예술에 관한 평가가 이처럼 달라진 것은 분명 반길 일이지만, 거기서 다른 문제가 새롭게 발생하는 것 같다. 교양주의라는 문제다. 오락이라며 배척받던 예술을 교육과정으로 정당하게 거둬들인 대가는 예술을 교양으로서, 생활의 잉여로서 바라보는 경향을 낳은 것이다. 오락이라며 배척당할 운명은 면했지만, 이번에는 다도나 꽃꽂이처럼 일종의 기호로 여겨지게 되었다. 예술의 여러 부문을 두루두루 구석구석까지 이해하는 것이 사회인으로서 요청되는 교양이며, 그 교양을 몸에 익히려면 예술을 교육 내용으로 도입해야 한다. 이것이 오늘날 교육 측에서 예술을 이해하는 방식인 듯하다.

　나는 실제 교육에 관해서는 거의 아무것도 모르니 혹시라도 내 인상이 틀렸을지 모른다. 다만 좁은 범위의 견문에 비춰 보건대 아무래도 이런 경향이 일반적으로 존재하지 싶다. 그리고 만일 그렇다면 이것은 인간 형성을 목표로 하는 교육의 입장에서 보건대도 문제가 아닐까?

　올해 여름, 어떤 일로 고등학교의 국어 교과서를 대충 조사해 봤다. 중학교 교과서도 얼마간 훑어봤다. 먼저 우리 시대와는 내용이 완전히 달라서 놀랐다. 전체적으로는 바람직한 변화로 보였다. 우리 시대의 교과서에는 주로 고전이 실렸지만 지금은 대체로 현대문이다. 더구나 현대문의 모든 문체가 망라되어 있다. 신문기사도 올라와 있다. 다만 지금의 교과서는 언어와 문학을 나란히 중시한다는 교육방침에서 제작되었기에 이 전체를 문학 교재로 보기는 힘들다. 그렇더라도 문학 부분을 보면 현대소설이나 번역소설이 수용되어 교재로서는 획기적 변화다. 그리고 그것이 단원으로 정리되어 있다. 그만큼 학생의 문학생활을 교육 내용으로 폭넓게 건져 올렸으니 진보라 하지 않을 수 없다.

　우리 시대는 학교에서 이런 문학교육을 받지 못했다. 문학에 대한 개안은 학교교육과는 동떨어진 장소에서 일어났다. 각자의 개성과 환경에 따라 자력으로 눈을 떴다. 학교에서 소설을 읽더라도 몰래 읽었다. 그리고 그런 학생들은 대체로 반에서 별종 취급을 받았다. 이따금 문학 취미를 가진 교사가 호의를 베풀어 주기는 했지만 어디까지나 사적 관계였다. 교육의 장소에서 맺어진 관계가 아니었다.

　나는 내가 받은 교육으로 꼭 불행했다고는 생각하지 않는다. 그러나 학생 전체를 보면 당시의 교육으로 인해 문학에 대한 개안이 늦어지든가 혹은 개안의 기회를 완전히 잃은 자가 분명히 있을 것이다. 문학적 경험을 모른 채 살아가면 그만큼 생활의 내용이 빈곤해지니 다른 조건으로부터 떼어 놓고 말하자면 그 사람의 불행이다. 오늘의 교육은 그 불행의 외적 조건을 개선한 교육으로서 진보했다. 신교육의 성과가 아직 분명히 드러나지는 않았지만, 아마도 우리 시대에 문학청년으로 불렸던 유형이 장래에는 사라지지 않을까. 그리되면 일본 문학의 성질 역시 자연스레 바뀔지도 모르겠다.

교육은 인간 형성의 영위이니 대상인 인간의 내용이 교육과정에 보다 많이 담길수록 교육으로서 올바르고 또한 효과적이다. 학교교육이 사실상 그것을 전부 담아낼 수는 없지만, 이상으로서는 가능하며 그 이상을 향한 노력은 필요하다. 거기서 제도와 과정의 내용, 교사의 질이 문제가 된다. 커리큘럼을 보는 한 오늘의 문학교육이 과거에 비해 진보했음을 나는 인정한다. 하지만 그 진보한 내용이 보장될지는 의심스럽고, 좀 더 진보해도 좋지 않을까 싶은 대목도 있다.

내가 보건대 국어 교과서는 문학교육의 교재로서 그야말로 짜임새 있게 구성되었지만, 형식적이고 몰개성하며 깊이가 부족하다. 단원은 구석구석까지 자상하게 정리해 줄 뿐 문학의 본질을 이해하는 데 얼마나 도움이 될지는 의문이다. 거기서 일종의 교양주의라는 혐의가 생긴다. 물론 검정교과서만 가지고서 문학교육을 하는 것은 아니다. 교사가 지도하기 나름으로 보충교재를 활용하거나 수업방식을 바꿔 이 결함을 줄일 수 있다. 따라서 교사의 역할이 중요하다. 만일 교사가 검정교과서만을 가지고서 그대로 수업한다면, 학생은 문학에 관한 수박 겉핥기 식의 상식을 지닌, 따라서 진정한 문학정신은 몰각한 역겨운 속물로 자라날 우려가 있다. 교양주의는 문학정신과 반대의 것이다. 교양주의에 빠지면 괜한 선입관이 생겨 문학의 본질을 이해하지 못하게 되니 문학에 대한 개안에 역효과를 낸다. 모처럼 문학교육을 인간 형성의 불가결한 요소로서 받아들이고서 결국 역효과를 낸다면 일을 그르칠 것이다. 그럴 바에야 애초 교육과정 바깥으로 방임하는 편이 낫다. 무난함만을 겨냥한 검정교과서에 지나치게 의존한다면 이리될 위험성이 다분하니 교사는 상당한 주의를 기울여야 할 것이다. 문학의 고유한, 달리 대체할 수 없는 기능이란 무엇인가 하면, 사람의 마음을 바닥으로부터 흔드는 것이다. 주로 감정의 측면에서 작용해 종교적 회심과도 닮은 감동의 체험을 제공하는 것이다. 그 체험을 계기로 새로운 세계가 창조된다. 이러한 창조의 기쁨을 안기는 것이 문학, 넓게 말하면 예술이다.

이러한 창조의 기쁨에 관한 직접체험이 문학을 이해하는 유일한 출발점이다. 이 직접체험을 거치지 않고서야 문학의 모든 문제는 문제가 될 수 없다. 그리고 이 체험의 내용은 인간이 본래 지니고 있는 성질이 일정한 조건 아래서 드러난 것이라 생각해야 한다. 드러내는 방식은 개성과 환경에 따라 다양하겠지만, 교육은 그 우발성을 조직할 수 있다. 그렇지 않고서야 문학교육을 하는 의미가 없다. 창조의 기쁨을 체험하고 그로써 인간성에 눈을 뜬다. 이것이 문학의 으뜸이며, 거기에 이르지 못하는 지식의 집적은 문학과는 무관한 그저 딜레탕티즘*이다.

그렇다면 어떻게 해야 교사는 이러한 문학교육을 할 수 있을까? 상대의 창조성을 이끌어 내려면 먼저 교사 자신이 창조적이어야 한다. 즉 예술가가 아니면 안 된다. 여기서 예술가란 직업으로서의 예술가가 아니다. 소질로서의 예술가다. 그렇지 않은 자가 예술교육을 할 수 있을 리 없다.

그러나 예술과 교육은 어디까지나 기능이 다르니 예술가가 곧 뛰어

---

* **딜레탕티즘**dilettantisme 예술이나 학문을 치열한 직업의식 없이 취미로 이것저것 즐기는 성향을 의미한다.

난 교사라고는 할 수 없다. 또한 사실상 문학자만이 문학교육을 담당하는 교사일 수도 없는 노릇이다. 그렇다면 이 관계를 어떻게 조화시켜야 할 것인가? 나는 교육의 영위와 예술의 영위는 깊은 지점에서 유사점을 갖기에 그 유사점 위에서 예술교육이 가능하지 않을까 생각한다.

교육은 인간 형성의 행위지만 그 실천은 대상에 대한 사랑을 통해 대상으로부터 자발성을 끌어 내는 과정을 거쳐야 한다. 예술은 교육적 효과를 목적으로 하지 않으며 실상 직접적인 교육적 효과를 내지도 않지만, 결과적으로는 교육과 같은 곳으로 귀착한다. 대상과 방법은 달라도 인간성 자각을 이끌어 낸다는 점은 다르지 않다. 그리 본다면 뛰어난 교육자는 객관적으로는 예술가이며, 뛰어난 예술가는 객관적으로는 교육자라는 관계가 성립하지 않을까. 소세키의 『열흘 밤의 꿈』夢十夜에서 운케이運慶가 인왕仁王을 조각하는 장면을 보면, 떡갈나무에 상을 새기는 게 아니라 본디 떡갈나무 안에 묻혀 있던 상을 정으로 파낸다는 구절이 있다. 즉 예술가는 나무 안에서 상을 파내며, 교사는 살아 있는 인간 속에서 이상의 인간상을 파낸다.

예술교육은 인간이 창조한 생산물에 대해 이야기하는 것이 아니다. 창조의 행위에 대해 이야기하는 것도 아니다. 창조하는 인간을 만드는 것이며, 즉 스스로 창조하는 것이다. 예술교육이 과정의 일부여서는 안 된다. 과정의 전반에 걸쳐 방법으로 적용되어 창조의 기쁨을 이끌어 내고, 그것을 원동력 삼아 교육 자체의 개혁과 전진의 힘을 낳아야 한다.

1952년 12월

교사에 대하여

지금으로부터 9년 전, 이 강좌('현대교육학')의 전신인 이와나미 강좌 '교육'에 교사론을 쓴 적이 있다. 「일본 교사의 윤리」라는 제목이었고, 현장에서 교직 경험이 있는 이와 계획하고서 둘이서 한 편을 분담해 집필했다. 이후 이 글은 내 평론집에 거두었고, 우스이 요시미가 엮은 '현대교양전집' 제16권 『전후의 교육』에도 수록되었다. 이제 와서 옛 글을 읽어 보면 날카로운 상태에서 분투한 흔적이 역력해 나름 그립기도 하고 부끄러운 대목도 있다. 그러나 필치가 미숙해 마음에 걸리는 것 말고는 고쳐야 할 논지가 없는 것처럼 보였다. 이제 9년이 지나 다시 한 번 교사론을 쓰게 되었지만, 다시 써도 근본 논지는 전에 썼던 것과 다르지 않으리라고 생각한다. 시비선악이야 어찌 되었든, 내게 그만한 사상의 변화는 없다. 이 점을 먼저 밝혀 두고 싶다.

이번은 덧붙이는 글로서 교육론의 체계에 별로 구애받지 않고 다소 자유롭게 써 볼 요량이다. 논문의 형식으로 정돈하지 못해 수필 같아지더라도 개의치 않을 생각이다. 지난 9년간 교육의 현실이 변화했을 뿐 아니라 교육에 관한 학문적 연구도 상당히 진척되었겠지만 나는 그 사이의 사정을 잘 알지 못한다. 제대로 모르는 주제에 작성하려니 반초보의(나는 최근까지 수년간 직업이 교사였으니 반은 숙련이라고 생각한다) 감상 정도가 될 것이다. 당연히 학문적으로 부족한 부분이 있으며 오해를 사는 일도 면키 어렵다고 생각한다. 이 점을 두 번째로 밝혀 두고 싶다.

　그런데 지난 9년 동안 사회상태나 생활상태가 상당히 바뀌었다. 교육의 모습도 바뀌었다. 교사의 모습도 바뀌었다. 교사를 바라보는 세상의 시선도 바뀌었다. 물론 변함없는 부분, 변함없는 면도 상당히 존재하지만 바뀐 부분, 바뀐 면이 꽤 있다. 내가 전에 쓴 글을 만약 불변의 상相에서 문제 삼는다면 나는 그 논지를 지금도 그대로 제출할 작정이지만, 변화의 상에서 다시 파악한다면 당연히 역점을 두는 방식이 달라질 것이다. 따라서 다시 한 번 전체를 구성하는 것이 가능할 뿐 아니라 필요해진다. 그리하여 나로서는 가능한 범위에서 그 시도를 해 보고자 이번 원고 청탁에 응했던 것이다.

　지금부터 나는 특히 "교사는 노동자다"라는 명제의 당부當否에 집중해 논의할 생각이다. 이 명제는 「교사의 윤리강령」 10개조 가운데 제1조다. 제정 당시부터 여러 의미에서 문제시되었고, 지금도 문제가 되고 있다. 오히려 문제성이 한층 심해지고 있다. 「윤리강령」 자체가 전체적으로 문제성을 띠고 있지만, 그중에서도 "교사는 노동자다"라는 규정은 찬부 논의가 가장 떠들썩하다. 논의가 떠들썩할 뿐 아니라 1조에 전체의 문제성이 집약되어 있다고도 할 수 있지 싶다. 그리하여 1조를 문제로 삼는다면 교사의 문제 전부는 아니더라도 적어도 핵심을 다룰 수 있지 않을까 생각했다. 이 규정에 대한 여러 사람의 의견을 참고해 다시금 자신의 의견을 밝힌다면 그 나름으로 교사론이 될 것이다. 이게 이번 계획이다.

　전에 교사론을 쓴 일은 마침 「교사의 윤리강령」이 정식으로 결정된 직후였다. 기록에 따르면 강령의 초안은 1951년 7월에 작성되고, 8월에 일교조 중앙위원회가 채택해 1년간의 대중토의 끝에 다음 해 6월의 니가타 대회에서 일부 수정된 뒤에 통과되었다. 그러니까 「윤리강령」은 당시 화제였고, 그 이유가 아니더라도 교사를 논하는 이상「윤리강령」을 중심 소재로 설정하지 않을 수 없었다. 나는 강령 제정의 경과에 대해서는 아무것도 몰랐지만, 강령의 본문과 그 설명을 숙독하고는 훌륭하다고 느꼈다. 필요로서 충분하다고 생각했다. 나는 백 퍼센트 거기에 찬성했다. 논문에 그렇게 썼다. 나는 반직업적(당시는 교사를 전업으로 삼지 않았다)이지만 교사의 일원으로서 이 강령에 전면 찬성하며 그것을 지지한다고 썼다.

특히 내가 주목한 것은 강령 중 "교사는 노동자다"라는 항목이었다. 다른 항목들도 잘되어 있고, 그것들이 유기적으로 연관되어 필요로서 충분하다고 느낀 것인데, 그중에서도 "교사는 노동자다"라는 1항이 전체를 다잡고 있어서 화룡정점이라는 생각이 들었다. 거기서 나는 이 명제에 대한 나름의 해석을 교사론의 한 가지 테마로 삼았다.

당시 내 해석은 지금도 올바르다고 생각한다. 올바르다는 것은 방향이 올바르다는 것이지 온전하게 해석해 냈다는 의미는 아니다. 해석은 아주 불완전하고 불충분하다. 그래서 오해도 샀다. 나는 이후 다시 짧은 글을 써서 해석의 부족함을 보충했지만, 이쪽은 세상의 주목을 끌지 못한 것 같다. 그리고 나 자신이 원래의 논문을 보필하지 않은 채 오늘까지 와 버렸다. 그 결함을 보충하는 것이 이번에 다시 교사론을 맡게 된 이유의 하나다.

나는 "교사는 노동자다"라는 명제는 그 자체로서 올바르다고 생각한다. 9년 전이나 지금이나 마찬가지다. 하지만 그동안 시대의 추이에 따라 미묘한 차이가 생겨난 것도 느낀다. 9년 전 유효적절했던 만큼은 이제 유효적절하지 않은 듯하다. 그러나 다른 의미에서는 더욱 유효적절하며, 유효적절해져야 하지 않나 싶다. 즉 의미의 전환을 꾀해야 할 시기가 온 게 아닐까 생각한다. 의미의 전환이란 전의 해석을 파기하고 새로운 해석을 채용하는 것이 아니다. 간판을 새로 칠하는 것이 아니다. 새로 칠하는 게 아니라 예를 들어 유화처럼 안료를 덧칠하는 것이다. 해석은 쌓여 바닥으로 침전해야 한다. 그 역사의 무게를 짊어지지 않고서야 애초에 전환을 꾀해야 할 이유조차 없으리라.

「교사의 윤리강령」은 제정 당시부터 세간에서 일부 비난의 목소리가 나왔다. 오해나 몰이해는 좀 더 폭넓게 존재했다. 최근 교육행정 관료나 신문의 논설이 갑자기 비난에 나선 것처럼 보이지만 실상은 그렇지 않다. 제정 당시부터 그랬다. 지금처럼 표면으로 드러나지 않았을 뿐이다. 최근에 비난이 갑자기 표면화된 것은 나름의 이유가 있겠지만, 그 지점을 깊게 파고들지는 않겠다. 헌법이나 교육기본법을 바꾸려는 바람이 일부에 존재하는 것이 사실이고, 「교사의 윤리강령」에 대한 비난이 그 바람과 깊은 곳에서 이어져 있다는 것도 빗나간 이야기가 아닐 것이다. 그러나 나의 당면과제는 「윤리강령」을 교사의 내발적인 의지라는 방향에서 바라보는 데 있으니 정치적 판단으로는 가급적 들어가지 않을 작정이다.

문제는 제정 당시 그리고 이후 교사 자신들이 「윤리강령」을 얼마나 검토하고 얼마나 이해를 심화했는지 혹은 심화하지 못했는지다. 이해라고 표현하면 지적 이해라는 의미로 받아들여지기 십상이니 납득이라 해도 좋다. 몸에 익히기, 혈육화라고 해도 좋다. 만일 내발적인, 자유의지에 따른 선택이 아니라면 「윤리강령」라고 해도 선전용 작문이며 넌센스다. 그리고 선택은 한 번으로 끝날 게 아니라 부단히 반복되는 행위여야만 한다. 그렇지 않은 강령, 끊임없이 물음을 던지지 못하는 강령이라면 그것은 이미 강령이 아니라 그림의 떡이다.

윤리강령은 스스로 만들어야 한다. 교사의 윤리강령이라면 교사 자신이 만들어야 한다. 그리고 가령 저널리스트에게 '프레스 코드'가 있는 것처럼 모든 직업인은 자신의 윤리강령을 가져야 한다. 윤리강령 같은 이름을 붙이지 않아도 되고, 반드시 성문화할 필요도 없지만 지켜야 할 신조는 자율적으로 정해야 한다. 그렇지 않다면 윤리 주체로서의 독립적 인격이 훼손된다. 직업인으로서의 책임이 행방불명이 된다. 그렇다면 건달과 다를 바 없다.

스스로 만든다고 해서 제멋대로 결정한다는 것은 아니다. 공적으로 통용되지 않는 독단은 강령이라 할 수 없다. 강령은 자타를 구속하는 규범성을 지니니 전체 사회와의 조화를 고려해야 한다. 최근 「교사의 윤리강령」에 대해 일부 비난의 목소리가 나오는 것은 그 동기나 정치적 의미를 덮어 두고 말하자면 그만큼 세간의 관심이 높아졌다는 방증이니 무관심하게 방치되기보다는 훨씬 낫다. 교사는 자신의 윤리강령을 검토, 반성, 확인하기 위해 이 기회를 활용해야 한다.

강령은 현 상황에 대한 자기인식과 그 자기인식을 바탕으로 하는 이상 혹은 목표라는 양 측면을 담아야 한다. 현 상황이 이렇다는 것만으로는 강령일 수 없다. 그러나 실상황에서 유리된, 실현할 수 없는 이상을 늘어놓아도 그림의 떡이지 강령은 아니다. 이제부터 핵심적으로 다루려는 "교사는 노동자다"라는 규정을 두고 논의가 분분한데, 이는 이 규정을 현실과 이상 가운데 어느 쪽에 중점을 두고 해석할 것이냐는 해석자의 태도가 달라서기도 한 것 같다. 그만큼 강령을 작성하는 작업은 어렵다.

강령의 옳고 그름을 논하려면 성문의 내용만이 아니라 제정 절차도 주시해야 한다. 나는 먼젓번 논문에서는 조건부이기는 하나 제정 절차에 대해서도 만족을 표명했다. 문헌으로 확인해 본 한에서 제정 과정은 대체로 다음과 같았다. 먼저 일교조가 발의하고 원안 작성은 수십 인의 학자에게 협력을 의뢰했다. 그리고 공동토의와 분담집필의 결과 완성된 기초위원회의 원안을 조직의 하부로 전달해 조합원의 토론에 맡겼다. 어떤 범위에서 어느 정도의 검토가 이뤄졌는지 잘 모르겠지만 여러 사정을 통해 짐작하건대 토론은 상당히 뜨거웠던 듯하다. 그리고 일 년 후의 대회에서 수정안이 만장일치로 가결되었다. 위원회와 대회에서 어떤 토론이 오갔는지는 회의록을 보면 알 수 있겠지만, 나는 조사해 보지 않았다.

조사하지 않은 채 말하는 것은 좋지 않고, 필요하다면 언제라도 조사할 작정이지만, 이상의 사실만으로도 다음 같은 말을 할 수 있을 것이다. 우선 이러한 제정 과정은 최선은 아니지만 차선이며, 당시 상황에서는 최선에 가깝지 않았을까. 여기서 당시의 상황이란 「윤리강령」을 작성하게 된 직접적 동기가 '세계교원연합대표자회의'에 일교조가 교원 대표를 파견하기 위해 의제의 하나인 '교직의 윤리'에 대해 보고문을 제출할 필요가 있었다는 일을 가리키는 것이 아니다. 직접적 동기와 무관하게 당시에는 이미 「윤리강령」을 작성하려는 기운이 무르익고 있었음을 가리키는 것이다. 나는 지난번 논문에서 무차쿠 세이쿄無着成恭의 실천 사례를 통해 이를 입증했다. 무차쿠 세이쿄가 단독으로(이 말은 '교육현장에서'라는 의미며, 즉 '아이들 그리고 지역사회와 협력해서'라는 의미다) 작성한 「윤리강령」은 그 정신과 내용에서 일교조의 「윤리강령」과 배치되지 않는다. 일교조의 경우, 형식상으로는 '위로부터의' 작성이며 그렇기에 최선이라고 볼 수는 없지만 그렇다고 '아래로부터의' 요구나 지지가 없던 것은 아니다. 기운이 오를 때 그 기운을 미발未發로부터 선취하는 것은 민주적 지도력의 발휘이니 비난받아야 할 게 아니라 상찬해 마땅하다. 이 점에서 당시 일교조의 조치는 잘못이 없었다.

그 무렵, 만일 무차쿠 세이쿄의 실천 사례 같은 것이 선구적 소수가 아니고 좀 더 보편적으로 존재했더라면 「윤리강령」의 작성은 자연발생적으로 최선의 방법으로 진행되었을 테지만 현실은 그렇지 않았다. 오늘날의 시각으로 보자면 당시 교사의 실상은 여전히 놀랄 만큼 타동적이었다. 70년 전통의 응어리가 풀리지 않았다. 그 전통의 응어리는 바깥세계가 변했다고 갑자기 풀리지 않는다. 체질이 완전히 바뀌려면 한 세대가 필요하다. 그처럼 지도가 하달되기를 기다리는 교사에 대해 지도의 형식을 빌려 내면의 자발성에 충격을 가하려고 작성한 「교사의 윤리강령」은 큰 역할을 했다. 차선이라고 말한 것은 그런 의미다.

따라서 이것은 조건부다. 그 조건이란 충격의 작용이 주어진 이후 자주적으로 확인의 절차를 밟는 일이다. 이런 확인은 각 개인이라면 몇 번을 거듭해도 좋지만, 조직으로서는 적어도 한 번은 해 둬야 한다. 왜냐하면 '상명하달'은 차선이지 최선은 아니기 때문이다.

바람을 밝히자면, 제정 당시에 그런 고려가 있었다면 더 바람직했을 것이다. 이제 와서 생각하면 초안을 복수로 내든지 토의에 좀 더 시간을 들인다든지 여러 궁리의 방법이 있었지만 이미 지나간 일이다. 하지만 아무리 못해도 제정 후 시간을 두고 검토하고 수정하는 과정만큼은 거쳤어야 했다. 분명 토론은 상당히 활발해 교사의 자기재교육에 유익했겠지만, 그 정도로 충분했다고 말할 수는 없다. 범위도 좁았다. 교사의 윤리강령인 만큼 일교조에 소속된 교사만 토론해서는 안 될 일이며, 토론의 장으로 학무모를 부르려는 노력도 부족하지 않았던가.

더구나 교사는 해마다 신진대사를 한다. 지금은 조직적 토론의 기회조차 가져 보지 못한 교사가 상당히 늘었다. 따라서 이즈음에서 반드시 재검토해야 한다. 정당의 강령조차 일단 결정되면 그대로 보류되는 경향이 있는데 하물며 교사의 윤리강령이라면 빈번한 재검토, 재확인이 반드시 필요하다.

작년부터 올해까지 일교조는 꽤나 정력적으로 「교사의 윤리강령」

에 관한 선전과 계몽 활동을 벌였다. 해설문을 다시 쓰기도 했다. 그러나 내가 보기에 그것은 문부성의 공격에 맞선 수세적 성격이 강해 강령 제정에 대한 교사의 내발적 요구를 조직화하기에는 불충분하다. 다시 나온 해설의 내용은 오늘의 상황에 비춰 보았을 때 나쁘지 않다. 그러나 다시 쓴다면 제정 때처럼 토론의 분위기를 살려 냈어야 하는데 그 점이 아쉽다. 좀 더 적극적으로 수정론이나 폐안론을 포함하는 내부토론을 불러일으켰어야 하지 않을까? 그렇지 않으면 「교사의 윤리강령」은 '일교조의 윤리강령'으로 변질될 우려가 있다.

9년 전과 오늘날 사이에 교사의 성질이 질적으로 달라졌다는 사정을 여러모로 감안한다면 이 점은 더욱 중요하다고 여겨진다. 어떤 질적 변화인가? 내 견해는 이렇다. 교사는 강제당한 '성직' 의식으로부터 벗어나는 데 거의 성공했다. 그러나 한편으로는 이탈 과정에서 직업윤리를 충분히 확립하지 못한 채 이른바 대중사회 상황으로 흘러들어가 목표와 가치를 상실하고 무기력해졌다. 외부의 권위를 추방한 성과는 상당하지만, 거기에 걸맞게 내적 권위를 수립하는 일은 몹시 더디다. 더구나 그 문제를 제대로 자각하지 못하고 있다. 목마른 자가 우물을 파야 하는데 윤리적 주체의 확립을 구하지 않는다. 세속적이 될 수는 있었지만, 그만큼 상황추종적이 되었다. 간단히 말해 교사가 샐러리맨처럼 되고 있다.

과거의 교사는 어떤 교사 냄새 같은 것을 풍겼다. 그 냄새는 직업의 특성 때문이라기보다 길드적인 것에 가까웠다. 교감직을 바라볼 만큼 연공을 쌓은 교사는 알몸으로 공중목욕탕에 들어가도 한눈에 알아볼 정도였다. 교사가 된다는 것은 그런 풍격이나 습성을 몸에 익혀 가는 일인 것이다. 양성제도가 그러했고, 감시제도가 엄중했으며, 세상도 교사다움이라는 특별한 척도로써 교사를 바라보았다. 이 점에서 직업교사는 군인을 닮아 있었다.

1950년 무렵에는 이 유풍이 아직 뿌리 깊었다. 나는 먼젓번 글에서 군마현 교원조합이 진행한 조사 내용을 활용해 실태의 일부를 소개했다. 교사가 이런 상태로부터 벗어나야 한다는 긴급과제에 맞닥뜨렸으며 그때 무엇보다 인간성 회복이 중요함을 미숙한 필치로나마 역설한 것은 그 까닭이다.

당시의 눈으로 십 년이 지난 오늘날의 양상을 바라보면 변화가 확연하다. 전반적으로 살펴보건대 교사는 더 이상 길드적 직공이 아니다. 적어도 형식만큼은 근대시민으로 탈피했다. 전에는 알몸이어도 누가 교사인지를 알아볼 수 있었지만, 이제는 옷을 입고 있어도 가려내기 어렵다. 외형의 변화는 얼마간 내면의 변화에 대응할 것이다. 교사 특유의 비굴 혹은 위선이라고 보이던 모습이 상당히 씻겨 나간 게 사실이다. 그에 동반해 교사를 바라보는 세상의 시선도 바뀌었다. '교사니까'라든가 그것과 표리일체인 '교사 주제에'라는 이중의 편견에 근거하던 평가기준이 이제 대체로 기능하지 않는다. 교사는 경원시해야 할 이방인이 아니라 곁에 있는 이웃으로 점차 가까워졌다.

이것은 교사 일반에 관한 이미지를 말한 것이며, 당연히 개인에 따라 편차는 크다. 또한 전체적으로도 나가이 미치오永井道雄가 말하는 "선생이나 하려는 자, 선생밖에 할 게 없는 자"가 자취를 감춘 것은 아니라는 점도 인정해야 할 것이다. 그럼에도 불구하고 나는 역시 현저한 변화를 강조하고 싶다. 그리고 변화의 원인으로서 십 년 동안 세대의 신진대사가 있었다는 사실 이외에 기성의 교사가 많은 노력을 기울였으며, 「교사의 윤리강령」이 그 노력을 격려했다는 공적을 높게 평가하고 싶다.

해방의 실적을 인정한 다음 물어야 할 것은 그것이 무엇을 향한 해방이었던가이다. 교사는 일상에서, 목욕탕에 가서까지도 교사일 필요가 없어졌다. 업무는 많고 봉급은 적지만, 자유로운 자기 시간을 갖고 자유롭게 행동하는 것이 전과는 비교도 할 수 없을 만큼 수월해졌다. 그러나 그로써 교사가 따옴표 친 교사로부터 자유인이 되었는가 하면, 나는 아니라는 생각이 든다. 만일 교사의 봉급이 지금의 배로 늘어도 내 대답은 아니다이다. 자가용을 타고 여기저기 돌아다니는 교사더라도 자유인이 되었다고 할 수 없다.

무엇이 교사를 교사답게 하는가? 말할 것도 없이 직업인으로서의 윤리다. 만약 해방이 직업윤리를 탐구하고 확립하고 재확립하는 방향으로의 해방이 아니었다고 한다면, 그것은 세게 말해 뭔가가 잘못된 해방이라고 할 수 있을 것이다. 지금 나로서는 최종적인 단언은 할 수 없고 하고 싶지도 않지만, 적어도「교사의 윤리강령」이 제정되던 당시 나이 든 교사들이 자기개조에 땀 흘렸던 그 진지함에 비하건대 지금의 교사와 교사 집단은 윤리강령을 혈육화하려는 노력, 건설을 향한 노력, 바꿔 말하면 부단히 안으로부터 생겨나는 노력이 부족하다는 점을 유감으로 생각하지 않을 수 없다. 속되게 말하자면,「윤리강령」이 울고 있지는 않을지 각자가 가슴에 손을 얹고 묻길 바란다.

교사는 사회의 교육 기능이 인격화된 존재라고도 할 수 있으니 교사의 질이 떨어지면 교육도 나빠진다. 그리고 교육이 제대로 기능하지 않는 사회는 겉보기에 아무리 번영하더라도 영속적 발전을 기대할 수 없다. 나는 교육 문제의 9할까지는 교사의 질에 달렸다고 생각할 정도다. 그러한 교사가 자신을 단련하여 더 높은 윤리적 수준에 이르려고 열심을 내지 않는다면 이는 보통 일이 아니다. 굳이 고언하는 바인데, 지금의「윤리강령」을 단서 삼아 더 바람직한, 더 충실한 윤리강령을 자기 힘으로 만들어 내는 일에 일본의 교사는 보다 진지하게 임해야 하지 않을까?

　거기서 문제는 다시 처음으로 돌아온다. 나는 앞서 「윤리강령」을 재검토하려면 "교사는 노동자다"라는 항목을 중심에 두는 편이 좋다고 적었다. 우선 이 강령의 전문을 인용해 두겠다.

　　교사는 학교를 직장 삼아 일하는 노동자다. 교사는 노동이 사회의 모든 기초임을 알기에 자신이 노동자임을 자랑으로 여긴다. 역사의 현 단계에서 기본적 인권을 말이 아니라 사실로서 존중하고, 만인의 행복을 위해 자원과 기술과 과학을 사용하는 새로운 인류사회의 실현은 노동자 계급을 중심으로 하는 근로대중의 힘으로써만 가능하다. 교사는 노동자로서의 자기 입장을 자각하고, 인류의 역사적 진보를 이상으로 삼아 굳건히 살아가며 모든 정체와 반동을 적으로 삼는다.

　지금 이 문장을 다시 읽어 보면 얼마간 응석 부리는 듯한 느낌이 드는 게 사실이다. 과연 9년이라는 세월의 변화는 부정하기 힘들다. 그러나 논지가 잘못되었는가 하면, 그렇지는 않다고 본다. 그다지 논리가 통하는 문장이 아니며, 따라서 오해를 부르기 쉽지만, 말하려는 바는 잘 알겠다. 노동에 대한 멸시에 반대하고, 노동에 대한 멸시가 인간 사이의 차별의식을 낳는 것에 반대하고, 노동을 가치로서 인정하는 사회를 실현한다는 것이 그 취지다. 지극히 당연한 주장이다. 건전한 양식이라고 말해도 좋다. 발상법이 얼마간 계급투쟁설에 기운 것 같지만, 표현을 억제해 자극적이지는 않다. 선입견을 버리고 읽는다면 이를 두고 계급투쟁 만능설이라고 비판할 수는 없다. 오히려 교사의 '성직' 의식을 깨려면 다른 무엇보다도 이러한 노동신성관이 유효하지 않았을까.

이처럼 특별할 것도 없는 강령이 왜 그토록 비판의 표적이 되었는가 하면, 물론 한편으로는 사회의 타성과 편견 그리고 이를 활용하는 구세력의 책모가 있었기 때문이지만, 다른 한편으로는 그와 조응하는 형태로 일교조 내부에 노동자 개념에 관한 비좁은 해석이 있었기 때문이 아닐까 싶다. 일교조 중앙집행위원회 쪽의 인사가 쓴 글을 보면 '교사는 노동자'라는 명제를 설명하기 위해 업무가 과중하다든지 임금이 낮다든지 생활이 곤궁하다는 등의 이유를 들고 있다. 이것은 어떤 고정관념을 갖고서 노동자를 이해하고, 그것과의 현상적 유사성으로써 교사를 바라보는 증거라고 하겠다. 극단적으로 말해 노동자는 가난하고 교사도 가난하니 교사는 노동자라는 논법이다. 강령의 식견과는 완전히 거꾸로 되어 있다.

만일 교사가 그런 의미에서 노동자라면 노동자임을 수치로 여기고 노동자가 아니기를 바라야 할 것이다. 하지만 강령은 "자신이 노동자임을 자랑으로 여긴다"고 하지 않았던가.

나는 노동자는 다의적으로 정의되어 마땅하다고 생각한다. 법률상으로 노동자는 고용관계에서 파악되고, 마르크스경제학 범주에서는 생산수단의 비소유자로 간주된다. 그리고 「교사의 윤리강령」에서는 노동자를 어떤 세계관에 근거한 이상형으로서 포착하고 있는 게 아닌가 싶다. 그 세계관은 강령 전체를 관통하는 것으로서 전후관계를 읽어 내지 않으면 안 된다. 따라서 당연하게도 법률 용어 혹은 사회과학 용어와 완전히 포개지지 않는다. 예를 들어 어떤 교사가 교원조합에 소속된 직장에 있을 때 그는 법률상 노동자지만, 직장을 관두고 학원을 열면 독립영업자가 되고, 다른 교사를 고용하면 노동자와 대립하는 경영자(사용자)를 겸하게 된다. 하지만 그리된다고 해서 그가 교사가 아니라고는 말할 수 없다.(이 경우 교사와 교육자를 구분하는 사람도 있지만 그 근거가 무엇인지

나는 모르겠다.)

직업으로서의 교사, 즉 남을 가르쳐 보수를 받는 직업인을 일괄해 사회과학적 범주의 계급구분 안으로 밀어 넣으려는 것은 무리가 있다. 일교조가 총평에 가맹하고 상근자를 두어 조합활동을 하는 것은 노동 조합으로서 당연한 행위지만, 그것을 「윤리강령」에서의 노동자 상과 포 개려는 사고방식에 나는 반대한다. 일교조는 교사의 최대 조직이지만 모든 교사를 아우르지는 않으며, 이론상으로도 모든 교사를 아우를 수 없다. 더구나 직업으로서의 교사에게는 모두에게 공통되는 윤리강령이 있어야 한다. 앞서 적었듯이 윤리강령은 요청이라는 일면을 갖는다. 그 것을 향해 자신을 끌어올린다는 목표적 일면이다. 그리고 그 대목에서 나는 "교사는 노동자다"라는 규정에 찬성하는 것이다. 그 의미는 만인 이 노동하고 착취가 없는 미래 사회의 실현을 향해 헌신한다는 것이다. 교사에게 이 요청보다 중요한 것은 없다. 이 요청은 9년 전 비굴했던 교 사의 자기개조를 격려했으며, 현재 무기력한 교사를 다시금 격려하는 힘을 갖는다. 그만큼 중요한 조항이다. 그런 만큼 그것이 한 노동조합이 내놓는 조직강령의 모조품처럼 혼동되는 게 유감스럽다.

"교사는 노동자다"라는 함의를 나는 묵자나 루소, 톨스토이에 의거 해 해석해야 한다고 본다. 마르크스주의만으로는 비좁다. 하물며 노동 법의 용례만을 가지고서 해석한다면 본말전도가 심하다. 그런데 일교 조 집행부가 눈앞의 투쟁에 정신이 팔려 좁은 법률적 해석을 강요하는 바람에 소속 조합원의 윤리강령에 대한 관심을 반대로 냉각해 버린 것 이 아닌지 의심스럽다. 일교조가 맡아야 할 역할은 독단으로 이 명제의 공적 해석을 내놓는 것이 아니다. 공개적 토론을 조직하는 것이다. 실제 로 학자들 사이에서도 해석은 일관되지 않다. 예를 들어 고쿠분 이치로 國分一郎 등은 일교조의 요구와 교사의 양심 사이에서 고심하고 있다.

그는 노동자의 일반성과 교육 노동자의 특수성을 이론적으로 조화하려고 노력했지만 충분히 성공하지는 못한 것 같다.

도야마 히라쿠遠山 啓는 이렇게 쓰고 있다.

"교사는 노동자다"라고 사람들은 말한다. 그러나 "정말로 그런가" 물으면 궁색하게 "아니, 교육 노동자다"라고 말을 바꾼다. 이때의 '교육'이란 탄광 노동자, 인쇄 노동자의 '탄광', '인쇄'와 완전히 같은 의미에서 사용된다.

하지만 그러한 공식이라면 몇 가지 의문이 든다. 만약 단지 임금을 받아서 생활한다는 점에서 교사를 노동자로 본다면, 넓은 의미의 근로자는 모두 노동자가 될 것이다.

또한 여느 노동자가 만들어 내는 물질적 재화는 모두 자본가의 소유로 돌아가지만, 교사가 만들어 내는 아이는 그렇지 않다. 이 차이는 교사의 활동을 보면 분명히 알 수 있다. 민간교육운동에 열심인 자들은 굳이 자기 돈을 들여 가며 연구회를 꾸리고 아이들을 위해 근무시간 이외에도 자발적으로 노동하는데, 탄광 노동자나 인쇄 노동자의 경우라면 생각할 수 없는 일이다. 만약 그러한 노동자가 있다면 노동조합은 그에게 그만두라고 권고할 게 뻔하다. 이 차이는 자본가의 소유로 돌아가는 물질적 재화를 창출하는 본래의 노동과 자유의지를 지닌 인간을 형성하는 교육 사이에 존재하는 본질적 차이로부터 유래한다.

또한 교사의 일은 어떤 점에서는 본래의 노동자보다는 기사技師를 닮았다. 일의 내용이 양보다는 질로 계산되곤 하기 때문이다. 공장에서 기사의 역할은 새로운 생산방식 고안, 품질 향상 같은 질적 요소에 중점이 놓이는데 교사 역시 기계와는 비교가 되지 않을 만큼 복잡한 아이들의 품질 향상에 책임을 갖는 이상 보다 질적이며, 이 점에서는 오히려 예술가의 작업에 가까워진다.

이처럼 여러 복잡한 측면을 가진 교사라는 직업을 두고 "교사는 노동자다"라는 극히 간단한 공식으로 결론짓는 것은 애당초 이상한 짓이다. 이 공식으로는 교사의 연구활동조차 설명하지 못한다. 너무나도 단순한 공식이 교육운동에 커다란 손실을 안기는데도, 그것을 재검토하려는 사람이 몹시 적어서 유감이다.

도야마 히라쿠, 「기술자로서의 교사」, 고쿠분 이치로 · 마루오카 히데코 편, 『교육』

나로서는 도야마의 의견에 질문하고 싶은 곳, 반론하고 싶은 곳이 몇 군데 있다. 그 내용을 꺼내면 문제가 너무 지엽으로 흘러 당초의 취지에서 벗어나니 지금은 묻어 두기로 하겠다. 중요한 것은 도야마가 마지막에 토로한 불만을 제안으로 받아들여 토론의 장을 여는 것이다. 도야마의 주장은 어떤 일관된 입장에서 제출되었기에 경청의 가치가 크다고 본다. 그러한 전체 문맥에서 벗어나 개개의 지점을 문제 삼아 봤자 소용없는 일이다. 하물며 '기술주의' 따위의 기성관념을 끌어와 처리하려 들어서는 안 된다.

눈앞의 조합활동에서 이용하려고 "교사는 노동자다"라는 명제를 부당히 좁게 해석했을 때 많은 양심적 교사는 고민해야 했다. 조합활동에 열심일수록 좋은 교사라는 편견이 한쪽에 있으며, 다른 한편에는 그와 대응해 그것을 뒤집은 콤플렉스가 있다. 그리고 왕왕 임무 분담으로 생각해야 할 것이 인격적 대립의 양상으로 나타난다. 이 분열은 교육의 관료적 통제를 의도하는 세력이 바라던 바다. 만일 도야마가 말하듯 「교사의 윤리강령」이 그런 혼란을 조장한다면, 그런 '윤리강령'은 윤리강령이라는 이름에 값하지 못하는 유해무익한 장물이니 폐기해 마땅하다.

그러나 나 자신은 그렇게 생각하지 않는다. 교사는 다음 세대를 책임진다는 자신의 사명감에 비추어 거꾸로 직업윤리를 무기로 삼아 조합 에고이즘을 극복해 내야 한다. 그리해야 결국은 노동조합도 체질 개선을 통해 강해질 수 있다. 다시 말하지만 교사는 사회의 교육 기능이 인격화된 자다. 노동운동에서도 교사는 어디까지나 교사여야 한다. 자신의 윤리감각을 혹독히 단련해 전체의 노동운동에 철근을 집어넣는 역할이야말로 사회가 교사에게 거는 가장 큰 기대다.

1961년 12월

III

나라의 독립과 이상

나라의 독립은 중요하다. 이 명제를 추상적으로 들이밀면 누구도 부정하지 않으리라.

그런데 뭘 두고 나라의 독립이라 하는가, 현재 일본은 독립을 잃었는가 그렇지 않은가, 만약 잃었다면 어떻게 회복해야 좋은가 하고 구체적으로 실천적으로 문제를 내놓는다면 사람에 따라 논의는 가지각색일 것이다. 실로 복잡한 문제다.

느낌만 가지고 말한다면, 대체로 일본인은 나라가 독립을 잃었다고 이치상으로는 알고 있다. 그러나 감정상으로는 그다지 통절하게 실감하고 있지 않은 듯하다.

이렇게 말하면 대담하기 그지없는 단정이라 달리 생각하는 사람도 많을 테고, 나 자신도 확실한 근거 따위는 없다. 다만 나 자신과 주위를 관찰해 보며 왠지 그렇게 생각할 따름이다. 나라가 독립을 상실했다고 알고 있는데도 슬프다는 감정은 뒤따르지 않는다. 적어도 통절하지는 않다. 이는 대체 무엇이란 말인가. 이치와 감정이 이처럼 등진 상황은 내게 부정할 수 없는 사실이기에 그것을 단서 삼아 나름으로 독립이라는 것을 생각해 보련다.

나라의 독립이란 무엇인가? 일본이 실제로 독립을 잃었다는 것을 이치상으로는 알고 있다고 할 때 그 이치란 무엇인가? 그것은 점령 아래 놓여 주권이 제약받음을 뜻한다.

독립국의 정의가 무엇인지 법률학자에게 묻는다면 여러 성가신 문제가 발생하겠으나, 어찌 되었건 우리가 경험적으로 아는 것만 재료로 삼아도 현재 일본이 독립국이 아니라는 점에는 의문의 여지가 없다. 하면 어찌하여 독립을 잃었던가? 패전의 결과 무조건항복을 했기 때문이다. 여기에도 이론은 없으리라.

그런데 이런 의미의 독립이라면 명목적이고 형식적이다. 명목적 독립이 실질적 독립과 무관하지야 않겠지만, 따라서 법적·정치적 독립을 생각해 보는 일도 필요하겠지만, 거기에만 얽매이면 전문가들이 곧잘 빠지는 형식론으로 끝날 위험이 있다. 나라의 독립은 학문의 문제일 뿐 아니라 국민적 실천과제이기 때문에, 설령 순수하게 법률론으로만 따진다고 해도 늘 실천적 관점과 결부짓는 일을 잊어서는 안 된다.

점령이야 일시적 처치였고, 강화를 맺어 제한받았던 주권을 모두 회복했다고 생각하는 사람도 있다. 강화란 그런 것이라는 사실론과 강화라면 그래야 한다는 이상론의 구별은 있지만, 어느 쪽이든 의심 없이 강화(실제 이루어지고 있는 강화의 의미가 아닌)로써 일본이 다시 독립국의 지위를 회복한다고 여긴다. 오늘날은 이런 사고방식이 지배적이다. 학문적으로도 올바를지 모르겠다. 아마도 올바르겠다. 그러나 아무래도 나는 그것만으로는 충분치 않다. 학문적으로 올바르다고 해도 그 올바름이란 게 마음속 깊은 곳에서 납득하고 실감으로 응하는 올바름이 아니라는 느낌이다. 독립의 조건을 형식적으로 다루는 국제법 학자야 제쳐 두더라도 많은 학자가 일본 국민의 애환과 동떨어져서, 말하자면 민중과 함께하는 게 아니라 아카데미의 강단에서 민중을 향해 설교하는 기분이다. 민중의 애환을 충분히 감지하고 있다고 보이지 않는다.

강화의 목적은 무엇보다 일본이 독립국으로서 세계에 서고, 일본인이 자신의 책임 아래 일본이라는 나라를 경영하는 데 있다. 점령 아래 놓여 있음으로 인해 세계를 향한 무엇 하나 자유로운 활동도 불가능하며, 전쟁시대부터 이어진 기풍 그리고 일본인의 자신감과 기력을 국민이 잃고 있음을 감안한다면 강화는 하루라도 속히 이루어져야 함을 알게 되리라.

이것은 쓰다 소키치* 씨가 「강화에 관한 소감」(『세계』 1951년 10월 호)에 적은 한 구절이다. 쓰다 씨는 샌프란시스코 강화에 찬성하고 있다. 『세계』에 실린 소수 찬성론자 가운데 한 명이다. 쓰다 씨는 그것이 어쨌든 '강화'라는 사실론에 입각해 있다. 나아가 강화가 맺어지면 일본이 독립국으로 되돌아간다는 가정(쓰다 씨의 주관에서는 가정 이상의 것)에서 일본인이 잃어버린 '자신감과 기력'을 회복하리라는 큰 기대마저 걸고 있다. 쓰다 씨의, 주관적으로는 열렬한 애국심은 내게도 울림이 있다.

위 글에는 메이지적 교양인들이 공유하는 어떤 심정이 잘 드러난다. 그들 다수는 비슷한 심정에서 샌프란시스코 강화를 찬성하고 있다. 가령 같은 잡지에서 고이즈미 신조** 씨는 "목전의 강화는 우려해야 할 대목이 여럿이지만 분명 미군에 의한 점령이 지속되는 상황보다는 낫기에 나는 강화가 성립하기를 희망한다"고 말한다.

---

* **쓰다 소키치**津田左右吉 1873~1961. 역사학자이자 사상가. 엄밀한 실증적 연구를 통해 일본과 중국의 고대사, 사상사를 연구했다. 저서로 『상대上代 일본의 사회 및 사상』, 『지나 불교 연구』, 『역사학과 역사교육』 등이 있다.
** **고이즈미 신조**小泉信三 1888~1966. 경제학자. 1912년에 영국·프랑스·독일 등으로 유학을 떠나 1916년 귀국해서는 자유주의의 입장에서 공산주의와 마르크스경제학을 조목조목 비판했다. 전후에도 마르크스-레닌주의가 유행하자 이에 대해 『공산주의 비판』을 발표했다. 저서로 『초학初學경제원론』, 『아메리카 기행』, 『평화론』 등이 있다.

아무리 불충분한 강화라도 점령보다는 낫다는 사고방식이다. 이런 사고방식이라면 지금의 강화가 충분하지 못하다고 아무리 말해 보았자 헛일이다. 명목적 강화가 실은 점령의 지속에 다름 아니라고 지적해도 그들은 받아들이지 않으리라. 그들은 강화라는 이름을 동경하기 때문이다. 즉 그들에게는 점령이 굴욕이다. 그리고 나는 그 굴욕의 심리가 그들이 메이지적 교양인이라는 사실에서 유래한다고 본다.

모름지기 강화라면 주권 전체의 회복을 조건으로 해야 한다는 이상론으로 그들의 주장을 논파하기는 쉽다. 실제로『세계』10월 호에 실린 반대론자의 논의는 주로 그런 관점에 서 있다. 내가 보기에는 반대론 쪽이 훨씬 논리정연하며 소수의 찬성의견을 모든 면에서 압도하기에 충분하다. 한데 설령 논의에서 이기더라도 메이지적 교양인의 심정을 비집고 들어가 그들을 납득시키기란 거의 불가능하지 않을까. 그리고 메이지적 교양인이 대변하는 이런 심정이 실은 일본 국민의 마음 한구석에 반석처럼 터를 잡고 있지 않을까.

쓰다 씨나 고이즈미 씨가 이데올로기적으로 반공주의자라는 사실을, 적어도 이 경우에는 직접 문제 삼을 필요가 없다고 생각한다. 그들이 공산주의자였다 하더라도 다른 의미에서 역시 점령군 철수를 요구했으리라. 쓰다 씨 등이 반공주의자라서 조국을 반공 진영에 끌어들일 심산으로 이번 강화에 찬성했다고 본다면 지나친 발상이다. 반대자들은 좋아라 그런 분석을 내놓을지 모르겠지만 객관적으로 타당한 평가는 아니다. 그들은 주관적으로는 어디까지나 애국자다. 그들은 한결같이 일본의 독립을 원한다. 독립을 잃어 느꼈던 고통, 점령으로 맛봐야 했던 굴욕에는 오히려 일반인보다 민감하다 여겨진다.

메이지적 교양인이란 일본이 식민지로 전락할 위기에서 벗어나 주권국가로서 지반을 다져 가던 시기에 인격형성기를 보낸 사람들을 가리킨다. 일청전쟁·일러전쟁을 국민적으로 축하할 수 있었던 사람들, 독립자존을 외친 후쿠자와 유키치*조차 기쁨의 눈물을 흘리던 시기, 민족국가 일본의 흥릉기에 청춘을 보낸 이들이다. 독립국 일본이 영겁에 이르도록 존재한다는 것은 그들에겐 아마도 자명한 명제이리라. 따라서 패전은 역사의 착오다. 필시 선의를 갖고 이번 강화를 추진한 당사자들은 대개가 이 심정이었다고 여겨진다. 우리 젊은 세대는 그 은총을 직접 입지는 못했으나 강력한 국민교육을 받아 알게 모르게 이런 국민적 교시를 주입받았다. 점령보다야 강화라는 것은 의외로 뿌리 깊은 국민감정이며, 따라서 국민은 전반적으로 불안하기는 해도 이번 강화를 처음부터 반대하진 않는다. 메이지적 교양인이 강화를 두고 한 발언은 이러한 국민감정의 일부분을 훌륭히 대변한다고도 하겠다.

그렇지만 뭐라고 하든지 우리 세대는 이 국민적 기쁨을 직접 체험한 적이 없다. 우리는 발흥기의 시민정신(실상은 그렇지 않을지언정)을 먹고 자라지 않았다. 거꾸로 우리는 쇠약 현상을 보고 들었다. 우리가 철들 무렵 사회는 이미 불안에 봉착했다. 국민적 통일보다 국민적 분열에 직면했다. 교육은 자꾸만 국가의식을 주입했지만 현실에서 직접 체험하는 내용과 괴리가 커서 주입할수록 속이 뻔히 들여다보였다. 교육의 효과가 없지는 않았다. 크게 있었다. 없었다면 군사노름에 국민들이 어찌 그만큼이나 동원되었겠는가. 다만 주입은 되었으나 국민 한 사람 한 사람에게 국민적으로 통일된 근대국가를 실감으로 심어 주지 못했기에 자발

---

* **후쿠자와 유키치**福澤諭吉 1835~1901. 메이지 시대의 사상가. 하급 무사의 아들로 태어나 난학을 배우고 스스로 난학숙蘭學塾을 열었으며, 독학으로 영어를 배워 막부의 사절로 세 차례에 걸쳐 서유럽을 시찰했다. 메이지유신 후에는 신정부의 부름을 거절하고 일본의 근대화를 위한 계몽활동에 진력했다. 『학문의 권유』, 『문명론의 개략』, 『서양사정』이 그의 삼대 명저로 꼽힌다.

적 행위를 기대하는 데까지는 이르지 못했다. 그래서 군사노름이 수포로 돌아가자 국민들은 연대감을 잃고 무너져 내렸다.

독립을 향한 메이지적 교양인의 열망은 국민심정의 일부를 대변할 뿐 국민의 애환을 구석구석까지 비춰 내지는 못했다. 그들이 그리는 독립국 이미지는 민중이 온전히 반길 만한 것이 아니었다. 명목상 주권국가지만 주권의 행사를 제약당한다면(과거 경험으로 비춰 보건대 앞으로도 그러하리라) 민중에게는 점령과 별 차이가 없다. 국가주의 교육의 영향은 아직껏 남았지만 그조차 빠르게 엷어지고 있다. 적어도 메이지 교양인들을 사로잡았던, 그리고 그들에게 노스탤지어를 불러일으켰던 그런 감격은 오늘날 대중들 사이에서 사라진 지 오래다.

완전한 민족국가라는 이상이 오늘날에는 시대에 뒤떨어진 발상이라는 점, 나도 알고 있다. 과연 그럴지도 모르겠다. 그렇게 생각해야 학문적으로 올바르겠다. 두 진영이라든가 세계정부 같은 것이 현실의 과제인 오늘날, 세계 어느 나라를 보나 민족국가를 형성하던 때와는 몹시 다른 모습을 취하고 있다. 학문적으로는 분명 그렇겠으나, 나라의 독립을 회복하겠다는 실천과제에 직면했을 때는 다르다. 설령 변하고 있다고 해도 민족국가라는 이상을 내걸고 그 이미지를 그리지 않고서야 무엇 하나 손에 쥘 수 없지 않은가. 나는 메이지적 교양인이 고풍스런 민족국가, 즉 밖으로는 주권의 독립, 안으로는 국민적 통일을 어디까지나 이상으로 내거는 태도에 반대하지 않는다. 바로 그것이 오늘날 우리의 요구이기도 하다. 다만 그들이 내거는 이상형이 우리 국민대중의 요구와 한참 어긋나 있어 문제 삼는 것이다

메이지적 국가이상과 가장 첨예하게 대립하는 이들은 공산주의자리라. 그러나 이 대립은 이데올로기상의 대립에 머물러, 독립국을 두고 양자가 떠올리는 이미지는 그리 다르지 않다. 점령이 끝나면 자동으로

독립을 회복한다는 사고방식이다. 물론 공산주의자는 점령군의 발의로 점령이 끝나리라고 생각지 않는다. 또한 명목적 강화가 점령을 끝내는 일이라고 생각지도 않는다. 오히려 명목적 강화가 실질적 점령의 지속이라 여겨 이번 강화에 반대하고 있다. 그러나 만일 어떤 힘이 작용하여 점령군이 물러난다면 그들은 그 상태를 독립으로 여기리라. 하기야 공산주의자가 독립이라고 여기는 사태가 도래하면, 이번에는 반공주의자가 그것을 또 다른 점령이라고 주장할지 모르지만 말이다. 어느 쪽이든 점령의 종결을 독립이라고 판단한다는 점에서 닮아 있다.

이런 사고방식이 현실정치에 아무리 적합하다고 한들 윤리적이지는 않다. 이데올로기야 어떻게 다르든지 간에 국민대중의 애환을 샅샅이 비춰 내일을 향해 살아갈 희망을 만들어 내지 못한다. 왜냐하면 그것은 새로운 나라의 이상을 보여 주지 못하며, 패전과 그에 따른 점령이라는 쓰라린, 그러나 귀중한 체험을 저버리기 때문이다. 그저 전전의 상황으로 돌아가는 것이 독립이라면 땀 흘려 추구할 만한 가치가 있는지 국민들은 주저하리라. 물론 소박한 내셔널리즘의 심리에서 또는 사욕에서 전전 복귀를 바라는 마음이 없지는 않겠다. 현실정치가 이를 이용하는 것은 현명한 일이다. 그러나 그것만으로 오랫동안 나라를 이끌어 갈 수는 없다. 잇속이나 민족본능보다 더 깊은 곳에서 마음을 흔드는 무언가를 민중은 고대하고 있다.

개인에게 이상이 있듯 나라에도 이상이 있어야 한다. 이상이 없는 개인은 독립된 인격이 아니듯 그런 나라 또한 독립국은 아니다. 개인과 나라를 단순히 빗댄다면 물론 학문으로는 글러먹은 이야기일 것이다. 그러나 아무리 학자들에게 웃음을 사도 이 한 가지만은 양보할 수 없다. 나라가 이상을 갖는 일은 법률로야 어찌 되든 문화적으로는 독립국의 근본 조건이어야 한다.

메이지적 교양인이 내놓는 나라의 이상은 오늘날 우리를 움직이지 못한다. 일본의 '경사스런 날'에 생을 얻었던 그들은 패전을 착오라 주장하며 일찍이 잃었던 이상을 회복하고자 하나, 자기 피로 패전의 체험을 씻어야 했던 우리 세대에게 옛 꿈을 계속 보라고 기대할 수는 없는 노릇이다. '문화국가'라는 관료 용어는 나라의 이상을 보여 주지 못한다. 그 부재를 보여 준다. 한편 이들과 이데올로기로 날카롭게 대립하는 공산주의자 역시 새로운 나라의 이상을 그리는 일에 태만하다면 국민들에게 마음으로부터 지지를 얻을 수 없으리라.

이데올로기의 좌우를 막론하고 오직 점령군 철수가 독립을 위한 유일한 요구라고 여긴다면 국민대중의 동의를 얻기 힘들 것이다. 그래서는 수단과 목적을 혼동하게 되기 때문이다. 쓰다 씨는 강화를 맺으면 일본인이 '자신감과 기력'을 회복하리라고 기대하는데, 이는 본말이 전도된 생각이다. 자신감과 기력이 회복되고 나서야 비로소 강화를 '이룰' 수 있다. 가령 점령군이 도의적이지 못하고, 일찍이 일본이 중국에 그랬듯 무력으로 국민의 양심을 짓누른다면 그때 비로소 점령에 대한 저항이 목적이자 이상으로서 조직될 것이다. 그러나 일본의 현재 상황은 그렇지 않다. 개별 영역, 특히 물질 면에서 다소 마찰이 있지만 우리 국민은 일찍이 자기 나라의 정부로부터 받아야 했던 정도의 굴욕을 자신들은 지금 받고 있지 않다고 여긴다. 점령을 굴욕이라 여기는 메이지적 교양인의 심정에 국민이 전적인 동의를 보내지 않는 까닭은 여기에 있다. 국민의 동의를 얻어 설령 명목상 독립이 주어진다 한들, 그 독립을 미끼 삼아 다시 악질 권력이 창궐할까 봐 경계하는 것이다. 만일 독립이 공포 정치를 뜻한다면 우리는 그런 독립을 택하지 않으리라.

이상이란 스스로 만들어 내는 것이지 남한테 얻는 것이 아니다. 국민 한 사람 한 사람이 뜻을 결집해 비로소 이뤄 내는 것이다. 그 이상이 지금 완성된 형태로, 가져다 쓸 수 있는 모습으로 존재한다고는 말할 수 없다. 그러나 감춰진 모습으로는 분명 실재한다고 믿어야 한다. 그러지 않고서는 나라의 독립을 더는 입에 담을 수조차 없으리라. 그것이 무엇인지 나는 적확하게 표현할 길이 없지만, 메이지적 교양인이 품고 있는 독립국 이미지와는 전혀 다르며 오히려 거기에 맞서리라는 점만큼은 알고 있다. 거기에 표현을 부여하는 것이 나라 독립의 방향을 결정하는 일이다. 이상을 선택하고 그 이상을 향해 경주하는 과정이 진정한 의미의 독립이다. 공산주의든 그 밖의 이데올로기든 국민의 애환을 구석구석 비춰 내고 본래 존재하는 국민 염원에 표현을 입힐 때, 비로소 이데올로기라는 외재적 형태를 취하지 않고 나라의 실질적 독립이 목표가 되어 윤리로 화하리라.

국민이 협력하여 독립의 목표를 정하려면 나라의 이상을 분명히 밝혀야 한다. 법률적 혹은 정치적 독립이라는 명목에 구애받지 말고 이를 뒷받침하는 건 실질적 독립, 말하자면 문화적 독립임을 명심해야 한다. 메이지 이래 일본국을 형성한 지도정신은 독립이라는 체면만 중히 여기고 실질은 돌보지 않았기에 실패했다. 국제정치에서 독립을 인정받았고 일등국이란 소리도 들었으니 기분은 좋았다. 그러나 돌이켜보건대 그것은 진정한 독립이 아니었다. 메이지적 교양인은 여전히 전전 일본을 독립국 모델로 여길지 모르지만 나는 인정할 수 없다. 그 무렵 일본은 자유의지로 움직인 듯 보이나 실상은 그렇지 않았다. 의식하지 못한 채로 국제 제국주의에 조종당하며 맹목적으로 그 앞잡이 노릇을 했을 따름이다. 이름은 독립이었으나 실은 남의 노예였다. 오늘날의 점령은 그 당연한 귀결이지, 패전으로 독립을 잃은 게 아니다. 우리 세대는 체험으로 이를 깨우쳤다.

물론 현실정치는 복잡하고 세계는 점점 하나가 되어 가니, 오늘날에는 어떤 나라도 고립된 채 자족할 수 없다. 그러나 고립될 수 없음이 자주성을 가질 수 없음을 뜻하지는 않는다. 오히려 자주성을 지니고 자신의 판단과 의지를 가질 때 국제정치의 파고를 헤쳐 나갈 수 있지 않겠는가? 현실에는 세계정부가 없다. 문화도 그렇다. 각각의 국민문화가 참여하고 그 교류를 통해 형성되는 세계문화가 있을 뿐 세계문화라는 실체가 따로 있지는 않다.

자신의 이상을 가진 나라, 고유의 민족문화를 지닌 나라, 즉 독립국이 아니라면 세계에서 발언할 자격이 없다. 발언한들 무슨 기여를 할 수 있겠는가. 그런 의미의 독립국이고 싶다는 염원은 우리 일본 국민이라면 누구라도 품고 있다. 이 염원을 결집해 내고 거기에 표현을 부여하는 일을 첫째 임무로 여기지 않고 독립의 수단만 형식적으로 생각해 봐야 의미가 없다. 독립은 일본 민족이 자기 힘으로 움켜쥐어야 하며 더욱이 그 목표는 장래에 있다.

환경의 지배 아래 놓였던 일본이 어쩌다 서구 선진국을 모방하여 성공했던지라 메이지 교양인들은 이것이야말로 후진국이 살아갈 유일한 길이라고 생각했다. 그랬더라도 무리는 아니었다. 그들에겐 식민지가 되든지 그게 싫다면 식민지를 갖든지 양자택일이 있을 뿐이었다. 그들은 '부국강병'이라는 나라의 이상을 국민이 지지하리라 확신했다. 확실히 일단은 성공을 거두었다. 일본은 동양에서 유일한 '독립국'이 되었다. 적어도 꿈에서 깨기 전까지의 일본인은 그렇게 생각했다.

그러나 깨고 나니 이 얼마나 덧없는 꿈이었던가. 같은 동양의 후진국 중국과 인도는 일본과 같은 길을 걷지 않았고 결국 외관상의 독립은 취하지 못했다. 그러나 이제 그들은 실질적으로 독립했고, 그들을 보며 우리는 과연 속박받지 않겠다는 이상을 저리도 강하게 움켜쥐고 있었단 말인가, 새삼 느끼게 된다. 이를테면 쑨원은 『삼민주의』에서 말한다.

> 중국은 세계에 어떤 책임을 져야 하는가. 바야흐로 세계 열강은 다른 나라를 멸하는 길을 걷고 있다. 만일 중국이 힘을 키웠을 때 역시 다른 나라를 무너뜨리려고 열강의 제국주의를 배워 같은 길을 걷는다면 그들의 실패한 자취를 뒤쫓을 따름이다. 고로 우리는 무엇보다 먼저 약자를 돕는다는 정책을 세워 둬야 한다. 이로써 비로소 우리 민족은 천직을 얻는다. 약소민족은 돕고 세계 열강에는 저항한다. 만일 전국 인민이 모두 이리 뜻을 세운다면 중국 민족은 필경 발전하리라. 만약 이 뜻에 서지 않는다면 중국 민족에게 희망이란 없다. 우리는 오늘, 아직 발전을 이루기 전에, 약자를 돕겠다는 뜻을 세워 두고, 장래에 힘을 키우면 지금 자신이 받는 정치적 경제적 압박을 떠올려, 그때 약소민족이 같은 고통 속에 놓였음을 보게 된다면 그 제국주의에 맞서야 한다. 그리하여 비로소 치국평천하가 가능하다.

전후에 나는 『삼민주의』를 다시 읽었는데, 전에는 멍하니 흘려 보낸 이 문구를 접하고는 감동을 받았다. 중국은 반식민지(쑨원은 다수국 식민지이므로 식민지 이하라는 의미에서 차식민지라 자칭했다)로 오랫동안 국제정치에서 독립국 대우를 받지 못했는데도 저렇듯 높은 이상을 움켜쥐고 있었다. 이것이야말로 실질적 독립국의 표식이 아니고 무엇이랴.

남의 힘에 기대지 않고 어디까지나 자기 힘으로 독립을 획득하려는 자세다. 더구나 나라의 식민지적 현실을 직시하고 그 고뇌 속에서 민족의 전통에 발 딛고 내세운 이상이기에, 교육으로 주입하지 않아도 그대로 국민적 실천목표가 될 수 있었다. 남의 평판에 구애받지 않고 정의를 주장하여 안으로부터 '자신감과 기력'을 길러 내는 자세인 것이다. 그 결과 오늘날과 같은 흔들림 없는 중국의 국제적 지위가 자연히 생겨났다.

중국과 전혀 조건이 다른 오늘날의 일본에서 쑨원을 흉내 낼 수는 없는 일이다. 그러나 그 정신만은 배울 수 있지 않겠는가. 현실을 회피하지 않고 고뇌를 끌어안으면서도 앞날을 향해 뚜렷한 이상을 내세운 국민의 용기와 노력이 오늘날 우리와 정녕 무관하단 말인가. 무엇보다 먼저 우리 일본인은 과거 독립국의 환상을 버려야 한다. 아무리 쓰라리더라도 그것을 견뎌야 한다. 일본 독립의 길은 장래에 있다.

1952년 1월

위기와 통일

개인에게도 사회에도 위기라는 것이 있다. 그리고 지금 일본은 위기에 처했다고 생각한다.

위기라는 말은 하도 오랫동안 들먹여져, "위기다"라고 하면 "또 위기냐"라고 대꾸할 것 같다. 문필가는 위기를 핑계 삼아 글을 팔아먹는다고 한소리를 들을지 모른다. 위기라는 것은 대단한 것이다. 개인으로 말하자면 병에 들어 생사의 경계를 헤매든가, 이러지도 저러지도 못해 차라리 자살마저 생각할 만큼 궁지에 몰린 상태가 위기다. 따라서 위기는 인간의 일생에서 자주 있는 게 아니다. 자주 있으면 견딜 수 없다. 기껏해야 한 번이나 두 번, 많아야 몇 번이다.

나라의 위기도 개인의 위기와 그다지 다르지 않다. 나라가 멸망하는가 존속하는가 갈림길에 놓인 상태가 위기다. 문필가는 장사치처럼 "위기다 위기다" 외치면 벌이가 되니까 약간만 일이 벌어져도 곧장 위기라고 소리 높여 떠벌린다고 지적한다면, 분명 그러한 경향이 없다고는 할 수 없다. 그러니 "또 위기냐"라고 독자가 의심하더라도 당연지사다. 그러나 그러한 위기는 진정한 위기가 아니다. 문필가가 머릿속에서 만들어 낸 위기다. 말은 너무 자주 사용되면 중량감을 잃는다. 나도 문필가의 한 사람이니 스스로 경계할 작정이지만, 무심코 과장된 표현을 꺼내는 일이 없지 않다. 일본이 지금 위기라고 하면 일본이 멸망하고 있다는 뜻인데, 그러한 나의 판단은 문필을 직업으로 하는 자의 습관에서 나온 과장된 표현인 것일까? 나는 위기라고 느끼는데, 독자인 당신은 그렇게 느끼지 않는 것인가? 지금의 위기가 문필가의 머릿속에만 존재하는 위기라면 행복한 일이다. 그런 것이라면 그냥 내버려 둬도 어느새 지나간다. 그러나 지금 위기라고 불리는 상태는 아무래도 그렇지 않은 것 같다. 진정한 위기인 것 같다. 나는 그것을 느낀다. 그렇다면 이것은 보통 일이 아니다.

지난 전쟁이 끝났을 때 나는 병사로서 중국의 어느 마을에 있었다. 그곳의 주둔군에 있는 보도반 소속이었다. 주로 통역 등의 일을 명받아 맡고 있었는데 근무하며 어느 젊은 군무원과 알고 지냈다. 그 군무원으로부터 이런 이야기를 들었다. 그는 어느 마을에서 패전 소식을 접했는데, 그때 이제 일본은 멸망하는구나 생각했다는 것이다. 그리고 일본이 멸망한 이상 내일은 더 이상 태양이 떠오르지 않으리라고 생각했다는 것이다. 그런데 날이 바뀌어도 태양이 다시 떠오르는 게 아닌가.

지금이라면 우스갯소리로 들리겠지만, 당시는 그럴 경황이 아니었다. 당시 군국주의 교육으로 철저하게 세뇌당한 젊고 순진한 두뇌 가운데는 이처럼 비정상 상태로 자라난 경우가 실제로 있었다. 성실한 사람일수록 그리되었다. 무서운 일이지만 교육의 힘은 그만큼 강하다. 전쟁에서 지면 일본은 멸망하니까 전쟁을 그만둬서는 안 된다는 교육을 해마다 철저히 받으면 자연스럽게 그리된다. 사실은 전쟁이 침략이 나라를 멸망에 빠뜨리고 침략전쟁을 그만둬야 나라를 구할 수 있지만, 지금이라면 누구나 아는 이 간단한 이치를 당시는 많은 사람이 몰랐다. 나도 가슴 깊은 곳에서는 알지 못했다. 설마 태양이 뜨지 않으리라고 생각할 만큼 바보는 아니었지만, 메이지 이후 군국주의 교육은 내게도 영향을 크게 끼쳤다. 그것은 나의 사고가 모자랐음을 보여 주며, 그 일을 생각할 때마다 언제나 후회하게 된다.

패전으로 알게 된 것은, 만약 패전이라는 교훈이 주어지지 않고 전쟁의 길을 계속 걸었다면 일본은 멸망했으리라는 것이다. 위험한 갈림 길에서, 멸망 앞에서 생각을 고쳐먹어 구해질 수 있었다. 그리고 그때 생각한 것은 이제 결단코 전쟁을 하지 않겠다. 내가 하지 않을 뿐 아니라 남의 전쟁에도 손대지 않겠다는 것이었다. 메이지 이후 군국주의가 추진한 나라 세우기 방식이 근본부터 잘못되었으니 이참에 모든 걸 백지화하고 나라를 다시 세우자. 침범하지 않고 침범당하지 않는 평화로운 나라를 만들자. 우리 국민은 모두 그렇게 다짐했다.

그런데 인간은 나약한 존재인지라 목구멍만 넘기면 뜨거움을 잊는다. 이 결심이 이제 흔들리고 있다. 히로시마나 나가사키를 조금씩 잊어 가고 있다. 그 괴로웠던 공습 아래의 생활, 먹을 것도 입을 것도 지낼 곳도 없고, 부모와 자식이 형제가 생이별하고 사별하고, 내일의 생을 부지할 수 있을지조차 모르는 채로 서성거리던 당시 일을 잊고 있다. 전쟁 탓으로 이렇게 혼이 났으니 이제 전쟁은 질색이라던 당시의 기분이 벌써 희미해졌다. 만약 생활이 확실하게 핀다면, 조금쯤이야 전쟁을 하면 어때, 하는 생각이 꿈틀거리고 있다.

과연 중일전쟁부터 태평양전쟁 초기에는 전쟁 덕택에 겉보기나마 일본의 국민 생활이 한때 좋아졌다. 지금까지의 전쟁은 보통 이긴 나라가 거대한 이익을 챙기고, 이익의 대부분은 대자본가의 호주머니로 들어갔지만 나머지 일부는 조금이나마 국민경제로 떨어졌다. 메이지 이후의 어느 전쟁도 그랬다. 그러니까 생활이 어려워질 때 전쟁을 한 번만 더 하면, 하고 막연한 기대를 품게 되는 데도 이유가 없지는 않다. 하지만 그건 잘못이다. 전쟁 덕분에 핀 생활은 반드시 나빠진다. 전보다 두 배로 나빠질 게 틀림없다. 태평양전쟁 초기에 딱 한 번 있었던 설탕 특별

배급 덕분에 많은 사람이 생명을 잃고 집이 불살라지고 설탕은커녕 쌀도 못 먹게 되지 않았던가. 그 전쟁은 졌으니까 그랬지 하는 사람도 있을지 모르지만, 반드시 이기는 전쟁이란 게 있을까. 전쟁에는 상대가 있다. 전쟁을 하고 있으면, 언젠가는 지게 되어 있다. 지난번 전쟁에서 우리는 가까스로 살아남았지만 이번에 전쟁을 하면, 설령 미국 측에 붙어도 과연 살아남을 수 있을지 알 수 없다.

현재 일본은 사실상 미국의 속국이다. 명목상으로는 독립이지만 이것은 옛 '만주국'처럼 겉으로 드러내기 위한 체면치레다. 뒤에서는 안 보이는 실로 조종당하고 있다. 미국이 실을 움직인다. 일본 정부는 국민의 눈을 속이고 미국과 몰래 거래하고 있다. 샌프란시스코 강화회의 이후 일련의 움직임을 보노라면 그렇다고밖에 생각되지 않는다. 국민에게 숨기고 있으니까 확실한 증거를 잡기가 어렵지만, 그렇게 생각하지 않으면 이치에 맞지 않는다. 정부는 국민에게 독립을 약속했다. 그리고 약속을 지켰다고 한다. 하지만 그 독립의 정체가 무엇인고 하니 사실상 미국의 속국이 되는 것이었다.

사실상 일본의 주인인 미국은 아마도 전쟁을 마음먹고 있을 것이다. 전쟁을 시작했다고 할 수는 없더라도 만일의 경우 전쟁에 나설 태세는 갖추고 있다. 여러 사항을 종합하고 전문가의 의견을 토대로 나는 그렇게 판단한다. 일본과의 강화도 전쟁 준비의 한 가지 결과다. 강화를 맺은 일본의 당사자는 주관적 의도가 무엇이든 결과적으로 전쟁 준비에 협력하는 셈이다. 강화조약으로 오키나와를 미국에 주고 행정협정으로 무수한 군사기지를 주고 헌법을 무시하며 사실상의 재군비에 나서 파방법으로 전쟁반대운동을 억누르려 하고 있다. 그리고 한편으로는 미국의 적인 소비에트와 중국을 국민들이 증오하도록 기를 쓰고 선전하고 있다.

지금의 권력자는 다시 한 번 일본이 전쟁을 향해 걷도록 유도하고 있다. 지난번 전쟁처럼 전 세계를 적으로 돌리는 방식은 아니지만, 이번엔 미국의 엉덩이에 달라붙어 전쟁을 벌이려 하고 있다. 전쟁에서 떨어지는 국물을 핥으려 하고 있다. 하지만 전쟁을 하면 누가 이득을 보는지는 벌써 지난번 경험으로 밝혀졌다. 기껏해야 우리 국민에게는 설탕 한 근이다. 그리고 그 대가는 생명과 재산 전부다.

전쟁 준비가 지금처럼 진행된다면 큰일이 벌어질 것이다. 지난번 전쟁 때도 전쟁이 발발하기 전에는 미약하나마 전쟁반대운동이 있었다. 하지만 전쟁 준비가 진행되자 반대운동은 불가능해지고 반대를 할 수 없을 뿐 아니라 적극적으로 전쟁을 찬양하도록 양쪽 손이 칭칭 묶였다. 나중이 되어 '그때 좀 더 반대했어야 하는데'라고 깨달았을 때는 사후 약방문이었다. 이처럼 전쟁이 나면 반대해도 늦으니 전쟁을 준비하는 동안 반대하지 않으면 안 된다. 그렇지 않으면 뒤처진다. 지금 진행 중인 전쟁 준비에 반대하지 않으면 터무니없는 일이 벌어질 것이다.

그런데 그토록 넌더리 났을 텐데도, 국민 일부 가운데는 눈앞의 욕심에 눈이 멀어 전쟁 준비를 반기는 자들이 있다. 군수품 발주로 벙글거리는 자본가, 보상금을 노려 경지를 군사훈련장으로 매도하는 농민 등이 그렇다. 먹고 살려고 예비대를 지원하는 실업자도 그렇다. 예비대에 지원하기 전에 헌법으로 보장된 생활권을 주장해야 한다. 각 사람마다 어쩔 수 없는 사정이 있겠지만, 그 선택들 역시 전쟁 준비에 협력하는 일이다. 그리고 전쟁반대운동을 국민 전체의 운동으로 고양시키는 것을 방해한다. 이러한 전쟁 준비의 진행과 전쟁 반대의 약화가 점차 속도를 더해 가는 모습이다. 정말로 가속도가 붙는다면 전쟁 돌입은 이미 머잖았다고 봐야 한다. 그리되면 나라는 파멸이다. 이것이 위기가 아니면 무엇이겠는가.

위기가 문필가의 머릿속에만 있는 위기라면 행복하다. 머리로 만들어 낸 파멸이라면, 태양이 뜨지 않으리라고 굳게 믿었던 군무원 청년과 다를 바 없다. 청년의 우둔함을 비웃듯 그 공상의 우둔함을 비웃으면 그만이다. 그러나 나로서는 문필가의 습관임을 감안하더라도, 일본의 전 국토가 잿더미가 된다는 상상을 비웃을 마음이 생기지 않는다.

2

위기는 생사의 갈림길이다. 위기를 넘기면 전방으로 활로가 열리지만, 위기를 통과하지 못하면 끝장이다. 위기를 헤쳐 나가려면 개인의 경우도 온 힘을 모아야 한다. 지금까지 축적해 온 모든 지능을 다해 힘껏 싸워 내고 거기에 운이 따르면 비로소 활로가 열린다. 인사를 다하고 천명을 기다린다. 대신 난관을 돌파하면 전도는 양양하다. 위기는 인간을 단련하고 생명을 충실하게 만든다.

집이든 학교든 공장이든 단체든 각각의 지역사회도 거의 마찬가지고 나라의 경우도 그렇다. 일본 민족은 역사상 몇 번의 위기에 부딪혀 그때마다 민족의 모든 능력을 기울여 난관을 헤쳐 왔다. 그 경험은 지금 우리의 혈육 가운데서 전통화되어 있다. 오늘의 위기에 직면해 우리가 일대 용맹심을 발휘하지 않는다면 우리는 역사를 욕보이고 말리라.

위기를 돌파하려면 온 힘을 모아야 한다. 위기가 깊을수록 결집력도 커져야 한다. 오늘의 위기는 국민적 위기이니 이를 타개하려면 국민의 모든 힘을 결집해야 한다. 즉 국민적 규모로 통일전선을 만들어 내야 한다.

통일전선은 어떻게 해야 가능할까, 그리고 어떤 형태가 될까? 그 안에서 우리가 맡아야 할 임무는 무엇일까? 이 문제는 국민의 한 사람 한 사람이 생각해 봐야 한다. 생각할 뿐 아니라 생각을 실행으로 옮기고, 그 결과 생각이 한층 깊어져야 한다. 거기서 나는 국민의 한 사람으로서 자신의 의견을 말하고자 한다. 나의 의견은 주로 중국의 사례를 참고해 나름으로 방식화한 것이다. 중국은 통일전선에서 오랜 경험을 축적하고 결국 훌륭한 성과를 냈으니 중국의 사례는 분명 우리에게 참고가 되리라고 생각한다.

오늘날 보건대 중국의 근대사는 시종일관 국민적 통일을 향해 움직여 왔다고 할 수 있다. 그 결실이 오늘의 신국가인데, 여기에 오기까지 실로 많은 난관을 겪었다. 통일전선도 여러 형태로 몇 번이나 시도되었다. 그런데 오늘의 신국가로 드러나는 통일의 결과는 현재 우리의 긴박한 상황에서 직접적인 참고로 삼을 수 없다. 우리에게 참고가 되는 것은 그 중간단계에서 통일전선이 어떻게 형성되었는가이며, 그중에서도 두 가지, 항일을 위한 민족통일전선과 전후의 평화건설을 위한 인민통일전선이 특히 중요하다. 이러한 통일은 모두 인민 힘으로 달성되었지만 운동을 주도적으로 추진한 것은 중국공산당이며, 이론을 마련하는 데 가장 공적이 컸던 것은 마오쩌둥이다.

중국 통일전선의 역사에서 엿보이는 특징은 가장 먼저 국가적 독립과 국민적 통일이라는 궁극의 목표를 언제나 분명하게 움켜쥐고 있었다는 점이다. 통일전선은 이 목적을 위한 수단이지 그 자체가 목적은 아니다. 통일전선을 고정된 것으로 여긴다면 오류다. 통일은 힘을 결집하기 위해 필요한 것이니 만약 힘의 결집을 방해하는 상태가 발생하면 그만두든지 고쳐야 한다. 그것을 결정하는 것은 당연히도 자유롭게 표명된 인민의 의지다.

거기서 두 번째로 통일의 내부구조로서, 참가하는 각각의 단위에 대해 독립성과 자주성을 인정하고 서로 존중해야 한다는 원칙이 등장한다. 단위가 개인이든 단체든 마찬가지다. 이 점은 무척 중요해서 마오쩌둥도 거듭해 강조했다. 사람은 자신이 속해 있는 계급이나 직업에 따라 이해관계도 달라진다. 그처럼 상이한 이해관계 사이에서 성립해야 통일이다. 처음부터 이해관계가 일치한다면 애당초 통일은 필요 없다. 통일이 필요한 까닭은 통일을 통해 각 단위의 총화 이상으로 힘을 끌어내기 위해서다. 만일 서로 독립을 인정하지 않는다면 이러한 힘은 나오지 않는다. 서로 이해가 다름을 인정하고 나아가 공통의 이해를 위해 그것을 조정해 가는 가운데 통일은 성립한다. 그렇지 않고 느닷없이 "부동不同한 요구나 모순을 말살하는 것은 허위이며 착오다."(「연합정부론」)

통일 속 독립이란 바꿔 말해 전체의 이익에 부분의 이익을 종속시키는 것이다. 종속이라고 하면 일본어로는 일방적 지배라고 받아들여질 수 있지만 그렇지 않다. 종속이 진정한 독립인 것이다. 마오쩌둥에 따르면 중국공산당은 중국혁명이라는 전체 속의 부분이며, 이 전체에 종속되지 않는 한 중국공산당의 독립은 없다. 전체가 무너지면 부분도 파괴되기 때문이다. 이처럼 통일은 유기적 통일이어야 한다. 국민의 기본 단위인 개인도 마찬가지다. 개인이 신분제로부터 해방되어 독립한 인격을 갖지 못한다면 국민의 구성단위가 될 수 없으며, 동시에 국민이라는 전체에 종속되지 않는다면 개인은 독립할 수 없다. 우리가 가정이나 직장이나 서클 내에서 봉건의식과 싸우고 독립한 인격으로서 행동한다면, 그것이 전체를 향한 종속관계에 있는 한 그만큼 국민의 힘을 결집하는데 보탬이 된다.

따라서 셋째, 통일의 내부결합 형식은 어디까지나 가로의 연결이어야 한다. 세로의 연결이어서는 안 된다. 지배관계여서는 안 되고 협조관계여야 한다. 세로의 연결도 분명 일종의 통일이지만, 이것은 파시즘이

택하는 힘의 결집 방식이다. 권력에 기대어 위로부터 명령하는 방식이다. 그런데 형태만을 보고서는 양자를 구분하기 어려울 수도 있다. 근대적 데모크라시의 결정結晶인 의회정치로부터 파시즘이 튀어나오는 것은 그 탓이다. 따라서 형태만이 아니라 실질을 면밀히 살펴야 한다. 위기에 직면하면 통일의 필요를 자각하게 되고, 위기가 깊어질수록 통일도 성장하는 것이 보통이지만, 이때는 파시즘 권력 쪽도 통일을 적극적으로 꾀한다. 오히려 선수를 친다. 일본에서 도나리구미*의 부활이 장려되는 것은 그 징조다. 그리하여 통일은 일방적 운동으로서가 아니라 쌍방에서 진행되어 헤게모니의 탈취를 둘러싼 힘겨루기가 발생한다.

　이 힘겨루기의 무기로서 네 번째 특징이 나온다. 민주화의 철저화라는 것이다. 통일은 민주화가 철저할수록 강해진다. 그로써 파시즘 측의 통일공작을 내부에서부터 깨뜨리고 인민 측의 통일이 강화될 수 있다. 민주화를 철저히 하려면 어떻게 해야 할까? 논리적 순서로는 먼저 각각의 구성단위가 민주화되어야 한다. 따라서 궁극의 단위인 개인이 민주주의를 몸에 익혀야 한다. 이것은 논리적 순서지만 실제로는 통일이 진행되며 상호작용이 일어난다. 그리고 민주화를 위해서는 자유가 절대로 필요하다. "인민의 자유 없이 인민의 민주정치 없이 통일할 수 있을까? 이것들이 있으면 곧 통일할 수 있다. 중국 인민이 자유, 민주, 연합 정부를 위해 싸우는 것은 통일을 위해 싸우는 운동인 것이다."(「연합정부론」)

　민주주의의 정의는 다양하지만, 간단히 말하자면 반대의견의 존중을 민주주의의 바로미터로 볼 수 있을 것이다. 그렇다면 일본의 국회는 이미 민주주의를 상실했다. 그런데 반대의견의 존중, 즉 민주주의를 상

---

*　**도나리구미隣組** 제2차 세계대전 당시 국민 통제를 위해 만들어진 반상회 형태의 최말단 지역 조직이다.

대에게 요구하려면 자신이 먼저 반대의견을 존중하는 것, 즉 민주주의를 몸에 익히는 것이 필요조건이다. 그 없이 통일전선을 짊어질 수는 없다. 이 점은 중요하다. 예를 들어 이 원칙에 입각하자면, 최근 통일을 향해 놀랄 만큼 기운을 끌어올린 파방법 반대운동은 상당히 뚜렷한 결함을 드러내고 있다. 통일전선이 주춤하는 원인이 거기에 있지 싶다.

파방법 반대운동은 노동자, 학생, 문화인 들 사이에서 거의 국민운동이라 할 만한 기세로 확산되어 통일의 기운을 북돋운 것이 사실이다. 그러나 소득은 상대적으로 적지 않았나 싶다. 원인은 여러 가지일 텐데, 한 가지는 민주화의 철저화라는 방향으로 운동을 심화하는 노력이 부족했던 것이다. 반대를 결의한 단체 가운데는 제대로 토의도 않은 채 그저 형식적으로 이름을 올린 경우도 있고, 반대하는 사람만 모아 성명을 낸 경우도 있다. 노조나 학생의 집회에서도 모든 구성원의 의견을 이끌어 내는 노력이 아직 부족해 보인다. 성명을 내고 결의를 하는 것도 보탬이 되지만, 그것만으로는 대체로 일회성 행사로 끝나 버린다. 그보다는 모든 수단과 방법을 다해 전원의 의견을 결집하려는 착실한 노력이 중요하다. 국회를 향해 민주화를 요구하는 주체가 민주화 노력에 충분히 성실치 않았다. 그로 인해 얼마간 수정되기는 했지만 파방법은 국회를 통과했다. 만일 파방법에 찬성한 의원에겐 다음번 선거에서 표를 주지 말자는 결의가 표명되었다면 의원들은 겁먹었을 것이다. 총평만 해도 4백만 조합원이며, 가족을 포함하면 천만을 넘길 테니 해 볼 수 없는 논의는 아니다. 방법은 다만 한 가지, 민주화의 철저화뿐이다.

권력은 무엇보다도 국민 사이에서 민주화가 철저해지는 것을 두려워한다. 그래서 수단과 방법을 가리지 않고 민주화를 방해하려고 애쓴다. 국민을 서로 고립시키고 가로의 연결을 가로막으며 자유로운 언론을 억압하고, 한편으로는 대중전달 기관을 활용해 세로의 명령 하달을 강화하고 매수나 권력 배당을 미끼로 국민을 낚고 그로써 국민 도덕을 떨어뜨린다. 아무렇지도 않게 거짓말을 하고는 책임지지 않는다. 종국에는 폭력으로 위협한다. 그리하여 이에 맞서기 위한 도덕의 우위가 통일의 다섯 번째 조건이 되는 것이다. 권력의 부패가 진행되면 진행될수록 이 조건의 중요성은 커진다. 이 점에서도 중공의 사례에는 우리가 배워야 할 바가 있다.

중국 통일전선의 핵심이었던 공산당은 한 번도 인민에게 거짓말을 하지 않았다. 약속하면 반드시 지켰다. 그런 사례는 많다. 그래서 신뢰를 얻었다. 당의 세력을 확장하기 위해 통일전선을 이용하는 것 같은 일은 일절 하지 않았다. 그렇게 신뢰를 쌓았기에 통일을 할 수 있었다. 속임수를 부리고 의중을 떠보고 음모를 꾀해서는 통일할 수 없다. 통일은 타협이 아니다. 일본에는 타협 없이는 통일이 불가능하다는 사고방식이 존재하는데, 이것은 원칙에 반한다. 그것은 통일이 아니라 무질서한 뒤섞임이다. 통일은 독립한 인격들이 서로의 입장을 상호인정하고 그 위에서 협조점을 찾아내는 것이니 상대에게 숨기는 구석이 있어서는 안 된다. 어디까지나 성실함으로 일관해야 한다. 몰래 프락치 활동 따위를 한다면 주관적으로는 선의더라도 통일전선을 파괴하는 짓이다.

여기서 자신의 결점을 솔직하게 인정하는 태도가 중요하다. 인간은 누구나 완전하지 않고 반드시 결점을 갖고 있다. 그 결점을 인정하고 극복하려고 노력하지 않으면 향상은 기대할 수 없다. 결점을 숨기거나 결점이 아닌 양 가장하는 자는 자신을 경멸하는 자다. 개인이 아니라 단체의 경우도 마찬가지다. 친한 친구와 동지라면 서로에게 충고한다. 통일전선 속의 각 단위는 서로 충고해 통일을 강화해야 한다. 중공의 당풍黨風에서 비평은 당원의 의무며, 비평을 듣는 일 또한 의무다. 특히 당 바깥의 비평에 귀 기울이는 데 각고의 노력을 기울인다. 이러한 자기비판의 힘은 위대하다. 진보를 목표로 하는 자는 실패를 두려워하지 않는다. 다만 실패로부터 교훈을 얻는 노력을 게을리하는 것을 두려워할 뿐이다. 이 점에서도 중공은 우리에게 본보기라 할 수 있다.

일본에서도 통일전선 운동은 예전부터 몇 차례나 있었다. 전후에도 시도되었다. 그 모두가 실패했지만 그 실패를 반성해 거기서 교훈을 건져 내려고 얼마나 노력했는지는 의심스럽다. 중국의 경우 하나의 통일전선이 실패하면 다음에는 보다 강고한 통일전선이 생겨난다. 그리될 수 있는 조건은 단순하지 않겠지만, 자기반성 능력도 그 한 가지가 아닐까 싶다.

통일은 인간 활동의 모든 분야에서 행해져야 한다. 정치 분야만으로는 불충분하다. 전쟁은 인간 전체를 파멸하니 이에 맞서려면 인간의 모든 능력을 꺼내야 한다. "돈이 있는 자는 돈을 내고, 무기가 있는 자는 무기를 내고, 식량이 있는 자는 식량을 내고, 노동력이 있는 자는 노동력을 내고, 전문적 기능이 있는 자는 전문적 기능을 바쳐 우리 전 동포의 총동원을 거들라"고 중공의 8·1선언 「항일구국을 위해 전 동포에게 고한다」는 호소하고 있다. 오늘날의 일본이 당시의 중국보다 위기가 아니라고 말할 수 있을까. 파국이 다가오고 있다. 다만 불행하게도 오늘날 일본에서는 국민에게 호소할 강력한 통일전선의 핵심체가 존재하지 않는다.

일본공산당은 전후의 민주민족전선을 수정해 작년의 신강령에서는 국민통일전선을 제창했다. 이것은 국민을 향한 호소가 아니다. 그러나 어쨌든 하나의 제창이다. 그리고 제창 자체에 나는 찬성한다. 그러나 현재 실현의 희망은 없다. 왜냐하면 내가 이제껏 말했던 통일의 원칙이 하나도 지켜지지 않았기 때문이다.

공산당 이외의 사회주의 정당은 공산당과 '선을 그을' 뿐 통일의 열의는 더욱 찾아보기 힘들다. 하물며 국민적 규모의 통일전선 결성 따위는 생각해 본 적도 없는 것 같다. 도대체 공산당이든 사회당이든 그들은 자신들의 힘만으로 혁명을 이룰 수 있다고 믿는 것일까? 오늘의 위기를 극복할 수 있다고 믿는 것일까? 오늘날 정당의 임무는 당원을 늘리거나 선거에서 국회의원을 내는 것이 아니라 국민의 총력을 전쟁반대로 결집해 내는 것이 아닐까? 기성의 정치세력은 위기에 둔감해서 국민으로부터 유리되는 것 같다.

　국민은 기성의 정치세력에 의지할 게 아니라 자신을 스스로 조직해야 한다. 이 경우 마지막 거점은 언제나 개인이다. 개인의 인격적 독립이 결과적으로 국민적 통일을 이끌어 낸다. 다만 개인의 인격적 독립은 국민적 규모 안에서가 아니라면 실현할 수 없다. 당신이 권력에도 돈에도 지배되지 않고, 자기 역할을 스스로 생각해 내고, 스스로 책임지고 행동한다면 그것이 통일의 기초다. 왜냐하면 그때 당신은 사회적 협조관계에 들어서기 때문이다. 통일은 바깥에서 구할 것이 아니다. 스스로 올바르게 살아가 타인과의 협조관계를 통해 수립할 수 있다. 그것이 진정한 통일이며 유일한 통일이다. 모든 지역사회, 직업사회에서, 일본의 전 국토에서 이런 통일이 실현되었을 때 그것이 국민적 통일이다. 그러나 이 길은 만만치 않다. 내 자신을 돌아보건대 너무도 부족해서 한탄하지 않을 수 없다. 하지만 그것을 하지 않고서 달리 무엇이 가능하겠는가. 아무리 힘겨워도 자기 장소에서 조금이나마 통일의 범위를 넓혀 가는 것, 그것을 향해 노력하지 않고는 살아가는 의미가 없다.

1952년 10월

오키나와에서 부락까지

나는 부락 문제에 무지하다. 전문 잡지에 글을 쓸 주제는 결코 아니다. 다만 부락 문제가 얼마나 중요한지를 최근 점차 깨닫고 있다. 부락 문제는 특수한 문제가 아니라 일반적 문제의 첨예한 표출이며, 일본의 문제를 생각하고자 할 때 빠뜨려서는 안 될 핵심, 혹은 그 위에 서야 전체를 조망할 수 있는 근본적 관점임을 차츰 알아차렸다. 뒤늦게나마 이제라도 부락 문제를 공부할 계획이다. 그러한 한 사람으로서 어떤 계기로 부락 문제의 중요성을 깨달았는지를 밝히며 맡은 책임을 다하고 싶다.

내 경우 부락 문제는 오키나와 문제와 관련된다. 어느 쪽이나 중요하다. 접하게 된 시기도 비슷하다. 그리하여 먼저 오키나와 문제 쪽에 대해 말하고자 한다.

1956년 말에 나하 시장을 다시 뽑는 선거에서 반미파인 인민당 서기장 세나가 가메지로瀨長龜次郎 씨가 당선되었다. 누군가의 평가처럼 점령시대의 도쿄 도지사 선거에서 일본공산당 서기장이었던 도쿠다 규이치 씨가 당선되었던 일에 견줄 만한 사건이었다. 따라서 놀라긴 했지만 당시 오키나와에 대해 아는 게 너무 없어서, 요행이겠거니 생각했을 따름이다. 사실상 군정이 이어지고 행정주석은 임명제이고 류큐은행 주식의 51퍼센트를 미국이 쥐고 있는 오키나와에서 세나가 시장이 아무리 분발한들 뭔가를 해내기는 어렵다. 단명으로 끝날 게 분명하다. 이렇게 생각했다. 과연 시의회가 방해공작에 나서 시장불신임안을 제출한 뒤 해산되었고, 이후 선거가 치러졌다. 1957년 8월의 일이다. 선거 결과를 보고 나는 두 번 놀랐다. 설마 했는데 세나가파의 압도적 승리였다. 물론 아직 과반수를 차지하지 못했지만 어쨌든 친미파는 참패했다. 나하 시민은 눈앞의 이익을 버리고 심각한 선거 간섭을 극복해 자신들의 의지를 표명했다.

이 사건으로 나는 오키나와에 눈을 떴다. 오키나와가 남의 일이 아니게 되었다. 오키나와 주민의 운명은 그대로 일본인 전체의 운명을 상징한다고 여겼다.

그 일을 전후하여 나는 시모타 세이지* 씨의 장편소설 『오키나와 섬』을 읽었다. 오키나와의 사정을 실로 잘 이해할 수 있었다. 오키나와는 일본의 일부지만, 부분이라기보다 전체의 축도다. 일본에 있는 것이라면 모두 오키나와에 있고, 오키나와를 확대하면 그대로 일본 전체가 된다. 사회의 외연으로 봐도, 역사의 외연으로 봐도 그렇다. 거기에는 차별도 포함된다. 예를 들어 오키나와의 주민은 아마미오섬에 대해 차별의식을 갖고 있다. 그것은 혼슈인本州人이 오키나와에 대해 갖는 차별의식과 닮았다. 그리고 역사적 조건의 변천에 따라 미묘하게 바뀐다. 외부에 대해서만이 아니라 오키나와의 내부가 또한 차별적 구조로 짜여 있다. 이 또한 혼슈와 닮았다.

결정結晶은 아무리 잘게 부숴도 형태가 같다. 일본열도는 각각의 섬이 동일구조를 갖고 있는지도 모른다. 나는 사도섬, 오키섬을 잘 모르니 개괄적으로 단정하기는 어렵지만 아무래도 그렇다는 생각이 든다. 예

---

* **시모타 세이지**霜多正次 1913~2003. 소설가. 오키나와 출신으로 오키나와 문제에 관한 소설을 남겼으며, 오키나와의 복귀 이후에는 도쿄에서 활동하며 1965년 일본민주주의문학동맹이 창립되었을 때 부의장으로 선출되었다. 소설로 『오키나와 섬』 등이 있다.

를 들어 아무리 작은 섬에도 남쪽과 북쪽이 있는데 남쪽은 남쪽 나름으로, 북쪽은 북쪽 나름으로 특징을 공유하는 것을 보면 놀라울 정도다. 자연조건만이 아니라 주민의 기질이나 생활태도 역시 남북의 차이에는 얼마간 공통성이 있다. 섬만이 아니라 반도에 대해서도 비슷한 말을 할 수 있을 것 같은데, 남쪽으로 쑥 내민 반도의 첨단은 크고 작음에 관계없이 어떤 공통된 특징을 지닌다. 이런 직관을 무턱대고 확대하면 풍토결정론이 되어 곤란하지만, 어쨌든 오키나와는 일본 본토와 실로 비슷하다. 과하게 닮았다고 할 정도다.

오키나와 문제는, 적어도 오키나와 문제의 본질은 군사기지 문제다. 군사기지 문제가 오키나와에서는 집약적으로, 진전된 형태로 나타난다. 따라서 일본의 군사기지 문제를 생각하려거든 오키나와로 시선을 돌려야 이해가 빠르다. 오키나와는 일본 전체가 직면할 내일의 운명을 보여준다. 본토는 땅이 넓고, 일단 독립의 체재體裁를 갖추고 있고, 그 관계들이 복잡해서 기지 문제가 노골적으로 드러나지 않는다. 그에 비해 오키나와는 실험실의 조건을 완비하고 있다. 말하자면 기지의 순수 결정이다. 그래서 나는 오키나와에 주목하게 되었다.

거기서 또한 부락 문제가 나왔다. 나왔다고는 해도, 직접 나온 것은 아니다. 시모타 씨의 책을 읽고 나서 오키나와에도 차별 문제가 있다는 걸 알게 되었지만, 차별 문제는 종속적인 것이라 순수 결정이 아니다. 나는 다른 각도에서 차별 문제에 접근할 수 있었다. 그 계기는 기다 미노루* 씨의 책이었다. 기다 씨의 책을 읽고 나서 나는 순수 결정이라 할

---

* **기다 미노루**きだ みのる 1895~1975. 소설가. 본명은 야마다 요시히코山田吉彦로, 아카데미의 영역에서 공헌하면서도 토착의 평범한 민중생활에 대한 관심을 놓지 않았다.『미치광이 부락 주유기행』氣違い部落周游紀行 등의 저서 이외에 마르셀 모스Marcel Mauss의『교환에 관한 시론』를 일본어로 옮기는 등 역저도 다수 남겼다.

수는 없지만 거기에 가까운 부락 문제의 일반성이 있음을 깨달았다. 기다 씨의 책을 매개로 내 안에서는 부락 문제와 기지 문제가 결합되었다.

기다 미노루 씨는 전후에 쭉 오쿠타마奧多摩 지역에 자리 잡고 지내면서 이른바 '미치광이きちがい 부락'을 관찰해 왔다. 기다 씨는 문화인류학의 방법을 적용한 것처럼 보인다. 초기 글을 보면 방법의식의 과잉 탓으로 어딘가의 야만적인 생태를 바라보는 듯한 쌀쌀맞음이 없지 않았다. 그런데『일본 문화의 근저에 잠재하는 것』무렵이 되면 쌀쌀맞음이 사라지고 바야흐로 일본인이 형성하는 인간 사회의 생태를 측면에서 제대로 조명해 냈다. 부락의 법칙을 상당히 보편적인 형태로 추출해 냈다. 그의 성과에 따르자면 부락은 모두 닮아 있으며 일본 사회는 부락의 확장태다. 부락의 법칙은 대부분의 일본인에게 관철된다.

물론 기다 씨가 미해방 부락을 다룬 것은 아니다. 따라서 기다 씨가 발견한 법칙이 미해방 부락에 그대로 들어맞지는 않을 것이다. 하지만 그렇다고 문제의 성질이 다를까? 이른바 부락 문제, 즉 미해방 부락의 문제는 첨예한 문제지만 문제의 성질은 일반 부락과 동질하며 차이는 양적인 것이 아닐까? 이것은 나의 억측일지 모른다. 공부를 시작도 하지 않은 채 이런 억측을 내놓는다면 전문 연구자와 해방운동가에게 야단맞을지 모른다. 만일 나의 생각이 잘못되었다면 언제든 철회할 테니 지금은 억측을 조금 더 내놓더라도 양해해 주기 바란다. 부락 문제는 차별과 빈곤이라는 두 가지 측면을 지니며, 양자는 연관되어 있지만 여기서는 오로지 차별만을 따져 보겠다. 차별은 결혼과 취직 시기에 가장 노골적으로 드러난다. 차별당하는 자가 고통을 호소하면 들을 때마다 가슴이 미어진다. 그러나 그 차별이 부락만의 것이라고 생각하지는 않는다. 예를 들어 현재 편부 자식이라 하면 일자리를 구하기가 힘든데, 그 차별과 부락의 차별이 질적으로 다를까? 부락은 편부와 같은 구실로 사용되는 것이 아닐까? 그렇다면 두 경우의 차이는 양적 차이다.

부락 문제를 볼 때 그것만을 떼어 내고 특수화해 과도하게 강조하는 경향이 있었던 건 아닐까? 이것은 부락의 고통이 얼마나 깊은지를 보여 주니 동정할 가치는 있겠지만, 한편으로는 문제를 해결하기 위한 올바른 인식을 좁히는 약점으로 작용하지 않았나 싶다. 만일 부락 차별이 질적으로 다른 것이더라도 그것은 일반적 차별, 예를 들어 남자와 여자, 장남과 차남·삼남, 상사와 부하, 도시와 농촌 간의 차별 위에서 다시 확대되니 일반적 차별이 줄어들면 부락 차별도 그만큼 줄어들지 않을까? 그렇지 않다면 미해방 부락이 끊임없이 늘어나는 이유를 설명할 수 없다.

수년 전 오카야마현에서 낯선 청년이 상경해 내 집으로 찾아와 신세를 진 적이 있다. 그는 스스로 부락민이라고 했다. 나도 나의 가족도 차별의식을 갖지 않았다. 경험이 없어서다. 청년은 며칠 동안 내 집에 머무르며 도쿄에서 일자리를 구했다. 이후 가출하게 되었던 사정이 해결되어 부모 곁으로 돌아갔다. 이 한 가지 사례만 가지고서 전체를 논한다면 위험하겠지만, 적어도 이 경우는 부락의 질서가 부락 바깥에는 작용되지 않는다는 법칙이 미해방 부락에도 적용될 수 있음을 보여 준다.

부락 문제는 일본의 가장 깊은 곳에 뿌리를 내리고 있다. 거기에 모든 문제가 집약되어 있다. 따라서 부락을 보지 않은 채 일본의 근대화를 측량한다면 잘못이다. 기지 문제가 가장 먼 오키나와에서 첨예하게 드러나듯 일본 사회의 모순은 가장 깊은 부락에서 나타나는 것임에 틀림없다. 그래서 부락 문제를 인식하는 일이 중요하다. 하지만 부락 문제는 그것만으로 동떨어져 고립해 있는 특수 문제가 아니다. 도쿄라는 큰 부락을 비롯해 벽지의 도망자落人 부락, 나아가 각양각색의 미해방 부락을 포함해 양적 차이는 있을지언정 질적으로는 연속되고, 그 모두에 공통된 구조가 존재하는 게 아닐까? 이것이 나의 가설이다.

만약 이 가설이 타당하다면 해방의 방향은 두 가지다. 위로 갈 것인지 아래로 갈 것인지다. 차별이 본바탕이니 차별을 없애기 위해서라면 위로 평준화를 해도 되고 아래로 평준화를 해도 된다. 지금까지의 해방 운동 방침이나 연구 태도는 위로 향한 평준화를 강조해 역의 방향에 소홀했던 게 아닐까? 이것은 일본형 근대화의 법칙을 무의식중에 맹종한 결과다. 운동 방침은 차치하더라도 사고방식만큼은 역의 방향을 보다 받아들여야 하지 않을까?

이를 위한 현실적 조건이 이제는 존재한다. 기지 문제다. 지금 일본인 대부분은 노예가 되려 하고 있다. 그로부터 해방되기 위한 창의가 필요하다. "노예가 노예주가 된다고 해방은 아니다"라고 루쉰은 말한다. 타고르도 같은 말을 했다. 일본형 근대화의 독을 재고해야 할 시기가 다가왔다고 생각한다.

1959년 1월

민주인가 독재인가
당면 상황에 대한 판단

1. 이제부터 말하려는 것은 5월 31일 현재 내가 내리는 상황 판단이다. 상황은 시시각각 변하고 있다. 지금 가장 중요한 것은 상황을 따라가서 앞지르는 일이다. 이를 위해 이 자료가 어떤 개인이나 집단에 이용되든 개의치 않는다. 그러므로 나는 이 원고의 저작권을 포기한다.

2. 어떤 개인이나 집단도 현재 상황 전체를 장악할 수는 없으리라. 완전한 정보를 얻으려 들면 상황에 뒤처진다. 상황은 복잡하다. 그러나 한편에서 말하자면 단순화될 수도 있다. 전체를 장악할 필요는 없다. 부분이 전체를 대표한다. 필요한 건 상상력을 발휘하는 일이다.

3. 민주인가 독재인가, 이것이 유일한 쟁점이고 최대의 쟁점이다. 민주가 아니라면 독재고 독재가 아니면 민주다. 중간은 존재하지 않는다. 이 유일한 쟁점에 관한 태도를 분명히 밝힐 필요가 있다. 거기에 안보 문제가 얽히면 안 된다. 안보를 찬성할지 반대할지 논쟁하는 일은 무익하다. 논쟁은 독재를 무너뜨리고 나서 하면 된다. 지금은 독재를 무너뜨리기 위해 전 국민이 힘을 결집해야 한다.

4. 안보에서 독재체제가 태어났다. 시간의 순서는 그렇다. 그러나 논리

는 역이다. 이 논리가 5월 19일*에 결정되었다.

5. 기존의 정치세력은 5월 19일의 의미 전환을 파악하는 일에 대체로 실패했다. 가령 사회당(민사당**을 포함해)은 당연히 예감되는 사태를 사전에 예상하고 대책을 마련해 두어야 했지만 게을렀다. 그리하며 결정적인 지체를 초래했다. 공산당은 안보투쟁 자체에 소극적이며, 국민적 염원을 명심해 거기에 헌신하지를 않고, 국민의 염원을 자신의 혁명 환상에 이용하는 태도로 시종일관해 국민에게는 불신을 사고 내부는 분열되었다. 총평과 주요 산업별 단위노조도 조직을 약하게 만들고 결전을 뒷날로 미루는 이기적 태도를 보였다. 그리하여 국민은 노동조합이 자기 이익을 위해서만 행동하며 미덥지 않다고 여겼다. 이런 일이 파시즘의 진행을 용이하게 만들었다.

6. 나는 비난하고자 이렇게 지적하고 있는 게 아니다. 결정적 지체를 자기인식으로 삼아 출발하지 않으면 상황을 따라가서 앞지를 수 없음을 일깨우고 싶다. 물론 격변 이후 뒤처진 상태가 서서히 극복되고 있다. 그러나 기성의 모습으로 지체를 극복할 수 있다고 기대한다면 그것은 상상력이 빈곤한 관료적 사고의 산물이며 결국 환상으로 끝나리라. 정당도 조합도 대중단체도 지체를 극복하는 과정에서 허물을 벗고 본질을 바꾸고 지도권을 교체해야만 하리라. 이 곤란한 시련을 버텨 내는 조직만이 살아남을 것이다.

---

* 1960년 5월 19일 자민당은 경찰대를 국회 안에 배치한 후 신안보조약을 단독으로 승인했다.
** **민사당**民社黨 민주사회당의 약칭으로 니시오 스에히로西尾末廣 등 사회당 일부 계파가 1960년에 사회당을 탈당해 만든 정당이다. 1994년 신진당新進黨에 합류하면서 해산했다.

7. 역사에는 단절과 비약이 있다. 분열이 두려워 힘껏 싸우지 못하겠다는 건 조직의 강화를 자연성장에 내맡기는 게으른 자의 사유다. 뚜렷한 목적의식을 갖는다면 단번에 끌어올릴 수 있음을 잊어서는 안 된다. 본디 이것은 구태의연한 지도자에게 기대할 일이 아니다. 지금은 새로운 지도자가 태어날 시기다.

8. 앞으로 예상되는 상황 변화를 단계별로 생각해 보고 싶다. 내 상상일 뿐 정보로 뒷받침되는 이야기는 아니다. 아마도 파시즘은 다음의 순서로 진행될 것이다. 우선 경찰력을 한계까지 동원한다. 경찰 전체가 치안경찰화된다. 곧 일어날 일이다. 2단계는 자위대 출동이다. 여기까지도 기정사실이라 말할 수 있다. 그러나 이 정도로 독재가 완성된다고 여긴다면 무른 생각이다. 최후의 단계로 주둔군의 출동 내지 새로운 파병을 예상하지 않을 수 없다. 당연히 단독으로는 불가능한 일이니, 국제분쟁과 긴밀하게 얽혀 있다. 이 단계에 들어서면 조선과 대만에서 눈을 떼서는 안 된다.

9. 나는 2단계에 이르기까지 상황을 쫓아가서 가능하면 앞질러야 한다고 생각한다. 이를 위해 2단계에서는 3단계를 예상해서 손을 써야 한다. 3단계에서 취해야 할 수단은 무엇인가. 전 세계 평화를 바라는 이들(미국을 포함해)에게 호소하는 길 말고는 없다. 지금부터 준비하지 않으면 안 된다.
그러나 그런 준비는 별도로 진행하되, 실행에 착수하는 일은 절대 금물이다. 2단계까지는 반드시 보류해 둬야 한다. 국내 문제를 섣불리 국제화해서는 안 된다. 그것은 적에게 빌미를 내주는 일로 민족을 불행에 빠뜨릴 수 있다. 2단계까지는 어느 나라의 힘도 빌려서는 안 된다. 중국에

서 벌어지는 반미시위가 우리에게 득이 되리라고 여기는 노예적 마음가
짐으로는 이 버거운 싸움을 이겨 낼 수 없다.

10. 어떻게 해야 독재에 맞설 민주전선을 꾸릴 수 있을까? 우선 국민이
주권탈환의 의지를 표현하는 집회나 행진을 열어야 한다. 이것은 이미
개시되었다. 이것을 전 국민적 규모로 확대해야 한다. 다음 2단계에서
는 주권 의지를 표명한 국민 속의 다양한 집단(다양해야 하며 다양한 편이
좋다)이 토론을 통해 각각의 정치 요구를 분명히 밝힌다. 공통의 강령은
독재체제 타도와 민주주의 재건이지만 구체적 내용과 절차에 관해서는
집단의 수만큼 다양한 요구가 있어야 마땅하다. 이제 3단계에서는 목적
과 방법이 가까운 그룹끼리 점차 연합을 결성한다. 연합할 때는 반드시
정책에 관한 협정을 맺어야 하며, 각 집단의 독립성을 훼손하는 무원칙
연합이어서는 안 된다. 또한 우두머리 지배를 경계해야 한다. 연합체도
다양한 방식으로 조직되는 편이 좋다.

11. 현재 의회는 거의 기능을 잃었지만 완전히 없어지지도 않았으니, 지
금 당장 의회를 부인하는 것은 옳지 않으며 상책도 아니다. 다만 지금의
의회를 기존의 규범으로 일으켜 세울 수 있다고 낙관한다면 파시즘의
진행을 따라잡을 수 없다. 한편으로 인민의회와 인민정부를 세우는 운
동을 진행하며 그 운동 속에서 의회 재건을 꾀해야 한다.

12. 이런 운동을 진행할 때 기성 정당에 의지해서는 안 된다. 다만 각각
의 국회의원들이 이 운동에 전문가로서 참여하고 그들을 우두머리가
아닌 운동체의 중핵으로 삼는다면 운동의 성장을 저해하지 않을 뿐 아
니라 능률을 올릴 수 있겠다.

13. 파시즘의 폭력에 대항하는 수단으로서 국민은 노동조합에 실력행사를 요구할 권리가 있으며, 노동조합은 그에 따를 의무가 있다. 실력행사는 파시즘화의 단계에 따라 수위를 조절해야 한다. 그러나 찔끔찔끔 파업하는 방식은 아주 잘못된 전술이다. 위에서 내린 지령에 따라 이뤄지는 부분파업은 적을 도울 뿐이다. 상황 변화에 따라 국민이 무엇을 요구하는지 예민하게 포착하고 그 요구에 걸맞은 전술을 사전에 세워 두며 이 예측에 근거해 조직을 편성하는 자가 탁월한 지도자다.

14. 이를 위해서는 권리로서의 파업을 의무로서의 파업으로 내면전환하는 비상한 결의와 뛰어난 통솔력이 필요하다. 때로는 파업을 일으키지 않는 것이 최대의 실력행사인 경우도 있다. 그렇듯 비상사태에 조응하는 행동의 모습을 그려 둬야 한다. 획일적 현장이탈은 교조주의의 견본이며 반파시즘 국민전선에는 유해무익하다.

15. 일본처럼 독점이 진행된 나라에서는 보통의 총파업보다도 기간산업, 특히 운송·교통의 한 거점(가령 도카이도선東海道線)에서 집중적으로 파업을 벌이고, 다른 노동자는 파업을 하지 않고 이를 정신적·경제적으로 지원하는(가령 희생자에게 종신연금을 주는) 방식이 유효하지 않을까. 다만 이 경우는 모든 노동자가 직종과 기업을 불문하고 단일한 노동자 조직을 가져야 한다는 전제가 필요하다. 일반 시민은 경제 요구가 얽히지 않으면 파업을 일으키지 않는다며 차가운 눈초리로 노동자들을 보고 있다. 일반 시민은 그런 겁쟁이 노동자에게 영웅적 행동을 요구하지 않는다. 다만 지금은 역사가 비약하는 시기임을 깨닫고 종업원 의식을 떨쳐 내고 노동자 의식을 단련하도록 행동으로 이끌 천재적 지도자가 출현하기를 학수고대할 뿐이다.

16. 시위나 연좌만으로는 독재화에 대항할 수 없다. 인간을 물리력이나 정신력으로 환원할 뿐 총력을 결집시키지는 못하기 때문이다. 자기 분야를 떠나서는 안 된다. 자기 장소에서 온 힘을 기울이는 일이 몹시 중요하다. 활동가가 돈도 시간도 두뇌도 모두 부담해서는 안 된다. 돈만 내는 사람, 두뇌만 내는 사람, 힘만 내는 사람이 있어야 좋다. 그것이 모여 통일전선을 이룬다.

17. 승리만을 목표로 삼아서는 안 된다. 잘 이겨야 한다. 어설프게 이기느니 잘 지는 편이 낫다.

1960년 5월 31일 저녁

네 가지 제안

지금 싸워 나갈 때 중요하다고 생각하는 것을 네 가지만 말씀드리겠습니다.

첫째, 이 싸움은 민주주의냐 독재냐 하는 매우 간단명료한 대결입니다. (박수) 권력의 독재화가 진행 중입니다. 파시즘이 날마다 자라나고 있습니다. 이에 맞서 우리의 민주주의가 언제 어디서 이 독재의 진행을 막고 싹을 잘라 내느냐는 싸움입니다. (박수) 이를 위해 이처럼 이데올로기적으로 명백한 싸움의 형태를 잊지 않도록, 끊임없이 잊지 않도록 진용을 가다듬어야 합니다. 저는 독재를 타도하고 민주주의를 우리 자신의 손으로 재건한다는 목표에 바깥의 것들이 얽히지 않기를 바랍니다. (박수) 아시듯이 이 문제는 안보의 문제로부터 나왔습니다. 그러나 논리의 순서로 말씀드리자면, 우선 무엇을 빌려서라도 민주주의를 재건해야 합니다. (박수) 안보의 문제는 그 후로 미뤄 놓아도 좋습니다. 지금 안보가 좋은지 나쁜지를 논한다면 무익합니다. 신안보조약에 관해 저는 반대의견을 가지고 있으며 반대운동을 해 왔습니다만, 지금 안보에 찬성하는 사람과 논쟁할 생각은 없습니다. 논쟁하고 있을 틈이 없습니다. 먼저 민주주의를 재건합시다. (박수) 목표는 신안보조약을 부수는 것이니 그 수단으로서 민주주의를 재건한다는 사고방식이 있습니다만, 저는 이 생각에 반대합니다. 순서가 거꾸로 되었습니다. 역사의 순서는 그렇지만 이론의 순서는 그렇지 않습니다. 함께 운동을 해 나가는 데서 이 점을 잊지 않도록 마음에 새깁시다. 5월 19일에 적이 무법으로 자행한 일은 50일 회기연장에 얽혀 순식간에 문답무용으로 안보까지 흘러가 버렸습니다. 문제가 있는 안보를 함께 끼워 넣고 통과시켰습니다. 이와 같은 쿠데타라고도 할 난폭한 방식에 대해 지금 전 국민으로부터 항의의 목소리가 비등하고 있습니다. 우리가 지금 민주주의를 자기 손으로 재건해 내는 운동을 전개하면서 거기에 안보 저지를 끼워 넣는다면, 진정 강한 싸움은 해낼 수 없습니다. (박수)

저는 파시즘을 무너뜨리는 길은 단 한 가지라고 생각합니다. 상대가 하는 일을 이쪽은 하지 않는 것, 상대가 하지 않는 일을 이쪽이 하는 것입니다. 저는 단순하고 범박한 사람이라서 이렇게 생각합니다만, 아마도 그래서 옳은 생각이라고 믿고 있습니다. 상대는 신안보를 무리하게 밀어붙여 통과시켰습니다. 하지만 신안보는 무척 커다란 문제이니 우리는 반대하는 이와 찬성하는 이가 함께 신중하게 심의해야 합니다. 그러니까 지금도 신중하게 심의하는 편이 좋습니다. 천천히 합시다. 안보의 문제는 나중에 천천히 합시다. 지금은 어쨌든 국민 전체가 힘을 모아 파괴된 민주주의를 재건합시다. 다시 만듭시다. 이러한 방식으로 운동을 세우고 싶습니다. (박수)

둘째, 역시 파시스트가 하지 않는 일을 우리가 하는 것, 상대가 하는 일은 이쪽이 하지 않는 것입니다. 언제나 상대의 태도를 주시해 반대로 하면 좋다고 생각합니다. 굳이 어려운 이치는 필요 없습니다. 상대의 태도에 따라 대응하면 됩니다. 그리하여 둘째, 파시즘의 본질이 무엇입니까? 폭력입니다. 그러므로 우리는 폭력을 절대로 사용하지 않습니다. 폭력에 맞설 때 폭력으로 맞선다면 오히려 파시즘을 강화해 적을 돕게됩니다. 폭력에는 어디까지나 평화적으로 대항해야만 파시즘을 뿌리째

숨아낼 수 있습니다. 우리의 목표와 수단은 어디까지나 평화입니다.

셋째, 이 문제에 국제 관계가 얽혀 들게 해서는 안 됩니다. 적은 국제 관계를 얽히게 하려고 미국의 대통령을 데려와 그 힘을 빌려 강행하려 했습니다. 우리가 다른 외국, 예를 들어 소비에트나 중국의 손을 빌리려 한다면 매우 불행한 사태가 일어날 것입니다. 일본이 전쟁의 불씨를 지펴 위험한 일이 발생할 수도 있습니다. 우리는 결코 그리해서는 안 됩니다. 어디까지나 일본 민족의, 자신만의 힘으로 해내야 하지 않겠습니까? (박수) 어디 다른 나라의 손을 빌려서는 안 되며 빌릴 수도 없습니다. 다른 나라의 손을 빌리면 공연히 위험을 자초할 뿐입니다. 적이 외국의 힘을 빌리려고 해도 우리는 빌리지 않고 국민의 힘만으로 해내야 하지 않겠습니까? (박수) 다만 파시즘은 날마다 자라나고 있으니 이것을 하루라도 빨리 타도하지 않으면 그만큼 위험이 커지고 타도하기가 힘들어집니다. 가장 나쁜 상태를 가정하면 국제전쟁에 휘말린다는 몹시 위험한 전망도 가능합니다. 그런 상태가 되기 전에 미리 적에게 선수를 쳐서 상황을 이쪽 편으로 끌어오는 전법을 취해야 합니다. 지금은 뒤처져 있습니다. 우리는 하루라도 빨리 이 뒤처짐을 만회해 적을 뿌리 뽑아야 합니다. 그렇지만 마지막 단계에서는 역시 세계적 규모에서 평화세력 내지 평화 애호자들과 전쟁세력 간의 대립이 되겠죠. 그러나 이것은 되도록, 아니 절대로 피하고 싶습니다. 우리 일본의 역사 안에서 저항의 전통은 유감스럽게도 아직 확립되어 있지 않습니다. 저는 지금 이 저항의 전통과 저항권을 확보하는 것만을 목표 삼아 이 싸움을 전개해 가고 싶습니다. 그렇지 않으면 이길 수도 없습니다. 파시즘은 결코 만만한 상대가 아닙니다. 요즈음 텔레비전에서 비춰지는 기시 노부스케 씨를 보면 점차 파시스트의 고집스러운 얼굴이 나오고 있습니다. (박수) 이것을 얕봐서는 안 됩니다. 얕볼 수 없습니다. 지금껏 우리는 너무도 착했습니다. 몇 번이나 그를 허락했습니다. 전범인 것을 허락하고, 경직법* 때 허락하고, 베트남 배상 때 허락했습니다. 허락할 때마다 그는 우리가 허락한 것을 영양분으로 빨아들여 파시스트로 성장했습니다. (박수) 이번은 결코 허락할 수 없습니다. (박수) 이를 위해서는 정말이지 비상한 결심이 요구됩니다. 쉽사리 해낼 수 있는 일이 아닙니다. 남의 힘을 빌리려는 약한 마음으로는 싸워 낼 수 없습니다. 전 국민이 비상한 긴장감을 갖고, 자기 혼자서라도 끝까지 해낸다는 결심을 굳혀야 합니다. (박수) 이것이 셋째입니다.

넷째, 나는 이 싸움에서 이기기란 쉽다고 생각합니다. 반드시 이깁니다. 인간성의 존엄을 믿고 이성을 믿는다면 반드시 이깁니다. 역사에서 영구히 번성한 파시즘은 없습니다. 역사는 반드시 인간과 이성의 편이 되어 줍니다. 이기는 것은 시간문제입니다. 되도록 빨리 이겨야겠다고 마음먹습니다. 그러나 동시에 빨리 이기는 것만을 목표로 삼아서는 안 되며, 잘 이기는 길을 생각해야 합니다. 극단적으로 말해 저는 못나게 이길 바에야 이럴 때는 잘 져야 한다고 생각합니다. 잘 지면 소득이 남습니다. 못나게 이긴다면 지금의 파시스트를 쓰러뜨릴 수 있을지는 모르지만, 다른 파시스트가 성과를 훔쳐 가고 맙니다. (박수) 그런 일이 벌어져서는 절대로 안 됩니다. 이를 위해 여러분과 함께 잘 이기자는 결의를 하고 싶습니다. 잘 이긴다는 것은 성과를 자기 몸에 익히는 것입니다. 지금의 기시 씨를 쓰러뜨리는 일은 생각하기에 따라서는 손쉽습니다. 그러나 기시 씨와 같은 사람이 나오는 뿌리 ─ 결국 우리 국민의 마음에 있는, 약한 마음에 있는 의타심, 남에게 매달리고 자기 길을 스스로 정하지 못

---

*　**경직법**警職法 '경찰관 직무집행법'의 준말이다. 기시 노부스케岸 信介 내각은 1958년 전후에 이 법을 예방구금 등이 가능한 방향으로 개정하려 하면서 큰 비판을 받았다.

하고 결단을 내리지 못하는 국민의, 우리 한 사람 한 사람의 마음속에 있는ー, 감춰진 곳의 그것을 스스로 응시하기를 망설이는 약한 마음이 그러한 파시즘을 배양하고 있음을 잊어서는 안 됩니다. (박수)

분명 진정한 적은 우리 마음입니다. 자신의 약한 마음을 스스로 채찍질하고 자신의 노예근성을 응시하고 자신을 다시 단련해 가는 힘겨운 싸움이 이 싸움입니다. (박수) 국민 한 사람 한 사람이 눈뜨는 과정이 우리나라 전체가 민주화하는 과정입니다. 우리는 지금의 이 상황에 흥분하거나 아우성쳐서는 안 됩니다. 우리의 싸움은 부수는 싸움이 아니며, 파괴의 싸움이 아니며, 건설의 싸움입니다. (박수) 적이 파괴한 것을 우리가 재건하는 싸움입니다. 건설하려면 몸과 마음이 건강해야 합니다. (박수) 상대는 미치광이입니다. (박수) 미치광이처럼 아우성치고 고함쳐서는 안 됩니다. 조용한 마음으로 이성을 사용해 냉정하게 자신의 행동을 산출해야 합니다. 조용한 싸움을 계획합시다.

중국의 문학자 루쉰은 히틀러를 이렇게 평했습니다. 신문 등에 나온 히틀러의 사진을 보면 언제나 한 손을 치켜들고 입을 크게 벌려 사자후를 하던데 늘 저런 식이라면 지칠 것이다, 보는 쪽도 지칠 것이다, 사람을 지치게 하는 자는 아름답지 않다고 말했습니다. 파시즘의 본질을 무척 잘 표현했다고 생각합니다. 우리가 지쳐서는 안 됩니다. 물론 빈둥거리자는 말이 아닙니다. 다만 긴장은 놓지 않되 함부로 흥분하지 않고 싸움을 조용하게 전개해 가야 합니다. 결코 굽히지 않겠다는 각오로 싸움을 전개해 가야 합니다. 이렇게 전열을 정비하는 방법을 여러분과 함께 생각하고 싶습니다. (박수)

이 싸움은 반드시 이길 것이며, 이겨 낸 다음에 우리에게는 한 가지 큰 선물이 주어질 것입니다. 이토록 커다란 희생을 치르고 있습니다. 시간을 희생하고 돈을 희생하고 ― 우리 모든 연구자는 연구하고 싶습니다. 빨리 연구실로 돌아가고 싶습니다 — 연구도 희생하며 이렇게 하고 있는 것은 그 큰 소득을 바라기 때문입니다. 헛수고로 만들어서는 안 됩니다. 모처럼 이만큼의 희생을 지불했으니 그만한 소득을 내야합니다. 큰 소득이 약속되어 있습니다. 그것은 제각기 이 싸움을 거쳐 싸움이 끝난 후에 국민 한 사람 한 사람이 커다란 지혜의 주머니를 갖는 것입니다. (박수) 어떠한 시련에도 굴하지 않고 살아갈 수 있는, 언제라도 생명의 샘이 뿜어져 나오는 커다란 지혜의 주머니를 각자 가질 수 있도록 싸워 갑시다. (박수)

1960년 6월 2일

자위와 평화

9조의 의미와 그 변천

말할 것도 없이 지금의 일본국 헌법은 평화주의와 국민주권을 양대 핵심으로 삼고 있다. 지금의 헌법을 메이지 헌법과 비교하면 이 특색은 일목요연하다.

평화주의와 국민주권이라는 두 원칙은 관련되어 있다. 둘로서 실은 하나다. 그 관련성을 전제로 자위와 평화의 문제를 생각해 보고자 한다.

평화주의를 집중적으로 담고 있는 조항이 9조다. 9조는 국제분쟁의 해결수단인 전쟁을 포기하고 전력을 갖추지 않으며 교전권을 인정하지 않는다고 규정한다.

이 9조가 점령군의 강제 내지 권고로 삽입되었는지, 일본 측이 주도적으로 마련한 것인지, 헌법이 제정되던 당시 상황을 둘러싸고 여러 논의가 있었고 지금도 있다. 헌법조사회는 사실을 확인하고자 조사단을 미국에 파견하기도 했다.

그러나 국민의 입장에서 생각하자면(국민에 관한 규정은 뒤에서 하겠다) 제정되던 당시 사정이 어떠했는지는 거의 문제가 되지 않는다. 적어도 가장 중요한 문제는 아니다. 사정이 무엇이건 간에 그로써 무엇이 표현되는지가 문제다. 사실의 경과가 아니라 의미의 발생이 문제다.

당시 국민은 9조의 규정을 헌법 전문, 특히 "정부의 행위로 인해 다시 전쟁의 참화가 일어나지 않도록 결의해"라는 구절과 관련지어 받아들였다. 이것은 당시도 올발랐고 지금도 올바르다.

즉 국민은 과거의 전쟁에 대한 반성으로서 이 조항을 받아들였다. 아니, 받아들였다기보다 제정했다. 당시 힘관계로 보건대 국민 측이 주도권을 충분히 발휘하지 못했다는 것은 역사적 사실로서 인정하지 않을 수 없지만, 그것은 조건(제정의 시기와 절차 등)이 정비되지 않았기 때문이지, 국민의 의지와 무관하게 바깥에서 강요되었다는 말은 아니다. 가능성으로 보건대도, 결과로부터 거슬러 올라가 평가하더라도 실상 상당한 정도로 자주적인 선택이었다고 해야 할 것이다.

헌법 제정 이후 오늘에 이르기까지 15년 동안 국민 생활은 크게 바뀌었다. 그에 따라 국민의 헌법의식에도 미묘한 변화가 일었다. 한편으로는 헌법이 국민 심리에 더욱 깊이 뿌리내렸지만, 한편으로는 헌법을 잊거나 헌법에 위화를 느끼는 경향이 부분적으로 발생했다. 이는 물론 국민 심리에 작용하는 외부세계의 동향과 무관하지 않다.

9조에 대해 말하자면, 15년 전과 오늘날은 해석이 상당히 바뀌었다. 처음에는 전력을 갖지 않는다고 할 때 거기엔 모든 전력이 포함된다고 여겨졌다. 그리고 전쟁 포기는 자위전쟁도 포함한다는 해석이 지배적이었다. 그 까닭은 거의 모든 전쟁이 자위라는 명목으로 치러지며, 실제로 태평양전쟁에 이르러서도 일본의 전쟁은 '자존자위'를 노래했다는 쓰라린 체험을 겪었기 때문이다.

당시는 정부도 국회도 대다수의 공법학자도 이런 해석을 의심하지 않았다.(공산당만이 다른 의미에서 자위전쟁을 긍정했다.) 그러나 정세의 추이에 따라 해석이 점차 바뀌더니 어느샌가 이 조항은 자위권을 부인하지 않는다는 해석으로 이행했다. 이 조문이 원안으로부터 수정되는 과정에서 2항으로 나뉘어 제2항에는 "전항의 목적을 달성하기 위해"라는 한 구절이 삽입되었는데, 그것이 해석의 변천에 활용되었다.

법 해석의 변천을 거슬러 오르는 것이 지금 나의 과제는 아니다. 문제는 해석의 변천이 실체의 변천으로 뒷받침되고 있다는 사실이다. 그로써 헌법의 핵심 가운데 하나인 평화주의가 지워져 가고 있다는 사실이다.

조선전쟁의 발발과 동시에 1950년 7월, 점령군의 지령으로 경찰예비대가 설립되었다. 그리고 이는 1952년 10월엔 보안대로 변경되었다. 나아가 1954년 7월에는 해상경비대와 신설 항공력을 더해 육해공 삼군 15만으로 구성된 자위대로 성장했다. 이후로도 인원과 장비는 증강 일로다. 이미 전력만을 보았을 때는 옛 '황군'과 비교할 수 없을 만큼 탄탄해졌다.

자위대가 위헌인지에 관한 논의는 자위대가 생겨나고부터 오늘날까지 상당히 떠들썩하게 이어지고 있다. 자위대가 성장하는 각 단계마다 반정부세력은 위헌론을 주창하고, 정부 측은 그때마다 합헌 해석을 내렸다. 기시 내각 시절에는 핵무장마저 자위를 위해 허용된다는 해석을 취했다.(다만 정책으로 채용하지는 않았다.)

여기서 양자의 논의를 파고들지는 않겠다. 이 문제는 헌법의 해석을 넘어선 고도의 정치 문제이며, 결국에는 국민의 판단에 맡겨야 한다는 것을 최고재판소도 인정하고 있다.

개헌론자의 주된 목표가 9조 개정이며, 또한 9조를 돌파구 삼아 개헌을 겨냥한다는 것은 거의 알려진 바여서 굳이 실례를 들 필요가 없을 것이다. 자위권이 없는 국가는 세계에 존재하지 않는다는 것을 이유로 들어, 애매한 조문을 수정해 자위권을 명기해야 한다고 주장하고 있다.

나는 이런 개헌론이 넌센스라고 생각하진 않는다. 나름의 논리는 갖추고 있다. 지금의 자위대는 자타 모두 도저히 '전력 없는 군대'라고 발뺌할 수 없는 단계까지 와 버렸다. 기성사실과 성문헌법 사이에는 아무리 해석의 폭을 넓혀도 메울 수 없는 간극이 생겨났다. 기성사실에 맞춰 헌법 쪽을 개정해야 한다는 주장은 어떤 의미에서는 헌법을 개정하지 않은 채 질질 끌다가 기성사실로 만들고 만 개헌소극론자보다 성실하다고조차 할 수 있을 것이다.

개헌과 호헌의 분쟁은 오늘날 커다란 정치 문제의 하나다. 그러나 국민의 입장에서 생각하자면 이 문제는 정치 문제 이상의 것이다. 혹은 정당 대립 이상의 것이다. 일본 국민의 존재 자체와 관련된 중대한 문제다. 개헌과 호헌 세력이 대립한다는 겉모습에 눈이 멀어 문제의 핵심을 놓쳐서는 안 된다.

핵심은 평화 자체다

문제의 핵심은 무엇인가? 일본 국민이 자기존립의 기초로서 자주적으로 선택한 평화주의가 위기에 놓였고 거의 상실될 상태에 처했다는 것이다. 헌법을 개정하든 하지 않든 실제로 잃어버리고 있다는 것이다. 이 문제의 중대함에 비하건대 개헌을 둘러싼 시시비비는 부차적이다.

논의는 치밀해질수록 본줄기로부터 벗어나기 십상이다. 그것은 거의 논의의 숙명 같은 것이다. 학자나 정치가는 그리해도 괜찮을지 모르지만(나는 꼭 괜찮다고도 생각하지 않지만) 생활자는 그러면 곤란하다. 생활자 즉 일반 국민은 결단해야 한다. 결단하려면 논의의 막다른 골목에서 헤매서는 안 된다. 복잡한 국면은 단순화해서 파악해야 한다. 복잡성이 가중될수록 단순화가 요청된다. 단순화는 핵심을 명확히 드러내 준다.

단순화한다고 결코 판단을 그르치는 게 아니다.

이 경우 핵심은 우리가 평화주의를 선택했다는 것이다. 그 평화주의에 비춰 현 상황을 판단하면 된다. 그것이 생활자의 지혜다.

개인과 마찬가지로 국가도 자위권을 갖는다. 이 명제는 거의 자명할 것이다. 그러나 자위를 위해 취하는 수단은 다양할 수 있다. 무장이 자위에 도움이 될지, 아니면 상황에 따라서는 비무장이 나을지조차 따져봐야 할 문제다. 만일 자위를 위해 무장이 불가결하다면 비로소 무장의 정도가 문제가 된다. 적어도 논리적으로는 그렇다. 그리고 생활자라면 몇 번이고 원리로 다시 돌아와야 한다. 그런데 현 상황은 그렇지 않다. 무장의 가부 단계를 지나 무장의 정도가 논의되고 있다. 자위대가 합헌인가 위헌인가 하는 논의가 그렇다.

나는 자위대 합헌론과 위헌론은 양쪽 모두 성립하리라고 본다. 그 논쟁은 결말을 볼 수 없을 것이다. 논리야 어떻게든 짜낼 수 있으니 말이다.

문제는 자위대가 합헌인지 위헌인지가 아니라 애당초 자위대의 존재가 자위에 도움이 되는지, 달리 말해 평화에 이로운지 여부다.

성립과정도 그랬지만 지금도 자위대는 사실상 미국 극동군의 일부다. 그리고 미국 극동군은 중국을 주요한 가상 적국으로 삼으며, 양자의 관계는 긴박하게 움직이고 있다. 미국 극동군의 최대 군사기지는 일본 영토인 오키나와에 있다. 만약 미국이 중국을 겨눈다면, 자위대는 자동적으로 중국 진공 작전의 일익을 담당하게 될 것이다. 이렇게 생각하면, 자위대가 합헌인지 위헌인지를 논하는 것은 거의 무의미하다. 자위대는 어떤 면에서 초헌법적 존재이기 때문이다.

'자위대법'에는 "제3조, 자위대는 우리나라의 평화와 독립을 지키고 나라의 안전을 유지하기 위해 직접침략 및 간접침략에 대해 우리나라를 방위하는 것을 주된 임무로 삼으며 필요에 따라 공공질서의 유지를 담당한다"라는 임무 규정이 있다. 또한 '일미상호안전보장조약'에는 "자국 헌법상의 규정에 따라"라는 제한 규정과 '협의'協議가 달려 있다. 그러나 그런 것은 자위대 합헌론과 마찬가지로 어떻게든 발뺌할 수 있는 성질의 것이다. 자위대의 장비가 공격적이지 않고 방어적이라고 해도, 그로써 자위의 목적에 합치하게 된다기보다는 그조차 후방에서 미군의 임무를 분담하기 위한 것이라고 보는 편이 이치에 맞다. 헌법으로 규제할 수 있는 것은 해외파병 정도가 아닐까. 그조차 앞으로는 어찌 될지 모른다.

극동의 긴장

미중 관계가 얼마나 긴장되어 있는지를 보여 주는 일례를 들겠다. 어느 저명한 미국인 극동전문 기자가 동남아시아 나라들을 순방하며 얻은 인상을 정리한 관찰을 내놓았다. 그에 따르면, 중국은 현재 식량부족으로 민중의 불만이 폭동 직전으로 치달았다. 만약 미국의 식량을 실은 배와 함께 국부군國府軍이 상륙하면 베이징 정권은 내부에서부터 붕괴될 것이다. 만약 조선을 포함해 남북에 동시적으로 몇 가지 전선을 추진한다면 대륙 탈환의 가능성이 있다. 그 시금석이 현재의 베트남 전선이다. 여기서 공산군에 타격을 안기면 아시아 문제의 핵심인 공산 중국의 문제를 정리할 수 있다. 그 경우 소련이 전면적으로 중국을 원조하며 전쟁에 개입할 리는 없다. (UPI 부사장 호프레히트, 「아시아 문제의 핵심은 공산 중국이다」, 『영문 마이니치』 3월 25일 호)

　베트남에서 전쟁이 진행 중이며, 미군이 제네바 협정을 위반하면서까지 고문顧問이라는 명목으로 수천 명을 투입했으며, 게릴라 대책으로 훈련받은 많은 미국인과 베트남인이 비행기로 운송되던 중 최근 한 대가 태평양에서 행방불명된 사건 등을 우리는 신문보도를 통해 알고 있다. 일본 국민은 그것을 먼 외국에서 일어나는 일처럼 느끼고 있다. 그러나 UPI 극동전문가의 견해에 따르자면(애초 이것은 그 개인의 의견이라기보다 그가 순방한 나라의 지도자들 의견이라 해야 할지도 모르지만), 이 국지전은 실상 미국의 대對중국 전쟁의 일부이자 그 전초전이다. 그리고 이 전쟁에서 일본의 자위대는 직접 출병했느냐와 무관하게 공동작전의 일익을 담당하고 있다.

앞서 소개한 내용은 미국 기자 본인의 의견이며 미국 정부와는 관계가 없다. 또한 미국의 모든 저널리스트를 대표하는 의견도 아니다. 하지만 설령 일부라고 하더라도 대중국 전쟁이 이미 시작되었다는 견해가 미국에 존재한다는 것은 중요하다. 일본인이 강 건너 불구경할 수는 없는 노릇이다.

긴장은 상호관계다. 이쪽에 이런 견해가 존재한다면, 상대도 그만큼 긴장하고 있을 것이다. 최근 중국에서는 오랜만에 인민대표대회가 열렸는데, 그 의사議事는 외부로 공개되지 않았다. 이를 두고 일본의 신문에는 비밀주의라고 야유하는 논평이 몇 개인가 올라왔다. 그러나 만일 중국이 임전 태세에 있다면 그런 야유는 온당치 않다.

남한이 북조선의 병합을 노리고, 대만에 있는 국민정부가 대륙 반공의 기회를 엿보는 일들은 국제 정세를 긴박하게 만드니 바람직하다고 말할 수 없지만, 당사자의 입장이 되어 보면 그만둘래야 그만둘 수 없는 욕구일 테니 동정의 여지가 있다. 미국의 중국 증오도 중국의 미국 증오처럼 역사적 유래가 깊어 하루아침에 사라질 리 없다. 그러나 우리 일본 국민은 어찌 되었든 그 대립에 휘말릴 이유가 없으며 휘말려서도 안 된다. 그것은 "정부의 행위에 의해 다시 전쟁의 참화가 일어나지 않도록 결의"한 "주권자인 국민"이 취해야 할 길이 아니다.

여러 해에 걸친 농업 부진으로 중국 경제는 상당히 힘든 상황인 것 같다. 출판물 종이의 질이 나빠진 것만 봐도 짐작할 수 있다. 그러나 나는 UPI 기자와 달리 중국의 내부붕괴를 예상하지 않는다. 항일전쟁 시기에 중국 민중이 어느 정도의 고생과 결핍을 견뎌 냈는지를 상기한다면, 조건의 차이야 있겠지만 그들은 오늘의 위기를 반드시 자력으로 헤쳐 나가리라고 믿는다.

또한 베트남에서도 미국의 작전이 쉽사리 성공하리라고 보지 않는다. 민중의 빈곤과 부패정권이 있는 곳에서는 병력과 돈을 아무리 쏟아부어도 게릴라를 소멸할 수 없다. 이 또한 중국 혁명사에서 교훈을 얻을 수 있다.

한편 미국 내부의 전쟁억제력도 섣불리 간과해서는 안 될 것이다. 대단한 일이 발생하지 않고서야 무모한 군사 투기를 단행할 리 없다. 따라서 나는 미중 전면전쟁이 일어나지 않으리라고 본다. 하지만 일어나지 않으리라는 보장도 없다. 우발 핵전쟁처럼 미중전쟁도 가능성으로서는 존재한다.

일본의 특수 지위

우리 일본 국민은 전력을 다해 이 전쟁을 막아 내야 한다. 그것이 평화에 대한 최대의 공헌이다. 따라서 헌법을 살리는 길이기도 하다.

그러려면 어떻게 해야 할까? 중국과의 국교 회복을 목표로 삼아 그 실현을 향해 전력을 기울여야 한다. 일본은 패전 이후 중국과의 전쟁을 종결하지 않았으니 법적으로는 여전히 교전 상태이며, 평화조약과 한 묶음인 안보조약으로 인해 중국을 적으로 하는 미국과 군사동맹으로 묶여 버렸다. 그리고 그것이 극동에서 긴장을 불러일으키는 한 가지 요인이다. 일본 국민 대다수는 중국을 적대시하지 않을 뿐만 아니라 도의적 책임을 느끼지만, 객관적으로는 중국에서 볼 때 일본은 여전히 적국이다.

일본이 대만에 있는 국민정부와 평화조약을 체결했으니 중국과의 전쟁은 끝났다는 주장이 있다. 외무성의 견해도 그렇다. 그러나 이것은 폭론이다. 중화인민공화국은 이 조약을 인정한 적이 없다. 상대가 인정하지 않았는데 어떻게 상대에게 유효성을 강변할 수 있겠는가. 외무성의 견해는 만에 하나 국민정부가 대륙 반격에 성공했을 때만 성립한다.

미국과 중국은 오늘날 서로를 증오하며 공포를 안고 있다. 그러나 이 역사는 짧다. 긴 전통을 들여다보면 양국은 의외로 일치점이 있다. 이데올로기와 사명감에서 양국은 서로를 용인하기 어렵지만, 생활태도나 사고양식은 닮은 점이 많다. 무엇보다도 혁명을 통해 독립한 건국의 역사가 공통된다. 그 점에서 보자면 정세 변화에 따라 화해할 가능성이 전혀 없다고는 말할 수 없다.

그 경우 만약 미국이 중국을 승인하는 방침을 취한다면, 승인의 절차만으로 국교가 열린다. 영국의 경우와 마찬가지다. 하지만 일본은 먼저 전쟁을 종결해야 한다. 중국은 배상의 권리를 보류하고 있으니 중국이 요구하면 지불해야 한다. 그 액수는 이자를 더하면 지금껏 일본이 지불한 배상 총액을 초과할 것이다. 그 점에서도 국교 회복을 뒤로 미루는 일본의 외무성은 부당하게 일본 국민의 이익을 훼손하고 있는 셈이다.

중국과의 국교 회복은 대다수 일본 국민의 염원이지만, 아직 실현되지 않았으며 실현이 더욱 어려워지고 있다. 안보체제로 인해 일본이 미국의 극동정책에 편입되면서 안보체제가 강화되고 있기 때문이다. 따라서 중국과 국교를 회복하는 길은 안보체제의 점차적인 약화라는 방향과 상관이 있다.

국제긴장은 상호적이며, 불안과 공포의 연쇄반응에 따라 진행된다. 전후의 미중관계가 그랬고 일중관계 역시 그렇다. 일례를 들면 중화인민공화국이 성립한 직후인 1950년 2월 중소 간에 우교동맹상호원조조약이 발표되었는데, 거기에 일본이라는 나라명이 명기되자 신문에서 중국이 일본을 적대시한다며 소란을 피운 적이 있다. 이것은 실상 완전히 무지에 따른 오해 혹은 거짓 악선전이다. 이 조약은 사실 종전 전날인 1945년 8월 14일, 소비에트와 국민정부 사이에서 조인된 조약을 고쳐 쓴 것이다. 그리고 후자는 얄타 협정을 승인하도록 미국이 애써 중국을 설득해 맺은 것이다. 두 조약은 문면이 몹시 비슷한데, 가령 제1조는 "체결국은 최종적 승리에 이르기까지 연합국과 함께 일본에 대한 전쟁을 수행하는 것에 동의한다"를 "체결국 쌍방은 공동으로 일체의 필요한 조치를 취해 일본 혹은 직간접으로 침략행위에서 일본과 결합하는 그 외 어떠한 국가의 새로운 침략도, 평화의 파괴도 제지할 것을 기약한다"로 고쳐 쓴 것에 불과하다. 강화를 맺기 이전이니 포츠담 선언과 항복문서가 아직 살아 있던 시기에 일본이라는 국명이 명시되었다고 해서 악의의 냄새를 맡는 것은 올바르지 않다. 그러나 유감스럽게도 결과적으로는 일본 정부와 신문의 선전이 악순환의 불씨를 지피고 말았다.

불안이나 공포는 피할 수 없지만 없애려고 노력해야 한다. 그것이 "평화를 사랑하는 제 국민의 공정과 신의를 신뢰"하는 것이며, "자국에만 전념해 타국을 무시해서는 안 된다"(모두 헌법 전문)는 것도 그 때문이다. 미국만을 '신뢰'하고 중국을 '무시'해서는 안 된다. 안보체제를 약화하면 일시적으로 미국의 이익과 사명감에 해를 끼치겠지만, 궁극적으로는 미국에도 이익이 된다. 한편 중국의 공포와 불안은 그에 따라 상당히 완화된다. 더구나 그리되면 미국이 무력에 호소할 일은 일단 사라진다. 반면 안보체제를 강화하는 방향은 긴장을 고조하고 그만큼 전쟁의 위험을 드리운다.

자위를 위해 전력이 불가결하다고 가정해도, 전력이란 상대적인 것이다. 자신의 전력을 늘리는 대신 상대의 전력을 줄여도 결과는 같아진다. 군축회의는 이 원리로 진행 중인데 중국은 거기에 참가하고 있지 않다. 중국을 군축에 부르고는 싶은데 유엔에는 못 나오게 하고 싶다는 것이 미국의 딜레마인 듯하다. 거기서 일본이 맡아야 할 역할이 있다.

국민당 정부와의 일화日華평화조약은 안보조약이 그러했듯 미국 측이 반강제해 거래된 것이라고 소식통은 말하고 있다. 의심스런 대목도 있지만, 만약 사실이라면 이른바 '독립'을 달성해 이른바 '일미 대등'을 실현하고 있는 오늘날 일본이 중국과 국교를 회복하는 일을 미국이 방해할 이유는 없을 것이다.

중국과의 국교 회복은 일본이 자력으로 해야지 누구의 힘도 빌릴 수 없다. 아무리 미국에 의지하고 싶어도 의지할 수 없다. 그런 만큼 하겠다고 마음먹는다면 못 할 일은 아닐 것이다. 이것이 진정 자위를 향한 길이며 평화를 향한 돌파구다. '진공론'眞空論이나 '문단속론'의 망령은 이제 적당히 사라져야 한다.

국민의 임무

극동의 국면에서 가장 커다란 평화보장책인 일중의 국교 회복을 왜 할 수 없는가. 이유로는 여러 가지를 생각할 수 있다. 그러나 근본적으로는 무엇보다도 그리하면 힘의 균형이 무너진다는 공포가 있기 때문일 것이다.

분명히 일본이 조금이라도 중립 또는 비동맹의 방향으로 기운다면 현 상황이 변화할 것이다. 미국은 그러한 변화를 바라지 않을지 모른다. 그러나 그렇다면 임전 태세에 준하는 현재의 긴장을 풀어낼 방법이 달리 있는가.

일본 정부는 인도네시아와의 우교를 위해 네덜란드 군함의 입항을 거부하고 네덜란드 항공기가 군인을 나르는 데 항의했다. 같은 정책을 중국과 미국과의 관계에서는 채용하지 못할 이유가 무엇인가.

관건은 어디까지나 일본의 국민적 이익이라는 입장에서 선택한 것이라고 자타로부터 이해를 구하는 노력이다. 그것만 지킨다면 쓸데없는 마찰은 피할 수 있다. 재작년 이른바 안보반대운동의 사례를 비춰 봐도 분명하다. 이 점에서 사회당의 이른바 아사누마 성명淺沼聲明은 너무나도 단순하고 '정책'으로서 졸렬하다.

이렇게 해서 자위와 평화가 하나로 이어지고 헌법 9조를 실질적으로 활용할 수 있다. 이것은 대사업이니 정당에만 의지해서는 실현이 못 미덥다. 국민이 분기해야 한다.

헌법은 "주권이 국민에게 있음을 선언하고"라고 밝히는데, 이것은 국민이 선거일에만 주권자라는 뜻은 아닐 것이다. "국정은 국민의 엄숙한 신탁에 따르며, 그 권위는 국민으로부터 유래"하기 때문에 최종적인 정책결정권은 국민에게 있다고 풀이해야 한다.

국민이 결의하면 중국과 국교 회복을 할 수 있다.

그렇다면 국민이란 무엇인가? 국민의 형식적 요건은 법률로 정하지만 이것은 실질과는 무관하다. 나는 국민이 국민인 근거는 주권자로서의 자각에 있다고 생각한다. 따라서 국민은 한 번 형성되면 끝인 게 아니라 반복해서 재형성되어야 한다.

그러한 국민은 헌법 해석에서도 최종결정권을 지닌다. 내가 믿는 국민의 헌법 9조 해석은 이것이다─중국과의 국교 회복을 서둘러라. 조선의 평화통일을 원조하라. 대만의 처리는 중국 국민의 자치에 맡겨라. 그리고 국내에서는 군사기지를 되도록 빨리 없애라!

1962년 6월

1970년은 목표인가

현대란 무엇인가? 이 물음을 일정 시간을 통해 생각해 보는 것이 이 글의 목적이다.

그렇다고 하더라도 이렇게 큰 문제를 한꺼번에 다룰 수는 없다. 먼저 대상과 방법을 한정해 둘 필요가 있다. 대상은 1960년대 후반의 일본 사회 일반, 특히 그 정치지도地圖로, 방법은 내가 관심 갖는 문제를 푸는 데 도움이 될 만한 것으로 해 둔다.

내가 관심 갖는 문제란 무엇인가? 나는 지금의 신문이 불만이라서 몇 년 전부터 내가 바라는 신문을 따로 낼 궁리를 하고 있다. 신문을 내려면 응분의 준비를 해야 한다. 그래서 같은 희망을 가진 친구들과 연구회를 이어 왔다. 여기서 연구의 내용이 중요치는 않으니 소개는 생략하겠다. 다만 어떻게 해야 신문을 낼 수 있는지, 언제 낼 수 있는지 하는 문제는 당시의 사회 정세에 좌우된다. 그것이 중요한 조건의 하나다. 따라서 그에 관해 의견을 교환할 기회가 생겼다.

나는 정치적으로는 무당 무소속이고 입장은 스스로는 리버럴이라고 생각한다. 그러한 한 명의 인간이 어떤 필요에서, 현재 및 가까운 장래의 일본 사회 모습을, 어떻게 파악하고 있는지가 앞으로 적어 낼 이 글의 내용이다.

사람은 각자의 특수한 관심으로부터 문제와 마주한다. 관심이 없으면 문제는 드러나지 않는다. 대상이 보이지 않는다. 나는 인간은 상황적으로 존재한다는 설에 찬성이다. 나는 내 나름의 관심으로부터 앞으로 말할 판단을 내렸다. 그 판단은 연구회에서 남의 이야기를 듣고 또 스스로 생각해 보며 도출한 것이다.

그러나 모든 사람이 나와 같은 관심을 갖지는 않는다. 오히려 내 쪽이 소수다. 그럼에도 불구하고 비판의 입장은 많은 사람에게 공통되므로 목적이나 관심을 달리하는 사람들에게도 참고가 될 것이다. 그러한 일반성은 갖추리라고 생각한다.

현상 분석이 쓸모 있는 형태이려면 응당 미래 예측을 담아야 한다. 미래는 예지할 수 없으며, 아니 예지할 수 없으니 미래지만, 미래를 예지하려고 노력하는 것, 이쪽에서부터 대상에 작용하는 것, 그러한 주체의 참가가 없다면 적어도 합목적적으로 대상을 포착할 수는 없지 않나 싶다.

그러나 예측은 당연히도 실패를 동반한다. 특히 사회의 일이라면 아무리 정밀한 관측 장치를 동원해도 빗나가는 경우가 많지 않을까. 그렇다고 실패가 두려워 예측을 그만둔다면 아무것도 이룰 수 없다. 정신의 영역에서도 모험은 필요하다. 아니, 생활자란 끊임없이 그 모험을 하는 자다.

나라는 빈약한 관측 장치가 여러 사람의 손을 거쳐 보다 정밀한 결과를 낼 수 있기를 나는 바란다.

2

1970년은 일미안보조약이 재개정되는 시기에 해당된다. 1960년에 개정할 때 당시까지 무기한이었던 것을 10년 기한으로 고쳐 신조약이 성립했다. 그 기한이 다가온다. 실제로 재개정될지 그대로 연장될지 아니면 폐기될지는 그때 가 봐야 알 것이다. 다만 70년이 하나의 단락이라는 느낌이 드는 것은 숫자의 마술 때문만이 아니라 그런 의미가 있기 때문이다.

60년의 안보 개정 때는 사회적으로 큰 사건이 있었다. 70년에 그것을 한 번 더 반복할지 아니면 반복할 수 없을지 혹은 다른 커다란 사건이 일어날지는 여러 사람이 관심을 갖고 있다.

60년의 개정 때는 움직임이 이미 수년 전부터 있었다. 기묘하게도 처음에는 안보에 반대하는 측에서 개정의 목소리가 일었지만, 당시 기시 내각이 '일미 신시대'라는 명목 아래 그것을 역이용해 안보체제를 강화하고 영속화하는 방향으로 가져갔다. 거기서 공수攻守를 바꾼 격돌이 일어났다.

이 선례에 근거한다면, 70년의 재개정도 머잖은 장래에 그러한 일이 일어날 조짐이 있다고 봐도 좋으리라. 실제로 그런 움직임이 없지 않다. 아니, 60년의 투쟁이 마무리되었을 때부터 남몰래 권토중래를 기다려 온 자들이 있을 것이다.

다만 정치세력의 배치나 질은 5년이 지난 오늘날 이미 상당히 변했고, 앞으로 5년간 더욱 변할 테니 60년의 운동 방식이나 대항관계가 70년에 그대로 통용되리라고는 생각하기 어렵다.

만일 70년까지 전면전쟁(확률은 낮지만 가능성이 없진 않다)이 발발하지 않는다고 가정한다면, 안보 재개정은 반드시 문제로 부상할 것이다. 다시 국민적 선택의 과제가 되는 장면이 다가올지도 모른다. 그러나 그렇더라도 60년 규모의 사회적 사건이 일어날 것인가 하면 뭐라고 말하기 어렵다. 조건에 따라 좀 더 대규모가 될 수도 있으며, 반대로 몹시 작은 사건으로 끝날지도 모른다.

이에 대해 판단을 하려면 국제 정세, 미국의 국내 정세, 거기에 일본의 국내 정세 등에 관한 예측이 선행되어야 한다. 그것들은 서로 연관되어 있다.

70년에 별일이 없을 것이라고 예측하는 자들도 다양한 이유를 드는데, 그중 한 가지로 군사기술이 획기적으로 진보해 그때가 되면 미국이 해외에 기지를 둘 필요가 없어진다는 설이 있다. 따라서 안보조약은 쓸데없는 장물長物이니 개정하든 폐기하든 미국은 아프지도 가렵지도 않으리라는 것이다.

이 설이 옳은지 그른지는 전문가에게 물어보지 않으면 모른다. 아니, 전문가에게 물어봤자 그들이 답해 줄 수 있을지도 의문이다. 기술 자체는 진보의 단계를 상당히 정확하게 예지할 수 있지만, 기지 문제는 기술적 견지만으로 결정되지 않는다. 정치가 얽히고 기지 대여국의 이해가 얽힌다. 기술론은 하나의 조건 정도로 참고해야 할 것이다.

반대로 70년에는 큰 사건이 벌어진다는 예측도 있다. 그 근거로 드는 것이 헌법 개정 스케줄과 겹친다는 사실이다. 분명 헌법 개정 문제는 조사회에 의한 보고서 작성 단계를 끝냈다. 앞으로는 언제 발의해서 실행 단계로 넘어갈지가 관건이다. 그것은 정부나 정부 여당의 힘이 강한 경우다. 지금의 정부는 개헌에 그다지 열심이지 않지만, 그렇다고 해도 70년까지 지금의 정부가 계속 가는 것은 아니며, 또한 여기에는 미국의 의향도 얽힌다. 헌법 개정(핵심은 물론 9조)을 안보 파기와 엮을 것이라는 설도 있다.

이 설은 제법 개연성이 있다고 생각한다. 이른바 진보파에 속한 양식 있는 자들은 이런 사태를 몹시 경계하고 있다. 한편 치안당국 쪽도 이를 상정해 두고 대책을 마련하려는 기미가 엿보인다. 만약 이 예측이 들어맞는다면 70년은 60년보다도 심각해질지 모른다.

이 설의 옳고 그름을 판단하려면 국내의 정치 정세는 물론이고, 나아가 경제 정세 및 거기에 기초한 사회구조와 사회의식의 변화를 중요하게 고려해 계산해야 할 것이다. 하지만 이 점은 나중으로 미루자. 지금은 일단 국제 정세를 고정해 두고(즉 동서 양 진영의 다원화가 지금보다 대단히 가속하지 않고, 미국 내에서 반동파나 고립주의가 우위를 점하지 않는 등) 일본 내 정치세력의 배치만을 생각해 보자.

극우부터 극좌까지의 배열 자체가 바뀌지는 않겠지만, 그 내용은 다소간 변질하리라고 예상된다. 그리고 그 변질은 과거 5년의 연장선상에서 일어나리라고 추정된다. 앞으로의 5년 동안에는 한두 차례의 총선거를 포함해 수차례의 선거가 있겠지만, 국회의 기능이 마비되는 사태는 일단 일어날 리 없다. 그렇다고 한다면 선거의 결과는 공명당(창가학회創價學會를 모태로 하는 정당)이 제3당에 오르는 것 말고는 의석 비율에서 큰 변화가 없을 것이다. 헌법 개정에 필요한 3분의 2라는 인원수를 생각하면 공명당 쪽에서 캐스팅보트를 쥘지도 모른다.

자민당의 파벌관계는 지금도 유동적이지만 앞으로 5년간은 더 유동적일 테고, 리더의 교체가 뜻밖의 결과를 불러올지도 모른다. 이것은 주로 경제 사정의 변화와 관료 세력의 정계 진출 템포에 달려 있다.

자민당이 갈라설 가능성은 없지는 않지만 희박하다고 봐야 한다. 이 또한 경제 사정이 크게 좌우하니 헌법 문제만으로 당을 깨리라고는 볼 수 없다. 반대세력인 민사당이나 사회당의 경우도 거의 마찬가지다.

자민당 다음으로 유동적인 것은 공산당이다. 다만 공산당은 파이프가 세로로 통하지 않으니 하부가 유동적인 반면 윗자리에 있는 인사들은 정체가 가장 심하다. 사망하지 않고서야 교체가 일어나지 않을 것이다. 입당자는 공명당(창가학회) 다음으로 많지만, 이쪽은 창가학회보다 잔류율이 훨씬 낮아서 실제 수가 그다지 늘어나지 않는다. 창가학회 역시 과거 10년 동안 열 배나 팽창했지만, 이러한 증가율이 이어지리라는 보장은 없다. 이윽고 한계점에 달할 것이다.

시가志賀신당은 당 밖으로 독립할 수도 있고 기회를 봐서 당 내로 복귀할 수도 있지만 아무튼 대항세력이 될 가능성은 없다. 트로츠키주의자나 독립파 소집단은 활력이 넘쳐서 이합집산은 하겠지만 큰 세력이 되지는 못할 것이다.

공산당과 창가학회는 지지층이 일부 겹친다. 경기의 변동으로 불안을 느끼는 하층 노동자나 농민이다. 그리고 이 층은 앞으로도 늘어날 테니 어느 쪽이든 입당자는 상대적으로 증가하긴 할 것이다. 양자를 비교해 국제적 권위에 기대는 공산당 신앙 쪽이 더 수준 높다고 보는 건 인텔리적 편견이며 실정에 맞지 않다. 창가학회는 회원의 평균 학력이 높아지는 추세고, 공산당은 중소논쟁의 여파로 지식층의 후원이 감소하는 경향이니 차이는 더욱 줄어들 것이다. 학생 사이에서도 민청*(공산당의 청년조직) 세력이 성장하고는 있지만, 한때의 수재형과는 달리 고지식한 편이어서 지적 헤게모니는 쥐지 못한다.

이렇게 본다면 기성의 정치세력(특히 정당)의 경우 지지율이 60년과 70년 사이에 변하지 않더라도 내용에는 질적 차이가 생긴다. 60년 당시 반대파 진영은 사-공 양당에 총평과 그 밖의 대중단체가 가세한 연합체(안보공투국민회의)가 중심세력이었고, 그 선구를 전학련이 맡고 내부의 틈을 무당파인 소집단이나 개인이 메우는 구성이었다. 지금에 이르러서는 사공 양당이 노화했을 뿐 아니라 전학련은 공중분해되었고, 총평은 거의 거대 단위산업장의 이해조정기관으로 전락했고, 대중단체와 무당파는 정당 아래로 계열화되거나 정치로부터 도피해 본래의 기능을 상실하고 말았다. 다른 조건이 바뀌지 않는 한 이 진영 싸움은 60년보다

---

* **민청**民靑 '일본민주청년동맹'의 준말이다.

더 비참한 결과로 끝날 것이다.

다른 조건이란 무엇인가. 다음으로 그것을 생각해 보자.

3

여기서 일단은 밑바탕이 되는 경제 사정을 살펴봐야 한다. 다만 나는 이 방면에 완전히 초보이니 이제부터 말하는 것은 귀동냥한 학문적 범위에 불과하다.

60년 안보투쟁에서 경제 요인은 거의 반영되지 않았다. 주로 정치 요인만이 작용했고 그것이 이 운동의 특징이었다. 당시 미이케 쟁의**가 평행으로 진행되어 회사 측이 모든 탄광을 폐쇄하자 조합 측이 무기한 파업으로 맞서 전후 최대의 노동운동으로 불렸다. 그러나 이 두 운동은 실상 유기적으로 이어지지 않았다. 관념적으로 연결을 시도한 혁명지향형 인사가 있었지만 소수였다. 오히려 양자가 결합되지 않았다는 것이 당시 일본에서 혁명이 환상임을 입증했다고도 말할 수 있다.

자신의 어리석음을 고백하는 것이지만, 나는 61년 1월에 안보투쟁 이후에는 국민적 규모의 경제투쟁이 찾아올지도 모른다는 예측을 내놓았다. 판단의 근거는 석탄이라는 기간산업 부문의 노동운동이 이대로 눌려 찌부러질 리는 없으며 반드시 연쇄반응을 일으키리라는 것, 국철과 그 밖의 노동조합이 안보투쟁에서 그럭저럭 순수한 정치파업을 펼

** **미이케 쟁의**三池爭議 동일본에서 안보투쟁이 있던 시기인 1959~1960년 서일본에서는 미쓰이광산주식회사의 미이케 탄광에서 노동쟁의가 일어났다. 전후 최대의 노동쟁의로서 '총자본 대 총노동의 투쟁'이라고 일컬어졌으나 패배한 뒤 일본의 과격노동운동은 급속히 위축되었다.

쳤다는 것이었다. 노동자 사이의 연대(다른 산업 및 국민에 대한)가 상당히 공고하리라고 추정했던 것이다. 내 예측은 첫해에 빗나가고 이듬해에도 빗나갔다. 삼 년째가 되어서야 간신히 경제성장 정책이 노동자 의식을 좀먹고 있는 상황의 심각성에 눈을 떴다.

나만 범한 잘못이 아니다. 경제와 노동 문제 전문가들 상당수가 나처럼 아마추어 같은 잘못을 범했다. 더구나 고전적 마르크스학파뿐만 아니라 구개파*도 그랬다.

처음에 적었듯이 예측은 불가피하게 오류를 동반한다. 오류가 두려우면 예측을 세울 수 없다. 예측이 서지 않으면 운동은 진행되지 않는다. 그렇다면 불가피한 오류로부터 생겨나는 손실을 최소화하기 위해 예측에는 조건을 명시하고 반드시 수정 장치를 장착해 둘 필요가 있다. 운동가(나는 운동가가 될 생각은 없지만)는 이 점을 명기하고 또한 행동가는 조언자에게 그것을 요구해야 한다.

말이 나온 김에 지난 이야기를 꺼내면, 60년으로부터 정확히 5년 전에도 이런 일이 있었다. 당시 평화문제담화회라는 지식인 집단이 있었는데 여론에 상당한 힘을 발휘했다. 이 모임이 일본의 자립을 중심주제로 잡아 경제, 정치, 문화 세 부문으로 나눠 토론회를 개최했고, 그 기록이 잡지 『세계』에 실렸다. 지금 다시 읽어 보면 격세지감이다. 경제 부문의 결론은 일본 경제가 경제 자체의 논리상으로는 대미종속으로부터 벗어나는 게 거의 불가능하다는 것이었다.

이후 전개된 현실은 완전히 거꾸로다. 오히려 경제 부문이야말로 맨 먼저 대미종속으로부터 벗어났다고 볼 수 있다. 조선전쟁에 따른 특수

---

* **구개파**構改派 사회의 문제는 표층적 제도만이 아닌 구조 자체에서 기인하니 개량주의를 극복하고 사회구조를 바꿔 내야 한다는 입장을 내세우는 진영을 가리킨다.

수요 의존도는 상대적으로나 절대적으로나 줄어들고, 국제수지와 환율이 개선되어 일본 상품은 서서히 미국 시장을 개척했다. 미국 자본이 일본 경제의 목덜미를 쥐는 사태는 일어나지 않았다. 5년도 지나지 않았는데 이제 전문가는 일본 경제의 위기를 입에 담지 않는다.

이러한 예측의 실패는 경제학자의 무능보다는 경제학이라는 학문의 성질에서 원인을 찾아야 할 것이다. 경제학은 전문화되어 있으며 통계에 의지하는 경향이어서 추세의 변화에는 민감하지만 때로 과민하기 십상이다. 그런 한편 경제 외적 요인에 대해서는 둔감하다. 그로 인해 역동적 동향에 대한 통찰이 부족해지는 게 아닌가 싶다. 이 점은 내 영역 바깥이니 더 이상은 언급하지 않겠다.

어쨌든 1955년부터, 특히 1960년부터 일본 경제는 규모가 비약적으로 커졌고, 그 영향이 산업과 사회구조의 심부까지 미쳐 국민 생활의 양태와 의식도 상당히 변화했다. 이러한 변화가 불가역적이리라는 것은 사실로서 인정하지 않을 수 없을 것이다. 또한 그 변화를 여러 전문가가 사전에 예지하지 못했다는 것도 사실로서 인정하는 편이 우리에게 유익하리라.

일본 사회(또는 국가)의 대미관계에 관해 말하자면, 나는 오늘날에도 전반적으로는 상당히 종속적이라고 본다. 다만 부문별로 편차가 있는데 경제는 거의 자립, 정치는 반종속, 군사는 완전종속, 그리고 문화는 미국화가 삼투하는 단계가 아닐까 싶다. 이것은 인상평으로 설명은 생략한다.

60년 이후 진행되는 경제 기반의 변화를 어떻게 이해해야 하는지는 70년의 상황을 상정하고자 할 때 불가결한 요소다. 남들에게서 얻은 지식에 근거해 필요한 한도에서 요약하면 이렇다.

이 변화는 부분적인 게 아니라 전체적이며 구조적이다. 그 말은 만일 이 변화가 완성되면 메이지부터 백 년간 이어져 온 일본 사회의 기초구조(가족=무라의 원리)가 파괴되고 구헌법 및 구민법적 질서와 가치관(미풍양속이나 멸사봉공)이 최종적으로 근거를 박탈당하고 그것을 대신해 개인주의가 우위를 점하게 된다는 의미다. 이렇게 완성된 미래사회는 대규모 군수산업을 갖지 않고, 농업이 완전하게 자본주의화되진 않는다는 두 가지 점을 제외하면 미국형 사회의 축소물이다. 그리고 지금의 템포로 진행된다고 가정한다면 이 형태는 향후 5년에서 10년 사이에 굳어진다. 그렇다면 경제적 요인으로부터 접근해 봐도 1970년은 하나의 기로다.

　이 변화의 메커니즘은 어떠한 것일까? 만일 시작점을 국가재정에 둔다면 먼저 국가에 의한 재정 투융자(특히 공공사업 투자)가 이뤄지고 유효수요가 환기되어 관련 산업이 잘 돌아간다. 호경기가 되어 이윤이 늘고 설비가 갱신되고 고용인구가 증대한다. 청년인구가 농촌으로부터 흘러 나가 겸업농가가 늘어난다. 겸업이 한계에 이르거나 그렇지 않더라도 경쟁하기 위해 임금수입으로 증가한 소득의 일부를 기계(오토바이, 트럭 등) 구입에 쓰고 다른 일부는 내구소비재 구입에 쓴다. 그만큼 생산성이 향상되는 동시에 단일한 국내시장에 편입되는 정도가 커진다. 한편 영세기업은 대기업에 비해 취업 조건이 열악해 노동력 부족에 시달리고 그 압력으로 인해 무리를 해서라도 기계화에 나서야 한다. 이것도 생산성 향상과 시장 확대의 요인으로 작용한다. 거기서 필요한 자금의 일부는 상승하는 임금의 일부가 끊임없이 예금으로서 들어온 것인데(임금의 다른 일부는 주식투자로 향해 주식의 분산으로 이어진다), 교묘하게 간접적으로 금융조작을 할 테니 인플레에 따른 장래의 감가는 불가피하다. 또한 소득이나 이윤의 증대는 세수입을 늘리기 때문에 재정 투융자도 더욱 활발해진다. 이리하여 재생산과정이 일순할 때마다 경제 규모는 확대되고 사회의 재편성이 진행된다.

이 변화는 메이지 중기의 산업혁명과 비교해도 더욱 거대하다. 산업 혁명은 농촌의 자족체제를 깨뜨리지 않았고, 영세기업에도 독자적 활동 영역을 허락했다. 오히려 대기업 쪽이 영세기업과의 역할 분담을 확실히 해서 저임금제의 버팀목으로 삼았다. 그런데 이 이중구조를 자본의 논리가 뚫어 버렸다는 것이 지금 진행되는 변화의 근본 속성일 것이다.

유효수요를 인위적으로 끌어올리는 조작을 통해 국내시장을 개척하려는 시도는 일찍이 미국이 대공황에서 벗어날 방책으로 내놓은 것이다. 현재 일본의 정책 입안자와 그 브레인은 미국의 선례를 의도적으로 모방하려는 기미가 있다. 이 정책은 장래에 인플레라는 고가의 대가를 치르겠지만, 오늘까지를 보건대 일단 성공이라고 인정하지 않을 수 없다. 그리고 이것이 새로운 정치세력이 형성될 한 가지 지반이다. 이에 관해서는 뒤에서 언급하겠다.

이러한 경제의 움직임은 시동만 걸면 나머지는 알아서 굴러간다. 시동력이 무엇이었는지는 간단히 결정하기 어렵다. 어쨌든 고도성장 정책은 이 움직임에 박차를 가한 것이지 그 자체가 시동력은 아니었다. 그렇다면 고도성장 정책의 추세를 사전에 예견할 수 있었을 텐데, 왜 예측에 실패했는지가 의문으로 남는다.

그 밖에도 몇 가지 의문이 있다. 예를 들어 지금의 경제성장이 군수 의존도가 낮다는 주장은 사실이라고 여겨지는데, 앞으로도 그렇겠느냐는 의문이 그 한 가지다. 과거의 일본 자본주의는 군수를 계기로, 또 지렛대로 삼아 발달할 수 있었다. 그로 인해 전쟁이라는 최종적 소비의 유혹에 빠졌는데 이번에는 괜찮을까? 만일 국내시장의 개척이 한계에 이르고, 해외시장이 어떠한 원인으로 인해 지금까지의 유리한 환경으로부터 급변하는 경우를 상정한다면 제2차 자본주의의 성격에서 변경이 생기지 않을까? 루즈벨트의 뉴딜은 성공했지만, 히틀러의 아우토반은 전쟁도구가 되었다는 선례를 잊지 말아야 한다.

이 문제는 이미 경제 영역에서부터 정치 영역으로 번져 가고 있을 것이다. 자위대는 국가재정으로 유지되지만, 주요 무기는 미국제이고 편성과 지휘명령 계통도 거의 미국 국방군의 일부며, 또한 전체적 의식도 미국에 대한 충성도가 몹시 높다고 한다. 법제상으로는 일본 수상의 지휘하에 있고, 내부에는 문관 통치의 원칙이 있고, 조약상의 제약도 있지만 실제로 그것들이 얼마나 유효한지는 의문이다. 만일 국지전쟁(이는 전면전쟁과 달리 발발 가능성이 높을 뿐 아니라 실제로 인도차이나에서는 불이 붙었다)이 조선전쟁 규모로까지 확대된다면, 자위대는 응당 움직인다고 봐야 할 것이다. 그렇지 않더라도 국제연합군의 일부로서 출동할지 모른다. 그리고 일본 정부는 그것을 거부할 수 없다.

자위대는 이미 잠재적으로는 한 가지 정치력이며 정부로서도 만만찮은 상대다. 좀 더 과감하게 상상해 보자면, 지금의 정부라면 모르겠지만 다른 정부가 들어서면 반란을 일으키는 것도 있을 수 없는 일은 아니다.

지금의 정책을 뒷받침하는 이른바 근대경제학 그룹의 학자들은 과잉투자나 과잉생산의 우려는 없으며 균형발전을 통해 공황을 피해 갈 수 있다고 말한다. 이 설에 따르면, 일본 자본주의는 체질을 개선하고 축적을 더하고 기술개발을 진행해 경쟁력이 강화되며, 그렇게 무한히 확대발전할 것처럼 보인다. 이 낙관론은 아마추어인 내가 보기에는 전에도 범했던, 추세를 과대시하는 증상이며 인플레를 경계하지 않는 논의인 것 같다. 또한 자위대가 타국의 부하라는 정치적 모순을 외면하고 있는 게 아닐까 싶다.

그러나 어쨌든 그들이 지금 위세를 떨치는 것은 사실이다. 대학의 수재들은 근대경제학 세미나에 쇄도하고 유리한 취직조건과 때로는 관벌관계까지 얻는다. 이것이 오늘날 입신출세 코스다. 그들은 서서히 하나의 엘리트 집단을 형성해 가고 있다. 가까운 장래에 이들은 정치적 세력으로서 움직일 것이다. 이른바 신관료다.

현재 신관료는 자민당 내의 근대파 그룹과 결합해 자민당의 체질개선을 돕고 있다. 사회당과는 거의 절대로 가까워지지 않는다. 이것은 사회당이 정권으로부터 멀다는 사정도 있지만, 비전을 제시할 능력이 없고 조직이 노화되어 그들을 등용할 만한 능력이 없다는 것도 커다란 이유일 것이다. 그들의 사상은 자칭 수정자본주의다. 전투적 반공은 아니다. 그렇다기보다 그들은 이데올로기 혐오형이다.

신관료 그룹이 만주사변 이후의 혁신관료처럼 장래에 권력을 쥐게될지는 뭐라고 말하기 어렵다. 만약 방위청과 일체화되면 가능성이 있지만, 그 실현을 위해서는 다른 조건(가령 국지전쟁 개입)이 필요할 것이다.

이제 추세를 고정한 다음, 국민 생활의 변화에 대해 간단히 다루기로 하자. 경제가 단일화되면 당연히 사회구조도 단일화되어 우선 국민의 대대수는 임금생활자가 된다. 전업농가 가운데 일부(과수원 등)는 자본주의화에 적응하겠지만, 이는 예외로서 대부분은 겸업인 채로 남는다. 농촌에는 도처에 공장지대가 생겨나 농가의 자제는 남녀 할 것 없이 오토바이나 경사륜차(할부든지 토지매각 대금의 일부로 산)로 통근한다. 말하자면 아이치현 도요타시와 같은 도시가 전국에 생겨난다. 생산성이 낮고 국제경쟁력이 약한 작물(보리 같은 것)은 버릴 수 있다. 노인이 죽으면 겸업이 그대로 탈농으로 이행하기도 한다. 토지에 대한 집착은 사라진다.

영세기업은 합리화의 템포가 빠르며 경쟁에서 살아남은 자들을 제외하고는 끊임없이 신진대사를 한다. 몰락한 자는 임금노동자가 된다.

살아남은 자도 독립은 명목일 뿐 대기업 아래로 계열화되어 경영의 재미를 잃는다. 분점 내기, 공장주 되기는 벌써 자영 농민과 마찬가지로 전설이다.

신선식품은 가격 인상이 뚜렷해 점차 사치품이 되고 통조림과 냉동식품이 이를 대신한다. 정해진 시간에 귀가해 정해진 프로그램을 본다. 소수의 최상층과 최하층을 제외하면, 대부분의 국민이 평균치에 가까운 규격화된 생활을 영위한다.

이것이야말로 미국적 사회의 축도다. 즉 추세를 고정해 두고 성장 정책이 성공한 경우의 약식도인 것이다. 실제로는 앞서 적었듯이 추세가 지속되지 않을 수도 있음을 감안해야 하며, 뿐만 아니라 불확정 요소도 많다. 도중에 마찰이나 방해가 생길 확률이 오히려 높다.

만일 당국이 이상으로 삼는 미국화가 실현되더라도 그것은 외관뿐이며 실질은 다른 것이 된다. 개혁은 모두 새로운 것을 맹아로서 품고 시작하지만 낡은 것을 온존한 채 끝난다. 설령 생활양식이 미국화되어도 사회구성원리는 낡은 일본형을 답습할 것이다. 일본형이란 예를 들어 커뮤니케이션이 위에서 아래로 일방통행하는 것이다. 대형(혹은 중간) 메이커의 규격품을 일용 필수품으로 쓴다는 점은 비슷해도 일본의 경우는 도매상에서 밀어 넣은 규격품이지, 소비자가 유통과정에 발을 들여놓고 메이커에 자신의 요구를 전하는 역커뮤니케이션은 좀처럼 일어나기 어렵다. 그렇다면 외관의 미국화가 실상 사회의 안정을 보장하지 못한다.

그리하여 잠재적 불만이 축적되겠지만, 그것이 아무리 축적되더라도 그것만으로는 현실적 힘이 되지 못한다는 것 또한 자명하다. 비행, 폭력 등 산발적인 에너지 발산으로 끝날 따름이다. 현재 진행 중인 일종의 원시축적 과정은 완만한 인플레이션 조작을 통해 농민뿐 아니라 전

국민을 수탈하지만, 그 근원적 불만을 조직해 내는 정치력이 부재하면 인플레는 오히려 체제 측이 불만을 해소하는 수단으로서 활용할지 모른다. 유감스럽지만 기성의 어떤 정치세력도 그런 정치력을 갖고 있지 않다. 현재 없을 뿐 아니라 당분간 생겨날 것 같지도 않다. 새로운 정치력은 오히려 보수파 쪽에 있다. 잠재적 프롤레타리아라는 거대한 무리는 미조직 상태지만 그 자체로 거대한 정치력의 원천이다. 그러나 올해 총평대회에서 드러난 조직노동자의 엘리트 의식이라면, 이 정치력은 향후 총평과 적대관계에 들어설지도 모른다.

4

유리한 조건이 달리 없는지 찾아보려다가 혁신파에 불리하다는 예측에 이르고 말았다. 다시 한 번 각도를 바꿔 생각해 보자. 거듭 말하지만 나는 유불리는 상황에 따라 뒤바뀔 수 있다고 믿고 싶다.

일본의 미래상이 적어도 외관상으로는 미국을 따라가는 것이며, 정책 입안자는 그것을 '독립'이라고 표상한다는 점은 앞서 적었다. 바꿔 말하면 일본 전체가 오키나와가 되는 것이다. 오키나와가 일본으로 복귀하는 것이 아니라 일본이 오키나와로 일체화되는 것이다. 그리될 가능성이 있다.

그러나 여기에는 저항이 따른다. 앞서 적었듯이 사회의 근본 성격은 그렇게 쉽사리 바뀌지 않는다. 당연히도 내부저항이 일어난다. 다만 내부저항은 그것을 이끌어 내는 이론을 결여하면 혼란으로 끝나고 만다. 그러한 이론은 있는 것일까? 일단 없다고 답할 수밖에 없다.

공산당은 반미를 간판으로 내건 정당이다. 그러나 공산당에는 이론이 없을 뿐 아니라 애초 일본 사회의 동태에 관한 인식이 없다. 이 점에서는 재계인이나 경영자 쪽이 공산당보다 아득하게 내셔널리스트다. 아마도 교의나 강령이 낡았다는 것 이상으로 일본공산당에는 본질적 결함이 있다고 보인다.

공산당은 본가本家를 소비에트에서 중국의 공산당으로 갈아탔다. 어떤 사정으로 갈아탔는지는 불분명하지만, 만약 중국혁명의 형태를 수입할 목적이었다면 부질없는 짓이다. 예를 들어 중국에서는 외국자본 내지 매판자본과 민족자본 사이에 쐐기를 박을 수 있었지만, 일본에는 그러한 형태의 자본 간 모순이 존재하지 않는다. 또한 근거지 구축에 활용된 도시와 농촌 간의 낙차도 일본은 그다지 크지 않으며 앞으로 더욱 줄어들 것이다. 현세이익에 맞선다며 창가학회가 내세우는 내세구제의 신앙만으로는 대중을 조직할 수 없다.

이렇게 본다면 공산당이 말하는 민족독립과 반미는 구호에 불과하다. 기껏해야 입교자에게 거는 주문 정도일 뿐이다. 일본 사회의 전반적 미국화를 막아 낼 힘은 되지 못한다. 일공보다는 오키나와의 인민당이 그런대로 미국의 지배에 저항하고 있다.

중공이 일공을 매개로 적진에 들어와 적의 세력을 둘로 갈라 놓으려는 것은 중국의 국가 이익에 비춰 보면 당연하다. 그러나 일공이 중국의 국가 이익에 자신을 동일시한다면 간판으로 내건 민족의 독립과 모순된다. 아마 중공 쪽도 그런 일을 기대하지 않으며 성가신 호의로 여기고 있지 않을까 한다.

사회당은 어떠한가. 사회당은 고도성장 정책에 반대한다. 그러나 일본 사회의 구조적 변혁 자체가 나쁘다고 말하지는 않는다. 지금의 정부가 추진하니까 나쁘다 정도가 본심이지 않을까. 사회당 정책의 최대공약수를 취한다면 아마도 '생산수단의 사회화로 사회주의 사회를 실현한다'로 귀착될 것이다. 그러나 그 목표를 어느 시점에 어떤 형태로 구체화할 것인지 프로그램이 불분명하다. 진심으로 해 볼 요량이라면 지금부터 실험을 축적해야 하며, 그 실험을 위한 소재는 여기저기 있는 것 같은데도 노력의 기미가 보이지 않는다.

나는 일본에서 중국형 사회는 물론 자라날 수 없다고 보지만, 미국형 사회라고 해서 자라날 수 있다고 생각하지도 않는다. 전통과 문화가 전혀 다르다. 그런데도 무리해 가며 전 국민을 도가니로 밀어 넣어 실험 재료로 삼는 지금의 정책은 희생이 막대할까봐 심히 걱정스럽다.

자동화, 에너지 혁명, 도시공학, 대중사회 그 모두가 세계적으로 공통적인 추세라 한다면 틀린 말은 아니지만, 공통성 속에 나름의 개성이 있다. 기술 자체는 보편적이지만 기술의 체계화 과정은 개성적이며, 완성된 작품에서 그 개성이 드러난다. 예를 들어 일찍이 일본의 해군은 전투에서는 사용하지 않았지만 미적으로는 일본 국민의 자존심을 만족시킬 만한 초대형함을 만들어 낸 적이 있다. 이를 두고 과연 하이카이*의 나라라며 서양인이 놀랐다는 이야기를 들었다. 이러한 국민성은 웃어넘길 이야기가 아니다.

메이지 국가의 창출 과정은 이 또한 잔혹서사로 가득 차 있다. 완성된 작품이 가까스로 낙제점을 면했기에 축적된 불만이 가까스로 진정되었을 따름이다. 이 경험으로부터 배울 요량이라면 같은 오류를 반복해서는 안 된다.

희생을 최소화하고 메이지 국가의 창조에 필적할 만한 오늘날 대사업을 이룩하려면 어떻게 해야 하는가? 경험에서 배운다고 하더라도 날것의 경험이라면 도움이 되지 않으니 먼저 경험으로부터 법칙을 추출해

---

* 하이카이俳諧 일본 고유시의 한 형식으로 17음절이며 우스꽝스러운 내용이 주종이다.

야 한다. 하지만 애석하게도 일본의 학문은 물 건너 온 것이거나 그 모 조품이라서 장식으로는 쓸 수 있지만 실용성이 없다. 그 말은 학문의 변 혁과 사회의 변혁이 동시진행하는 형태가 아니면 안 된다는 것이다.

내 공상을 밝혀도 된다면, 제1안은 일본을 몇 개로 분할해 각각의 계획에 따라 나라 만들기를 실험해 보는 것이다. 조선과 독일처럼 타율 적 형태가 아니라 자주적 분할에 따른 실험안이다. 이는 권력이 돌이킬 수 없는 획일적 실험을 전국 규모로 하는 것보다는 합리적이고 또한 유 효하리라고 본다.(이 발상은 시즈메 야스오鎭目恭夫 씨에게서 빌렸다.)

그러나 현실상 이 안은 실현이 미덥지 못하다. 그리하여 제2안인데, 이는 제1안을 실현 가능한 정도로 축소해 시도해 보는 것이다. 예를 들 어 어느 섬, 어느 반도에 한정해 사회당 지구, 공산당 지구를 둔다. 무정 부주의자 지구여도 좋고 중국을 모방한 해방구도 좋다. 신산업도시 가 운데 하나를 크로포트킨의 전원공장 실험구로 삼아도 괜찮겠다. 그리 고 자유경합시킨다.

이와 닮은 예가 과거에 없지 않았다. 무샤노코지 사네아쓰武者小路 實篤의 아타라시키무라新しき村, 가토 간지加藤完治의 니치린헤샤日輪兵 舍가 있었다. 지금이라면 미에현의 야마기시즘이나 나라의 공산마을 사 례를 들 수 있다. 다만 이들은 정부로부터 권한을 위양받지 못해 실험 으로서 불완전하다. 정부가 대폭의 권한을 위양하는 것은 의지만 있다 면야 불가능할 리 없다. 주권이 전혀 미치지 않는 기지의 존재마저 일본 정부는 허락하고 있지 않은가.

그러나 이마저도 불가능하다면, 마지막은 유감이지만 도상작전圖上 作戰인 제3안을 취하는 수밖에 없다. 그리고 그리되면 언론 및 보도기 관의 역할이 커지는데, 이 또한 조건이 불리하다.

텔레비전과 라디오는 일단 차치하더라도 신문에 대해 말하자면 오늘날 이는 이미 독점도가 높은 거대산업이 되었다. 발행부수가 300만을 넘기는 전국지가 세 종이고(『세이쿄신문』聖教新聞이 일간화되면 네 종이다), 나머지는 미미하다. 이 삼대 일간지는 최근 눈에 띄게 지면이 닮아가고 있다. 기업의 거대화 자체가 자유로운 정신을 훼손한 측면도 있지만, 그 밖에 광고수입에 대한 높은 의존도(판매수입을 넘겼다)가 스폰서의 눈치를 보게 만드는 것이다. 이러한 압력 아래에 있는 신문이 힘 약한 동종업자에게는 압력을 가한다. 여느 독점 기업체와 다를 바 없다.

따라서 자유로운 언론과 보도의 기관이어야 할 신문의 존재 자체가 거꾸로 언론과 보도의 자유를 억누르는 경향이 있다. 그로 인해 독자의 불만이 축적되는 것은 산업 합리화에 의해 프롤레타리아의 불만이 축적되는 경우와 다를 바 없다. 프롤레타리아의 불만이 잠재적 정치력이라면, 독자의 불만은 새로운 신문의 발간을 가능케 하는 잠재적 힘이다. 궁하면 통하는 법이다.

그러나 잠재적인 것이 표면화되려면 어떤 조직력이 필요하다. 그것이 무엇인가라는 지점에 이르러 또 다른 조건의 문제와 맞닥뜨린다.

60년 투쟁에서는 신문이 도중에 변절했지만, 당시만 해도 신문은 저항 진영에 얼마간 동정적이었다. 그것이 60년의 선전을 가능케 했던 큰 요인이다. 이 요인은 70년에는 제로 아니면 마이너스가 될 것이다. 운동가는 이 점도 계산에 넣어야 한다.

이른바 논단은 어떨까. 논단도 변질되고 있다. 신문이 정보의 선택기관임에 빗대어 말하자면, 논단이란 집필자와 편집자로 형성되는 여론의 선택기관이라고 하겠는데 그 선택의 기능 또한 약화되고 있다. 무엇보다 신진대사가 보이지 않는다는 게 그 증거다. 10년 전이나 지금이나 면면은 거의 바뀌지 않았다.

집필자는 상당수가 학자다. 학자는 전반적으로 전공 영역의 껍질

속에서 두문불출하는 경향이 더욱 강해졌다. 학문의 세계에 미국적 학풍이 깊이 스며들면서 원래 강했던 일본 학풍의 개별화 경향에 한층 박차가 가해졌다. 일본의 학문은 종합력과 자율성을 잃고 서서히 미국 학문의 하청으로 계열화될 것이다.

이상 어느 요소 내지 조건을 살펴봐도 이른바 진보파에게 유리한 것은 하나도 없다. 그 말인즉슨 70년은 결전의 목표가 될 수 없다는 것이다. 다른 조건이 없다면 말이다.

다른 조건은 있는 것일까? 있다면 일러 주길 바란다.

실전도 불가능하다. 도상작전도 할 수 없다. 그렇다면 일본 인민의 소망인 자유왕국의 꿈을 어디서 구해야 한단 말인가.

조건은 가변적이다. 만일 플러스 조건이 없다면, 마이너스 조건을 플러스로 전환하는 수밖에 없다. 누가 그 전환을 이룰 것인가.

1960년에 일본문학방중대표단을 앞에 두고 마오쩌둥은 창조적 일을 해낼 수 있는 자격으로 세 가지를 들었다. 젊음, 무명, 가난이다. 나는 그 말에 공감한다. 그러나 나 자신은 이미 셋 중 두 개가 부족하다. 내게는 자격이 없다. 하지만 일본인 안에는 유자격자가 많을 것이다. 젊고 무명이며 가난한 창조자에게 나는 기대를 건다. 다만 마오쩌둥의 진의를 오해해서는 안 된다. 육체는 젊지만 정신이 늙은 자, 무명이지만 유명인에게 아첨하는 자, 가난하지만 가난한 사람을 멸시하는 자는 거기에 포함될 수 없다. 일신이 독립하지 않은 자가 일국의 독립을 짊어질 수 없다는 것은 당연한 이치다.

1964년 8월

IV

근대주의와 민족 문제

사람들이 다시 민족 문제를 의식하기 시작했다. 최근 역사학연구회와 일본문학협회는 비슷한 시기에 대회를 개최했는데 모두 민족 문제를 의제로 삼았다. 1951년 러크나우에서 열린 태평양문제조사회가 아시아의 내셔널리즘을 회의 의제로 채택한 일이 다분히 직접적 영향을 주었지 싶다. 하여간 학술단체가 민족 문제를 생각하기 시작했다는 사실은 전후 새로운 국면이 도래했음을 암시한다고 말할 수 있다.

이제껏 민족 문제는 좌우 이데올로기가 정치적으로 이용하곤 해서 학문의 대상으로 다루는 일이 기피되어 왔다. 우익 이데올로기가 민족주의를 고취해 쓰라림을 맛본 경험은 그리 멀지 않은 과거의 일이다. 그 고통이 컸기에 전후 좌익들이 호소해도 쉽사리 동조하지 않았고, 동조해서는 안 된다는 태도를 취했다. 패전으로 인해 민족주의는 나쁘다는 인식이 만연했다. 민족주의(혹은 민족의식)에서 벗어나야만 구원을 얻을 수 있다고 믿었다. 전쟁기간 동안 민족주의는 어떤 형태로든 파시즘 권력에 봉사했다. 그 민족주의에 저항해 온 사람들이 저항의 자세를 유지한 채 전후가 되자 발언에 나섰기에, 그리고 그 발언에 해방감이 배어 있었기에 그런 추세는 자연스러웠다.

적어도 오늘날 세계에서 민족이라는 요소는 상당한 비중을 지니며, 많건 적건 이 요소를 묻어 두고는 어떠한 이데올로기나 문화의 문제도

제대로 사고하기가 힘들다는 점은 조금만 냉정히 생각해 보면 쉽게 알수 있다. 그런데 전후의 과도한 해방감은 일시적으로 이 자명한 관점(혹은 사고의 통로)을 배제하는 시각도 낳았다. 유명한 문학자로서 일본어라는 민족어를 없애자고 제창한 자도 있었는데(시가 나오야* 등), 지금 보면 난폭한 그 발언이 당시에는 크게 이상하지 않았다. 심지어 인종으로서의 일본인을 폐지하자고 주장한 사람도 있었다. 이는 극단적인 이상주의 내지 공상이라기보다 일종의 열병 상태에서 나온 이상심리겠다. 민족은 숙명적으로 그 존재부터가 글러먹었다고 여겨졌던 것이다. 거꾸로 말하자면, 그렇게 생각하지 않을 수 없을 만큼 민족주의가 인간의 자유를 박탈했다는 역사적 사실을 반증하는 셈이기도 하다.

전후에 불어온 새로운 계몽의 기운을 타고 문학 분야에서도 개설서가 꽤 많이 등장했다. 거의 대부분은 유럽의 근대문학(혹은 현대문학)을 모델로 삼아 일본 근대문학의 왜곡을 조망하는 식이었다. 구와바라 다케오**나 나카무라 미쓰오***와 같이 그런 태도가 뚜렷한 작품부터 이토 세이처럼 뉘앙스가 풍부한 작품에 이르기까지, 또는 좌의 세누마 시게키*****에서 우의 나카무라 신이치로******에 이르기까지 단계와 색조는 다양해도 일본 문학의 자기주장을 버린다는 태도는 공통적이었다. 결국 넓은 의미에서는 근대주의를 입장으로 취했다. 따라서 민족이라는

*   **시가 나오야**志賀直哉 1883~1971. 소설가. 잡지 『시라카바』를 창간했다. 강한 개성에 기반한 간결한 문체로 산문 표현의 극치를 보여 주었다. 『화해』, 『사환소년의 신령님』小僧の神様, 『암야행로』暗夜行路 등의 작품이 있다.
**   **구와바라 다케오**桑原武夫 1904~1988. 문학 연구자이자 평론가. 주로 스탕달 작품을 번역했으며 광범한 평론활동을 벌였다. 평론으로 『제2예술론』이 있고 공동연구로 『나카에 조민中江兆民 연구』가 있다.
***   **나카무라 미쓰오**中村光夫 1911~1988. 문예평론가. 서구의 근대문학론에 의거한 명쾌한 이론으로 일본 근대소설의 비틀린 진상을 비판했다. 저서로 『풍속소설론』, 『후타바테이 시메이전』二葉亭四迷傳 등이 있다.

요소는 사고의 통로에 들어가 있지 않았다. 역사적으로 일본 문학의 자기주장은 '일본낭만파'를 통해 정점으로 치닫는데, 이는 정점인 상태에서 바깥 힘이 내리누르는 탓에 억제되었던 또 다른 요소가 분출된 경우니 당연하다면 당연한 일이라 하겠다. 이는 학문적 유파로서 '국문학'이 쇠퇴했던 현상과도 나란히 간다. 사실 전후 한동안 '국문학'은 세간에서 거들떠보지 않는 학과였다.

그렇다고 전후에 좌익 이데올로기가 내놓은 주장이 민족을 사고의 통로에 넣고 있었는가 하면 그렇지 않다. '민족의 독립'이라는 슬로건은 있었지만 그때의 민족은 선험적인 것으로서 역시 일종의 근대주의 범주에 속한다. 자연스러운 생활감정에서 나온 것이 아니다. 아시아의 내셔널리즘, 특히 중국을 모델로 삼아 일본에 적용하려는 시도였다. 따라서 현실과 맺어지지 못했다. 여기서 일본공산당의 문화정책이 노정하는 혼란, 이론 부재, 기계주의를 읽을 수 있다. 가령 중국의 앙가******를 기계적으로 적용한다거나 조합활동에 활용하겠다며 분라쿠*******를 고전예술의 정수로 꼽는 식이었다. 이런 시도가 문학이론의 성장에 전혀 도움이 되지 않았다는 점은 두말할 나위가 없다.

전후의 공백 상태에서 근대주의는 어떤 문화적 역할을 요구받았다.

**** 　세누마 시게키瀬沼茂樹 1904~1988. 문예평론가. 문학을 개인과 사회의 대비를 통해 설명하는 데 주력했다.『신일본문학』에서 평론활동을 벌였다. 저서로『현대문학』등이 있으며, 1971년부터는 이토 세이의 미완작『일본문단사』를 뒤이어 집필해 여섯 권의 책으로 펴냈다.

***** 　나카무라 신이치로中村眞一郎 1918~1997. 소설가. 일본의 자연주의, 사소설의 문학전통에 저항하는 작품을 남겼다.『근대문학』동인이었으나 문학관의 차이로 탈퇴해 서구 20세기 문학을 이식한다는 기치로『방주』方舟를 창간했다. 작품으로『시온의 딸들』,『사랑과 사신死神과』,『차가운 천사』등이 있다.

****** 　앙가秧歌 중국 북방의 농촌에 널리 퍼졌던 한족의 대표적 민간무용이다.

******* 　분라쿠文樂 18세기 말 일본에서 유행한 설화인형극이다.

억압받던 것들이 해방된 마당에 그런 발언은 당연했으며, 이로써 공백을 채우는 일도 필요했다. 문학 창조의 장에서도 여러 실험이 행해지며 해방의 기쁨을 노래했다. 피로 얼룩진 민족주의의 악몽을 지워야 했으니 민족의 존재를 버리고 생각해 보는 일도 무조건 나쁘다고는 할 수 없겠다. 그러나 공백이 메워지고 나서 그 연장선에서 문화 창조가 이루어졌는가 하면, 적어도 지금까지의 상황을 보건대 매우 의심스럽다. 그런 의문 때문에 오늘날 민족이 다시 문제로 불거졌으리라.

마르크스주의자를 포함한 근대주의자들은 피로 물든 민족주의를 외면했다. 자기도 피해자라며 내셔널리즘의 울트라화를 자기 책임 바깥에 두었다. 또한 그런 태도를 옳다고 여기며 '일본낭만파'를 묵살했다. 하지만 '일본낭만파'는 그들이 무너뜨린 게 아니다. 바깥세력에 의해 무너졌다. 바깥의 힘으로 무너진 것을 스스로가 무너뜨린 양 자기 힘을 과신하지는 않았던가. 악몽은 잊혔을지 모르나 피는 씻기지 않은 게 아닐까.

전후에 등장한 문학평론이 소수의 예외를 빼놓고는 대개 '일본낭만파'를 불문에 붙이는 모습은, 특히 '일본낭만파'와 어떻게든 관계를 맺었던 사람들마저 알리바이를 만들기에 바쁜 풍경은 다소 기묘하다. 이미 '일본낭만파'는 소멸했으니 이제 와서 문제 삼을 필요가 없다고 여기는 걸까. 아니, 불문에 붙이는 게 아니라 일본낭만파를 거세게 몰아붙이는 반대론이 특히 좌익에서 나온다. 하지만 그들은 정면대결을 시도하지 않는다. 상대방의 발생 근거로 파고드는 내재적 비평을 시도하지 않는다. 적을 거꾸러뜨리는 유일한 방법, 그 근본적 대결을 회피한 공격이었다. 심하게 말해 꼴사납다. 그렇게 해서는 상대방을 부정하지 못한다.

전후의 근대주의가 '일본낭만파'의 안티테제로 부활한 것임을 인정한다 하더라도 '일본낭만파' 자체가 애초 근대주의의 안티테제로 등장했다는 역사적 사실 또한 망각해서는 안 된다. 어떤 안티테제였던가? 민족을 하나의 요소로 인정하라는 요구였다. 권력의 문제를 제쳐 두고 생각해 보자면, 훗날 민족이 하나의 요소가 아니라 만능이 된 사정은 시대의 기세 탓으로, 결국 일본낭만파의 주장이 안티테제로 수용되지 않은 데서 기인한다. 근대주의가 민족주의와의 대결을 피하자 민족주의는 거꾸로 굳어 버려 제약을 받지 않게 되었다.

이 점을 두고 최근 다카미 준* 씨가 주목할 만한 발언을 내놓았다.(『세계』 1951년 6월 호) 다카미 씨는 자신의 체험을 떠올리며 의문을 하나 제기한다. '일본낭만파'와 『인민문고』는 전향이라는 한 나무에서 나온 두 가지가 아니겠느냐고 말이다. 당시 『인민문고』파였던 다카미 씨는 파시즘에 저항하겠다는 각오에서 '일본낭만파'에 반동이라는 꼬리표를 다는 일로 마음이 급해 "그들의 주장 가운데 올바른 부분을 보려 하지 않았는데", 이런 잘못된 태도로 말미암아 저항도 약해져 "뒤꽁무니를 뺀 저항"이 되고 말았다는 것이다.

다카미 씨가 '일본낭만파'의 주장 가운데 "올바른 부분"이라 부른 것은 그들이 일본 문학에서 '건전한 윤리적 의식'을 파악하려고 했던 대목을 가리킨다. 나는 이 표현을 민족의식이라고 바꿔 볼 수 있다고 생각한다. 그런 한에서 다카미 씨의 발언은 적절하다고 본다. 근대주의에 대한 안티테제란 이런 의미에서 말한 것이다.

나는 근대주의가 일본 문학에서 지배적 경향이었다고 이해한다. 근대주의는 민족을 사고의 통로에 넣지 않거나 배제한다. 그러나 이런 경향은 근대문학이 일본에서 발생했을 때 생겨난 게 아니다. 후타바테이

---

*   **다카미 준**高見 順 1907~1965. 소설가이자 평론가. 1928년 일본프롤레타리아작가동맹에 가입하고 1936년에는 『인민문고』에 참가했으며 산문정신에 기반한 비판적 리얼리즘을 외치면서 일본낭만파와 날카롭게 대립했다.

시메이*를 보면 두 요소는 분명히 상극하고 있다. 이러한 상극은 일정 시기까지 이어진다. 한쪽의 경향이 다른 쪽을 압도하기 시작한 것은 대체로 『시라카바』를 통해 추상적 자유인을 설정하게 되면서지 싶다. 이것이 문학사에서는 근대문학의 확립이라고 불린다. 결국 일본의 근대문학은 두 요소가 상극을 지양해서가 아니라 한쪽을 잘라 버림으로써 확립되었다는 사실에 유의해야 한다. 민족은 부당하게 폄하되고 억압당했다. 억압당한 것은 반발의 기회를 노린다. 당연한 이치다.

프롤레타리아문학도 예외는 아니다. 『시라카바』의 연장선에서 출현한 일본의 프롤레타리아문학은 계급이라는 새로운 요소를 수입하는 데는 성공했지만 억압당한 민족을 구출하는 것은 염두에 두지 않았다. 오히려 민족을 억압하기 위해 계급을 이용하고 만능화했다. 추상적 자유인에서 출발하고 여기에 계급투쟁설을 적용하면 당연히 그리된다. 일본의 근대문학은 민족을 잘라 버렸다는 점에서 애초 무리한 자세로 출발했다. 늘상 등 뒤를 신경 쓸 수밖에 없는 꺼림칙함이 남았다. 그러니 한번 어떤 힘이 가해져 버팀목이 부러지면 자기 발로 일어서지 못한다. 무리한 자세는 역의 방향에서 무너진다. 전향자들 사이에서 극단적 민족주의자가 나왔다는 사실은 불가사의하지 않다.

문학 창조의 근원을 덮고 있는 어두운 부분을 샅샅이 비춰 내려면 하나의 조명으로는 충분치 않다. 그 불충분함을 무시한 곳에 일본 프롤레타리아문학의 실패가 있다. 그리고 그 실패를 강행했던 곳에 일본 근대사회의 구조적 결함이 있다. 인간을 추상적 자유인이나 계급인으로 규정하는 일은 단계적으로는 필요한 조작이다. 하지만 그 결과 구체적

* 후타바테이 시메이_二葉亭四迷 1864~1909. 소설가. 언문일치체와 사실주의를 바탕으로 『뜬 구름』浮雲을 발표했고 이로써 일본 근대문학의 선구자로 꼽힌다. 그 이외의 소설작품으로 『평범』, 『광인일기』 등이 있다.

이고 완결된 인간상과의 연관이 끊겨 그 자유인이나 계급인을 완벽한 인간인 양 주장했다는 점에서 프롤레타리아문학도 일본 근대문화의 다른 유파들처럼 성급함을 면치 못했다. 모든 것을 빠짐없이 건져 올려야 할 문학 본연의 역할을 잊고 부분으로 전체를 가리려 했다. 방치되어 그늘진 구석에서 완전한 인간성 회복을 추구하는 고통에 찬 절규가 터져 나온 것은 당연한 이치라 하겠다.

민족은 이 그늘진 구석에 뿌리를 내린다. 민족의 문제는 이것이 무시당할 때 문제가 되는 성질을 지닌다. 억압을 받으면 민족이라는 의식이 일어난다. 훗날 민족주의로까지 나아가려면 다른 힘작용이 필요하지만 그 발생만큼은 인간성 회복의 요구와 무관하지 않다. 억압당하지 않으면 표면에 모습을 드러내진 않지만 늘 어떤 계기로서 잠재해 있는 게 민족이다. 상실된 인간성을 회복하고자 노력하는 일을 외면하고 일방적으로 힘을 가한다고 해서 잠자는 민족의식을 영원히 잠들게 할 수는 없다.

일본 파시즘의 지배권력은 이 민족의식을 잠에서 깨워 울트라내셔널리즘으로 고양해 이용해먹었다. 그 지배권력의 구조는 반드시 탄핵해 마땅하다. 그러나 그렇다고 소박한 내셔널리즘의 심정마저 억압해서는 안 된다. 후자는 정당한 발언권이 있다. 근대주의로 일그러진 인간상을 본연의 모습으로 바로잡고 싶다는 멈출 수 없는 욕구에 뿌리를 둔 외침이다. 그리고 그것이야말로 일본을 제외한 아시아 나라들의 '올바른' 내셔널리즘과도 이어진다. 이 점은 가령 오웬 라티모어** 같은 미국 학자도 인정한다. 그는 태평양전쟁이 아시아의 부흥을 자극했다면서, 역설적이

** **오웬 라티모어**Owen Lattimore 1900~1989. 미국의 동양학자. 중국과 몽골 등지에 체재하면서 『중국 약사』China, a short history, 『아시아의 상황』, 『미국과 아시아』 등 여러 저술을 남겼다.

지만 긍정적 측면도 끌어내고 있다.

울트라내셔널리즘에서 울트라만 뽑아내 탄핵한다면 무의미하다. 동시에 대결을 거치지 않고 울트라가 아닌 내셔널리즘을 손에 넣으려는 시도도 실패로 끝나고 말리라. 아시아의 내셔널리즘, 그 전형인 중국의 내셔널리즘은 사회혁명과 긴밀히 결합되어 있다고 회자된다. 그러나 일본에서는 사회혁명이 내셔널리즘을 소외했으니 내버려진 내셔널리즘은 제국주의와 결합하는 수밖에 없었다. 내셔널리즘은 필연적으로 울트라화하지 않을 수 없었다. "처녀성을 잃었다"(마루야마 마사오)라는 표현이 그것이다.

소박한 민족의 심정이 발생하면서 이미 지배권력에 이용당하고 동화되었다는 비참한 경과를 추스르지 않고, 그것과 대결하기를 피한 채 오늘의 민족을 말해서는 안 된다. 일본낭만파는, 거슬러 올라가면 다쿠보쿠*에 닿고, 나아가 오카쿠라 덴신**으로 마사오카 시키***로, 도코쿠****에게로 이른다. 후쿠자와 유키치라고 예외는 아니다. 일본의 근대문학사에서 내셔널리즘의 전통은 은근한 형태로나마 끊긴 듯 분명히 이어져

---

* **이시카와 다쿠보쿠**石川啄木(1886~1912)를 말한다. 일본 단카短歌의 거장이다. 그의 시는 심오한 인간미로 널리 알려졌으나 그가 개척한 단카는 지적이며 냉소적이라는 평가를 받는다. 『동경』あこがれ, 『호루라기와 휘파람』, 『슬픈 장난감』 등의 시집을 남겼다.
** **오카쿠라 덴신**岡倉天心 1862~1913. 미술계 지도자. 미에 관한 동양의 동질성과 운명을 기술한 바 있다. 일본미술원을 설립했다. 저작으로 『동양의 이상』, 『일본의 각성』, 『차의 책』茶の本 등이 있다.
*** **마사오카 시키**正岡子規 1867~1902. 시인, 수필가이자 평론가. 일본의 전통적 시 형식인 하이쿠와 단카를 되살렸다. 1900년 평론 「서사문」에서 사생寫生이라는 말을 처음 도입하면서 시인은 사물을 있는 그대로 평상시 말로 표현해야 한다고 주장했다. 시뿐만 아니라 『병상 육 척』病床六尺을 비롯한 수필도 다수 남겼다.
**** **기타무라 도코쿠**北村透谷(1868~1894)를 말한다. 시인이자 평론가로 1893년 『문학계』를 공동창간해 지도적 이론가로서 일본의 초기 낭만주의 운동을 이끌었다. 정열적인 극시 『봉래곡』蓬萊曲을 발표했으며 연애의 순수성을 기술한 평론 「염세시인과 여성」은 당시 젊은 지식인들에게 큰 충격을 안겼다. 스물다섯의 나이로 자살했다.

내려왔다. 근대주의의 지배로 인식에 방해를 받았을 뿐이다. 그 파묻힌 보석을 발굴하려는 자가 없어 '일본낭만파'의 반동이 일어났다. 적어도 역사적 의미에서는 그렇다.

'일본낭만파'가 권력에 봉사하느라 문제를 문학 내부에서 처리하겠다는 태도를 버린 일은 틀림없이 일본의 내셔널리즘에도 불행한 사태였다. 그렇다고 전후에 부활한 근대주의가 이것을 내셔널리즘과의 대결을 회피하는 합리화의 논거로 삼아서는 안 된다. 오히려 근대주의의 부활로 균형을 회복한 지금이야말로 다시 그 대결에 나서야 하리라. 그렇게 하지 않는다면 비겁하다. 만약 대결을 피하는 이유가 단순한 진보주의에 있다면, 그러한 진보주의는 입발림일 뿐 제아무리 혁명을 떠들어도 진정한 혁명에는 적일 따름이다.

각도를 달리하면, 내셔널리즘과 대결하지 않으려는 심리라는 건 전쟁책임에 대한 자각도 부족해 보인다. 다시 말해 양심이 부족하다. 양심이 부족한 건 용기가 부족해서다. 자기가 상처 입을까 두려워 피투성이가 된 민족을 잊으려는 것이다. 나는 일본인이라고 부르짖기를 주저한다. 그러나 잊는다고 피가 씻기지는 않는다. 근대주의는 일본 근대사회와 문화의 왜곡에서 패전의 원인을 찾아 합리적으로 설명하려 든다. 그러나 그런 설명은 암흑의 세력이 다시 부상하는 것을 방지할 실천적 힘이 되지 못한다. 안티테제를 제출하는 데 머물면서 진테제를 지향하지 않고 있는 한 상대방은 완전히 부정되지 않는다. 내버려진 전인간성의 회복을 지향하는 씨앗이 다시 암흑의 밑바닥에서 움트지 않으리란 보장은 없다. 구조적 기반은 바뀌지 않았으니 그것이 싹을 틔운다면 반드시 울트라내셔널리즘의 자기파괴로까지 성장하리라.

설령 '국민문학'이라는 말이 한번 더럽혀졌다 한들 오늘날 우리가 국민문학을 향한 염원을 버릴 수는 없다. 국민문학은 계급문학이나 식민지문학(뒤집으면 세계문학)으로 대신할 수 없는, 둘도 없이 소중한 것이다. 국민문학을 실현하지 않고서 무엇을 이루려 하는가. 그러나 국민문학은 계급과 아울러 민족을 포함한 전인간성의 완전한 실현 없이는 구현되지 않는다. 민족의 전통에 뿌리내리지 않는 혁명은 있을 수 없다. 전체를 구원하는 일이 관건이므로 손대기 어렵다고 그 부분만 잘라 버려서는 안 된다. 지난 실패의 경험은 소중하다. 손이 데일까 두려워 현실을 회피해서는 안 된다.

　'처녀성'을 상실한 일본이 그것을 상실하지 않은 아시아의 내셔널리즘과 결합할 길을 개척하기란 결코 수월치 않으리라. 거의 불가능에 가까울 만큼 어려우리라. 그런 까닭에 진지하게 사고하는 자들(가령 마루야마 마사오나 앞서 언급한 다카미 준)의 절망감은 그만큼 깊다. 그러나 절망에 직면할 때 도리어 마음의 평정을 얻을 수 있다. 다만 용기를 가져야 한다. 용기를 갖고 현실의 밑바닥으로 내려가라. 하나의 빛에 의지해 구원되기를 바라는 환상은 버려라. 창조의 근원인 암흑의 구석구석을 비출 때까지는 하던 일을 멈추고 마음을 놓아선 안 된다. 더러움을 자기 손으로 씻어 내지 않으면 안 된다. 특효약은 없다. 한 걸음 한 걸음 손으로 더듬으면서 계속 걸어가는 수밖에 없다. 중국 근대문학의 건설자들이 그랬듯이 다른 힘에 의지하지 않고 절망만을 철저히 껴안으면서 손으로 땅을 파며 한 걸음 한 걸음 나아가는 것이다. 그들이 달성한 결과만을 빌려 오겠다는 뻔뻔스런 간계는 허락되지 않는다. 설사 길이 열리지 않더라도 그때는 민족과 함께 멸망할 뿐이니, 노예(혹은 노예의 주인)로 연명하기보다야 낫지 않겠는가.

1951년 9월

국민문학의 문제점

국민문학론의 진전을 위해 오늘의 단계에서 논의를 정리해 보자. 정리라고 하니 내가 늘 정리만 하는 것 같아 꺼림칙하지만 여기서 정리는 하나의 방법이다. 건설적인 의견을 내놓는 편이 바람직하겠으나 그럴 만한 역량이 없을 뿐 아니라 현 단계에서는 아직 무리라고 여겨진다. 문제에 접근하는 방법으로 정리를 이용하는 쪽이 편리하겠다. 국민문학은 그 자체로는 존재하지 않으며 그 윤곽도 아직 불분명하다. 애당초 사람들은 국민문학이 제창되었음을 일반적으로 받아들이지 않고 있으며, 제창이 유효한지도 충분히 논의되지 않았다. 국민문학이라는 용어가 점차 보급되는 추세지만 개념 규정은 애매하다. 일본 문학의 현 상황을 비판적으로 보는 사람들이 자신의 입장과 문학관에 따라 현 상황에 문제를 제기하고자 국민문학이라는 개념을 사용할 따름이다. 그래서 정리가 필요하다.

1952년 5월 14일 자 『일본독서신문』에는 「새로운 국민문학을 향한 길」이라는 제목으로 나와 이토 세이 씨 사이에 오간 「왕복서신」이 실렸다. 『군상』 7월 호에서는 우스이 요시미* 씨가 이를 소개하면서 의견을

---

* 우스이 요시미臼井吉見 1905~1987. 평론가. 『전망』의 편집장이었다. 『현대일본문학전집』, 『메이지문학전집』 등의 기획과 편집에 주력했다. 저서로 『근대문학 논쟁』, 『인간과 문학』 등이 있다.

개진했다. 상황을 좀 더 진척시키고자『군상』8월 호는 이 세 사람 외에 오리구치 시노부* 씨를 초대해 좌담회를 개최했다. 이것이 국민문학론을 둘러싼 최근의 움직임이다. 그 밖에도 이 일을 언급하거나 직접 언급은 않더라도 국민문학을 입에 담는 이들이 야마모토 겐키치** 씨를 포함해 꽤 있다. 그러나 국민문학의 내용이 무엇인지를 적극 해명한 사람은 아직 보이지 않는다.

이토와 우스이 두 사람과 나 사이에는 의견이 일치하는 점도 있지만 일치하지 않는 점도 있고 일치를 목표로 하는지 확실치 않은 점도 있다.(오리구치 씨는 일단 여기서 제외해 두자.) 이것을 근거로 삼아 지금껏 드러난 문제의 소재를 앞으로 진행될 토론의 재료로 제공하는 것이 이 글의 목적이다. 그 과정에서 자연스레 내 견해가 덧붙더라도 어쩔 수 없다.

국민문학은 현재의 일본 문학이 국민문학적 측면을 결여했다고 여겨져서 제창되었다. 이 점은 국민문학에 관심을 갖거나 그쪽에 지향성을 지닌 이들이라면 대체로 공유하는 견해다. 내가「왕복서신」에서 대표적 예로 들었던 다카쿠라 데루*** 씨와 구와바라 다케오 씨는 당연히 그렇다. 국민문학이 성립되지 않았다는 건 달리 표현하면 근대문학이 성립되지 않았거나 불완전하다는 뜻이며, 문단문학과 대중문학의 괴리

---

*   **오리구치 시노부**折口信夫 1887~1953. 국문학자이자 민속학자. 국문학에 민속학을 도입해 새로운 경지를 개척했다. 저서로『고대연구』가 있으며, 가집으로는『봄 소식』, 시집으로는『고대감애집』古代感愛集 등이 있다.
* **   **야마모토 겐키치**山本健吉 1907~1986. 문예평론가.『하이쿠 연구』의 편집을 맡았으며『비평』을 창간했다. 일본 고전문학의 중층성과 공동사회성의 면모를 현대문학으로 끌어들였다. 저서로『사소설 작가론』,『바쇼』芭蕉,『시적 자각의 역사』등이 있다.
* *** **다카쿠라 데루**高倉輝 1891~1986. 극작가이자 소설가이며 정치가. 러시아혁명에 영향을 받아 마르크스주의에 접근했으며 농촌문학운동에 참가했다. 1950년에는 참의원 의원으로 당선되었지만 다음날 맥아더의 지령으로 추방당했다. 희곡『공작성』孔雀城, 장편소설『창공』등을 발표했다.

는 그것이 특수한 현상으로 드러난 경우다. 구와바라 다케오 씨는 『문학 입문』에서 이 점을 상세히 다룬다.

여기서 두세 가지 생각할 문제가 있다 "순문학(문단문학)과 대중문학의 괴리라는 문제"는 "상업주의와 문학작품이 손을 잡은 오늘날의 사회제도 속에서는 필연적"(이토 세이의 「왕복서신」)이라는 의견이 그 하나다. 이 의견에는 타당한 점이 있고 확실히 현재의 문학은 상업주의를 빼놓고 생각할 수 없지만, 그것만 가지고 오늘의 현상을 다 설명할 수도 없다. 상업주의가 자본주의의 산물이기는 하지만, 모든 자본주의 국가에서 문단문학과 대중문학이 괴리되어 있지는 않다. 물론 독자마다 교양이 다르니 고급한 문학과 저급한 문학('고저'는 또 다른 문제지만)이라는 단계의 차이는 있을지 모른다. 하지만 일본에서 그렇듯이 질적 차이로 나타나지는 않는다고 생각한다. 일본에서는 아예 질이 다르지 고저의 차가 아니라는 점에 그 특징이 있다. 그렇다면 이 문제는 상업주의보다는 봉건적인 신분제로 따져야 하지 않을까.

여기서 '문단'이라는 특수 구역의 성격을 분명히 밝혀야 하겠다. 일본 사회에서 문단이 어떤 위치를 차지하는지를 두고는 많은 사람이 발언했다. 가령 도케 다다미치道家忠道 씨의 아래와 같은 분석은 비교적 공정하지 않나 생각한다. 도케 씨에 따르면 비슷한 후진국인 독일에도 일본 문단문학의 주류인 사소설 같은 것이 있기는 하지만, 실제로 두 가지는 전혀 다르며 그 차이는 '문단'에서 기인한다.

일본의 '문단'이라는 독특한 형태를 간과한 채로 사소설을 이해할 수 있을까. 사소설처럼 일반적인 흥밋거리에서 동떨어진 대상을 다루는 소설이 번성하는 한 가지 이유는 그것이 이른바 뒷담화적 면모를 갖기 때문이다. 서로 잘 아는 사이끼리 만나 술 한 잔 걸치는 대단히 작은 서클, 대개가 소설가 동료나 평론가, 잡지기자 그리고 그들의 지원자로 이뤄진 이런 그룹 안에서는 그야말로 일상다반사의 자질구레한 '사적인 일'도 흥밋거리가 된다. 여기에는 '전형화'를 거쳐 대중에게 폭넓게 호소하겠다는 요구도 지반도 없다. 또한 묘사되는 주인공이 묘사하는 주체로부터 탯줄을 완전히 끊지 못한다는 독특한 형태도 독자층과 작가층이 거의 일치하는 사회구조에 그 근본 원인이 있겠다. 게다가 여기에는 일종의 특권의식, 개방성 그리고 과도한 '근대인 의식'도 존재한다. 시골에서 올라온 문학청년이 '문단' 입장을 허락받으면 그것이 곧 '출세'를 의미했던 사실을 간과해서는 안 된다. 이것은 본질적으로 한 사람의 스승을 중심으로 꾸려진 단가와 하이쿠, 나가우타長唄의 유파와 다르지 않은 길드적 사회다. 심지어 생산자가 동시에 소비자인 재봉의 장인처럼 가내수공업적이다. 이런 것이 고도자본주의를 성립한 사회 안에서 '근대화'되고 어떤 기능을 달성한다는 데 문제가 있다. 사소설의 기반에는 이런 면이 있으며, 현재의 '진보적' 문학운동에서도 그런 점이 완전히 사라지지 않았다는 데 주의하지 않으면 안 된다. 물론 이렇듯 협소한 문단문학 안에서도 얼마간의 성취와 진보가 없지야 않겠지만, 그것은 오로지 형식적 세련미나 주관적 '심경'을 연마하면서, 즉 하이쿠나 단카와 같은 방향으로 나아간다. 이 틀을 넘어 보다 넓은 시야로 나아가려는 사상적인 문학과 사회성 짙은 문학은 '아마추어'의 문학이라며 '순문학'에서 배제되고 말았다. 그리고 다른 한편에서는 조잡하게 유형화한 '알기 쉬운' 대중문학이 계속되는 경멸 속에서도 잡초처럼 강하게 생존했다.

「최근의 일본문학 연구에 대하여」, 『문학』 1951년 12월 호

도케 씨는 문제 처리에 직면하여 "이른바 문학적 관찰"이 "실천적으로는 오히려 중요"하다고 보고 이렇게 분석했는데 대체로 공감하는 바다. 특히 문단이라는 기본구조와 거기서 형성된 의식이 이른바 진보파에도 드리워 있다는 지적은 정확하다. '민주주의문학'을 자칭하는 그룹이 전후에 보여 준 움직임은 문단이라는 기본구조를 파괴하고 그로써 문학을 해방해 국민에게 되돌려주는 것이 아니라 문단에서 헤게모니를 탈취하거나 다른 문단세력을 키우는 방향으로 국한돼 있었다. 그것이 오늘날과 같은 문학이론의 빈곤을 초래했다.

국민문학의 결여로 표현되는 일본 문학의 불구성을 구조적 원인에서부터 해명해 나가면 문단이라는 길드로 대표되는 일본 사회의 비근대성에 다다르리라. 문제가 이렇게 사회구조로 환원되면 어느새 사회과학의 영역이다. 거기서는 문학 고유의 문제를 파악할 방법이 없다. 그러나 파악할 방법이 없다고 해서 물러설 수는 없으니 차라리 자발적으로 문학의 문제를 그곳까지 넓혀 가야겠다. 문학의 고유 영역 안에서 처리할 수 있을 만큼 오늘날 문학의 문제가 간단치는 않다. 대상은 '전체'다. 문단문학도 아니고 민주주의문학도 아닌 일본인의 문학생활 자체다. 고유의 문제 따위는 어디에도 없다. 물론 방법은 어디까지나 문학의 방법을 써야겠지만(이 점에서 나는 소위 대중노선론자에게 동의할 수 없다), 이는 문제의 선택을 문단에 맡긴다는 뜻이 결코 아니다.

전후, 주로『근대문학』파 사람들이 일본 문학의 전근대성을 지적했다. 당시에는 그 지적이 정당했으며 발언 내용도 경청할 가치가 있었으나 문제는 여전히 남아 있다고 생각한다. 그런 노력에도 불구하고 문학이론을 건설한다는 방향에서는 별다른 성과를 내지 못했다.

어째서인가? 그들이 문단문학만을 대상으로 삼아 작품에 등장한 인물이나 거기서 드러나는 작가의 의식만을 분석 재료로 고르고 그것을 떠받치는 구조적 기반은 문제 삼지 않았기 때문이 아닐까. 문단문학을 논하는 경우에도 일본인의 문학생활이라는 '전체'의 관점을 취해야 하는데 그리하지 않았다.(또 하나의 이유인 2단계설은 생략한다.) 그런 사정으로 인해, 나중에 도입된 민족이라는 관점과 전근대적이라는 지적이 맞물리지 않았던 것이다.

따라서 문학을 전체의 문제로 파악하는 방식, 결국 국민문학의 본질은 무엇인가가 문제인데, 그렇다면 싫더라도 일단은 국민문학을 규정하지 않을 수 없다. 우선 독자의 수를 기준으로 많이 읽히면 국민문학이라고 생각하는 태도(하야시 후사오* 씨 등)는 배제되어야 한다. 이런 비속한 시각은 잘못되었다. 나카자토 가이잔**과 요시카와 에이지***를 국민문학의 모델로 생각해서는 안 된다. 그 이유는 자명하다. 일본인의 신분적 간격을 그대로 둔 채 국민적 해방을 지향하지 않고 상업주의를 악랄하게 이용하며 현상유지를 꾀하기 때문이다. 국민문학은 특정한 문학양식이나 장르를 가리키지 않는다. 나라 전체의 문학이 존재하는 모습을 가리킨다. 더욱이 역사적 범주다. 민주주의처럼 실현해야 할 목표지만, 완전한 시민사회가 그렇듯 그 실현은 멀고 험하다. 도달하는 것을 이상으로 삼아 하루하루 노력해야 하는 실천과제다. 기성 모델에서는

---

* **하야시 후사오**林房雄 1903~1964. 문학자. 프롤레타리아문학운동을 거쳐 『문학계』 창간에 참가했다. 이후 일본낭만파에도 가담했다.
** **나카자토 가이잔**中里介山 1885~1944. 소설가. 『헤이케모노가타리』平家物語 등 일본 고전에 관심을 갖는 한편, 기독교와 사회주의에도 접근해 고토쿠 슈스이, 사카이 도시히코 등의 사회주의자와 교류했다. 그들이 처형당한 '대역사건'에 큰 정신적 충격을 받아 그 영향이 소설 『다카노의 의인』高野の義人과 『시마바라성』에 배어 있다. 장편 『대보살고개』가 대표작으로 꼽힌다.
*** **요시카와 에이지**吉川英治 1892~1962. 소설가. 매력적 서사와 구도정신으로 많은 독자를 확보했다. 『나루토 비첩』鳴門秘帖, 『미야모토 무사시』, 『신新헤이케모노가타리』 등의 반향이 대단하여 국민문학 작가로 불렸다.

도움받을 것이 전혀 없다.

물론 상업주의의 힘이든 뭐든 많이 읽힌다면, 다른 조건을 제쳐 두고 그것만 말한다면 대중의 심정에 호소하는 작품이라는 뜻이니 국민문학이 될 자격 가운데 하나를 갖추는 셈이다. 구와바라 씨도『문학 입문』에서 지적했듯이 대중문학을 분석할 때는 이 요소를 간과하지 말아야 한다. 하지만 사상의과학연구회가 내놓은 두세 가지 업적을 제외하고는 별 진척을 보지 못한 상태다. 그러나 이런 연구는 문학에서 신분제의 실태를 살피기 위해서 필요하지, 그것을 이용해 대중에게 특정 이데올로기를 주입하거나 문단문학에 대중요법을 가하는, 비속한 기술적 의미에서라면 필요치 않다. 대중문학과 문단문학은 한 뿌리에서 나왔으므로 이 양자를 파괴하지 않고는 국민문학을 건설할 수 없다. 지금처럼 대중문학을 수단으로 이용한다면 천황숭배의 심리를 수단으로 이용하는 경우와 마찬가지로 국민적 해방이라는 목적에 방해가 될 뿐이다.

전통을 대하는 방식도 그렇다. 대중의 심정을 두드리는 것이라면 반드시 전통적 형식을 갖게 마련이지만 이것을 고정된 형식 또는 이용할 만한 수단으로 간주한다면 오산이다. 대중은 국민적 해방을 바라며 자신의 변혁을 염원하기 때문에 오히려 한편에서는 전통과의 단절이 요구된다. 그리고 단절을 이루려면 그 자체로서는 단절할 수 없는 전통이 필요하다. 전통은 혁신이 자신을 실현하는 장이다. 국민문학 실현의 장이다. 기술로 어떻게 해 볼 성질의 것이 아니다.

『근대문학』일파가 국민문학이라는 형태로 문제를 포착하지 못했던 것은 앞서 말했듯이 문단문학만을 대상으로 삼아 그 내부의 전근대성을 지적하는 데 그쳤기 때문이다. 그렇게 하면 해결책은 자아의 확립, 근대적 시민으로의 해방밖에 나오지 않는다. 그 이상의 국민적 연대로는 발전하지 못한다. 물론 자유로운 개인이 국민의 단위이니 논리적 순서로야 그런 지적이 타당하겠지만, 실제로 개인의 해방과 국민(민족이라 해도 좋다)의식의 발생은 대개 동시에 진행된다. 그리고 그것은 봉건제와 투쟁하는 과정에서 발생한다. 동양의 후진국이라면, 중국이 전형적으로 보여 주듯이 식민지 독립이라는 요소가 여기에 더 추가된다. 그렇지만 독립과 통일은 불가분의 관계. 봉건적 분열을 내버려 둔 채 독립은 불가능하며, 독립을 추구한다면 응당 내부에 남아 있는 봉건제 요소를 척결해야 한다. 개인의 독립은 국민적 연대의식과 떨어져서는 실현되지 않으며, 그 역도 참이다. 개인만을 추상해서 뽑아내는 문학이라면 신분제와의 싸움을 피해서 생겨난 것이니 그 자체가 특권적 의식의 산물이다. 유독 『근대문학』만이 아니라 『신일본문학』도 포함해 일본의 문단 문학을 지배한 근대주의적 경향은 그렇게 만들어졌다. 이 점에서 나는 "근대적 자아확립의 문학, 소시민적 자기형상의 문학이 민족을 위한 문학, 국민을 위한 문학으로 바뀌어야 한다"는 나가즈미 야스아키永積安明 씨의 견해(『문학』 1952년 3월 호)에 반대했던 이토 세이 씨의 "민족을 위한 문학과 근대적 자아확립의 문학이 이질적이라서 대립한다고 생각할 수는 없다"는 의견(「왕복서신」)에, 그 한에서는 원칙적으로 동의한다.

다만 이토 씨의 의견에는 사실 이런 생각이 바닥에 깔려 있다.

> 전후인 오늘날의 문학작품에 대해 말하자면, '독립'이라는 말을 계기 삼아 정치적 그리고 정서적으로 일고 있는 국민문학적 사고방식을, 저는 그대로 수용할 수는 없습니다. 「왕복서신」

우스이 씨도 동일한 의견을 제시했다.

> 민족의 독립이 무릇 문화 창조와 관련된다는 사실이 오늘날 잊어

서는 안 될 중차대한 문제임을 결코 의심하지 않는다. 그러나 그렇다고 좌익 정당이 어느 단계에서 필요로 하는 정치적 프로그램을 고스란히 문학에 적용해서 그때마다 평가의 기준이 바뀌는 문학적 입장이라면 나는 신뢰할 수 없다. 문학 평가라면 모르되 문학 감상마저 정치적 프로그램으로 좌우하려 든다면 도저히 용납할 수 없다. 이런 사정으로 국민문학을 성급하게 제창하는 동향을 솔직히 받아들이기 힘들다. 『군상』 1952년 7월 호

두 발언 모두에 공감한다. 문학 아닌 것이 문학에 '독립'을 강요한다면 나도 반대다. 그것을 위한 국민문학, 수단으로서의 국민문학이라면 반대다. 그런 문학은 '자아확립의 문학'을 담지 못하며 봉건제와 투쟁하지도 않기 때문이다. 애초 문학이라고 부를 수도 없기 때문이다. 그런 주장이 나오는 바탕에는 구라하라 고레히토藏原惟人 씨로 대표되는, 일본의 현실을 분석하는 데서 출발하지 않고 근대적 계급대립이라는 도식을 직수입한 방법이 자리 잡고 있다.(『신일본문학』 1952년 5월 호에 실린 구라하라 씨의 「예술에서 계급성과 국민성」은 국민이라는 새로운 개념을 도입해 『예술론』을 자기비판했지만, 이때의 국민은 스탈린의 규정에서 연역한 것으로 여전히 근대주의적 사고방식에 입각해 있다.)

그렇다면 문학에서 독립이란 무엇인가 하는 문제가 되겠는데, 이를 분명히 하려면 그 반대 개념인 식민지성을 생각해 보는 편이 좋겠다. 나는 일본 문학의 현 상황이 식민지적이라고 본다. 그러나 점령을 당해 갑자기 식민지가 된 것은 아니다. 식민지화에 대한 저항을 포기했을 때 이미 시작되었다. 대체로 『시라카바』 이후가 그랬고, '신감각파' 이후 두드러졌으며, 전쟁 중 완벽한 노예성을 발휘했을 때, 그로써 전후에는 완전한 식민지가 되었다. 일본 문학은 전쟁을 벌일 때마다 비약적으로 발전

했다고들 하는데 식민지성이 그리 만든 것이다. 그때마다 심각할 정도로 반식민지 투쟁을 방기한 까닭이다. 문학에서 식민지성은 민족과 매개되지 않는 세계문학의 표상이 얼마나 횡행하는지를 보면 알 수 있다. 오늘날처럼 그 표상이 완벽하게 투영된다는 건 지금이 완전한 식민지임을 보여 준다. 나는 개개의 사건을 말하려는 게 아니다. 작가나 비평가가 사소설적 방법을 취하지 않으면 방법에서부터 이미지마저 외국에서 빌려 오는 일반적 상황을 두고 하는 말이다. 창조성을 잃어버렸다. 문학에서 독립이란 이 창조성을 회복하는 일이 아니면 안 된다. 그리고 창조의 근원이 민중의 생활에 있음은 자명한 이치다. 고로 창조성을 회복하기 위한 노력은 문학을 국민적으로 해방하는 일과 실천적으로 일치한다.

'민족의 독립'이 중요하다는 건 우스이 씨도 인정했고, 이토 씨도 이견이 없을 것이다. 다만 그 둘 모두 이 정치적 용어를 날것 그대로 문학 내부에 강요하려는 움직임에 불편함을 느끼는데, 그 느낌은 내게도 있다. 그렇게 하면 문학이 독립이라는 기능을 잃고 마는, 즉 문학을 인정하지 않는 셈이기 때문이다. 문학의 과제를 말하자면, 어디까지나 문학의 국민적 해방이 첫 번째 목표여야 한다. "민족적이고자 국민적이고자 했던 문학과 예술 가운데 제대로 된 것이 하나도 없다. 그러나 위대한 문학, 위대한 예술로서 민족적이지 않고 국민적이지 않은 것은 하나도 없다. 이 점만은 명명백백하다."(우스이 요시미, 『군상』)

나는 앞에서 근대주의적 경향이 문학의 근본 문제를 인식하는 데 방해가 되고, 문학이론을 불모로 만든 원인이라고 지적했다. 그러면 근대주의란 무엇인가가 문제인데, 이와 관련해서는 전에 쓴 내용이 있고 또 문학사를 평가하는 문제와도 관련이 있어 따로 검토할 예정이니 여기서는 다루지 않겠다. 하지만 전혀 언급하지 않을 수는 없으니 앞으로의 토론을 위한 단서로 나와 거의 비슷한 의견을 소개해 둔다.

구와바라 다케오의『제2예술론: 현대 일본 문화의 반성』, 나카무라 미쓰오의『풍속소설론』과『후타바테이 시메이론』 같은 책들을 염두에 두고 하는 말인데, 이들의 업적은 대개가 미래의 일본 문학을 창조하기 위해 현대 일본 문학의 저변에 도사린 전통의 문학개념과 문학형식을 철저히 부정한 것으로, 이 사람들의 양식과 선의만큼은 누구라도 인정할 것이다. 그러나 그들이 내놓은 정연한 논리에도 불구하고 거듭 읽어 봐도 납득되지 않는 부분이 여전히 남는다. 왜일까? 곰곰이 생각해 보면 이들 주장의 근저에는 대체로 공통되는 어떤 하나의 착오 혹은 그 착오를 과감히 무시하고 지나가려는, 이를테면 낙천주의라고도 표현할 만한 것이 있지 않나 싶다. 솔직히 말해 그들의 태도는 문학사에서 이른바 근대적 인간의 해체, 근대적 자아의 붕괴가 공공연한 현실로 인정되는 오늘날, 현대 일본 문학의 재건 내지 재출발의 방향을 서구적 근대, 특히 19세기 식의 충실함과 완성도를 향해 완전히 직선으로 그리려는, 이른바 끝나지 않는 꿈을 좇는 양 보인다. 다만 현대의 붕괴와 퇴폐의 현실을 안이하게 긍정하고 오히려 역이용하는 방향에서 자기주장의 새 길을 발견하려는 전후 문학의 대세를 감안한다면, 이들의 이른바 고전주의적 태도에는 분명 일단의 건전함 내지 양식이 담겨 있다. 혹은 여전히 근대 이전의 협소함과 완고함이 지배하는 저 배단俳壇·가단歌壇·문단文壇 등의 작은 세계에서는 적잖은 '진보성'마저 지닌다. 하지만 그렇더라도 논하고 있는 바가 새로운 문학을 창조해야 하는 당면한 현실에 별 도움이 되지 않는다는 사실은 이들의 결정적 약점이 아닐까.

이노 겐지猪野謙二, 「일본문학 연구의 현상과 문제」, 『문학』 1951년 12월 호이 글에서 "근대적 인간의 해체, 근대적 자아의 붕괴가 공공연한 현실"이라 적힌 대목은 나의 생각과 다르다. 현상적으로 그렇게 보이더라도 나는 역시 전근대성에 본질적 문제가 있다고 생각하기 때문이다. 그러나 근대주의에 관한 평가라면 대체로 동감이다. 이노 씨는 뒤이어 근대주의가 발생한 근거를 일본 근대화의 특수성에서 찾고 있는데, 이에 대해서도 이론은 별로 없다. 그리고 또 한 가지 견해를 밝힌다.

> 근대주의적 발상에서 그러긴 했지만, 가령 나카무라 미쓰오가 프롤레타리아문학을 두고 "그러나 정치한 혁명이론의 힘을 빌려 문학의 사회적·계급적 위치와 사명이 지니는 분명한 의의를 밝힐 수 있었지만, 우리나라 근대소설의 특수한 왜곡에는 완전히 무신경한 나머지 사소설 작가의 자아가 비사회적이라고 맹렬히 공격하면서도 그런 문학적 자아가 발생하는 밑바탕에 관해서는 어떠한 의문도 품지 않았다. 거꾸로 이를 하나의 '문학적 유산'으로 받아들여 그 형태 그대로 사회화하고자 도모한 까닭에 이 근본적 모순은 전후인 오늘날에도 여전히 해결되지 않고 있다"(『풍속소설론』)라며 제기한 의문에 대해서도 민주주의문학 진영은 이를 한층 래디컬하게 받아들여 근대주의의 한계를 넘어서는 보다 래디컬한 해결책은 찾아내지 못했다. 다시 말해 민주주의문학은 지금까지의 모든 문학적 유파와는 차원을 달리해서 성립하는, 완전히 새롭고 독자적인 문학사조여야만 하며, 또한 그럴 수 있다고 하더라도 이론적으로 그 기초를 닦는 일은 역시 "정치한 혁명이론의 힘을 빌려" 이루어지니 문학이론의 전개는 여전히 불충분하다고 해야 하지 않을까.

> 마루야마 세이丸山 靜, 「민족문학을 향한 길」, 『문학』 1951년 9월 호

마루야마 씨의 의견에 대체로 동감한다. 다만 나는 마루야마 씨만큼 민주주의문학에 동정을 품고 있지 않다. 마루야마 씨 역시 근대주의의 발생 근거를 문제 삼는다. "가령 다야마 가타이* 등이 천황제 지배 아래서 반노예나 다름없었던 자기 자신을 섣불리 순수한 '근대인'이라며 과도하게 자각한 지점에 자연주의문학이 확립된 동기가 있었다"라는 역사적 평가는 그대로 근대주의의 발생을 설명한다고 말할 수 있다. 이것도 대체로 동감이다.

근대주의는 전근대적 사회, 결국 신분제로부터 해방되지 않은 사회에 근대가 바깥에서 들어오며 생기는 의식현상이다. 그 실례는 러시아와 중국에 많다. 일본만큼 뼈마디가 쑤시고 아픈 지경은 아닐지라도(이것은 일본의 역사적 상황에서 비롯한다), 어쨌건 일본만의 특수한 현상은 아니다. 따라서 근대화를 실현하려면 이를 극복해야 한다는 법칙은 일본에도 들어맞으리라. 문학의 경우, 역시 국민문학이 형성되는 시기가 그때다. 다만 오늘날 일본의 '대중노선'론자처럼 또 다른 근대주의 도식으로 치환하는 식이라면 그 극복은 요원하리라.

1952년 8월

---

* 다야마 가타이田山花袋 1871~1930. 소설가. 일본 자연주의문학을 개척한 작가로 평가된다. 1907년의 『이불』은 적나라한 현실묘사를 보여 주었고 이외에도 『생』生, 『처』妻 등의 작품이 있다.

생활과 문학

1. 왜 문제를 제기하는가

지금 우리 일본인의 문학생활이 어떠한지를 여러 각도에서 살펴보는 것이 이 글의 전체적 목표다.

　문학생활이라는 특별한 생활이 있는 것은 아니다. 그런 것은 있지도 않고 있어서도 안 된다. 그저 우리 국민은 매일 땀 흘려 일하고 가까스로 자신과 가족의 끼니를 해결하며 하루하루를 보내고 아이를 낳아 기르지만, 그동안 사고를 하지 않는 것은 아니다. 느끼지 않는 것은 아니다. 희로애락의 감정은 만인이 동일하게 가지고 있다. 슬프고 기쁘고 그렇게 우리의 감정은 움직인다. 일이 생기면 그에 따라 흔들린다. 슬플 때 울고 기쁠 때 웃는 것이 자연의 이치다. 울었다고 해서 웃었다고 해서 생활이 어떻게 바뀌지는 않는다. 그저 울고 싶어서 울고, 웃고 싶어서 웃을 뿐이다. 생활은 쉼 없이 이어지고, 그 속에서 이런 감정도 쉼 없이 이어진다. 그러나 그것은 그 한 사람 한 사람에게는 둘도 없이 중요하다.

　슬플 때는 위로받고 싶어진다. 기쁠 때는 그 기쁨을 남들에게 전하고 싶어진다. 위로받아도 슬픔이 줄지 않고, 남에게 전해도 기쁨이 늘지 않지만 그리하지 않을 수 없으니 그리할 뿐이다. 이러한 욕망 또한 자연의 이치다. 물론 우리는 자연의 이치대로만 움직이지 않는다. 슬픈데 슬프지 않은 척하기도 하고, 기쁨을 혼자서 숨기기도 한다. 자연에 반하는 행동을 일상으로 하고 있다. 이것은 억압에 따른 것이며, 그 억압은 주로 우리의 사회생활과 그 축적에서 연원한다. 따라서 억압받지 않는 아이나 원시인에 비해 우리의 감정생활은 복잡하다.

실은 이러한 감정생활의 복잡함이 문학의 단서다. 희로애락이 일시적 발작으로 끝날 뿐이라면 문학은 태어나지 않는다. 아이와 원시인에게 문학생활은 없다. 감정이 지속되고 아울러 억압으로 굴절되는 일이 얼마간 보편화되고, 그 감정이 표현으로 정착했을 때 문학이 성립한다. 따라서 문학은 인간의 감정을 보편화하고 정착시킨 것이라고도 말할 수 있다. 이것이 발생의 측면에서 파악할 때 문학에 관한 소박한 정의다.

문학을 이런 식으로 정의하면 독자를 깔보는 것이라고 생각할지도 모르겠지만, 내 의도는 그런 게 아니다. 이처럼 소박한, 그러나 중요한 사실이 망각되기 십상이고 거기에 문학의 불행이 있다고 보는 것이다.

만일 오늘날 사회가 안정되어 있고 인간 정신의 모든 기능이 막힘없이 원활하게 작동한다면, 문학의 문제를 생각할 때도 이처럼 소박한 조건은 일단 자명한 것으로 간주하고 그냥 넘어가도 좋을 것이다. 실제로 우리는 최근까지 그러한 상태로 지냈다. 그런데 지금은 그러기가 어려워졌다. 일본 문학은 위기에 놓였다. 위기에 놓였다기보다 문학의 상실 상태가 나타났다고 말하는 편이 나을지도 모르겠다. 그만큼 문제가 심각하다. 상황이 이렇다면 성립 조건을 덮어 두고 문학의 틀 안에서만 생각하고 있을 수 없다. 문학을 구해 내려면, 즉 새로운 문학을 만들어 내려면 아무래도 틀 바깥으로 나와 발생의 근거로 되돌아가서 사고할 필요가 있다.

일본 문학이 위기에 있다거나 문학의 상실 상태가 나타났다고 말하면, 많은 사람이 분명히 아니라고 할 것이다. 문운文運이 융성하는 현

상황을 바라보며 문학이 없다는 따위의 주장은 허튼소리라고 할 게 분명하다. 그러나 내게는 반대자가 문운 융성을 운운하는 현상이 문학 상실의 상태로 보인다.

과연 보기에 따라서는 오늘만큼 문운이 융성한 시대는 일찍이 없을 것이다. 소설로 불리는 것들이 오늘처럼 대량으로 생산되는 시대는 없었다. 번역서를 포함한 문학작품의 팔림새는 놀랄 만큼 늘고 있다. 문학의 독자층이 넓어졌으며, 특히 부인 독자가 현저하게 늘었다. 문학전집이라고 이름을 달고 나온 것들이 베스트셀러 상위를 독차지하고 있다. 각 신문이 조간과 석간으로 모두 네 편씩 소설을 연재하는 것도 전에 없던 일이다. 그에 동반해 작가의 사회적 지위도 높아졌다. 옛날에는 '문사'文士라고 하면 이단자 취급을 당했지만, 이제 작가는 괜찮은 직업처럼 보이고 고액소득자 순위에 들어도 당연시된다. 작가가 되겠다고 나섰다가 부모로부터 의절당할 걱정은 사라졌고, 오히려 입신출세의 지름길로 장려될 정도다. 분명 문운은 융성하고 있다고 말해야 할 것이다.

이러한 문운 융성의 현상을 한마디로 타락이라고 단정할 생각은 없다. 거기에는 건전한 요소도 포함되어 있다. 예를 들어 부인 독자가 늘어난 것은 부인의 사회적 지위가 높아졌음을 보여 주니 반겨야 할 일이다. 또한 작가의 지위가 향상된 것도 설령 그것이 투기열을 부추기더라도 그처럼 일시적인 악영향을 논외로 한다면, 역시 작가가 정당한 직업으로서 인정받게 되었다는 사회적 통념의 시정是正이라는 점에서 커다란 진보로 봐야 할 것이다.

그러나 한편에서는 이러한 문운 융성이 문학을 타락시킨다는 사실도 인정하지 않을 수 없다. 수적 팽창이 질적 저하를 수반하는 것이다. 질이라는 것은 기술이 아니다. 기술이라면 향상되는 부분도 있다. 그게 아니라 문학의 본래 내용, 즉 생명을 잃어 가는 중이며 그래서 타락이라고 부르는 것이다. 문학이 겉보기에 번창하는 만큼 타락은 깊어진다. 타락이란 생명의 상실로 향하는 움직임이다. 이것은 생명현상이니 당연히도 그 속에 있는 사람은 알아차리지 못한다. 그러나 한 걸음만 밖으로 나와서 보면 타락은 눈에 뚜렷하게 들어온다.

무엇을 두고 타락이라 일컫는 것인가? 인간의 희로애락을 보편화하고 표현을 입혀 정착시킨다는 문학의 본래 기능이 전혀 발휘되지 않거나 혹은 조금밖에 역할을 못하고 있다. 적어도 문운 융성이라는 문학의 양적 진보에 비하건대 그에 따른 질적 진보가 이뤄지지 않았다. 문학은 생산과잉으로 거리에 흘러넘치지만, 우리는 그 안에 있으면서도 내적 욕구의 표현을 찾다가 지쳤고 여전히 허기져 있다. 잔뜩 진열된 식품을 창 너머로 바라보는 배고픈 아이 신세다. 혹은 망망대해 한복판에서 난파선 위에 올라 물 한 잔이 애타는 선원이 오늘날 우리 국민의 모습이다.

이 상태를 타개해야 한다. 문학이 위기라는 것은 국민의 정신생활이 불구라는 것이다. 일부 문학자만의 문제가 아니라 국민 전체의 문제다. 따라서 이 상태는 국민 전체의 힘으로 타개해야 한다. 그리고 그중에서도 문학자의 책임이 특히 무겁다는 점은 두말할 나위도 없다. 왜냐하면 직업으로서의 문학자는 인간의 사회생활에서 불가결한 문학이 막힘없이 기능하도록 민중이 의탁한 전문기술자이기 때문이다. 문학자가 '감정의 조직자'라거나 '영혼의 기사'로 불리는 것은 그 까닭이다. 만약 문학자가 이 의탁을 거역한다면, 그는 민중이 문학자로 인정해 주지 않을 것이다.

일본 문학의 위기를 타개하고 문학의 사회적 기능을 회복하려면 먼저 병의 상태를 분석하고 그에 따라 병의 원인을 밝혀내야 한다. 현상을 정확히 분석하지 않고서는 대책이 나오지 않는다. 병의 원인은 어디에 있을까? 병상의 복잡함으로 짐작하긴대 진단하기란 무척 어려울 것이다. 문학의 고유 영역을 아무리 정밀하게 분석하고, 거기서 관철되는 내부법칙을 끌어내 보아도 그것만으로는 오늘날처럼 악화된 상태의 근원을 파고들 수 있으리라고 기대하기 어렵다. 아무래도 문학의 발생지반으로까지 거슬러 올라가 일본인의 문학생활이라는 미지의, 장막에 가려진 영역에 메스를 들이대지 않으면 안 될 것이다. 의식의 혼돈 상태를 해부하고 생활과의 관련성을 풀어내지 못한다면 근본 치유책은 발견할 수 없다. 그것은 어려운 일이지만, 역시 해야 할 일이다. 특히 민중의 의탁을 받은 문학자가 먼저 나서야 한다.

2. 문제는 어디에 있는가

문학이 인간의 정신활동 가운데 한 가지 측면임은 의심할 수 없다. 따라서 문학은 생활과 닿아 있다. 문학이 생활 자체는 아니지만 생활과 무관하지도 않다. 문학은 인간의 생활로부터 생겨나며 생활 없이 문학은 존재하지 않는다. 먼저 생활이 있고 다음에 문학이 있다. 그 역일 수 없다.

다만 문학은 직접적 생활로부터 독립하지 않으면 문학으로서 성립할 수 없다. 그리고 독립한 문학, 즉 고유한 의미에서의 문학은 예술, 사상 등 인간 정신활동의 모든 산물이 그러하듯 고유하게 운동하고 또한 역으로 생활에 향해 작용한다. 생활로부터 생겨나 생활을 향해 움직인다. 이 작용은 양면인 동시에 일면이다. 이를 두고 문학상의 표현으로 창작과 향유라고 한다.

생활로부터 말하자면, 문학을 낳음으로써 문학에 작용할 수 있다. 문학으로부터 말하자면 생활로부터 만들어져 생활에 작용한다. 이런 관계인 것이다. 그리고 그 과정은 끊임없이 반복된다. 개인으로서도 사회 전체적으로도, 또한 역사적으로도 그렇다. 과정이 아무리 복잡해져도 단순한 형태로 환원해 보면 이러한 원리다. 이것은 문학론과 문학사를 통해 배우지 않더라도 아이를 관찰하거나 자신을 관찰하면 경험적으로 알 수 있는 바다.

아이들은 감정이 솟으면 노래한다. 그 노래는 종종 즉흥적인 자작곡이다. 원시인도 분명 그랬을 것이다. 그러던 것이 교육을 받아 지능이 올라가고 생활에 여유가 생겨 문화가 축적되면 노래도 능란해지고, 노래를 전문으로 하려는 이도 나온다. 문학이 독립해 창작과 향유가 분리되는 단계에 이른다. 그러나 이 분화는 한 번으로 끝나는 게 아니라 끊임없는 분화와 집합과 재분화가 의식하든 의식하지 않든 진행된다. 오늘날 전문적인 창작자와 그 향유자인 대중은 분명히 나뉜 것처럼 보인다. 그러나 잘 관찰해 보면 향유의 작용에는 반드시 창작의 계기가 포함되며, 한편 직업으로서의 작가도 창작의 과정에서 향유를 거친다. 때로 창작자 측에 서고 때로 향유자 측에 선다는 형태로 연속되는 과정이 없으면 창작은 불가능하다. 이 형태는 아이나 원시인의 경우와 같으며, 그것이 복잡해진 것에 불과하다. 향유자 쪽도 자신이 창작적 욕구를 활용하거나 창작의 과정을 이해한다면 향유가 그만큼 완전해진다는 것을 일상의 경험으로 누구나 알고 있기 때문이다.

"살아 있는 만물 중 노래하지 않는 것 있으랴"라는 『고금집』古今集 서문의 유명한 구절이 있는데, 이는 문학의 발생 근거를 제대로 표현하고 있다. 스스로 노래를 짓기 때문에 타인의 노래를 이해할 수 있다.

현재 일본 문학은 일본인의 심정을 담아 내는 데 성공하지 못하고 있고, 문학이 그 기능을 상실하고 있고, 즉 문학의 위기가 도래하고 있고, 그리하여 일본인의 정신생활이 불구가 되고 있다. 이것은 앞서 말했듯이 창작과 향유의 상관관계가 잘못되었다는 데 원인이 있다는 것이

나의 판단이다. 생활과 문학의 관계가 끊겨 있는 것이다. 문학에 뿌리가 없다. 뿌리 없는 문학의 꽃은 반드시 시든다. 시들고 있는 중이다. 그런데 새로운 싹은 아직 트지 않았다. 이런 상태가 아닐까 싶다.

문학이 사회적으로 유효하게 작용할 때는 문학자가 자신의 생활 혹은 타인의 생활을 관찰하고 생활이라는 뿌리로부터 영양을 흡수해 문학의 꽃을 피울 수 있다. 인민 생활의 감정이라는 사소한 주름까지도 예술적 형상화를 통해 표현할 수 있다. 이는 창작과 향유의 관계가 적절한 경우다. 따라서 자연스럽게 작가가 얼마나 제대로 표현했느냐는, 작가의 기술만이 문제로 놓이며 이 문제는 문학의 고유 영역에서 정리할 수 있다.

그런데 오늘처럼 일반적인 문운 융성의 현상과 일반적인 문학의 불모 상태가 나란히 진행되면 문학 고유의 영역에서는 정리할 수 없게 된다. 개별 작가의 기술이 능숙하다든가 미숙하다든가만이 아니라 보다 큰 문제가 발생한다. 즉 무엇이 창작과 향유라는 사회적 분업의 조정을 저해하고 있는가, 저해받고 있음에도 불구하고 그 저해를 눈치채지 못한 채 작가라는 직업에서 비롯되는 타성만으로 창작을 하고 있으니 인민의 생활로부터 점점 더 유리되는 게 아닌가? 이런 의문이 일어나는 것이다.

저해의 원인은 무척 복잡할 것이다. 그중에서 가장 중요한 것은 오늘날에는 창작자와 향유자, 즉 사회적 분업으로 격절된 작가와 독자의 관계에서 지금까지와 같은 분업으로는 처리하기 어려운 변화가 일어났다는 것이리라. 오늘날 사회의 내부에서 새로운 사회가 태동해 사회생활이 분열하고 있다. 이것이 문학에 영향을 미쳐 창작과 향유의 낡은 관계가 동요하고 해체와 새로운 발생을 재촉당하고 있다. 다만 이것은 세계적 현상이지 일본만 그런 것은 아니다.

또 한 가지 생각할 수 있는 것은 창작과 향유의 체계, 특히 창작 체계의 특수화다. 대중전달 조직의 발달이 특수화를 재촉하는 요소다. 오늘날 창작자와 향유자 사이에는 저널리즘이라는 무인격의 강력한 의지가 끼어들었다. 저널리즘이 작가에게 명령하고 작가는 그 의지에 종속되어 독자와의 직접적 유대를 상실하고 있다. 이 의지는 작가를 수족으로 삼을 뿐 아니라 독자마저 인위적으로 만들어 낼 만큼 강력하다. 옛날처럼 살롱이나 일터, 길가에서 작가와 독자가 소통하는 창작과 향유의 교환 과정은 이제 찾아보기 힘들다. 전국에서 같은 영화를 보고, 같은 라디오를 듣고, 같은 신문을 읽으며 정렬해 국민 대다수는 자신의 감정생활까지 규격화된 모델에 맞춰야 할 형편이다.

하지만 이 또한 정도의 차이야 있겠지만 세계 각국에서 공통된 현상이지 일본인의 문학생활에만 해당되는 이야기가 아니다. 따라서 현대 일본 문학의 불모성을 이러한 이유만으로 설명할 수는 없다. 그와 별도로 일본에는 말하자면 일본만의 특수 사정이 틀림없이 존재한다. 그것이 위와 같은 조건으로 인해 박차가 가해지고 확대되는 것이다.

일본만의 특수 사정이란 무엇인가? 이 또한 간단히 단언할 수 없지만, 생활로부터 바라보건대 대략 두 가지를 들 수 있다. 국민적 빈곤과 봉건성의 압박이다. 거기에 최근에는 미국의 지배에 의한 식민지화라는 요소가 더해지고 있다.

국민적 빈곤에 대해서는 설명할 필요가 없겠지만, 그것이 문학생활에서 어떻게 드러나는지는 간단히 밝혀 두겠다.

일본은 세계에서 유수한 의무교육이 보급된 나라다. 문맹률은 아주 낮다. 국민 대다수가 일상적인 읽기와 쓰기를 할 수 있다. 하지만 그렇다고 문학적 훈련을 받고 있는 것은 아니다. 과거의 교육은 오로지 교육칙어 이데올로기의 일방적 주입을 목표로 속독식의 교수법을 취했다.

교재를 보더라도 살아 있는 문학 교재는 채용하지 않았다. 우연히 개인적으로 문학에 눈뜨는 기회를 얻은 소수를 제외하고는 대다수가 문학이 무엇인지를 알지 못하고, 오히려 문학을 죄악시하는 고정관념이 주입된 채 학교를 마친다. 졸업 후에도 소수의 예외를 제외하고는 개안의 기회를 얻지 못한다. 문학적 경험을 겪지 못하고 감정은 억제해야 마땅하다고 믿는 채로 일생을 보낸다. 가난하니 책 같은 것은 못 사고 노동이 과중해 읽을 시간도 없다. 당연하게도 창조의 기쁨과는 완전히 동떨어져 있으며, 편지 한 장 쓰는 일조차 고통이다. 이러한 국민이 다수며, 그러한 수동성에 편승해 오늘날에는 매스미디어가 삼투하고 있으니 문학이 파고들어갈 여지는 좀처럼 없는 것이다.

전후엔 이러한 사정이 상당히 변하기는 했다. 문학교육을 봐도 가령 교재는 크게 개선되었다. 학교교육뿐 아니라 사회교육에서도 문학을 죄악시하는 통념은 줄어들고 있다. 하지만 문학이 대중에게 문학의 본래 기능인 감동을 체득시켜 그리된 것은 아니다. 대체로 전반적 빈곤에서 비롯되는 문학 외면 현상은 오늘날에도 그다지 달라진 것이 없다는 게 나의 판단이다.

또 한 가지, 봉건성의 압박도 특별히 설명할 필요가 없는 일이다. 일본에서 형식상의 신분제는 폐지되었지만 마음의 습성으로는 여전히 남아 있다. 전후 개혁에도 불구하고 천황제라는 거점이 남아 있고 오늘날에는 실질적 부활이 조장되고 있다. 이것이 문학에서 근대화의 완성, 즉 단일한 국민문학의 성립을 근본적으로 방해하고 있다.

일본의 국민은 계층에 의해, 지역에 의해, 직업에 의해 서로 분열되어 있다. 공통의 심정을 갖지 못하며, 공통의 심정을 공통의 언어로 표현하지 못한다. 이 분열이 의식 면에 반영되어 이데올로기적으로 상호 분열이 진행 중이다. 나아가 그것이 개인에게 반영되어 한 개인 안에서 육체와 정신, 사상과 감정, 미의식과 가치관 등이 분열되고 있다. 매우 높은 이성의 소유자가 비속한 문학의 애호자이거나 반대로 풍부한 문학관의 소유자가 실생활에서 성격파탄자이거나 하다. 문학자 또한 예외가 아니다.

순수한 봉건사회에서는 각각의 계층, 지역에 따른 소집단마다 일정한 질서가 존재해서 이런 혼란을 겪지 않았다. 문학에서 창작과 향유의 관계도 나름대로 자율성을 유지하고 있었다. 봉건제가 틀만 제거되고 알맹이는 고스란히 온존된 데 오늘날 같은 혼란의 원인이 있는 것이다.

문학자라면 본래 이러한 체계를 향해 도전해야 했다. 인간을 억압에서 구하지 않고서야 근대문학은 성립하지 않는다. 이것은 문학의 본래 사명이자 문학의 근원을 배양하는 것이기에 문학자는 어떻게 해서든 이 목표를 향해 돌진해야 했다. 그리고 돌진한 소수의 선각자가 있었다. 그러나 대부분은 얼마간 뒤틀린 끝에 이 저항을 포기했다. 포기했을 뿐 아니라 봉건적 권력 지배에 굴복하고 종속되고, 나아가 봉건적 권력 지배를 비호하기도 했다. 특히 제2차 대전 중에 심각했다. 문학이 스스로 창조의 뿌리를 끊은 것이다. 오늘날 문학의 상실 상태는 그 연장 위에 다른 요소가 더해져 초래된 결과다.

이상과 같은 두 가지 조건으로 인해 일본은 반영구적으로 미국의 실질적 지배 아래 놓이게 되었다. 동시에 식민지화되자 이 조건들이 강해지기도 했다. 그만큼 인민의 생활은 더욱 괴로워졌다. 그러나 한편에서는 환상으로써 그 괴로움을 달래려는 심리도 강해지고 있다. 이것이 겉보기에 문학이 부흥하는 현상을 초래한 사회적 원인이다. 이러한 문학은 생활 속에서 움트는 진정한 창조력과는 무관하다.

이처럼 여러 조건 때문에 잃어버렸던 문학의 창조적 에너지를 회복하려면, 아무래도 일본인이 영위하는 문학생활의 실태를 밝히는 데서 시작해야 할 것이다. 일본인의 생활조건과 그 조건으로부터 나오는 문학적 요구와 그 요구에 부응하는 혹은 부응하지 못하는 문학의 형식들을 밝혀내야 한다. 더구나 그 부응관계 속에서 어떠한 형식이 어떠한 효과를 낳는지를 밝혀내야 한다. 그것을 국민의 각 계층에 따라, 아울러 역사적으로 거슬러 오르며 검토해야 한다. 지난한 과제지만, 피할 수 없는 과제다.

민중은 자신의 문학적 요구에 부합하는 문학이 현재 존재하든 존재하지 않든 욕구를 충족해야 한다. 어떤 물이든 목이 마르면 마시지 않을 수 없다. 그냥 그 자리에 있는 쟁반을 두들기며 나오는 대로 노래를 부르지 않을 수 없다. 빈곤과 인습도 희로애락을 표현하려는 그들의 욕구를 가로막을 수 없다. 괴로우면 괴로운 대로, 슬프면 슬픈 대로 그것은 노래가 된다.

문학자는 이러한 민중의 감정생활과 표현욕구에 책임을 져야 한다. 시대의 모든 문학적 표현을 책임져야 한다. 이른바 문학작품만이 아니라 법률의 조문, 관청의 공문서, 학술 논문 등 문자에 의한 모든 표현이 초래하는 문학적 효과는 문학자의 책임사항이다. 그것은 민중의 감정생활과 무언가의 관계를 갖기 때문이다. 이를 위해서는 창조와 향유의 관계를 그 기반인 생활의 장으로 끌어와 재고하고, 일체의 수식을 씻어낸 뒤에 남는 근본의 것을 찾아내야 한다. 그 방향으로 노력하지 않고서는 과도기에 문학의 창조력을 회복한다는 오늘날의 긴박한 과제를 성취할 수 없다.

1953년 11월

문학에서 독립이란 무엇인가

1. 문제 제기와 취급의 방식에 관하여

'문학에서 독립이란 무엇인가'— 얼핏 보면 무척이나 당혹스러운 제목이다. 성가시다는 인상을 줄지도 모르겠다. 그러나 사람들을 놀라게 할 작정은 아니다. 극히 평범한 그리고 내게는 몹시 절실한 한 가지 문제에 관해 나름의 의견을 밝히고 싶을 따름이다.

아주 적은 몇 사람을 제외한다면 오늘날 일본이 독립을 잃고 다른 나라의 예속 아래 놓여 있다는 데 이의를 달지 않을 것이다. 예속은 싫다, 독립하고 싶다고 염원하지 않는 자도 소수의 예외 말고는 없을 것이다. 그렇기는 해도 예속을 몸서리칠 정도로 실감하고 독립을 생의 본능으로 염원하는가 하면 그 또한 의심스럽다. 정직하게 말해 우리의 감각은 아직 그 정도로 예민하지 않으며, 우리의 염원도 모호한 구석이 많다. 이는 역사적으로 형성된 우리 일본인의 심리적 타성에 따른 것이다. 그러나 지금 같은 상황이 지속된다면 예속감은 점점 우리 육체 속으로 스며들고 독립을 향한 염원은 점점 안에서 달아오를 것이다. 이 점을 의심하는 자도 극히 소수의 예외 말고는 아마도 없지 않을까 싶다.

독립은 일본 국민 전체의 염원이다. 현 상황은 그렇지 않을지 모르지만 한 가지 가능한 표현으로 생각해 주길 바란다. 하지만 도리어 예속을 반기는 풍조도 존재하는 게 사실이다. 따라서 국민 전체가 독립을 염원한다는 말은 지나칠지도 모르겠다. 예속으로 이익을 챙기고 그래서 예속을 반기는 이들이 일본 국민 안에 실제로 있다. 계급으로 본다면 군수 하청 자본가들, 그와 연루된 금융 자본가들 그리고 그 정치적 대변자들이다. 다만 그들이 언제까지고 매국노일 거라는 생각도 잘못이다. 그들조차 하청보다 자기 일을 벌이는 쪽이 유리하다는 사실쯤은 알고 있다. 안팎의 조건에 따라서는 그들 또한 애국자일 수 있다. 그럴 가능성이 몹시 낮기는 해도 아예 없지는 않다. 따라서 독립이 국민적 염원이라는 판단은 앞날에 대한 전망을 포함한 것이므로 틀리지 않았다고 생각한다.

그런데 독립이란 어떤 상황일까, 무엇을 독립의 목표로 삼을까, 독립이라는 것에서 어떤 이미지를 떠올려야 할까에 이르면 저마다 내놓는 답변이 달라진다. 누구는 전전의 일본을 독립이라 여기고, 누구는 전쟁이 끝난 직후 파시즘에서 해방되던 순간을 이상으로 기린다. 나아가 어떤 이는 자본주의 체제라면 그게 무엇이든 독립은 아니라 한다. A가 독립이라 여기는 상황이 B에 따르면 예속이며, B가 독립이라 생각할 때 A는 예속이라고 말한다. 어떻게 해서든 미국의 지배에서 해방되어야 한다는 이도 있고, 그것이 소련의 지배 아래로 들어가는 일이라면 싫다며 조건을 다는 이도 있다. 계급만이 아니라 직업, 사상적 경향, 연령에 따라 제각각이다. 마음으로는 독립을 간절히 바라지만, 즉 소박한 민족의식에서는 모두가 일치하지만 내용은 천차만별이다.

소박한 민족의식에서 일치한다고 말했지만 여기에도 주석을 달아둘 필요가 있겠다. 반드시 일치하지는 않는 것이다. 민족의 독립 따위는 케케묵은 이야기이며 실제적이지 않다는 이들도 있다. 오늘날 세계 어디를 찾아보아도 18세기식 민족국가는 있을 리 없다, 두 가지 체제의 어느 쪽엔가 많건 적건 모두들 의존하고 예속되어 있다. 독립국가 따위의 사고방식이 역사를 후퇴시킨다. 오히려 나라의 독립을 내려놓고 하나의 세계국가를 목표로 삼아야 진짜다. 이런 주장이 있다.

주로 일부 인텔리 사상가에게서 나오는 소리다. 이것이 예술가 일군에게 스며들고 국민 심리까지 영향을 미치고 있다. '나라 따위 어찌 되든 좋다', '개인이 소중하다'는 사고방식. 나름대로 근거 있는 사고방식이며 생각해 볼 문제다. 확실히 고전적인, 유럽의 민족국가라는 사고방식은 유럽에서도 이미 통하지 않으니 하물며 일본에서 통용될 리 만무하다. 그러나 이 코즈모폴리턴한 발상은 일본이 온전한 민족국가로, 즉 이미 국민적 통일을 실현했다는 가정 위에 서 있어서 주관적으로는 스스로를 서유럽 국가와 동렬로 놓고 있다. 이는 일종의 근대주의적 산물, 곧 식민지 후진국을 살아가는 인텔리의 의식 안에서 만들어진 산물이다. 이렇듯 자신을 서유럽 국가에 투영하는 것 자체가 나라의 비독립성, 식민지성을 보여 준다.

독립의 염원과 소박한 민족의식은 민중의 생활에서 직접 발생한다. 코즈모폴리터니즘과는 무관하다. 지식을 갖게 되면 코즈모폴리터니즘이 안으로 스며들게 마련이나, 동시에 그에 맞설 저항소도 길러진다. 코즈모폴리턴 사고에 젖은 인텔리들에게도 그런 사고는 자기 두뇌에서 나오는 관념의 반영일 뿐 그 자체가 본래의 생산성과 창조성을 지닌 것은 아니므로 그가 다시 생활의 근거지로 돌아오면 마음을 고쳐먹어야 한다. 나들이하듯 사상을 할 때는 코즈모폴리턴이지만 일상에서는 그렇지 않다. 식민지의 사상가들은 이러한 양면성을 숙명으로 지닌다.

일본인을 근본적으로 규정하고 움직이는 것은 인텔리의 두뇌에서 투영된 코즈모폴리턴 사상이 아니라 생활 속에서 움튼 사상이다. 아무리 미미해 보여도 주동력은 인텔리를 포함해 생활의 사상에 있다. 그렇지 않으면 그는 완전한 국적상실자로, 더는 일본인이 아니다.

독립이 국민적 염원이라는 말은 그런 뜻이다. 일본이라는 나라가 존속하는 한, 민족으로서의 일본인이 사라지지 않는 한 독립을 향한 갈망은 여전할 것이며 궁극에는 실현된다. 논증이 필요 없는 자명한 명제다. 독립의 내용은 하나가 아닐지언정 독립을 향한 염원은 한결같다. 따라서 독립을 잃은 지금의 상황에서 벗어나 독립을 향해 나아가는 행동에는 국민적 통일이 필요하며 그게 가능하다고 믿어야 한다.

오늘날 독립은 하나의 국민적 목표다. 물론 독립만 되면 다른 일이야 어찌 되든 좋다는 뜻은 아니다. 독립은 하나의 목표이지 전부가 아니다. 그러나 나머지 모두와 관계한다. 오히려 오늘날 일본 국민을 안팎에서 단단히 죄고 있는 모든 멍에가 민족의 예속 상태에 집약되어 있다고 해도 좋다. 거기서 해방을 쟁취하면 다른 해방은 한결 쉬워지며, 다른 해방을 통해 에너지를 만들어 내지 못하면 민족은 예속 상태에서 벗어날 수 없다. 민족의 독립은 일본인이 지닌 염원의 최소치이자 결과적으로는 최대치다.

일본 국민의 총체적 염원이니 문학자도 당연히 그 안에 포함된다. 이 점을 의심하는 자도 소수의 예외 말고는 아마 없으리라. 따라서 다음의 원칙론은 원칙론의 범위 안에서는 분명 일반의 승인을 얻을 수 있을 것이다.

문학이 인민의 민주적 자유를 내리누르며 존재해서는 안 된다. 설명을 보탤 필요도 없는 자명한 말이다. 반공주의적 입장에 가까운 사람이라도 그리 생각한다. 그러나 우리 일본에서 문학자를 포함한 일본 인민의 국민적 자유는 나라의 독립, 민족의 완전한 해방에서 유리되어선 결코 존재할 수 없다. 이 또한 자명한 말이다.

일본 인민이 민주적 자유에서 벗어나 반민주적 피압박 상태에 이르고, 평화에서 벗어나 전쟁에 말려들고, 나라 독립의 길에서 벗어나 나라 예속의 길, 고립의 길로 치닫는다면 일본 문학자의 정당한 문학적 영위 또한 있을 수 없다. 일본 인민 대다수는 반대의 곳에서 자기 생활과 운명을 찾고 있다. 그것이 문학자 모두를 품는다. 절대 다수가 민족의 해방을 염원하는 지금, 문학자는 자신에게 충실한 길과 인민에게 충실한 길의 통일을 찾아낼 수 있다. 배외주의에 맞서는 민족해방의 길, 여기서 자신에게 충실한 모든 일본 문학자의 창작활동 내부에 존재하는 충동의 근원을 발견한다. 이에 따르는 것이 문학자가 문학자로서 임무를 다하는 길, 일본 문학이 정기를 되찾아 번영하는 길임은 부언할 필요가 없다 하겠다.

나카노 시게하루, 「공산주의와 문학」, 『정치와 문학』, 東方社

원칙론으로는 승인을 얻을 수 있으리라 의심하지 않는다. 하지만 인간 정신활동의 한 가지 고유 영역인 문학 속으로 들어가 구체화되는 단계에 이르면 의견이 갈리리라는 점 또한 의심하지 않으며, 실제로 갈라져 있다. 따라서 그 상태를 분석해 관점들을 정리하고 가능하다면 민족독립의 문제를 문학론으로 제안하는 것이 '문학에서 독립이란 무엇인가'라는 제목을 단 이 논고의 목적이다.

이 문제는 지금 진행되는 국민문학 논의 속에서 실제로 다뤄진 적이 있다. 그 지점으로 되돌아가 생각하면 사고를 구체적으로 진행할 수 있으리라. 재작년(1952) 가을, 나와 노마* 씨 사이에 이 문제를 두고 사소한

---

* 노마 히로시野間 宏(1915~1991)를 말한다. 소설가로서 청춘의 사색과 체험을 형상화한

논쟁이 있었다. 논쟁이라기보다는 논쟁에 이르지 못한 채 서로 의견이 어긋남을 확인한 정도였다. 그 후 나는 발언을 아꼈고 노마 씨도 그랬다. 발언을 삼간 까닭은 문제가 정리되어서가 아니다. 내 경우는(노마 씨도 그러하리라 생각하지만) 보다 제대로 발언하고자 생각을 거듭한 까닭이다. 혼자 숙고하기보다는 여러 사람과 함께 생각할 여유를 갖고 싶었다. 이제 다시 한 번 이 지점으로 되돌아올 적기가 되었다.

지금은 특히 이 원칙론으로 돌아와 사고하는 일이 필요하다고 생각한다. 문제를 원리적으로 파악해야 한다. 물론 언제까지고 원칙론을 반복한다면 부질없는 이야기가 되어 버리니 어느 단계에서 결론을 얻으면 거기를 발판 삼아 내딛는 일이 필요하다. 그러나 논의라는 것은 왕왕 지엽말단으로 치닫곤 한다. 논의는 자기운동을 한다. 논쟁도 그렇다. 논쟁이 진전되면 자기만 아는 세부사항으로 발을 들여놓는 일이 흔히 벌어진다. 이를 경계해야 한다. 나와 노마 씨 사이에 논쟁이 이어지지 않은 데는 암묵적이나마 그런 배려도 있지 않았나 싶다.

올해(1954) 『신일본문학』 2월 호에는 기쿠치 쇼이치* 씨의 「국민문학론의 교훈」이라는 논문이 실렸다. 요지는 국민문학론이 애초 잘못되었고, 더구나 그 잘못됨을 더 확대하는 방향으로 운동하고 있다는 것이다.(기쿠치 씨는 그것이 문학운동임을 인정한다.) 중대한 지적을 했으니 날을 잡아 상세히 다룰 작정이지만, 여기서는 기쿠치 씨의 비판 혹은 논쟁의 태도에 관해서만 한마디 남겨 두고 싶다.

『어두운 그림』으로 데뷔해 전쟁소설 가운데 최고 걸작으로 꼽히는 『진공지대』를 발표했으며 '전후파'를 대표하는 작가였다.
* 기쿠치 쇼이치菊池章一 1918-2001. 문예평론가. 1936년 『사조』思潮를 공동창간했다. 1938년 신일본문학회에 참가하고 부서기장이 되었으며 나카노 시게하루의 모임 대표를 역임하기도 했다. 『작가·비평가』, 『전후문학 50년』 등의 평론을 썼다.

기쿠치 씨의 글 전반에서 받은 인상을 말하자면, 나와 다른 사람에 대한 기쿠치 씨의 비판은 원칙론에서 벗어나 있다. 원리적 파악으로 돌아오겠다는 각오가 충분치 않은 것이다. 그리고 지금 문제가 되는 나와 몇몇 사람만 향할 뿐(자신의 동료도 향하고 있지만) 대중 앞에서 나와 다른 사람들을 비판한다는 자세가 아니다. 그것은 비판의 본줄기가 아니다. 출발점을 잊지 않는 일과 늘 제삼자인 대중을 향해 말 건네는 일이 비평의 기본이며, 그렇지 않은 비평은 소득이 적다. 기쿠치 씨는 이런 이유로 나와 노마 씨가 의견을 나누는 모습을 "다케우치 요시미 씨와 노마 히로시 씨는 마치 양국 회담에 참석한 두 외상이 인사를 나누는 양 이야기를 주고받는다"고 보지 않았나 싶다.

기쿠치 씨는 자신의 비판에 내가 응하기를 희망하지만(『신일본문학』 4월 호) 나는 직접 답할 생각이 없다. 내가 기쿠치 씨와 마주 대하고 논의한다면 점점 논쟁의 막다른 골목으로 이를 뿐이다. 다시 한 번 원칙론으로 되돌아가 독자들에게도 참여를 청해 공동으로 생각하는 편이 결과적으로 기쿠치 씨의 희망을 만족시키는 길이겠다. 내가 이기든지 노마가 이기든지 기쿠치가 이기든지 내게는 하등 상관이 없다.

따라서 독자를 이 문제로 끌어들이려면 먼저 문제가 일어난 근거, 즉 국민문학론의 움직임을 거칠게나마 설명할 필요가 있다. 또한 국민문학론의 움직임을 이해하려면 그것이 일어난 근거인 오늘날의 문학 상황 일반을 설명해야 한다. '문학에서 독립이란 무엇인가'가 어째서 지금 문제로 부상했는가를 이해하는 일은 몹시 중요하니, 아무래도 그 정도 절차는 밟아야 할 것이다.

2. 오늘날의 문학 상황

내가 오늘날의 문학 상황을 어떻게 파악하고 있는지는 최근 다른 지면 (「사회와 문학」, 『문학』 1954년 3월 호)에 썼으니 여기서는 그걸 그대로 인용하고 싶다. 다만 머리말을 생략하고 본문 구성도 조금 바꿨다. 개인적 견해라서 세부내용에는 이견이 많겠지만 대체로는 받아들여지지 않을까 생각한다.

점령과 해방

일본은 패전으로 연합국의 점령 아래 놓였지만 처음에 일본인들은 격한 해방감에 사로잡혔다. 그 해방감이 격한 나머지 군정 아래 있다는 사실이 의식 바깥으로 밀려났을 정도다. 치안유지법, 치안경찰법, 신문지법, 출판법. 그 밖에 언론을 억압하는 법률이 폐지되고 검열과 행정처분도 사라졌다. 터부의 굴레를 벗어난 표현으로 문학에도 활기가 돌았다. 천황제 비판도, 공산주의 선언도, 성 묘사도 모두 자유였다. 고바야시 다키지*의 작품도, 호색본도 지워진 글자 없이 읽게 되었다.

하지만 자유로운 분위기는 오래가지 않았다. 나라 안에서는 계급대립이 격화되고 나라 밖에서는 민주주의 진영의 내부대립이 표면화되면서, 포츠담 선언에 의거하던 점령 정책이 일본을 반소 군사기지로 삼는 방향으로 바뀌었기 때문이다. 언론을 억압하려는 조짐이 다시 나타

---

* **고바야시 다키지**小林多喜二 1903~1933. 소설가. 프롤레타리아문학의 대표적 작가로 시가 나오야의 리얼리즘에 강한 영향을 받았으며, 사회 문제를 묘사하다가 경찰에게 학살당했다. 그의 죽음은 루쉰, 로맹 롤랑을 비롯한 국내외의 진보적 문학자들과 여러 단체의 추도와 항의를 불러일으켰다. 『부재지주』不在地主, 『공장세포』, 『당 생활자』 등의 작품을 남겼다.

났다. 형식적으로는 점령이 끝났다고 하지만 점령 정책을 실질적으로 계승한 일본 정부에 의해 파방법을 비롯한 언론탄압 관련 법안이 만들어졌고, 일부에서는 실제로 검열에 준하는 관행을 강요하기 시작했다. 이른바 '채털리 사건'**은 그 효과를 노린 것이었다.

이른바 전후문학

'전후'라는 용어는 문학 영역을 시작으로 이윽고 정신의 일반적 상황을 지시하는 용어로 풍속에서도 사용되었다. 기성의 사회질서나 가치관이 붕괴하여 발생하는 모든 혼란을 '전후'après-guerre라는 말로 부른 것이다. 이는 연속된 시간 안에서의 구별이 아니라 전 시기와는 질적으로 다르다는, 자각적 단절관에 입각한 자기주장으로서 패전이 가져온 일본인의 해방감을 집약적으로 표현한다.

일본 말고 다른 나라에서는 이처럼 전후문학을 주장한 유례가 없다. 전전과 전후가 질적으로 다르다고 인정하지 않는다. 유럽에서는 제1차 대전이 끝나자 새로운 문학운동이 일어났다. 하지만 이번에는 그렇지 않았다. 일본의 전후문학은 일본의 고유한 역사적·사회적 조건에서 발생한 것이다. 아니 그보다는 제1차 대전 시기 유럽의 경험을 일본의 조건 아래서 적용하고자 했던 것이다. 따라서 혼란이 회복되자 점차 '전후'라는 주장 자체가 자취를 감추었다.

그러나 전후문학이 아무 흔적도 남기지 않은 채 사라진 건 아니다. 전통과 창조라는 문제와 근본적으로 마주할 계기를 제공했다는 점에

** **채털리 사건** D. H. 로렌스의 소설 『채털리 부인의 사랑』을 일본어로 번역한 작가 이토 세이와 출판사 오야마쇼텐小山書店의 사장을 검찰이 외설물 배포죄로 기소하면서 일어난 법적 공방을 말한다. 1951년에 시작되어 1957년에 번역자 측의 상고가 기각되면서 종결되었다. 외설과 표현의 자유에 관한 심각한 논란을 불러일으켰다.

서 전후문학은 오늘날의 세계가 품은 문제의식으로 일본 문학을 인도했다. 그 공적은 인정해야 한다. 또한 파시즘에 맞설 만한 저항력이 부족하다고 지적하며 반성을 촉구했다는 점 역시 공적으로 인정하지 않으면 안 된다. 전후문학은 미래로 나아가고자 지난날의 전쟁 체험에 발딛고 인간성 회복을 쟁취하려 한 창조적 행위로서 오늘날에도 여전히 그 과제를 짊어지고 있는 것이다.

민주주의문학

일부는 전후문학과 겹치지만 '신일본문학회'라는 집단은 이와 달리 전후의 문학적 흐름을 대표하며 '민주주의문학'을 주창한다. 신일본문학회는 강령이 있고 전국 조직을 거느린 유일한 문학결사단체다. 패전 직후에 조직되어 오늘날에 이른다. 그 중심에는 과거 프롤레타리아문학의 지도자와 그 후계자가 있다. 그래서 한때는 전쟁협력자를 제외한 모든 문학자에게 참여를 요청해 얼마간 조직화에 성공했으나 이윽고 정체가 찾아왔다. 전체 문학자의 수를 감안한다면 조직률은 몹시 낮은 수준이다.

'신일본문학회'는 만약 사회주의 국가라면 그대로 직업조합을 겸하는 단일 조직이어야 할 성질의 단체다. 일본에는 문학자의 직업조합으로 일본문예가협회가 있지만(여기서 저작가조합은 제외한다), 솔직히 살롱풍이어서 조합의 기능을 맡았다고 보기는 힘들다. '펜클럽'도 마찬가지다. 그리고 '신일본문학회'는 당파성을 겉으로 내세우지 않았어도 바깥에선 공산당의 외곽단체로 보이기 십상이다.

이리하여 '신일본문학회'에 약점이 생겼다. 일본공산당이 동요하면 따라서 동요하며 내부분열을 일으키곤 했다. 일본공산당은 전후에 조직을 재정비해 평화혁명을 주창하다가 코민포름으로부터 비판을 받아

이를 철회했지만 그 후 이론적 정리가 아직 이루어지지 않고 있다. 이러한 동요가 '신일본문학회'에도 반영되었다. 문학자 조직과 정당의 관계, 과거 프롤레타리아문학과 오늘날 민주주의문학의 계승관계가 아직 이론적으로 충분히 탐구되지 않았다. 그것이 이 모임의 약점이다. 이는 이후 언급할 문단의 질적 변화와도 관련된다.

국민의 문학생활

전후에 얻은 자유는 이른바 역코스*에 밀려 점차 사라지고 있지만 그 가운데서도 지속적 성과를 거둔 몇 안 되는 사례가 있다. 그중 하나가 문장 표현의 개혁이다. 문장을 구어로 단일화할 단서가 마련되었다.

메이지 이래로 국어개량운동을 궁극에서 방해해 온 벽이 전후에 점차 헐려 나갔다. 바로 칙어나 법률을 구어로 쓰게 된 것이다. 한문직역체가 구문체**로 바뀌었을 뿐이라고 말할 수도 있겠지만, 그럼에도 효과는 컸다. 이 개혁만큼은 구헌법 아래서는 기대할 수 없었다. '어명어새'***가 '어명'으로 대체되었을 뿐 '히로히토'라는 이름의 터부는 가시지 않았다든지, 공공문서가 여전히 관료조라든지, 이런 부족함이 없지 않지만 아무튼 가장 큰 틀이 철폐되었으니 노력 여하에 따라 개혁을 이룰 수 있게 되었다. 따라서 문학자의 책임도 그만큼 커졌다고 하겠다.

다음으로는 교육개혁이 이뤄져 문학교육 방식이 새로워졌다. 소설 읽기를 죄악시하던 과거의 교육은 이제 존재하지 않는다. 교과서에도 현대소설이나 번역소설을 실어 잘만 지도하면 교과과정을 통해 문학을

---

* **역코스**逆コース 일본에서 1950년 이래 민주화와 비군사화에 역행하는 정치·사회적 동향을 가리키는 말이다.

** **구문체**歐文體 외국어, 특히 유럽어를 번역한 문상이나 그 문체를 가리키는 말이다.

*** **어명어새**御名御璽 천황의 서명날인을 지칭한다.

이해할 수 있다. 이는 문학을 국민적으로 해방하는 데 큰 동력이 된다.

또한 문학의 독자층이 확대되었다. 특히 사회적 지위가 향상되면서 여성들 가운데 문학애호가가 늘고 있다. 번역소설이 제법 팔리는 까닭도 여기 있을 것이다. 독자의 질도 점점 높아지고 있다. 예전에 성행했던 여성잡지가 잘 팔리지 않는 건 그 까닭인지 모른다. 소설 읽는 습관은 전전과 비교되지 않을 정도로 국민의 각층에 깊게 스며들고 있다.

그렇지만 감상 태도는 여전히 수동적이다. 독자가 늘었다고는 하지만 영화 관객만큼은 아닌 데서 드러난다. 그러나 한편에서는 자발적 표현의 욕구도 높아져 글 쓰는 습관이 국민들 사이에 꽤 퍼져 간다는 인상이다. 이 점은 뒤에서 다시 한 번 언급하겠다.

문단 해체

일본에서 문단이란 특수한 길드적 사회여서 일정한 자격을 인정받아야만 참여할 수 있고, 참여하면 신분적 특권을 얻게 된다. 이것이 일본만의 독특한 사소설이 발생하는 지반이기도 하다. 이런 구조는 상업주의가 스며들고 전쟁이 벌어지면서 서서히 무너졌다. 일본 사회의 봉건성이 소멸하지 않아 지금도 문단은 남아 있지만 그 형태는 과거와 딴판이다. 작가를 공인하는 일도, 문단 안에서 신분적 서열을 매기는 일도, 지금은 문단의 권위가 아닌 저널리즘의 상업주의가 결정한다. 순수한 길드는 해체되었다.

길드 해체는 도제 지원자가 없다는 데서 확인된다. 옛날에는 문학청년이라는 형태로 도제 지원자가 있었다. 물론 지금도 문학청년이야 있고 오히려 늘어나는 추세지만, 이들은 도제 지원자가 아니다. "밥보다 문학이다"가 아니라 거꾸로 금전욕이나 명예욕에 사로잡혀 작가를 지망한다. 오늘날 일부 작가는 고소득자여서 동경하는 이들이 늘고 있다.

국민적 궁핍이 이러한 투기열마저 쓸데없이 부채질한 면이 있다. 문단을 대신할 정상적 작가 양성 코스가 마련될 때까지는 이런 변태 현상이 계속될 것이다.

'신일본문학회'가 주춤거리는 것은 스스로 새로운 문단 형성을 꾀하는 바람에 상업주의에 효과적으로 대처할 새로운 조직원리를 발견하지 못했기 때문이다. 우선 문단 해체를 인정하고 독자적으로 작가 양성 코스를 세워야 한다. 오늘날 같은 권력의 지배 아래서는 불가능에 가까운 일이겠지만 그것 없이 새로운 문학은 태어날 리 없다.

오늘날의 일반적 상황

국민 생활에서, 따라서 문학에서 자유의 범위는 급속히 움츠러들고 있다. 교육을 권력에 묶어 두려는 법안이나 군기보호軍機保護 법안이 국회에 상정되었다. 경찰관이 사상을 조사하고 잡지의 독자를 조사한다. 헌법 개정 음모도 실행 준비단계에 들어섰다.

전후 해방으로 문학이 진보하리라는 전망을 어렵사리 마련했지만 이제는 점차 의심스러워지고 있다. 진보를 보장하는 최대의 방편은 인민의 자유다. 그 자유가 억압당하고 있어 문학은 근본에서 진보로 흐르지 못하고 있다. 뿌리부터 눌려 있는 것이다. 뿌리가 눌렸어도 당장 말라 죽지는 않는다. 체내에 영양이 얼마간 축적되었으니까 말이다. 그러나 그냥 두면 마르는 건 시간문제다. 말라 갈 조짐이 이미 이곳저곳에서 보인다.

겉으로 오늘날 문학은 그야말로 만개했다. 신문에 장편소설이 세 편씩 연재된다. 주요 신문만 꼽아도 스무 편 정도다. 주간지도 두 편씩 싣던데 전부 합치면 열 편은 된다. 월간지에서는 매달 백 편이 넘는 소설을 싣는다. 이처럼 터무니없는 소설의 생산량을 고스란히 문학이 진보로 여겨서는 안 되겠지만, 만약 다른 조건을 치우고 말하자면 진보는 진보다. 앞서 적었듯이 독자층 증대에 뒤따르는 현상이다. 소설 읽는 습관이 민중 사이로 넓게 확산되고 있기 때문이다. 영화만큼은 아니지만 소설의 수요도 늘고 있다. 그러나 정작 중요한 것은 문학을 향한 독자의 요구를 만족시키는지, 얼마나 만족시키는지이며, 이 점은 꽤 의문이다.

나는 많은 독자가 소설이란 한 번 읽고 버리는 것이라 여기는 듯한 인상을 받는다. 신문기사처럼 말이다. 뭔가 별난 뉴스는 없을까, 화제가 될 만한 것은 없을까 하며 소설에 눈을 돌린다. 그게 아니라면 자신의 가치관을 확인해 불안을 떨쳐 내려고 자신이 그 내력을 아는 작가의 작품을 골라 그 상대에게 기대어 읽는다. 어느 쪽이나 한 번 읽고 버리기는 마찬가지다. 그리고 잊어버린다.

소설 생산량이 터무니없이 늘어났다고는 하나 이렇듯 얕은 독서습관을 대가로 치르고 있다. 옛날에는 독자가 적은 데다 어느 정도 사회적 신분을 지닌 일부로 한정되었어도 어쨌든 깊이 있는 독해 방식이 있었다. '순문학'처럼 말이다. '대중문학'('통속문학')과는 분명히 선을 그었다. 순문학은 작가와 독자 사이에 감응관계가 성립되는 문학으로, 읽는 사람의 신분이 한정되어 국민적이지 않다는 점을 제외하면 정당한 문학이었다. 독자는 문학이 의식의 심층을 흔들어 주기를 기대할 수 있었다. 그러나 지금은 기대할 수 없다. 순문학이 하나같이 대중문학이 되어 버린 탓이다.

순문학과 대중문학은 뿌리가 같다. 순문학과 대중문학의 분열은 일본 문학이 숙명적으로 지닌 구조적 약점이니 일본 문학이 근대화되려면 반드시 통일을 이뤄야 한다. 그런데 이것들은 애초 뿌리가 같으며 결국 일본 사회의 구조로부터 유래한다. 따라서 그 뿌리를 내버려 두고는 통일이 불가능하다. 일본 사회의 구조를 변혁하는 방향으로 그 운동의 정신을 좇지 않는다면 통일은 요원하다. 거기서는 독자의 양이 아니라 질이 문제로 떠오른다. 가능한 양으로서의 질이다. 독자가 아무리 늘어도 그로 인해 독서 습관이 엷어진다면 반길 일이 아니다. 순문학과 대중문학 사이의 담이 헐린다면야 바람직한 일이지만 지금 같아서는 좋다고 할 수 없다.

독자가 문학에 기대를 품지 않는다면 큰일이다. 문학을 향한 독자의 요구에 문학이 부응하지 못하고 그것이 만성화되면 그리된다. 그런 징후라면 오늘날 여러 곳에서 나타나고 있다. 독자인 대중이 생활 속에서 낳은 문학 요구와 직업문학자가 지닌 문학의식이 갈수록 맞물리지 않고 있다. 그리고 점점 더 삐걱거리는 추세다. 앞서 언급했듯이 문단이 해체되어 기존의 신진대사 법칙이 통하지 않는다는 점도 그 경향에 박차를 가하는 요인이다. 이는 일반적 위기 상태다. 오늘날 문학은 그 위기에 직면해 있지 않은가.

독자의 문학 요구

전후 해방으로 일본인이 인간으로서 지니는 자유가 갑자기 확대되었다. 확대된 틀에 내실을 담아 가려는 운동이 진행되었지만 도중에 또다시 그 틀을 좁히려는 압박이 가해졌다. 그 압박은 점점 커져 간다. 그러나 압박이 커진 만큼 저항력도 커진다. 저항력이 증가하고 있다. 아직 대등하게 맞설 정도에 이르지는 못했지만 시간이 지나면 머지않아 대등해질 것이며, 나아가 압박을 되밀어낼 것이다. 이 와중에 자유의 의식이 맹아를 틔우고 있다. 틀로 주어진 자유가 아니라 알맹이가 있는, 쟁취해야 할 자유다. 혹은 되찾아야 할 자유다. 그리고 되찾으면 두 번 다시 빼앗기지 않을 자유다.

저항 속에서 모습을 이뤄 가는 자유의 의식은 서서히 그러나 분명히 고조되고 있다. 그런 자유의 의식을 몸에 익힌 새로운 유형의 인간이 여러 분야에서 등장하고 있다. 교사인 나는 학생들 가운데서 이런 유형을 종종 발견하는데, 교육을 받지 못한 노동자 가운데서도 그런 청년과 만나곤 한다. 그래서 각 계층에서 그러한 인간이 태어나고 있다고 확신한다.

그들은 겉으로 돋보이지는 않지만, 그들의 말을 들어 보면 사고방식이 착실하고 더구나 심지가 굳어 놀라곤 한다. 고답적 견해는 즐기지 않지만 비판하는 힘이 강하다. 성찰적인 데다 실행력도 있다. 이러한 청년들에게 질문을 받으면 긴장한다. 정말이지 우리 세대에는 없던 유형이라고 느낀다.

이들은 대개 문학을 자주 접하지만 일본 문학의 현 상황에는 불만이 있다. 그들의 비판은 저널리즘에서 성행하는 비평가의 비판과는 달리 날카롭다. 문학을 향한 그들의 요구와 문학의 현 상황 사이에는 단층이 가로놓인 듯 보인다. 그래서 그들은 아직 자기표현을 찾아내지 못했다. 자기표현을 위한 통로가 막혀서다.

이 상황이 지속되고 확대되는 것은 문학의 불행이다. 지금의 문학은 전후에 바깥의 힘이 안겨 준 자유의 틀을 이용할 뿐 그 안에서 자유의 내실을 다져 가는 일에는 게으르다. 오늘날의 독자층 확대는 문학자가 자기 힘으로 일궈 낸 것이 아니다. 국민 생활의 변화로 자연스레 초래되었다. 이를 저널리즘이 상업주의에서 이용할 따름이다. 이것은 인플레이션처럼 겉으로 드러난 호경기일 따름이다. 이 유산도 슬슬 사그라질 조짐이다. 문학이 스스로 새로운 가치를 만들어 새로운 독자의 요구에 부응하지 못한다면 독자가 성장하면서 문학을 내팽개치고 말리라.

작가 양성 코스

새로운 독자의 요구에 응하려면 작가와 비평가를 길러야 한다. 이 양성 코스가 지금은 제대로 기능하고 있지 않다.

지금껏 신인은 도제제도를 통하거나 동인지 등에서 픽업하거나, 그렇지 않으면 새로운 문학운동이 일어나 구세대와 교체되면서 등장했다. 이제는 이 세 가지 방식이 먹히지 않는다. 도제제도는 이미 무너졌다. 동인지는 저널리즘의 상업주의에 대항하지 못한다. 아울러 문학청년의 질이 변해서 그 다수는 세속적 야심을 갖는 투기꾼이다. 새로운 문학운동이 일어날 가능성도 없다. 오늘날의 일본 문학은 평화·독립·자유라는 세계 공통의 문제를 자력으로 해결해 가야 한다. 그러므로 지금껏 그랬듯 새로운 유파를 끌어들이는 식으로 사태를 수습해서는 안 된다. 문학관 자체, 인간관 자체의 개혁이 과제인 것이다. 따라서 이 운동은 국민적 규모를 취할 수밖에 없다.

이제까지 민주주의문학 진영은 독자와 서클을 만들어 그 안에서 신인을 양성하려고 했다. 이 역시 성공했다고는 말할 수 없다. 직업작가가 되자 바로 그 순간 창조력이 말라 버리곤 했으니 말이다. 신진대사가 이루어지지 않았던 것이다.

나는 이렇게 생각한다. 독자의 새로운 요구에 부응하고자 새로운 문학을 가꿀 수도 지금의 문학을 바꿀 수도 없다. 그렇다면 작가와 독자의 관계를 조정하는 방도 말고는 달리 길이 없다. 직업작가와 독자 사이에서 감응이 일어나던 조건이 지금의 일본에서는 사라지지 않았던가. 작가라는 직업이 사회적 분업에 의해 존재할 가능성이 사라지지 않았던가. 작가는 모두 희작가*가 되는 수밖에 없지 않았던가. 그게 아니라면

---

*   **희작가**戲作家 장난삼아 가벼운 작품을 쓰는 작가를 말한다.

작가를 관두고 독자가 말하는 생활의 장으로 돌아가는 수밖에 없게 되지 않았던가.

작가만이 아니라 비평가도 그렇다. 비평이 독자의 수요를 대변하는 기능을 상실하고 신진대사의 역할을 잃은 것은 창작의 경우와 마찬가지 이유에서다. 그리고 대책이 없다는 점에서도 마찬가지다.

오늘의 과제

생활의 장에서 민중은 자유를 쟁취하기 위해 더욱더 거세게 투쟁하고 있다. 거기서 자유의 의식이 맹아를 보인다고 앞서도 적었다. 이는 당연히 표현을 요구한다. 그러나 자유의 의식은 전과는 질이 달라서 이전의 표현형식으로는 성장할 수 없다. 만약 기존의 표현형식을 가지고 억지로 키우려 들면 본질을 잃고 만다. 표현을 구하나 표현형식이 없다. 그러므로 내용 자체가 표현형식을 만들어 가는 것 말고 다른 길은 없다. 이런 성질의 문제라고 생각한다.

오늘날은 이미 생활의 요구와 그 속에서 움트는 문학 요구를 별도로 처리할 수 없는 지경까지 이른 것이 아닐까. 야마시로 도모에* 씨는 "목숨의 문제와 진실된 언어의 문제는 같은 벽에 부딪혔다"고 쓰고 있다. 그리고 "사회구조를 그대로 둔 채 문학적 표현만 근대화할 수 있겠는가"라며 의문을 제기한다.(이와나미 강좌 '문학' 제2권) 분명 문학은 인간에게 형태를 부여하지만 형태를 갖추기 전에 먼저 인간을 포착해야 한다. 문학을 향한 요구를 생활 속에서 이끌어 내는 일뿐만 아니라 문학을 향한 요구가 자라도록 생활을 촉발하는 일도 문학의 역할이다. 야마시로 도

---

* 야마시로 도모에山代 巴 1912~2004. 작가. 1932년 일본공산당에 입당했다. 소설로 『짐차의 노래』, 『패자의 유산』, 『당신은 지금 어디 있는가』 등이 있으며, 『원폭에 살며』, 『민화를 낳는 사람들』과 같은 에세이도 남겼다.

모에 씨는 히로시마현 산촌의 문학운동을 관찰하며 "농민의 자주적 행보 속에서 싹튼 문학의식도, 높은 곳에서 계몽하려는 목적으로 출발한 문학적 활동도 같은 곳으로 다가오고 있다"고 적었다. 문학은 생활 속에서 되살아나기 위해 일단 죽어야만 한다.

3. 국민문학론의 움직임과 문학의 자율성 문제

최근 수년간 국민문학이라는 것이 제창되어 '국민문학운동'(나는 단순히 문학운동이라고만 생각하지 않지만)이라는 말까지 나왔다. 왜 그런 일이 벌어졌는지 그 사정을 밝혀 보았다. 즉 문학에서 일반적 위기의 조짐이 일었던 것이다. 일본 문학은 쇠약해져 죽어 가고 있다. 이 쇠약 현상은 뿌리가 깊어서 직업문학자의 힘만으로는 도저히 어찌해 볼 도리가 없다. 아무래도 국민적 규모의 운동이 필요하며, 그 까닭에 국민문학이 제창되었다.

국민문학론은 1951년(강화조약의 해) 즈음해 불붙어 1952년에는 저널리즘에서 화제가 되었다. 1953년 저널리즘에서는 사그라졌지만 그 정신과 운동은 국민 각층으로 점점 스며들었다. 국민문학에 반대하는 기쿠치 쇼이치 씨도 올해에는 "국민문학론은 현재도 진행 중이다. 논論으로서 진행 중일 뿐 아니라 이를 제창하며 몇 가지 움직임이 나타나기 시작했다. (중략) '논'의 단계에서 '실행'의 단계로 이행한 것처럼 보인다"고 인정한다.

물론『신일본문학』계통은 국민문학론을 역사적으로 지나간 이야기로 치부하지만 그것은 문단의 견해일 뿐이라고 생각한다. 나는 민주주의문학의 입장에서 발언한 오다기리 히데오* 씨의 의견에 동의한다.

지금 일본인의 생활과 문학을 근본적으로 반성한 결과 국민문학이 제기되고 있습니다. 실로 이 반성은 절실히 필요하고, 동시에 이 반성과 의식적 무의식적으로 연관을 맺으며 문학에서도 어떤 현상이 떠오르고 있습니다. 이 상황 속에서 민주주의문학운동도 통일전선의 견지에서 『신일본문학』과 『인민문학』의 분열을 극복하고, 문학에서 종래의 틀을 넘어 보다 넓게 움직임을 개척해 나갈 필요성과 가능성이 생겨났습니다. (중략)

민주주의문학은 주춤거리고 있으며 나라의 생활 전체와 문학의식의 실정, 문학을 향한 독자의 요구를 둘러싸고 작품에서도 운동에서도 간극이 벌어지고 있습니다. 이를 타개하는 일이 절실히 요청됩니다. 국민문학운동이 지금 당장 독자적 조직형태를 취해야 하는지는 일단 제쳐 두고, 현재 진행 중인 작가들의 새로운 작법, 독자의 움직임이 서로를 떠받치면서 전체로서 커다란 협력관계를 만들어 내고, 그리하여 문학 자체도 변해 가는 쪽이 바람직합니다.

다케우치와의 대담 「국민문학론의 심화」, 『일본독서신문』 1953년 11월 2일 호

앞서도 적었듯이 국민문학은 문학이 일반적 위기에 들어섰다는 인식에서 문학을 구제하고자(따라서 인간의 자유를 구제하고자) 제창되었는데, 거기에는 동시에 민족적 위기(정치적 위기)에서 탈출하려는 염원도 겹쳐 있었다. 그래서 국민문학론이 기세를 얻었지만 그로 인해 논의는 더욱 복잡해졌다. 그것이 노마와 다케우치의 논쟁에도 그림자를 드리웠으며 노마, 다케우치를 일괄한 기쿠치 씨의 비평에도 영향을 남겼다. 따라

---

* 　오다기리 히데오小田切秀雄 1916~2000. 평론가. 전후 민주주의문학운동의 중심적 평론가였으며 공식적으로 마르크스주의자는 아니었다. 평론으로 「퇴폐의 근원에 관하여」가 있으며, 저서로 『인간과 문학』, 『근대 일본의 작가들』 등이 있다.

서 본론에 들어가기에 앞서 그 점을 확실히 해 둘 필요가 있다.

나는 정세 분석을 하면서 '민주주의문학'이라는 항목에서 신일본문학회가 일본공산당이 동요하면 따라서 동요하고 내부분열을 일으켰다고 적었다. 거기에는 이 사정이 있다. 신일본문학회에 소속된 일부가 잡지『인민문학』(이 잡지는 작년 말에 폐간되었으며 올해에는『문학의 벗』으로 이름을 바꿔 다시 출발했다)을 따로 만들어『신일본문학』을 공격했다. 이 두 잡지는 일본공산당 내의 두 흐름에 대응하는 양상을 띤다. 그 경향을 몹시 속되게 표현하면『인민문학』은 보다 정치주의적이고,『신일본문학』은 보다 문학주의적이다. 그 경향의 당연한 귀결로서 국민문학이라는 호소에 얼른 달려들었던 쪽은『인민문학』이었다. 일본공산당은 지금껏 사용했던 인민이라는 표현을 이른바 신강령(1951년 테제)에서는 모두 국민으로 고쳤으니 무슨 일이 있더라도 '국민'이라는 용어를 문학론으로 가져와 강령과 연결 지을 필요가 있었다. 반면『신일본문학』은 정치이론을 날것 그대로 들여오는 건 잘못이라 여겼기에 '국민문학'을 그냥 흘려보냈으며,『인민문학』을 향한 대항의식 내지 반감에서 점차 '국민문학'을 경원시했다.

이 사정을 염두에 둔다면 신일본문학회에 속한 기쿠치 쇼이치 씨가 국민문학 반대론을 내놓은 이유를 알 수 있겠다. 기쿠치 씨는 이른바 민주주의문학의 정당성을 주장하며, '국민문학'론자를 가리켜 프롤레타리아문학을 포함한 모든 근대문학의 전통을 거부하는 파산주의라고 명명했다. 이 장면에서는 오늘날 문학의 위기를 '국민문학'론자와 전혀 다르게 진단하는 간극이 엿보이지만(그만큼『신일본문학』은 문단적이다) 그뿐만 아니라『인민문학』을 향한 사뭇 격한 반감도 읽어 낼 수 있지 싶다.

애초 기쿠치 씨가 꼼꼼한 조사를 토대로 작성했기에 이 논문은 상당한 역작이다. 다음 분석을 보면서는 정말 잘 짚어 냈구나 생각했다.

'국민문학' 제창에는 두 측면이 있다. 즉 '문학의 국민적 해방'과 '국민해방을 위한 문학'이라는 측면이다. 양자는 같지 않다. 서로 관련을 맺는 두 가지다. 그 관련도 어느 정도 밝혀졌지만, 어느 한쪽에만 무게를 두어 이해를 그르치고 있다. 이는 또한 제창자들 사이의 입장 차이와도 결부되어 있다.

다케우치는 '문학의 국민적 해방'에 무게를 두고 있고, 노마는 '국민해방, 레지스탕스 문학'의 입장에 서 있어 둘이 각각 중심 역할을 담당하며….

서론은 이 정도로 하고 이제 본론으로 들어가자. 먼저 1953년 여름에 발표해 기쿠치 씨도 인용한 내 글, 「국민문학의 문제점」을 일부 가져온다.

『근대문학』 일파가 국민문학이라는 형태로 문제를 포착하지 못했던 것은 앞서 말했듯이 문단문학만을 대상으로 삼아 그 내부의 전근대성을 지적하는 데 그쳤기 때문이다. 그렇게 하면 해결책은 자아의 확립, 근대적 시민으로의 해방밖에 나오지 않는다. 그 이상의 국민적 연대로는 발전하지 못한다. 물론 자유로운 개인이 국민의 단위이니 논리적 순서로야 그런 지적이 타당하겠지만, 실제로 개인의 해방과 국민(민족이라 해도 좋다)의식의 발생은 대개 동시에 진행된다. 그리고 그것은 봉건제와 투쟁하는 과정에서 발생한다. 동양의 후진국이라면, 중국이 전형적으로 보여 주듯이 식민지 독립이라는 요소가 여기에 더 추가된다. 그렇지만 독립과 통일은 불가분의 관계다. 봉건적 분열을 내버려 둔 채 독립은 불가능하며, 독립을 추구한다면 응당 내부에 남아 있는 봉건제 요소를 척결해야 한다. 개인의 독립은 국민적 연대의식과 떨어져서는 실현되지 않으며, 그 역도 참이다. 개인만을 추상해서 뽑아내는 문학이라면 신분제와의 싸움을 피해서 생겨난 것이니 그 자체가 특권적 의식의 산물이다. 유독 『근대문학』만이 아니라 『신일본문학』도 포함해 일본의 문단문학을 지배한 근대주의적 경향은 그렇게 만들어졌다. 이 점에서 나는 "근대적 자아확립의 문학, 소시민적 자기형상의 문학이 민족을 위한 문학, 국민을 위한 문학으로 바뀌어야 한다"는 나가즈미 야스아키 씨의 견해(『문학』 1952년 3월 호)에 반대했던 이토 세이 씨의 "민족을 위한 문학과 근대적 자아확립의 문학은 이질적이라서 대립한다고는 생각할 수 없다"는 의견(「왕복서신」)에, 그 한에서는 원칙적으로 동의한다.

다만 이토 씨의 의견에는 사실 이런 생각이 바닥에 깔려 있다.

> 전후인 오늘날의 문학작품에 대해 말하자면, '독립'이라는 말을 계기 삼아 정치적 그리고 정서적으로 일고 있는 국민문학적 사고방식을, 저는 그대로 수용할 수는 없습니다. 「왕복서신」

우스이 씨도 동일한 의견을 제시했다.

> 민족의 독립이 무릇 문화 창조와 관련된다는 사실이 오늘날 잊어서는 안 될 중차대한 문제임을 결코 의심하지 않는다. 그러나 그렇다고 좌익 정당이 어느 단계에서 필요로 하는 정치적 프로그램을 고스란히 문학에 적용해서 그때

마다 평가의 기준이 바뀌는 문학적 입장이라면 나는 신뢰할 수 없다. 문학 평가라면 모르되 문학 감상마저 정치적 프로그램으로 좌우하려 든다면 도저히 용납할 수 없다. 이런 사정으로 국민문학을 성급하게 제창하는 동향을 솔직히 받아들이기 힘들다. 『군상』 1952년 7월 호

이것이 논쟁의 쟁점이며 특히 뒷부분에 문제가 놓여 있다. 그것을 여기서 새삼 생각해 보려는 것이다. 내친김에 위의 글에서 바로 이어지는 한 구절도 인용해 두는 편이 낫겠다. '문학에서의 독립'에 관한 내 사고는 기본적으로 여전히 변하지 않았기 때문이다.

그렇다면 문학에서 독립이란 무엇인가 하는 문제가 되겠는데, 이를 분명히 하려면 그 반대 개념인 식민지성을 생각해 보는 편이 좋겠다. 나는 일본 문학의 현 상황이 식민지적이라고 본다. 그러나 점령을 당해 갑자기 식민지가 된 것은 아니다. 식민지화에 대한 저항을 포기했을 때 이미 시작되었다. 대체로 『시라카바』 이후가 그랬고, '신감각파' 이후 두드러졌으며, 전쟁 중 완벽한 노예성을 발휘했을 때, 그로써 전후에는 완전한 식민지가 되었다. 일본 문학은 전쟁을 벌일 때마다 비약적으로 발전했다고들 하는데 식민지성이 그리 만든 것이다. 그때마다 심각할 정도로 반식민지 투쟁을 방기한 까닭이다. 문학에서 식민지성은 민족과 매개되지 않는 세계문학의 표상이 얼마나 횡행하는지를 보면 알 수 있다. 오늘날처럼 그 표상이 완벽하게 투영되는 것은 지금이 완전한 식민지임을 보여 준다. 나는 개개의 사건을 말하려는 게 아니다. 작가나 비평가가 사소설적 방법을 취하지 않으면 방법은커녕 이미지마저 외국에서 빌려 오는

일반적 상황을 두고 하는 말이다. 창조성을 잃어버렸다. 문학에서 독립이란 이 창조성을 회복하는 일이 아니면 안 된다. 그리고 창조의 근원이 민중의 생활에 있음은 자명한 이치다. 고로 창조성을 회복하기 위한 노력은 문학을 국민적으로 해방하는 일과 실천적으로 일치한다.

'민족의 독립'이 중요하다는 건 우스이 씨도 인정했고, 이토 씨도 이견이 없을 것이다. 다만 그 둘 모두 이 정치적 용어를 날것 그대로 문학 내부에 강요하려는 움직임에 미혹을 느끼는데, 그 느낌은 내게도 있다. 그렇게 하면 문학이 독립이라는 기능을 잃고 마는, 즉 문학을 인정하지 않는 셈이기 때문이다. 문학의 과제를 말하자면, 어디까지나 문학의 국민적 해방이 첫 번째 목표여야 한다.

지금 다시 읽으면 필자인 내가 봐도 날림이 많은 문장이다. 가령 나가즈미 야스아키 씨의 의견을 인용한 곳 등은 이대로라면 오해의 소지가 다분하다. 여기서는 '근대적 자아확립의 문학'과 '소시민적 자기형성의 문학'을 동렬로 취급했지만, 이 둘은 구분되어야 하고 나 역시 전자에는 찬성하지만 후자는 찬성하지 않는다. 양자는 오히려 반대 개념이어서 전자를 취하려면 후자를 버려야 한다. 그리고 나는 버려야 한다고 생각한다. 또한 여기서는 '독립'이라는 용어가 두 가지 의미로 사용되었는데 이 역시 혼란을 낳는 원인이다. 민족의 독립이라는 정치적(동시에 문학적) 과제와 정신활동의 한 영역인 문학이 사회적 기능으로서 독립(이것이 자율성이다)하는 과제는 좀 더 확실히 구분할 필요가 있다. 다만 분석과 판단이 충분치 못한 대목들은 그 후 국민문학론이 진행되는 과정에서 특히 오다기리 히데오 씨와 이노 겐지 씨가 지적해 주었다. 나는 그들의 지적을 받아들이며 지금은 원리적 문제를 토론하는 데 필요한 재료를 제공한다는 의미에서 위의 내용을 인용할 뿐이다.

노마 히로시 씨는 위에 인용된 내 의견을 두고 이렇게 비평한다.

다케우치 씨는 두 사람(이토 씨와 우스이 씨)의 의견에 찬성하면서 "문학 아닌 것이 문학에 '독립'을 강요한다면 나도 반대다. 그것을 위한 국민문학, 수단으로서의 국민문학이라면 반대다. 왜냐하면…"이라고 한다. 이때 다케우치 씨에게 문학의 자율성이란 대체 무엇일까. 그것은 단지 정치로부터 자신을 구별한다는 의미로만 여겨진다. 다케우치 씨는 두 사람의 말을 받아들여 "문학 아닌 것이 문학에 '독립'을 강요한다면 나도 반대"라고 하지만 어째서 그렇게 말로써만 받아들이는 것일까. 우스이 씨 역시 민족의 독립이 문화 창조에 기여한다는 사실은 잊어선 안 될 오늘날의 중요한 문제임을 인정하지만, 남이 던져 준 대로만 독립을 생각해서야 문학자에게 이만한 치욕은 없다. 민족의 독립은 오늘날 일본의 모든 사람이 각자의 장소에서 함께 고민하고 함께 실현해야 한다. 이 독립마저 그것이 강제라며 남이 참견한다면, 지금껏 우리의 문학운동에 몹시 미숙하고 배타적인 면이 있었음을 보여 주는 동시에 독립을 향한 진정한 문학자로서의 정열이 아직 일본 문학자 속에서 자라나지 않았음을 증명하는 것이 아닐까.

우리는 다케우치 씨가 "이를 위한 국민문학, 수단으로서의 국민문학이라면 반대다"라고 말하는, 수단으로서의 국민문학에 철저히 반대하고 있음을 분명히 밝혀야 한다. 우리가 다케우치 씨에게 국민문학을 수단으로 여기고 있다는 인상을 조금이라도 안겼다면, 그것은 우리가 민족의 독립을 문학의 영역, 문학에서 실현할 방도, 그 조리를 심사숙고하여 만들어 내지 못한 탓이다. 이 점에 대해 우리는 다케우치 씨의 비판을 십분 인정하지 않으면 안 된다. 아니 우리는 정치의 영역에서도 경제의 영역에서도 아직 민족의 독립을 위한 프로그램을 충분히 구체화하지 못했다. 우리는 일본 민족의 가장 절실한 요구인 민족독립을 쟁취하고자 모든 면에서 국민의 모든 층에서 제대로 검토하고 토론하고 공유했다고는 말할 수 없다. 그런고로 다케우치 요시미 씨가 민족해방이라는 프로그램으로 내리누른다고 느끼며 외부의 강압을 감지했다면, 이는 완전히 우리의 노력이 부족했던 탓이다. 우리는 무엇보다도 이 점을 먼저 인정해야 한다. 그러나 우리는 다케우치 씨가 국민문학을 사고하면서 민족독립을 쟁취하고자 모든 영역에서 계통적으로 전개되는 다양한 노력을 상호책임으로 모아 내는 데까지는 이르지 못했다는 점도 인정해야 하지 않을까. 우리가 잘못 보지는 않았다고 생각한다. 다케우치 요시미 씨가 내놓은 문학의 자율성이라는 말에는 적어도 그러한 경향을 느끼게끔 하는 것이 있다.

「국민문학에 대하여」, 『인민문학』 1952년 9월 호

이 논문은 우선 "일본 문학의 위기를 자각하고 거기에 선 다케우치 요시미 씨의 출발점을 그대로 인정"하는 데서 출발해, 문학의 자율성을 존중한다며 동의하고, 그러나 내가 자율성의 내용을 밝히지 않는다며 불만을 진술하고, 그런 뒤 위의 인용이 나오고, 이어서 노마 씨 자신이 생각하는 문학의 자율성에 관해 적극적으로 의견을 개진하는 순서로 이루어져 있다. 이것이 첫 단계고, 다음 단계에서는 노마 씨와 자신을 비롯한 일군의 문학운동이 "자아확립의 문학을 담지 못하거나 봉건제와의 싸움을 회피하지 않는다"며 그 주장을 상세히 피력한다. 그리고 마지막에는 "지금까지 일본의 근대문학은 주로 소시민층과 인텔리겐차

가 중심이 되어 왔으며, 아직 일본 국민 전체의 마음과 혼을 해방하는 형식을 만들어 내지 못했다. 우리는 이 점을 확실히 비판해 진실로 넓고 깊게 국민 속으로 파고들어 그 혼을 해방하고 표현하는 문학을 창조하려는 것이다. 그러나 그 문학은 기존의 일본 근대문학의 형식과 방법을 운용하거나 외국문학을 수입해서는 창조할 수 없다. 일본 민족 전체의 혼을 해방하려면 그 혼의 내용, 일본의 본질을 움켜쥐고 민족의 독자 형식을 널리 탐구해야만 한다"고 말한다. 그리고 그러한 "우리가 창조하려는 국민문학"은 한마디로 표현하면 "어디까지나 레지스탕스 문학"이라는 것이다.

나는 「문학의 자율성 등」(『군상』 1952년 11월 호)을 써서 이러한 비판에 답했다. 노마 씨가 나의 출발점을 인정한 것을 기꺼이 여기며 노마 씨가 "우리 노력의 부족"을 반성한 것에 경의를 표하고(기쿠치 쇼이치 씨는 이를 두고 "양국 회담에 참석한 두 외상"이라 조롱했다), 문학의 자율성은 "새로운 혼을 창조하는 운동이 지닌 자율성"이라는 노마 씨의 규정을 승인하고, 그러나 아직 "노마 씨는 민족의 독립과 국민적 해방을 한데 묶어 파악하고 있지 않기 때문"에 불안한데 그것이 "정치적 계획을 문학에 그대로 적용한다는 인상을 준다"고 썼다. 여기서 인용하면 길어지니 생략하겠다.

나와 노마 씨는 원칙론에서는 대체로 의견이 일치한다. 일치하는 폭은 앞서 인용한 글을 썼던 때보다 지금 더욱 넓어졌다. 이 점은 노마 씨도 인정할 것이라고 본다.

···다케우치 요시미 씨의 사고방식과는 여전히 얼마간 거리가 있다. 그것은 두 사람이 인간을 이해하는 방식이 다른 데서 비롯된다. 다케우치 요시미 씨는 개인주의적 인간상을 중심에 두고 인간

을 사고하지만 나는 사회주의적 인간상을 중심으로 생각하려 하기 때문이다. 그러나 두 사람이 국민문학을 두고 고민하는 내용이 그만큼 떨어져 있지는 않다고 생각한다.

「국민문학에 대하여」, 『인민문학』 1952년 9월 호

확실히 멀리 떨어지지는 않았지만, 그러나 어찌해도 넘어설 수 없는 차이가 하나 있다. 그것은 무엇인가? 어떻게 하면 일치점을 찾아낼 수 있는가? 일치점을 찾을 수 없는 경우 찾지 못한 채로 연대관계를 맺으려면(나는 그것을 원한다) 어찌해야 하는가? 그 조건은 무엇인가? 다시금 출발점으로 돌아와 이 문제를 다루고 싶다. 출발점으로 돌아오는 까닭은 나 자신도 반성하기 위해서이며, 독자를 토론으로 끌어들이기 위해서다. 그리하면 자연히 "문학에서 독립이란 무엇인가"라는 물음에 답하게 되리라.

4. 문학에서 독립의 문제

우선 가장 먼저 인용했던 나카노 시게하루 씨의 의견을 원칙론의 범위에서 다시 한 번 확인해 두겠다. 독자에게도 이론은 없지 않을까 싶다. 물론 나카노 시게하루라는 고유명에 구애될 필요는 없다.

다음으로 문학의 자율성, 즉 문학에는 고유 영역이 있고 법칙도 있다는 점 역시 원칙론의 범위에서 확인해 두겠다. 앞서 보았듯이 노마 씨도 여기에는 이의가 없을 터이며 독자도 그러리라 생각한다.

추상론에서야 이렇게 의견 차이가 없겠지만, 조금만 더 파고들어 구체적 이야기에 이르면 몹시 까다로운 문제가 터져 나온다.

모든 과학, 모든 예술이 그러하듯 문학의 자율성은 근대의 산물이다. 노마 씨도 상세히 밝혔듯이 문학의 자율성은 유럽에서 인간의 자유를 중세의 신권 지배로부터 구해 내는 과정에서 생겨났다. 이로써 모든 외부의 권력과 권위에 맹종하지는 않게 되었다. 인간의 존엄과 함께한다는 것이다. 그런데 이 강좌(이와나미 강좌 '문학')에서 스기우라 민페이杉浦明平 씨(제2권)나 이노 겐지 씨(제4권)가 적었듯이 일본은 근대사회가 특수한 방식으로 성장하여 문학도 권력과 싸워 독립을 쟁취한 역사가 매우 짧고 약하다. 거기서 역으로 권력에 대한 과도한 민감함이 생겨나 사소설이라는 일본의 독특한 문학적 형태로 이어진다. 사정이 이러하니 오늘날 문학의 자율성, 즉 권력의 지배를 거부하라고 힘주어 말하는 일은 아무리 강조해도 지나치지 않다. 권력은 곧 정치를 가리킨다. 그리고 일반적으로 일본 문학은 정치에 몹시 민감하다. 한결같이 정치에서 벗어나 순수하고자 했고 그 덕택에 간신히 근대화를 이룩한 일본 문학의 역사를 돌이켜보면 당연하다고도 하겠다.

문학은 정치에서 벗어날 수 없다. 모든 시대에 모든 나라에서 그러하며, 특히 현대 일본에서 그러하다. 벗어날 수 없다는 사실과 부당한 지배(지배 자체가 부당하다는 의미다)에 굴복해선 안 된다는 요청을 동시에 받아들여야 한다. 마오쩌둥은 "문학은 정치에 종속된다"고 했다. 나는 이 말을 이렇게 이해한다. 정치와 문학은 제각기 기능을 갖고 독립해야 하며, 독립함으로써 인민 생활의 진보를 꾀한다는 공통의 목적 위에서 만날 수 있다.

앞의 인용에서 내가 "문학 아닌 것이 문학에 '독립'을 강요한다면 나도 반대다"라고 썼던 건 그런 의미다. 민족의 독립은 정치의 과제고 또한 문학의 과제다. 그것이 국민적 염원이다. 생활 속에서 발하는 욕구다. 그 본연의 욕구를 본연 그대로 신장하는 것이 문학론으로서 올바른 주장이다. 따라서 바깥에서 다른 것을 가져와 더하는 일에 반대한다. 독립의 염원은 실재하며 날이 갈수록 커지고 있다. 다만 충분히 표현할 능력을 갖지 못해 힘으로 터져 나오지 못하고 있다. 그 표현능력을 해방하는 것, 해방에 손을 건네는 일이야말로 문학의 역할이리라. 거꾸로 상대에게 속을 털어놓으라고, 해방을 부르짖으라고 윽박지른다면 더는 문학적이지 않다.

나는 "남에게 강요당해 독립을 생각"하고 있지 않다. 독자도 마찬가지리라 생각한다. 다만 '독립'이 특정 정치 프로그램과 결부되어 목소리로 나올 때 그 프로그램을 승인하지 않는 것은 거기에는 '강요'라고 느껴지는 구석이 있기 때문이다. 앞서 인용한 대목에서 우스이 씨도 그 점에 대해 확실히 밝히고 있다. 특정한 독립 코스에 반대한다고 해서 독립에 반대하는 것은 아니다. 이것은 맨 처음에 밝힌 원칙론에서 이미 확인이 끝난 문제다.

나는 노마 씨가 의식하고 내리누른다고는 생각지 않는다. 인용문만 봐도 충분히 알 수 있다. 실제로 그는 "수단으로서의 국민문학에는 철저하게 반대"한다고 말한다. 그러나 그것이 논리적으로 묵직한 설득력을 지니는가. 그렇지는 않다고 본다. 일본공산당이 자신의 정치 프로그램을 국민에게 강요한다는 인상은 옥신각신 시비를 따져 묻는 노마 씨의 글쓰기에서 틈새로 엿보이는바, 부정하기 어렵다. 노마 씨의 글은 나를 상대로 설득하기보다는 오히려 공산당 내부의 알 수 없는 곳을 향해 집안단속을 하는 것처럼 보이는 면이 없지 않았다. "수단으로서의 국민문학에 철저히 반대함을 분명히 밝혀야 한다" 같은 표현에서 그것이 드러난다. "우리는 일본 민족의 가장 절실한 요구인 민족독립을 쟁취하고자 모든 면에서 국민의 모든 층에서 제대로 검토하고 토론하고 공유했다고는 말할 수 없다"는 정말이지 변명투에 가깝다. 공산당 내에 존재하는, 성급히 밀어붙이자는 논자들을 만류하고 있다는 느낌이다.

공산당이 1951년에 신강령을 발표했음은 앞서 밝혔다. 그것이 국민 문학론에 박차를 가했다고도 적었다. 공산당은 이 강령을 당의 것으로 남기지 말고 국민강령으로 삼자고 주장했다. 노마 씨가 "민족의 독립을 쟁취하기 위해 필요한 강령"이라고 주장한 것이 바로 신강령이다. "국민의 모든 층에서 제대로 검토하고 토론하고 공유했다고는 말할 수 없다"는 것은 국민강령이 되지 못했다는 뜻이다. 그러나 그 발언은 국민강령이 되지 못했다는 사실을 향하기보다는 국민강령으로 삼고자 했던 당내 일부의 환상을 경계한다는 인상이다. 노마 씨와 같은 당파에 속한 문학자 가운데는 성급론자가 많기 때문이다. 예컨대 이와카미 준이치* 씨가 그렇다.

> … 지금껏 막연히 노동자, 농민의 계급해방이라 생각하며 싸워 왔죠. 그런데 이제는 국민의 해방을 마음에 두고 있습니다. 국민이라는 의식이 뚜렷해졌습니다. 그 계기는 뭐니뭐니 해도 역시 공산당의 국민강령(신강령)이겠죠. 일본 국민이 국민적 자각을 하는 데 그게 한 가지 전환점이 되지 않았을까요. 국민강령을 접하고 나서야 비로소 그간 어렴풋하던 바를, 일본의 국민으로서 이젠 확실히 생각해야겠구나 마음먹었습니다. 도쿠나가 스나오 및 노마 히로시와의 좌담회 「국민문학을 말한다」, 『아카하타』 1953년 1월 호

좌담 기록이니 정확히 논리를 밟아 간 글이라고는 말할 수 없지만,

---

* 이와카미 준이치岩上順ー 1907-1958. 평론가. 사소설이 보이는 개인의식에 대한 집착을 비판하며 좌익의 입장에서 주로 공산당 기관지 『아카하타』에 많은 평론을 남겼다. 저작으로 『역사문학론』, 『국민문학론』 등이 있다.

그만큼 예기치 못하게 속마음이 새어 나왔다고도 할 수 있겠다. 강령에 국민이라는 표현이 사용되어 국민적 자각이 생겨났다는 공상적인 이야기다. 지금 일본에서 국민적 자각이 일어나는 것(이를 나는 인정한다)은 공산당 강령의 은덕이라는 논법이다. "태초에 말씀이 있은즉"이다. 공산당의 신탁이 없었더라면 국민적 자각도 생겨나지 못했을 만큼 일본인들이 얼간이였단 말인가. 게다가 국민적 자각이 태어난 그 순간 그나마 "막연"하게 존재하던 계급적 자각은 아예 내동댕이쳐졌다.

바로 이러한 문학자가 있으니 오늘날 문학의 자율성은 기필코 외쳐져야만 한다. 민족독립의 문제를 문학의 문제로 이야기하려면 그것이 반드시 필요하다. 나는 봉건제에서 벗어날 것을 강조해 왔다. 이는 다름 아니라 공산당 안에 남아 있는 봉건제 노예근성에서 인간을 구제하는 일까지 포함한다. 노예근성과 그것을 고스란히 뒤집어 놓은 선민의식으로부터 탈각하는 일이다. 나는 그 점에서 노마 씨의 "노력에 기대"하고 있다.

이와카미 준이치 씨처럼 생각하는 사람이 있는 한, 공산당이 강령을 선전하려고, 즉 국민강령으로 내리누르려고 국민문학론에 인해전술을 쓰지는 않을까 당연히 우려하게 된다. "정치적으로 또는 정서적으로 일어난다는 의미에서의 국민문학적 사고방식"이란 그 점을 가리킨다고 봐도 된다. 확실히 정치적이며 또한 정서적이다. 즉 문학적이지 않고 이론적이지 않다. 그 점이 곤혹스럽다는 말에 나는 동감하는 것이다

분명히 밝혀 두지만 나는 일본공산당이 신강령을 국민강령으로 삼겠다며 내비치는 열의에 불평을 늘어놓을 작정은 아니다. 정당이 강령을 갖는 일은 정당의 자유며, 그것을 국민에게 선전하는 일도 자유다. 오히려 나는 국민이 자진해서 정당의 강령을 연구해야 한다고 생각한다.(공산당만이 아니라 사회당의 강령도 마찬가지다.) 또한 나는 일본 국민이 국민적 강령을 갖기를 희망한다. 다만 강령을 제정하려면 그만한 질차

를 거쳐야지 마구 밀어붙여서는 곤란하다. 곤란할 뿐 아니라 권위를 빌려 "바깥에서 강제"한다면 온 힘으로 저항해야 한다. 이것이 문학정신으로서(따라서 정치정신으로서도) 권위에 대한 맹종보다 건전하며, 정치를 거부함으로써 정치와 바람직한 관계를 맺는 문학적(동시에 정치적) 행동이라 생각한다.

나는 공산당원이 아니니 공산당이 신강령을 채택했다고 트집 잡을 생각은 없다. 그러나 일본의 한 정당이 내놓은 강령으로서는 불만이 많다. 하물며 국민강령으로 승인하는 일은 전혀 가당치 않다. 내용과 절차에서 그렇다. 그러나 나는 어떤 정치행위(예컨대 평화운동)를 공산당원과 함께하고 싶고, 뜻을 같이하는 공산당원과는 학문, 교육, 예술 문제에서 협력하고 싶다. 따라서 나는 공산당이 인해전술을 쓴다 해도 그것을 이유로 국민문학운동에서 손을 뗄 생각이 없다.

세 번이나 거듭해서 말한다. 민족의 독립은 국민적 염원이다. 이는 정치의 과제인 동시에 문학의 과제이며, 본질적인 것이다. 민족의 독립은 모든 자유의 결절점이고 문학은 자유와 함께하기 때문이다. 민족의 독립을 과제로 삼지 않는 문학이 오늘의 일본에서는 있을 수 없다. 오늘은 있을지언정 내일은 있을 수 없다. 그것은 말라 가는 문학이기 때문이다. 그 정도로 오늘날 문학에 찾아온 일반적 위기는 깊다고 생각한다.

일본 국민 사이에 넓디넓게 퍼져 있는, 독립을 향한 염원을 그 염원 그대로 키워 내지 않고 거푸집으로 찍어 내듯 좁은 길로 몰아 가려는 기도는 그 어떤 정치적, 문학적 당파든 간에 성사시킬 수 없다. 독립에 특정한 경로를 강요한다면 오히려 독립을 향한 염원에 재를 뿌리는 꼴이 되고 말리라. 내버려 두는 편이 상책이란 뜻은 아니다. 이론은 필요하다. 아니 더욱 절실히 요청된다. 하지만 지금의 이론은 이에 부응하지 못하고 있다. 외래 혹은 문학의 바깥 영역에서 빌려 온 이론은 있지만 이제 더는 먹히지 않는다. 제 자신이 뼈를 깎는 자세로 그간의 경험을 모아 이론을 짜내지 않으면 한 걸음도 내디딜 수 없는 곳까지 와 버렸다. 이 역시 위기의 한 가지 양상이다.

문학이론이든 창작활동이든 조직이든 연구든 모두 막다른 곳에 이르렀다. 이를 타개할 강한 힘이 요청된다. 문학의 어머니 되는 대지, 곧 민중의 생활 한복판으로 뛰어들지 않고서는 그 힘을 움켜쥘 수 없다. 이 원초의 경험을 근간으로 삼아 이제껏 축적된 외국문학과 전통문학을 일거에 가치전환하여 몸으로 익혀야 할 시기에 이르렀다.

이제 막 본론에 들어섰을 뿐인데 분량과 시간이 다 되었다. 정말이지 용두사미여서 독자에게 송구스럽기 그지없다. 못다 한 말, 부족한 말이 많지만 다음 기회로 미뤄야겠다. 다만 기억에 남기고자 두세 가지를 기록해 둔다.

1. '문학에서 독립이란 무엇인가'는 나도 모르겠다. 그 문제를 더듬고 있을 따름이다. 앞서 인용한 옛 글과 정세 분석을 참조해 독자가 얼마간의 이미지를 떠올려 준다면 고맙겠다.
2. 문학에서 독립이란 문학에서 봉건제와 식민지성을 청산하는 일이니 응당 국민문학의 모습을 취한다.
3. 외국문학에서 많은 영양을 섭취해야 한다. 배외적이거나 국수적이어선 안 된다. 그러나 영양은 단순한 지식이나 교양이 아니다. 루쉰처럼 말하자면 제 몸을 사르려 불로 뛰어드는 자세가 필요하다.
4. 국민 전통도 마찬가지다. 이미 전통을 일궜다고 생각하면 잘못이다. 나는 국민문학론이 파산주의라고 생각지 않으며, 당연히 그래서도 안 된다.

1954년 4월

참고문헌

국민문학론에 대해서는 다음을 참고할 것.

1. 民科藝術部會 編, 『國民文學論』(1953. 4., 光文社)
   아주 엉터리 책이니 염두에 두고 이용할 것. '민과' 혹은 『인민문학』 계통의 사고방식을 알 수 있다.

2. 竹內 好, 『國民文學論』(1954. 1., 東京大學出版會)

3. 野間 宏, 『純文學의 探究』(1953. 8., 未來社)
   『文學의 探求』 『人生의 探求』와 함께 읽으면 더욱 좋다.
   『野間宏作品集』 第3卷(1953. 11., 三一書房). 이 책은 세 권에서 주요 논문들을 모아 놓았다.

4. 오다기리 히데오, 구라하라 고레히토 등의 논문은 아직 책으로 엮이지 않았다. 잡지를 통해 읽을
   것. 『문학』, 『일본문학』, 『신일본문학』이나 『세계』, 『군상』에도 더러 실렸다.

일본공산당의 신강령에 대해서는 다음을 참고할 것.

5. 日本共産黨, 『黨性高揚文獻』(1952. 7., 駿台社)
   신강령에 입각해서 다음해에 나왔던 '문화테제'에 대해서는 다음을 볼 것.

6. 日本共産黨, 『黨性高揚文獻』(1952. 10., 駿台社)
   이 외에도 몇 가지가 있다. 공산당의 선전이 싫은 사람은 각각 다음을 참조할 것.

7. 柳沼正治(센다이경찰학교 교관), 『日本共産黨史 戰後篇』(1953. 7., 啓文閣)

8. 內外文化硏究所 編, 『日本共産黨의 文化活動』(1953. 5., 立花書房)
   이 책은 객관적으로 서술되어 있으니 자료로 활용하기 바란다.

내친김에 좌파 사회당의 강령도 들어 둔다.

9. 『左社綱領과 論爭點』(1954. 3, 勞農問題硏究所)
   이 책을 발행한 노농문제연구소는 참의원 의원회관 1호실에 있다.

그 밖에 참고할 만한 것들로는 다음이 있다.

10. 이와나미 강좌 '文學'의 각 권

11. 猪野謙, 『近代日本文學史硏究』(1954. 1., 未來社)

12. 桑原武夫, 『歷史와 文學』(1951. 12., 新潮社)

13. 中野重治, 『文學論』(ナウカ講座, 1949. 12., ナウカ社)

14. 杉浦明平, 『文學의 方向』(1953. 12., 三一書房)

권력과 예술

1

여기서 권력이란 오로지 공권력을 가리키며, 주로 국가권력을 지칭한
다. 개인과 개인, 집단과 집단 사이에도 힘관계가 작용하고, 개인 내부
에도 욕망의 상극이라는 형태로 힘관계와 닮은 것이 존재하지만, 그러
한 힘관계 일반은 여기서 문제 삼지 않는다. 한편 인간의 생활이 끊임없
는 자연과의 투쟁과정이라는 거시적 의미에서의 힘관계도 여기서는 다
루지 않는다. 인류적 규모와 개인 사이의 중간적 형태로 존재하는 권력
만을 다루겠다.

　이상적 근대국가를 가정한다면, 거기서 예술은 여타의 정신활동,
가령 종교나 학문처럼 자율적으로 존재하며 권력이 규제해서는 안 될
것이다. 적어도 방침으로는 그렇다. 예술은 가치에 관한 것이며, 사적 자
치의 영역에 속하니 가치에 관한 중립 유지를 원칙으로 하는 국가권력
이 정당한 형식적 지배의 범위를 넘어 개인의 내부로 직접 침입해서는
안 된다. 무엇이 진리인가, 무엇이 미인가를 결정하는 것은 외부의 권위
가 아니라 내부의 권위다. 국가가 개입해야 할 사항이 아니다.

　그러나 이것은 이상적 근대국가를 가정한 경우며, 실제로는 현실에
존재하는 어떠한 국가도 이상적 상태를 실현하고 있지 않다. 권력이 예

술에 개입하는 사례는 선진국에서도 드물지 않다. 근대라는 역사적 시대는, 생각하기에 따라서는 중세로부터 미래로 향하는 과도기며, 근대 국가의 성립도, 그것과 불가분인 예술의 자율성에 대한 승인도 과도기적 양상의 한 가지 결과로 볼 수 있다. 가치의 결정이 사적 자치의 영역으로 옮겨 간 것은 자연스럽게 그리된 것이 아니라 근대라는 역사적 시대를 낳은 인간의 노력인 것, 즉 중세적 권위에 반역한 결과이며, 그 노력은 한 차례의 사건으로 끝나지 않는다. 끊임없는 탈각의 노력을 축적한 결과가 예술의 자율성을 성립시킨다.

나는 여기서 예술을 일괄해 생각하고 있다. 적어도 이념적으로 근대예술은 권력의 지배로부터 자유롭다. 그러나 예술의 개별 장르를 보면, 중세적 질곡으로부터 벗어나는 형태가 다양하며 시기도 다르다. 근대 이후에 발생한 예술의 새로운 장르, 예를 들어 영화와 상업미술 등은 기성 미적 관념과의 투쟁은 겪었지만, 문학이나 연극처럼 중세적 권위와의 투쟁은 거의 거치지 않았다. 이것은 장르에 따라 발생의 양상이 달라서인데, 한편으로 사상성을 직접 표출하는 정도도 장르마다 다르다. 예를 들어 문학은 날것의 형태로 권력을 비판하는 경우가 많으며, 그만큼 권력 측의 감시도 엄중하지만 음악은 그렇지 않다. 권력과의 투쟁에서 문학자와 음악가의 존재 형태는 상당한 질적 차이를 보인다. 어느 쪽이 더 버거운지, 어느 쪽이 더 힘이 드는지를 비교하는 것만으로는 정리해 낼 수 없는 성질의 것이다. 다만 역사적 사실로서는 박해당한 문학자가 박해당한 음악가보다 훨씬 많다. 근대의 모든 역사를 통해 그럴 뿐 아니라 오늘날 사회주의 국가에서도 그렇다.

이상적 근대국가는 현실에는 없지만 이념으로서는 존재하며, 따라서 예술의 자율성 또한 이념으로서는 성립한다. 이 말은 권력이 부당한 간섭(간섭에 정당한 것과 부당한 것이 있는 것이 아니라 간섭 자체가 부당하다)을 할 때, 그것을 물리칠 만한 힘을 내부에 비축하고 있다는 뜻이다. 현실에서 권력이 예술에 개입하는 일은 권력 자체의 본성에 비춰 보건대 피하기 어렵다. 그렇다기보다 권력(즉 권력 주체) 또한 인간이 만들어 냈다는 의미에서 가치들 가운데 하나이며, 따라서 예술과 경합 관계이며, 한편으로 인간관계의 다수는 권력관계의 속성을 지니기도 하니 권력과 예술은 끊임없이 서로 삼투하는 것이 정상 상태라고도 말할 수 있다. 나쁜 권력이 예술에 대한 개입을 꾀하는 것이 아니라 애초 권력 일반이 사적 영역을 좁혀 그것을 자신의 지배 아래로 되도록 거둬들이려는 충동을 갖고 있다. 그러나 예술로부터 말하자면, 그러한 권력 지배의 근거를 위협하는 것이 바로 예술이며, 권력과 싸워 예술은 예술이 된다. 반대로 그 싸움을 포기하면 예술은 실질적 가치이기를 그만두고 형식이어야 할 권력에 실질을 내주고 만다. 즉 권력을 나쁜 권력으로 전화시킨다. 권력이 내면으로 침입하는 것을 막고, 예술이 부당한 지배에 저항하는 것은 사실 한 가지 힘의 다른 측면이며, 그 복원 작용이 원활하게 기능해야 근대사회가 건전하다는 징후다.

이러한 이념은 근대국가의 성장기에 성립되었고 실제로도 상당히 기능해 왔지만, 20세기가 되고 나서 근대국가가 변질하자 기능이 저하되었을 뿐 아니라 이념 자체가 변했다. 오늘날 다원적 가치를 승인하고 권력이 사적 영역에 개입하지 않는다는 고전 근대의 이미지는 예술 영역에서조차 그대로 통용되지 않는다. 역사적 시대로서의 근대는 그 완성을 보지 못하고 이미 내부에 부정의 인자를 품게 되었다. 근대가 과도기라는 말은 그런 의미다. 물론 고전 근대의 이미지가 완전히 사라지지는 않았고 예술의 자율성이라는 이념은 오늘날에도 예술가의 마음을 사로잡고 있지만, 그것이 예술직 저항으로 나타날 때의 작동 방식은 권력이 현상하는 방식의 변화에 따라 당연히도 변하지 않을 수 없다. 권력과 정신 가치가 직접적인 통일 상태였던 중세로부터의 탈각, 즉 정신 차원의 독립이 일찍이의 과제였다. 당시는 권력과 싸우는 것이 미래를 개척한다는 의의를 예술에 부여했다. 오늘날 미래는 오히려 예술(곧 근대예술)의 존재를 위협하는 새로운 중세의 면모를 띠고 있다.

이러한 변화는 왜 초래되었는가? 권력과의 관계에서 예술이 불안을 품게 된 계기는 대략적으로 세 가지다. 하나는 대중사회의 성립이다. 다른 하나는 파시즘이며, 마지막 하나는 코뮤니즘이다. 셋은 서로 연관되어 서로를 떠받치는 부분과 반발하는 부분을 갖는다. 고전 근대의 이미지를 내부로부터 파괴한다는 작용에서는 일치하며, 등장한 시기도 엇비슷하다. 예술의 자유라는 주제는 오늘날 거의 이 셋에 대한 태도로 환원되고 있으며, 고전 근대의 이미지를 거기에 어떻게 조화시킬 것인지가 각 예술의 장르, 유파, 사조 및 예술가 개성의 선택 사항이 되었다.

대중사회 상황이란 고도자본주의에 수반되는 생활의 기계화, 인간의 원자화와 그 결과로 초래되는 인격적 내면성의 해체를 가리킨다. 거기서는 문화가 획일화되어 예술의 질은 필연적으로 저하된다. 이른바 대중매체를 수단으로 하는 '백치화'가 진행된다. 권력에 저항했기에 자립할 수 있었던 예술의 존재 기반이 사라져 예술가는 고립되든지, 아니면 일방적 수혜자인 대중의 취향에 휘말려 들어간다. 어느 쪽이든 민중적 미의식의 대변자로서 독립의 기능을 영위하지 못한다. 따라서 예술은 멸망하는 수밖에 없다.

권력과의 공공연한 대항구도를 상실하고 싸워야 할 목표가 사라졌다는 것이 예술의 생명을 쇠약하게 만들었으니, 만약 예술이 질의 저하를 막고 살아남으려면 니체처럼 대중을 직접 적으로 돌리든지, 그게 아니면 새로운 가상의 적을 만들어 내는 것 말고는 방법이 없다. 전자는 파시즘으로 통하는 길이며, 후자는 계급이라는 픽션을 축으로 삼아 코뮤니즘이 실행하는 길이다. 파시즘과 코뮤니즘은 이데올로기가 정반대지만, 고전 근대의 이념인 다원적 가치관을 부정하고 권력과 예술을 다시 묶어 낸다는 점에서는 닮아 있다.

코뮤니즘의 사고방식에 근거하면 권력은 좋은 권력과 나쁜 권력이 있으며 예술에도 좋은 예술과 나쁜 예술이 있다. 코뮤니즘은 인간관계에서 모든 권력관계의 폐절을 이상으로 삼으며, 비유적으로 말해 권력이 예술을 지배하는 것이 아니라 거꾸로 예술이 권력을 대신하는 것이 최종목표다. 이 점은 자유에 대한 근대예술의 사고방식을 크게 진전시켰다. 그러나 거기에 이르기 위한 과도적 단계 및 논리적 절차로서 권력과 예술의 합체를 승인해야 한다. 혁명을 위해 모든 권력을 집중해야 하고, 권력의 최고 집중형식은 국가이니 국가가 만능이 된다. 사적 자치의 원칙은 인정되지 않고, 모든 정신활동이 국가(그것은 당으로 대표된다)의 목적에 봉사할 것을 요구받는다. 좋은 권력과 좋은 예술이 합체해 나쁜 권력과 나쁜 예술을 적으로 돌린다는 투쟁 형식을 취한다. 국가를 폐절한다는 최후의 목적에서 코뮤니즘과 아나키즘은 일치하지만, 양자는 수단이 결정적으로 다르다. 그리고 유능한 예술가는 아나키스트이든지 아나키즘으로 기울기 쉬운 소질이 많으며, 코뮤니즘이 예술가의 협력을 얻기란 대체로 상당히 어렵다. 그러나 여기서는 대중사회 상황을 고려해야 하며, 코뮤니즘이 일면에서는 예술의 질을 유지하는 데 실제로 성공했고, 그것이 예술가에게 매력적이라는 사실도 인정하지 않을 수 없다.

예술의 자유가 확대되어 권력의 형식적 지배와 조화를 유지한다는 근대의 신앙이 대중사회 상황에서 무너지고 있는 것은 사실이다. 그리고 그것이 파시즘을 부추긴다는, 적어도 파시즘을 부추기는 일과 무관치 않다는 것도 경험적으로 알고 있는 바다. 거기에 코뮤니즘의 권력관 및 예술관이 하나의 구제책으로서 현전하는 필연성이 있다. 앞서 적었듯이 견해에 따라서는 권력 또한 예술과 경합하는 하나의 가치인 동시에, 예술(곧 창조활동)은 권력 충동의 한 가지 결과이기도 하니 근대의 신화를 괄호 쳐 두고 생각하자면, 권력과 예술이라는 인간 활동의 다른 측면이 새로운 중세적 양상 아래서 융합하더라도 이상하지 않다. 중세에는 무매개로서 혼돈스런 미분화 상태였지만, 코뮤니즘에서는 의식적으로 결합시켜야 할 만큼 차이가 난다.

　새로운 중세라는 점에서 코뮤니즘과 파시즘 사이에는 아마도 본질적 차이가 없을 것이다. 사적 자치의 영역을 치워 버리려는 권력의 현상 방식은 완전히 닮아 있다. 양자의 본질적 차이는 한쪽이 목적의식적이어서 현 상황을 어디까지나 과도기로서 인정하고 예술이 지배할 미래의 이상 왕국을 꿈꾸는 데 반해, 다른 쪽이 국가이성 자체를 절대적으로 목적화하고 있다는 점뿐이다. 그러나 수단은 때로 목적으로 전화된다. 예를 들어 최근에도 스탈린주의 비판을 둘러싼 일련의 동향이 보여 주는 바다. 코뮤니즘은 분명 대중의 자발성에 기대며, 그 의지를 집중하려는 의도와 그 실행 장치의 면에서는 인간의 원자화 경향을 방임하는 자본제 사회보다 유효하다고 말할 수 있을 것이다. 다만 그 장치가 언제나 잘 작동된다는 보장이 장치 자체에는 없으니 개성을 근거로 삼는 예술로서는 불안하다. 코뮤니즘의 이론에 따른다면 좋은 예술과 나쁜 예술을 판별하는 주체는 대중이지 지배자의 자의가 아니다. 이게 파시즘과는 결정적으로 다르다. 그리고 실제로도 좋은 예술로써 나쁜 예술을 타도하는 데 상당한 성공을 거두었다. 문제는 그렇게 나쁜 예술을 구축한 이후에 애당초 예술이 남을 수 있느냐는 것이다. 대중에 대한 신뢰는 올바르며, 대중의 판별력에 기대는 것도 올바르다. 또한 대중 한 사람 한 사람이 예술가가 되는 것이 예술의 궁극적 이상이기도 하다. 소수의 엘리트가 예술을 독점하고 대중 위에서 군림하는 상태는 바로잡아야 한다. 그 점에서 코뮤니즘의 선의에 대해서는 의심하지 않는다. 그러나 좋은 의도가 반드시 좋은 결과를 보장하지는 않기 때문에, 과도적이라고는 하나 국가가 진리와 미의 객관적 형태를 독점하는 것이 결국은 선의의 강압이 되는 게 아니냐는 우려는 논리적으로 그리고 실제적으로 피할 수 없는 것이다.

현대는 예술이 해체되는 시대다. 걷잡을 수 없이 모든 예술이 비예술화되고 있다. 여기서 선택지는 악화가 양화를 구축하도록 내버려 두든지, 그렇지 않으면 구제를 위해 어떤 강제를 인정하든지일 것이다. 이미 내발적인 창조력에만 의지할 수는 없는 상태다. 여기에 현대예술의 곤란함이 있으며, 그것을 어떻게 타개할지에 오늘의 모든 문제가 달려 있다.

대중매체에 의한 예술의 황폐화가 한편에 존재하며, 다른 한편에는 대중의 창의를 이끌어 내는 방식이 무엇이건 간에 아무튼 권력을 수단으로 하는 구제의 발상이 존재한다는 것은 대체로 세계 공통의 현상이다. 그러나 그것들이 조합되는 방식은 각 조건에 따라 다양하다. 가로로는 예술의 장르나 사조를 떠나 예술의 내재적 보편성이 가로지르며, 세로로는 민족적 전통이 관철되어 그것이 기저에서의 대중화 현상과 핵심부의 권력구조 사이에서 씨줄과 날줄로 복잡하게 엮여 있다. 대중화에 의한 확산의 경향과 권력에 의한 집중화의 경향은 따로 존재하는 게 아니라 서로 얽혀 있다. 그 관계는 권력의 성질과 예술의 성질에 따라 규정된다. 일반적으로 권력이 강한 전통 아래서는 집중화에 의한 예술의 구제 혹은 부활 움직임이 눈부시고, 권력이 약한 전통 아래서는 예술의 고립화가 두드러진다. 그리하여 오늘날 예술의 일반적 문제성 말고도 각 나라의 특수한 조건을 아무래도 분석해야 하는 것이다.

2

지금까지는 일반적이고 추상적인 형태로 오늘의 문제 상황에 비춰 근대국가에서 권력과 예술의 관계를 생각해 봤다. 이제 이것이 일본이라는 특수하고도 구체적인 장소에서 어떻게 나타나는지를 생각할 차례다.

일본도 근대국가의 예외는 아니다. 따라서 근대국가가 지니는 문제는 모두 일본에도 존재하며, 오늘의 문제 상황도 별스러운 것이 아니다. 다만 일본이라는 근대국가의 특수성에 따라 일반적 문제의 각 부분 그리고 그것이 드러나는 방식에서 특수한 양상을 보일 따름이다.

일본의 근대가 언제 시작되었는지에 관해서는 학문상의 정설이 없지만, 상식적으로 메이지 유신혁명에 의한 신정권의 수립 이후라고 해 두자. 오늘날까지 아직 백 년에 못 미친다. 1945년을 제외한다면, 이 사이에 통치 형태가 본질적으로 바뀐 적은 한 번도 없다. 일본의 국가체제는 메이지 10년대에 기초가 굳어져 그 형태 그대로 답습되어 왔다. 일단 형태는 근대국가지만, 본질적으로는 근대국가와 배치되는 요소를 포함하고 있어 달리 예가 없는 일본 특유의 것이다. 그것을 천황제라고 부른다. 천황제라는 말은 다의적이며, 좁은 의미에서는 제도를, 넓은 의미에서는 규범의식이나 정신구조까지를 가리키는데 그처럼 사용방식이 다의적이고 신축적이라는 사실 자체가 일본 근대의 특색을 잘 보여 주며, 그로 인해 오늘날에는 국제적 통용어가 되었다. 여기서는 지배체계와 동시에 가치체계를 포함하는 의미로서 천황제라는 말을 사용하기로 한다. 그 까닭은 이 두 가지가 분리되지 않는 형태, 오히려 인위적으로 결합된 형태가 반드시 천황제라는 범주를 가지고서 개괄해야 하는 일본 근대의 특색이기 때문이다.

"역사가 부르크하르트는 『이탈리아 문예부흥기의 문화』에서 '예술

작품으로서의 국가'를 논하는데, 이토*가 메이지 천황을 중심으로 해서 완성한 메이지 국가야말로 정말이지 훌륭한 예술 작품의 모델이라 할 수 있다. 그렇게 보이지 않는 것은 이토 등이 국가를 만들어 내려 사용한 소재에 현혹된 까닭이며, 훌륭한 예술작품인지라 그것이 자연적 소산으로 보일 정도로 이토가 노력했기 때문이다"라고 구노 오사무久野 收는『현대일본의 사상』(쓰루미 슌스케鶴見俊輔와의 공저, 岩波新書)에 쓰고 있다. 전후에 국내외의 여러 정치학자와 사회학자는 천황제의 본질을 규정해 왔다. 그중에서도 이 책의 서술은 당면의 필요에 가장 잘 부합하니 여기서 당분간 이 책의 설명을 빌리기로 한다.

> 천황은 정치적 권력과 정신적 권위의 양쪽 모두를 겸해 독일 황제와 로마 교황 양측의 지위를 일신에 갖추고, 국민은 정치적으로 천황의 신민일 뿐 아니라 정신적으로 천황의 신자이기도 하다. 이리하여 천황은 한편으로 법률을 제정하는 동시에 한편으로 교육에 관한 칙어, 정신 작흥에 관한 조서 등을 발포한다. 국민 쪽은 외면적 행동에서 법률 준수를 명령받을 뿐 아니라 내면적 의식에서 칙어와 조서에 따를 것을 요구받는다. 모든 학교에는 천황의 진영眞影이 걸려 있고 교장이 칙어와 조서를 봉독하며 국민은 진영과 칙어 앞에서 문자 그대로 옷깃을 여며야 한다. 정신적 가치와 정치적 권력의 주인이 동일한 결과 윤리와 권력, 공과 사는 완전히 융합해 권

---

* **이토 히로부미**伊藤博文 1841~1909. 정치가. 메이지헌법 초안을 작성하고 양원제 의회 확립에 기여해 현대 일본정치의 기초를 닦았다. 1885년 내각제도가 창설되자 초대 내각총리대신이 되었다. 1892~1896년과 1898년, 1900~1901년에 5·7·10대 내각총리대신으로 활약했다. 1905년 제2차 한일협약이 체결되어 조선에 통감부가 설치되자 초대 통감으로 부임했으며, 1909년 안중근에게 저격당해 사망했다.

력은 윤리에 유세하고 윤리는 권력을 뒷바라지해서 불가사의가 거의 느껴지지 않는다. 법률이 칙어의 의미를 갖고 칙어가 법률의 의미를 가져 이러한 국체가 실로 진, 선, 미의 극치로 받들어졌다.

더구나 메이지 국가의 특색으로서 이러한 절대군주제를 보완하고자 신분제의 형식적 철폐로 해방된 국민들 가운데서 소수를 임의로 선택해 '익찬'이나 '보필'이라는 형태로 정치 참여를 허용하고, 그로써 국민의 주체적 활동이 막히는 것을 방지하는 동시에 권력체제의 경화硬化도 구해 냈다.

국민의 활동은 공적 형식 면에서 보자면 모두 익찬이고 보필이며, 사적 내용 면에서 보자면 모두 입신이고 영달이었다.

이것은 불완전하나마 대의제의 맹아다. 그리고 사실 이것을 발판 삼아 대의제가 서서히 성장했다. 그러나 궁극적 가치의 원천이 천황에게 있으니 온전한 부르주아 데모크라시를 실현하지 못한 채로 체제 자체가 국가주의로부터 초국가주의로 스러져 갔다.

천황제의 본질을 절대군주제로 규정할 것인지 입헌군주제로 볼 것인지는 오랫동안 논쟁 과제였다. 논쟁 과제라고 해도 이 문제가 의식된 이후의 시기에 가감 없이 논의된 것은 비합법인 반체제운동 안에서 뿐인데(예를 들어 일본공산당의 27년 테제나 32년 테제), 그 쟁점이 학계나 예술운동에서도 위장된 형태로 드러났다. 그리고 오늘에 이르기까지도 최종 결론은 내지 못했다. 아마도 이것은 어느 한쪽으로 정리할 과제가 아니라, 전후 일부의 학자가 주창하고 이 책 또한 채용하는 이원설이 올바르지 않을까 싶다. 천황제는 본래 양면을 동시에 갖고서 그것을 운영상 구별했다. "국민 전체를 향해 천황은 절대적 권위, 절대적 주체로서 등장했고 초중등의 국민교육, 특히 군대교육은 천황의 이러한 속성을 국민 속으로 철저히 스며들게 해서 국민의 거의 제2의 천성으로 육성해 낼 만큼 강력하게 작용"했지만, 반면 "천황의 측근이나 주위의 보필기관을 볼 경우 천황의 권위는 오히려 상징적·명목적 권위이며, 천황의 실질적 권력은 기관의 담당자가 거의 전면적으로 분할해 대행하는 시스템"이었다.

여기서 구노 오사무는 양면성의 구분에 관해 흥미로운 설명을 내놓는다.

> 주목해야 할 것은 천황의 권위와 권력은 '현교'顯敎와 '밀교', '통속적'과 '고등적'이라는 두 가지로 해석되었고, 이토는 운영상의 묘를 발휘해 두 가지 해석을 조화시켜 메이지 일본의 국가를 만들어 냈다는 사실이다. 현교란 천황을 무한의 권위와 권력을 지닌 절대군주라고 보는 해석체계며, 밀교란 천황의 권위와 권력을 헌법과 기타에 의해 한계 지어진 제한군주로 보는 해석체계다. 분명히 말하자면, 국민 전체에게는 천황을 절대군주로서 신봉하도록 만들어 국민의 에너지를 국정에 동원하면서, 국정을 운용하는 비결로서는 입헌군주설, 즉 천황 국가 최고기관설을 채용했다.

이리하여 국민에게 제시하는 '명분'과 지배층 사이에 주고받는 '약정'이 분리된다. 이 분리가 지배의 기술이다. 그것이 교육에 적용되면 현교에 근거한 초등교육과 밀교에 근거한 고등교육 사이의 단층으로 나타난다. 이 모순은 국가 융성의 시기에 다양한 외적 조건의 도움을 받아 분리가 성공적인 동안은 덮어둘 수 있지만, 일단 파탄나면 수습하기 어려워진다. 무엇보다도 문제점은 그 분리가 국민 생활을 허위로 물들였으며 국가 자체가 부도덕의 근원이 되었다는 것이다. "천황 신앙이 과학은 물론 상식과도 명백하게 충돌하는 양상을 띠면서, 나아가 그 신앙이 위로부터 국민을 거머쥐려는 압력이 강해지면 강해질수록 천황 신앙은 '명분'화되고 '명분'과 '본심'이라는 표表와 리裏를 골라서 사용하는 태도가 국민을 지배"하게 된 것이다.

일본 국가체제의 이러한 이중성은 아마도 일본 사회의 밑바닥에 자리한 부락공동체적 질서와 상층에 있는 봉건적 관료기구를 교묘하게 결합하고 재편성한 데 그 기초를 두고 있다고 보인다. 따라서 단순하게 봉건적이지도 않고 물론 근대적이지도 않다. 굳이 개괄하자면 고대적인 것과 중세적인 것을 포함하는 특수한 근대라고 해야겠다. 메이지 이후의 일본이 전체적으로 근대사회라는 것은 실감으로서도 의심할 여지가 없다. 예술 또한 전반적으로 근대예술임은 의심할 수 없다. 그럼에도 불구하고 이념으로서의 근대 시민사회의 정신이 살아서 기능하지 못한다는 것, 따라서 예술이 근대예술의 법칙에 따르지 않는다는 지점에 문제가 있으며, 그 근원을 파고들다 보면 아무래도 국가기구의 이중성에서 비롯되는 모순과 맞닥뜨리게 된다.

이 모순은 많은 사람을 괴롭혔다. 일본의 근대사, 특히 정신사는 종교, 교육, 예술을 포함해 모두 이 모순을 풀어낼 열쇠를 손에 넣기 위한 노력의 집적이었다고 말할 수 있을 정도다. 정치는 또한 정치 나름으로 이 지배체제를 유지하려는 자(번벌藩閥 관료에서부터 전시 신관료에 이르는 관료 무리)와 권력의 이원적 해석을 어느 한쪽으로 통일하려는 혁신파가 벌이는 투쟁의 역사였다. 『현대 일본의 사상』이 대표적 사례로 꼽은 후자로서 '밀교'로 통일을 기도한 것이 요시노 사쿠조* 등 다이쇼 데모크

---

* 요시노 사쿠조吉野作造 1878~1933. 정치가이자 교육자. 중학교 시절에 그리스도교로 개

라시의 운동과 기타 잇키** 등 국가 사회주의의 운동이며, '현교'로 '밀교'를 퇴치하려던 것이 군부의 '국체명징'운동***이었다. 그리고 어느 쪽이나 성공하지 못했다.

그러나 역사가 파시즘의 단계로 들어서자 오히려 이 모순은 일본의 파시즘이 손쉽게 성립하도록 기능했다. 가치의 원천과 권력의 원천이 동일하니 서구 파시즘이 맞닥뜨린 이론적 난제를 피해 갈 수 있었다. 당시 일본의 '국체 정화'는 나치의 지도자가 부러워했을 정도다. 서구 파시즘과 달리 일본의 파시즘은 야금야금 진행되는 파시즘이었으며, 국가구조에 내재하는 것이 자연스럽게 유출된 결과였다. 일부러 수고를 들여 '20세기의 신화'를 만들어 낼 필요조차 없었다.

천황제의 본질을 통찰한 선구적 사상가와 예술가가 없지는 않았다. 메이지의 문학자로 말하자면 도코쿠나 다쿠보쿠를 들 수 있다. 30년대의 사회주의문학에서도 천황제와 맞서려던 시도가 있었다. 그러나 전체 안에서 소수며, 양으로 적을 뿐 아니라 질적으로도 천황제를 전체 체계로서 파악해 내는 주체적 입장을 확립해 내지 못했다. 오히려 모리 오가

종해 일본의 그리스도교 사회주의 운동의 지도적 인물이 되었다. 아울러 정치의 목적을 일반 민중의 복리에 둔 민본주의를 주창해 보통선거권 실현, 민간에 의한 군대 통솔, 귀족원의 민선기구 전환을 기도하며 다이쇼 데모크라시의 이론적 지주로서 활약했다.

** **기타 잇키**北一輝 1883~1937. 국가주의 운동의 이론적 지도자. 1906년 『국체론 및 순정사회주의』를 자비로 출판해 독특한 사회주의론을 전개했으나 발매금지당했다. 중국혁명동맹회에 참가해 쑹자오런宋敎仁을 지원했으나 1913년 쑹자오런이 암살되자 중국혁명에 실망해 『지나혁명외사』를 발간했다. 그 후 안으로는 정치·경제적 특권계층을 제거하고 밖으로는 가진 나라에 대한 갖지 못한 나라의 권리를 확보하기 위해 무력으로 혁명적 제국주의를 실현해야 한다고 주장했다. 2·26사건에 연루되어 총살당했다.

*** **국체명징운동**國體明徵運動 국체명징은 '나라의 본질을 밝힌다'는 뜻이다. "천황은 국가의 최고기관으로서 통치권을 행사할 뿐 통치권은 법인인 국가에 속한다"는 요지의 천황기관설을 배격하고 천황 중심의 국가체제를 분명히 하고자 1935년 군인과 우익 정치인을 중심으로 일어난 운동이다.

이*처럼 역의 입장에서 밀교와 현교의 모순을 「그처럼」かのように을 통해 철학적으로 미봉하는 방법으로 천황제를 파악하는 이데올로그가 먼저 등장했다.

'근대적 인격의 전제인 도덕의 내면화 문제를 자유민권론자가 얼마나 가볍게 다뤘는지'의 예시로서 마루야마 마사오는 고노 히로나카**의 문장을 인용한다. 고노가 밀의 『자유론』을 읽었을 때 받은 감동을 회상한 내용이다.(「초국가주의의 논리와 심리」, 『현대정치의 사상과 행동』, 未來社)

> 말 위에서 그것을 읽게 되자, 그때까지 한학이나 국학을 배워 걸핏하면 양이攘夷를 외쳐 온 종래의 사상에 하루아침에 커다란 혁명이 일었으며, 충과 효라는 도리를 밀쳐 내는 것만으로도 종래 지니고 있던 사상이 나뭇잎이나 먼지처럼 무너짐과 동시에 인간의 자유와 권리를 중시해야 한다는 것을 알게 되었다. 『고노 반슈전』河野盤州傳
> 상권, 강조는 마루야마

이에 대해 마루야마는 "주체적 자유가 확립되는 과정에서 제일 먼저 대결해야 할 '충'과 '효' 관념이 거기서는 처음부터 참으로 간단하게 고려에서 '제외'되고 있으며, 나아가 그것에 관해 어떠한 문제성도 느끼지 않고 있다"고 평가한다. 만일 '충효' 운운이 레토릭이었다 하더라도

---

* 　모리 오가이森 鷗外 1862~1922. 소설가이자 평론가. 일본 근대문학의 창시자로 꼽힌다. 1907년에는 군의로서 최고위직인 육군 군의총감, 육군성 의무국장을 지내기도 했다. 1889년 『시가라미조시』しがらみ草紙를 창간했으며 『무희』, 『기러기』 등의 소설을 남겼다.

** 　고노 히로나카河野廣中 1849~1923. 정치가. 막부 말기에 국수주의적 정치사상론을 주창했다가 유신 후에는 자유민권운동의 선구가 되었다. 정치결사체인 석양사石陽社를 설립하고 국회개설 청원서를 제출했으며 자유당 창설에 참가했다. 이후 중의원 의원이 되어 후 중의원 의장을 역임했다.

이 평가는 타당하다. 더구나 이러한 사례는 고노 히로나카뿐 아니라 허다해서 나카에 조민***조차 예외라고 말할 수 없다. 사상가든 정치가든, 이토 히로부미 등이 만들어 낸 '예술작품'의 틀 밖으로 벗어나지 못했다. 예술가만이 주체를 확립하지 못한 게 아니다.

　1945년 이전, 천황제와 가장 조직적으로, 가장 급진적으로 대결한 것은 일본공산당이리라. 일본의 지배체제를 천황제라고 규정한 것도 공산당이 처음이다. 그렇다면 공산당은 국체의 틀로부터 빠져나갈 수 있었냐면 그렇지 않다. 공산당은 국체를 합리적으로 파악 가능한 권력 주체로 여기고, 그것이 절대주의의 단계로 들어섰다고 판단했다. 서구적 이해를 기계적으로 적용했던 것이다. 그로 인해 국체의 본질인 양면성의 일면을 놓치고 말았다. 분명히 천황제에는 절대주의의 측면이 있다. 그러나 천황제에는 "짐은 국가니라"라고 단언할 수 있는 책임 주체가 천황 자신을 포함해 지배체제의 어디에도 존재하지 않는다. 공산당은 천황제를 물物처럼 대한다. 그러나 천황제는 물이 아니다. 고체가 아니라 기체며, 자타를 감싸는 장場 같은 것이다. 대상을 대상답게 하는 인식 주체의 확립을 거치지 않고서 곧장 천황제를 물로서 객관화할 수 있다고 생각한 데 공산당 이론의 착오가 있다. 그로 인해 반대로 대상으로 끌려들어가 타도해야 할 천황제에 동질화되어 스스로 '좌익 천황제'(오이 히로스케大井廣介)라고 불리는 미니어처 천황제를 만들어 내는 것으로 끝나고 말았다.

***　나카에 조민中江兆民 1874~1901. 정치가이자 평론가. 1871년 프랑스로 유학을 떠났다가 돌아온 뒤 불학숙佛學塾을 개설했고 『도쿄자유신문』 등의 주필로 활약했다. 루소의 『사회계약론』을 『민약론』民約論이라는 제목으로 번역하는 등 인민주권설을 일본에 소개해 '동양의 루소'로 불리기도 했다. 저서로 『삼취인경륜문답』三醉人經綸問答, 『유씨미학』維氏美學, 『사민의 각성』四民の目さまし 등이 있다.

이 점에서 예술가 쪽이 천황제의 축축한 공기에 훨씬 민감했다. 서구의 생활을 체험한 자는 특히 그랬다. 다카무라 고타로*는「장식고리의 나라」根付の國에서 노래한다.

> 튀어나온 광대뼈, 두툼한 입술, 세모 눈, 명인 산고로가 조각한 장
> 식고리 같은 얼굴을 하고
> 넋이 나간 듯 멍하니
> 자신을 모르는 좀스런
> 목숨을 가볍게 여기는
> 겉멋 든
> 몇 명만 보이면 쉽게 안심하는
> 원숭이 같은, 여우 같은, 날다람쥐 같은, 망둥이 같은, 송사리 같
> 은, 망새 같은, 사금파리 같은 일본인

주체하지 못한 채 뱉어 내는 듯한 곡조가 직관적으로 천황제의 본질을 제대로 포착해 내고 있다. 그러나 다카무라 고타로도 천황제를 분석할 방법은 갖고 있지 않았다. 자타 미분의 경계에서 있는 힘껏 혐오감을 드러냈을 뿐이다. 다카무라 고타로만이 아니다. 거의 모든 예술가가 그랬다.

---

* 다카무라 고타로高村光太郎 1883~1956. 조각가이자 시인. 로댕의 작품「생각하는 사람」을 사진으로 보고 감동해 도쿄미술학교 양화과洋畵科에 입학했다. 미국, 영국, 프랑스에서 조각을 공부하는 한편 보들레르 등의 시를 공부했다. 귀국 후 미술평론과 시작으로 왕성히 활동하며 로댕과 관련된 번역에도 힘썼다. 제2차 세계대전 무렵에는 천황과 전쟁을 찬양하는 시를 주로 썼으나 패전 후 자신의 역사관을 후회하며 개인적 기억들을 평이한 언어로 옮긴 자유시를 발표했다. 대표작은『지에코초』智惠子抄이며 시집으로『도정』,『전형』등이 있다.

천황제는 권력이 권력으로서 현상하지 않기에 파악하기가 어렵다. 권력이 노골적으로 드러나면 그것과 맞설 수 있지만, 부드럽게 공기처럼 감싸고 있으면 저항할 수 없다. 권력으로서 의식하기 힘든 게 천황제 권력의 특색이다. 예술가의 의식 안에서 국가는 대체로 공동체적인 것으로 표상되지 하나의 지배체계로 인지되지 않는다. 상대하는 것이 아니라 에워싸여 있는 것이다.(그렇지 않으면 공산당처럼 외계의 사물로 대한다.) 따라서 「장식고리의 나라」의 작가가 그랬듯이 조각가이자 시인이라는 유능한 소질을 '바보'처럼 고스란히 전쟁에 협력하는 데 내놓는 결과를 낳았다.

이것은 일본의 예술가가 권력에 대한 대항의식을 완전히 결여했다는 의미가 아니다. 대항의식이 상당히 뚜렷한 자들도 분명히 있었다. 일본의 예술가로는 호칸幇間이라 불리던 광대가 그랬고, 지금도 여럿 있지만, 모두가 광대였던 것은 아니다. 예술가 같은 얼굴을 한 광대는 많았지만, 개중에는 광대처럼 초라하게 변장한 예술가도 있었던 것이다. 권력에 대한 그들의 의식은 권력이 모습을 드러내 집행기관으로 향하는 단계에 머물렀으며, 그 안쪽에는 이르지 못했다. 번벌 관료부터 전시 신관료에 이르는 관료 세력에 대한 울분은 꽤 강렬하다. 관헌을 무시하는 기개는 예술가의 기골이었다. 문학은 물론이고 미술이든 음악이든 뛰어난 예술은 재야 정신에서 발한다. 야野에 있을 때는 에너지로 충만하지만 관으로 빨려들어가는 과정에서 창조력을 상실한다. 그리고 야를 관으로 빨아올리는 파이프 장치가 지배체제의 일부라는 인식이 발생하지 않는다. 앞서 예로 들었던 다카무라 고타로라고 해도 결코 관료의 명령에 굴복한 것은 아니다. 그의 주관에서는 굴복이 아니었다. 국가라는, 그가 공동체로 표상하는 것의 운명에 목숨을 바쳤던 것이다.

예술가의 심리는 민중의 심리와 미묘하게 조응한다. 권력에 내한 민중의 불만이 배출구를 찾는 것은 행정기구의, 더구나 말단이다. 민중이 불태우는 건물은 파출소, 소리치는 상대는 우체국 창구나 전화 교환수인 법이다. 일상에서 접하는 말단의 기구에서 정치적 긴장이 가장 잘 드러난다. 윗단계로 올라가 지배체제의 상층에 이를수록 정치성이 짙어져야 하는데 반대로 긴장이 약해진다. 마침내 권력의 핵심에 이르면 국체는 무색의 기체가 된다. 일본의 국체는 기체여서 나치의 지도자가 부러워할 만큼 강력한 이데올로기를 발휘했지만, 그 이데올로기로 인해 애석하게도 유능한 예술가들이 기골을 뽑혔던 것이다. 여기에 근본의 허위가 있다. 부도덕과 퇴폐의 모든 근원이 있다. 이 근원의 허위를 따지지 않은 채 미적 가치를 논해서는 안 된다. 전후 히라노 겐*은 고바야시 다키지와 히노 아시헤이**를 '동등'하게 희생자로서 바라보는 '성숙한 눈'이 필요하다고 주장했다. 그게 전후 '정치와 문학' 논쟁의 불씨를 지폈는데, 분명 '성숙한 눈'이 필요하다. 천황제 체제의 본질적 허위성을 꿰뚫어보는 성숙한 눈 없이 우리는 우리의 예술을 가질 수 없다.

1945년의 패전은 천황제에 치명적 타격을 입혔다. 천황제에 내재하는 모순이 세상에 드러나 처음으로(과거 공산당의 사례를 제외하면) 천황제가 분분하게 논의와 분석의 대상이 되었다. 이성적 입장에서 천황제를 대상으로 하여 분명히 문제 삼으려 했다는 점에서 비록 그 시도는 실패로 끝났지만 도쿄 재판이 준 자극의 효과를 잊어서는 안 된다. 패전은 일본 국민의 가치관을 뒤엎고 정신을 근본에서 흔들었다. 그 동요는 13

---

*   **히라노 겐**平野謙 1907~1978. 평론가. 『근대문학』의 동인이었으며, 저서로 『예술과 실생활』, 『쇼와문학사』 등이 있다.
**   **히노 아시헤이**火野葦平 1907~1960. 소설가. 1929년 항만총동맹파업을 지휘했다가 체포당한 뒤 전향했다. 1937년 『분뇨담』으로 아쿠타가와상을 받았으며 같은 해 소집당한 후 중국에서 종군작가로서 『보리와 군인』, 『흙과 군인』을 썼다. 전후 『꽃과 용』, 『혁명 전후』를 쓴 뒤 자살했다.

년 지난 오늘까지 이어지고 있다. 국체라는 신비로운 존재, 어떠한 정신의 힘이 그것과 맞서려고 하면 거대한 압력으로 기묘하게 쇠약케 만드는 초월 존재는 분명히 신통력을 잃었다. 신통력을 잃었다는 것을 실감으로 알 수 있다. 지금껏 어느 지점에 이르면 반드시 저항에 맞닥뜨렸고 터부가 작용했는데, 그 저항이 사라진 것이다. 혹은 저항감이 일어나는 장소가 일정하지 않다. 적어도 꿈쩍 않는 체계의 형태로는 이미 천황제가 존재하지 않는다. 이것은 확인할 수 있다. 다만 그것이 곧장 새로운 가치의 창조로 이어지지는 않았으며, 체계적 일관성은 헐어 냈지만 낡은 가치관이 아직 단편으로서는 넓고 깊게 남아 있다는 사실 또한 부정할 수 없다고 생각한다.

전후 천황제의 변질과정은 하나의 연구과제이며, 더구나 정치적 실천의 계기를 다분히 포함한 연구과제이니 여기서 개괄하기는 어렵다. 안과 밖을 동시에 지배하고, 정신과 행위를 동시에 규정하는 전체 구조로서의 천황제는 분명 해체되었다. 통치체제로서의 천황제는 절대군주의 성격을 현저히 벗어나 제한군주에 가까워졌다. 그러나 정신구조로서의 천황제는, 거기에 걸맞는 형태로는 해체되지 않았다. 정신의 차원이 독립해 예술이 최종적으로 자유에 이르렀다고는 말할 수 없다. 이토 히로부미 등 메이지의 공신이 천황제를 창조하면서 사용한 소재는 오늘날에도 여전히 살아 있다. 소재만이 아니라 천황제 원리가 살아 있다. 전후 일본인은 비로소 결사의 자유를 손에 넣었지만, 자주적 집단의 조직원리는 데모크라시보다도 천황제인 경우가 많다. 천황제는 도마뱀처럼 머리가 잘려도 꼬리는 움직인다. 천황제가 기반으로 하는 부락공동체를 일본의 사회로부터 솎아내지 않는 한 그 재료를 가지고서 미니어처 천황제를 무수하게 조립해 낼 수 있다. 만일 어떤 조건이 권력에 의한 집중화 경향을 조장한다면, 다시금 체계적 통일로 향하는 일도 쉽지 않겠지만 불가능하지는 않다. 그리고 앞서 적었듯이 집중화 경향을 조장하는 조건은 대중화와 함께 오늘날 세계가 마련해 주고 있다.

전후, 일본 사회의 봉건성을 지적하는 논의가 유행했다. 예술 쪽에서도 일본 예술의 전근대성이 비난의 대상이었다. 분명 역사적으로 나름의 효과를 거두었다. 하지만 천황제의 숨통을 끊어 놓지 못했으며, 천황제의 본질에 잠복한 허위성을 적출해 내지도 못했음을 인정하지 않을 수 없다. 천황제는 여전히 건재하다. 천황제의 억센 원시적 생명력과 비교하자면, 근대주의자의 무기는 너무나 정밀하고 무르다. 전전의 공산당이 천황제를 사물로서 파악해 오로지 지배체제의 측면에서 대항하려다가 결국 닮아 버렸듯이 전후의 근대주의는 천황제를 한 가지 가치체계로서 파악하려 해서 실패했다. 천황제는 하나의 가치체계라기보다는 복합적인 체계이며, 체계라기보다는 모든 가치를 상쇄하는 일종의 장치다. 만약 천황제가 하나의 가치체계라면 다른 가치체계를 가져와 대치시킬 수 있을 테지만, 그러나 그렇다면 전근대성을 새삼 지적할 것도 없이 전후에 들어 진즉에 사라졌어야 할 것이다.

이 원고의 서두에 적었듯이 오늘날 권력의 문제가 다시금 의식된 것은 코뮤니즘의 압력이 불가피했기 때문이다. 코뮤니즘이 인간을 구할지 아니면 자유를 빼앗을지는 현대예술에서 중대한 갈림길이다. 그러나 적어도 이것은 말할 수 있다. 코뮤니즘이 러시아에 있으면 차리즘의 유산을 어깨에 짊어져야 하고, 중국에서는 만다린 관료주의를 처리하는 일이 필연의 과제가 되듯이 일본에서는 천황제와의 대결이 그 운명을 가를 것이다. 코뮤니즘은 이데올로기로서 강력하지만 천황제가 지니는 잠재적 강력함에는 미치지 못한다. 일본공산당의 과거 실적을 보면 알 수 있다. 일찍이 존 밀의 『자유론』이 자유민권의 투사를 거쳐 천황제에 유착당했던 사태가 코뮤니즘의 경우에 일어나지 않으리라는 보장은 없다.

아니, 이미 무수한 사례가 기록되었다고 말해야 할지 모른다. 권력과 인간의 자유라는 코뮤니즘의 문제 제기는 올바르며, 그로써 권력의 문제를 재차 의식하게 만드는 계기를 제공했다는 점에서도 적절하다. 이것이야말로 오늘의 근본 과제다. 그러나 권력이 권력으로서 현상하지 않아서 권력에 맞서는 의식이 제대로 자라날 수 없는 천황제적 정신구조 속에서 살아가는 우리가 그 문제를 액면대로 받아들여도 되는지는 의심스럽다. 자유의 감각이 있어야 비로소 자유의 방위 혹은 확대를 위해 권력에 양보해야 할지, 무엇을 양보해야 할지가 과제가 될 수 있다. 예술에서도 문제의 핵심은 분명 여기에 있다.

3

논리적 순서로 말하자면 천황제로부터 탈각하기 위해서는 천황제에 관한 인식이 전제되며, 인식하기 위해서는 방법이 전제된다. 그리고 천황제는 전체 정신구조로서 존재하니 방법은 바깥에서 빌려 올 수 없다. 즉 자적인 것을 대자화하고, 초월적인 것을 현세적인 것으로 바꾸어 그로써 천황제를 병립하는 가치의 하나로 만드는 것, 이것이 인식의 내용이자 탈각을 위한 전제조건이며, 이를 위한 방법은 자생적이어야 한다. 인식행위 자체가 낳는 방법이어야 한다. 물론 타물의 힘을 빌리는 것은 필요하고 유익하지만, 그것은 어디까지나 보조이며 부가다. 영양이지 생명은 아니다.

앞서 적었듯이 일본은 근대사회여서 근대사회에 있는 것들 중 일본에 없는 것은 하나도 없다. 근대예술이 가진 것들 중 일본의 예술이 갖지 않은 것은 하나도 없다. 그럼에도 불구하고 다만 한 가지를 결여하고 있다. 가치를 가치답게 하는 무엇, 의미를 부여하는 무엇이다. 즉 가치의 주체인 인간이 결여되어 있다.

일본의 근대예술은 지난 백 년간 활짝 꽃을 피웠다. 그것을 뭉뚱그려서 비인간의 예술로 치부한다면 적절치 않으리라. 인간해방을 지향하고 권력에 맞서 예술적으로 저항했다는 점에서 일본의 예술 역시 나름대로 근대예술이었다. 비인간적이지 않고 인간적이었다. 그것조차 일괄해서 비인간적이라고 본다면 가혹하다. 그러나 최후의 아슬아슬한 일점에서, 그것 없이 예술은 자립할 수 없다는 본원적 부분에서 지크프리트의 어깨처럼* 공백이 있다는 사실 또한 실감으로서 부정하기 어렵다. 말하자면 일본의 근대예술은 모래 위의 누각을 닮았다. 그 누각이 소리 내며 무너지는 것을 우리는 1945년에 목격했다.

아마도 일본의 예술가가 가장 결여한 것이라면 권력에 맞선 의식이리라. 예술이 예술로서 자립하기 위해 불가결한 근본 요청에 미흡한 대목이 있다. 그로 인해 코뮤니즘의 압력을 권력 문제로서 포착하는 게 아니라 이데올로기상의 호오 문제로 바꿔치기했다. 초인주의자 니체는 소개되었지만, 프로이센 제국을 농락한 니체는 일본으로 이식되지 않았다. 고골이나 류티에윈劉鐵雲은 있었을지 모르나 도스토옙스키나 루쉰은 끝내 나타나지 않았다.

전체적으로 일본의 예술을 뒤덮은 비정치주의적 경향은 권력에 대한 불감증이 드러난 한 가지 양상일 것이다. 대체로 예술가는 정치란 혐오해 마땅한 것, 가급적 기피해야 할 것이라고 생각한다. 정치로부터 거

---

* 지크프리트Siegfried는 독일의 영웅서사시 「니벨룽겐의 노래」에 나오는 지크문트국의 왕자다. 숲 속에서 용을 만나 싸워 죽인 뒤 그 피로 목욕을 해서 어떠한 칼과 창으로도 그의 몸에 상처를 입히지 못하지만 보리수 잎이 어깨에 떨어져 피가 묻지 못한 부분이 유일한 약점으로 남았다. 결국 부하인 군터가 이 약점을 노려 지크프리트를 살해한다.

리를 둘수록 예술은 순수해진다는 사고방식이다. 정치를 지배체제가 아니라 기술로서 혹은 정치가라는 인격 내지 직업을 통해 표상하는 까닭이다. 따라서 거꾸로 정치에 관심을 가지면 저속해진다고, 정치가처럼 행동하게 된다고, 그만큼 예술로부터 멀어진다고 여긴다. 정치가 필요악이라고는 생각하지 못한다.

여기서 정치와 예술의 관계는 가로가 아닌 세로의 관계로 치환된다. 임의로 택할 수 있는 영역이 되어 무교섭의 존재가 된다. '정치인가 예술인가'라는, 멀리는 후타바테이, 가까이는 히라바야시 하쓰노스케**부터 시작되어 시간을 두고 몇 번이나 반복되는 이원론적 회의의 발생 지반이 바로 이것이다. '정치와 문학'이라는 테마는 일본 근대문학의 주요한 논쟁 과제다. 그것을 중심으로 문학사조사를 쓸 수 있을 정도다. 그런데 이는 중국을 포함해 다른 나라에는 없는 현상이다. 그리고 문학 이외의 다른 예술 장르에선 이런 형태의 문제 제기조차 거의 일어나지 않는다.

가로와 세로의 관계에서 말하자면, 시간이 공간화되는 것은 예술가를 포함한 일본인 일반의 정신구조에서 중요한 특징이다. 어제의 자신과 오늘의 자신은 별개여야 좋다. 어제는 전쟁에 협력했지만 오늘은 평화에 힘을 보탠다. 이것은 인격이라는 부동의 일점에 근거한다면 납득하기 어렵지만, 일본의 예술가는 그 점에 관대하다. 예술가 자신이 어제는 전쟁을 노래하고 오늘은 평화를 노래할 수 있으니 말이다. 꼭 지배권력에 영합해서 그런 것은 아니다. 권력에 영합하는 자는 예술가가 아니라 비예술가다. 앞서 적었듯이 일본의 예술가라고 권력에 대한 저항의식이 특별히 약하지는 않다. 주관에서는 강렬하며, 바로 그래서 예술가

** **히라바야시 하쓰노스케**平林初之輔 1892~1931. 문예평론가. 잡지 『씨 뿌리는 사람』과 관계하며 당시 발흥하던 프롤레타리아문학을 이론화하는 데 힘썼다. 「정치적 가치와 예술적 가치」라는 논문을 발표해 예술작품의 가치에 관한 논쟁에 불을 지폈다.

의 자격을 얻을 수 있지만 천황제적 정신구조에 길들여진 탓에 권력의 소재를 밝혀내지 못하며, 따라서 시류에 제대로 저항하지도 못한다. 관료의 명령에는 반항할 수 있어도, 천황 혹은 국가의 이름으로 행해지는 공동체적 분위기의 압박에 저항하기에는 힘이 달린다. 소수가 다수로 전화한다는 시간의 논리가 천황제로부터는 나오지 않기 때문이다. 아나키즘 혹은 철저한 개인주의에 입각하는 예술지상주의는 일본의 풍토에서 자라나기 어렵다.

본디 예술지상주의란 권력에 철저히 저항해 일궈 내는 예술가의 태도다. 그것은 일면에서는 권력에 맞서 전문가로서 어디까지나 예술가의 자유를 주장하려 하는 입장이며, 동시에 다른 일면에서는 만일 자유가 무너진다면 예술의 풀뿌리가 민중 한 사람 한 사람 속에 내려서 끝까지 싸울 것을 확신하는 양면의 조합으로 이뤄진다. 예술가는 끝나도 예술은 끝나지 않는다는 확신이다. 그러나 일본형의 예술지상주의는 권력의 시선으로부터 예술이라는 영역을 되도록 숨겨 보존해 두고 싶다는 소망으로 변형되고 있다. 일본의 예술지상주의자에게는 적진으로 육박해 적의 본거지를 전복하겠다는 기백이 없다. 후퇴에 후퇴를 거듭할 뿐이다. 따라서 딜레탕티즘, 무저항, 관용 등이 그 속성이며, 풍류라는 일본식 미의식과 무상無常이라는 가치관이 그 내용이다. 속물주의를 반대하는 것처럼 보이지만, 실은 그 자신이 더할 나위 없는 속물이다.

그렇다면 일본에서 예술적 저항은 어떤 형태를 취해 등장할까. 이 물음에 답하려면 권력과 예술을 상관적으로 생각해야 한다. 권력이 현상하는 방식의 특수성은 예술적 저항 형태의 특수성에 대응하며 후자는 또한 전자에 대응한다. 지금껏 몇 차례나 반복해 말했듯이 일본에서는 권력이 직접 노출되는 형태로는 현상하지 않는다. 궁정, 관료(패전까지는 군을 포함한다), 각 분야와 각 단계의 지배층 등을 통해 간접적으로 서로 뒤얽혀 작용한다. 집합적으로는 강력한 이데올로기적 효과를 발휘하지만, 그 전체를 장악하는 책임 주체는 어디에도 없다. 따라서 일본에서는 법률과 제도만을 봐서는 권력 중추의 의도를 알 수 없으며, 지배자의 퍼스널리티를 분석해도 예술 정책을 추정할 수 없다. 그러나 다른 각도에서 말하자면 통일 의지가 없는 까닭에 개인이나 기관의 자의가 무제한으로 지배체제로 흘러든다고도 할 수 있으므로, 겉보기에는 개명이지만 본질에서는 야만이라는 일본 권력의 속성이 여기서 나온다. 따라서 일본에서 예술가의 저항은 서구는 물론 러시아나 중국에 비해서도 어떤 의미에서는 복잡하고 힘겹지 않을 수 없다.

저항의 형태는 예술 일반에 공통된 것과 장르마다 특유한 것이 있지만, 지금부터는 오로지 문학의 경우만을 살펴보겠다. 문학으로 하여금 대변케 하는 것이 적당하기 때문이다. 그 이유는 처음에 밝혔다.

일본에서 예술적 저항의 형태는 세 가지로 분류할 수 있을 것 같다. 첫째는 자아를 근거로 하는, 말하자면 서구에 가까운 형태다. 도코쿠나 다쿠보쿠가 대표적이다. 둘째는 종교적 저항이라고도 명명할 수 있는 순교형이다. 고바야시 다키지가 대표적이다. 셋째는 권력에 대해 자세를 낮춰 물리적 충돌을 피하고 유연하게 대응해 가는, 지극히 일본적인 특수 형태다. 사이토 료쿠우*나 쓰지 준**부터 다자이 오사무***에 이르는 계

---

* **사이토 료쿠우**齋藤綠雨 1868~1904. 소설가이자 평론가. 『소설팔종』小說八宗, 『초학소설심득』初學小說心得 등에서 반어적 아이러니를 구사하며 신랄한 평론을 써냈다. 『기름지옥』, 『숨바꼭질』 등의 소설도 남겼다.

** **쓰지 준**辻潤 1884~1944. 사상가이자 번역가. 12살에 부유했던 집이 몰락하자 중학교를 퇴학하고 국민영학회國民英學會를 야간으로 다니며 여러 아나키스트와 교류했다. 1922년에는 다다이즘 운동을 접하고 다다이스트라고 자칭한다. 1932년 무렵부터 정신이상의 증상을 보여 정신병원 입원과 경찰 보호를 반복하다가 아사했다. 『부랑만어』浮浪漫語, 『절망의 서書』, 『치인의 독어』癡人の獨語 등을 남겼다.

*** **다자이 오사무**太宰治 1909~1948. 소설가. 제2차 세계대전 기간에 고유한 작품 세계를

보가 대표적이다. 그만큼 저항은 순응과 종이 한 장 차이다. 애초에 저항은 모든 순응과 종이 한 장 차이인지도 모르며, 어디까지가 저항이고 어디부터가 순응인지를 결정하기란 쉽지 않다. 저항처럼 보이지만 실은 순응인 경우도 있고, 순응으로 가장해 실은 저항하는 경우도 있다. 이 역설적 관계는 광대가 실은 예술가이며, 예술가가 실은 광대인 경우가 무척 많다는 데 대응한다. 오히려 극단적 저항파가 쉽게 굴복하는 경우가 많다고 말할 수 있다.

허버트 리드는 자신의 사상에 계보를 부여하면서 러스킨, 크로포트킨, 모리스, 톨스토이, 간디, 에릭 길의 이름을 들며 "구래의 전통이라고도 할 만한 것을 근대에 대표한 이들은 서로 긴밀히 연관된 하나의 사상 체계를 형성한다", 그들은 "그 심정에서 청순하고자 하는 사람들"이며 "개인적 야망을 품지 않은 사람들, 재산이나 속세의 소유물이 불공평하게 배당되는 것을 원치 않는 사람들, 인종의 차이나 지위, 신분의 고하를 불문하고 언제나 인간적 가치를 구하고자 노력하며, 국가나 분파의 이해 때문에 움직이지 않는 사람들"이라고 이야기한다.(「정치혐오의 정치론」)

즉 이들의, 따라서 리드의 정치적 입장도 아나키즘에 가깝다. 그리고 서구에서 기계 문명과 권력 정치를 동시에 완강하게 부정하는 사상적 입장은 아나키즘이 대표한다. 기계 문명은 문화의 보편화를 가져오지만 비속화를 부르며, 코뮤니즘에 의한 권력 정치는 문화의 질을 유지하지만 수단이 강제적이다. 그리고 양자 모두 문화의 획일화를 초래한다. 이것이 반대 이유다. 말하자면 예술적 저항의 순수 결정이다. 일본

구현해 낸 소수의 작가 가운데 한 명이다. 어둡고 뒤틀린 작품 분위기로 허무주의적 면모를 드러냈다. 작품으로는 『쓰가루』津輕, 『사양』斜陽, 『인간실격』 등이 있다. 『굿바이』라는 미완성 소설을 남긴 채 1948년 자살했다.

의 예술적 저항으로 말하자면 제3의 형태가 여기에 대응하지 않을까. 물론 리드가 자칭한 '정치혐오'unpolitical는 다분히 자각적이었으며 일본 예술파의 비정치주의적 성격과 다르지만 이는 오히려 권력 측에서 역으로 규정당한 결과이며, 그 차이는 「장식고리의 나라」가 시사하는 천황제의 축축한 공기 속에서는 순수 결정을 끄집어내기 어렵다는 정도이지 않을까.

나아가 최근에는 일단 권력 지배를 긍정한 후 반기를 들어 소비에트 문명의 모든 문제는 마야코프스키 안에 담겨 있다는 입장에서 코뮤니즘의 권력관에 정면으로 대항하는 일파가 등장했다. 케네스 버크부터 오웰이나 노먼 메일러로 이어지는 트로츠키즘의 흐름이다. 아마도 일본에서는 예술파 가운데 전향파가 여기에 해당되지 싶다. 물론 다자이 오사무가 오웰에 비해 일본적으로 왜소화된 것은 당연하다. 그리고 아나키즘과 트로츠키즘의 흐름이 결합되어 가는 경향도 일본의 사정과 닮았다.

이상은 저항의 형태를 유형적으로 분류해 본 것인데, 한편으로는 저항의 내용도 다양하다. 일본에서 권력의 발현 형태는 다각적이니 거기에 대응해 저항의 내용도 다원화된다. 예를 들어 천황에게는 저항하지만 국가에는 무저항인 경우, 관료에게는 저항하지만 국가와 천황에게는 무저항인 경우, 그 밖에도 몇 가지 조합이 있다. 이 중에서 중요하고 더구나 간과하기 쉬운 것은 첫 번째 형태다. 예를 들어 사사키 구니佐々木邦 등은 이 형태에 속한다.(쓰루미 슌스케, 「사사키 구니의 소설에 나타난 철학사상」 참조) 사사키 구니만이 아니라 오사라기 지로大佛次郎나 우부카타 도시로生方敏郎 처럼 대중문학 작가 가운데는 이 형태가 의외로 많다. 권력에 맞선 의식이라는 점에서는 순수문학 작가(시라카바파 등)보다 대중 작가가 부르주아 민주주의자로서 잔뼈가 굵은 경우가 많다. 나카자토 가이잔 등은 이데올로기상으로는 보다 진전해 있다. 순수문학과 대중문학이라는 범주는 편의를 위해 만들어진 것으로 무의미하지는 않지만 일반화해서 사용한다면 잘못이다.

이에*를 주제로 한 소설을 조사하는 경우에도 같은 말을 할 수 있다. 일본 사회에서 이에는 천황제적 사회질서와 정신구조의 한 가지 기본 단위다. 작가들이 이에에 예술적 관심을 기울였던 것은 근대문학으로서 당연하다고 하면 당연하겠지만, 권력에 대한 의식이 없다면 역시 그리되기 어려웠다. 그 증거로서 학문 영역에서 이에는 가까스로 연구 대상이 되었다. 전전에는 기껏해야 형식사회학을 적용한 해석 정도였다. '미풍양속'의 본거지인 이에를 분석하면 천황제의 터부를 건드리게 된다. 전후가 되어서야 법사회학에서 이에를 분석할 수 있었다. 그 점에서 문학자는 사회과학자보다는 용감했다. 그러나 결과는 향기롭지 않다. 이에를 다룬 소설은 메이지 30년대의 가정소설이나 사회소설이든, 자연주의 계통의 작가든(시마자키 도손**의 『이에』 등), 시라카바파 계통이든(시가 나오야의 초기 작품), 어느 것 하나 이에의 구조를 포착하는 데 성공하지 못했다.(기노시타 나오에***의 『낭인의 자백』은 다소 이례적이다.) 그것은

---

* **이에家** 일본 고유의 전통적 가족제도를 가리킨다. 이에 안에서 가장은 이에 성원의 행동이나 사고방식에 영향을 미치며 강력한 힘을 갖는다. 하지만 그 권력은 가장의 인격체에 귀속된 것이 아니라 이에라는 조직체 안에서 가장이 차지하는 지위로부터 나온다. 이에는 가족제도인 동시에 일본 문화의 원형이자 일본식 사회조직의 기본단위를 이룬다고 평가받는다.

** **시마자키 도손島崎藤村** 1872~1943. 시인이자 소설가. 영어 교사로 재직 중이던 1893년 기타무라 도코쿠 등과 『문학계』를 창간하고 『약채집若菜集』, 『낙매집落梅集』 등의 시집을 발표해 낭만주의 시인으로서 명성을 얻었으며 『파계』, 『봄』, 『집』 등의 장편소설을 잇달아 발표하며 일본 자연주의문학을 대표하는 작가로서 입지를 확고히 했다.

*** **기노시타 나오에木下尙江** 1869~1937. 소설가, 사회운동가. 변호사이자 신문 기자로서 보통선거운동 및 반전평화운동를 이끌고 기독교사회주의 입장에서 광산의 광독鑛毒 문제, 폐창廢娼 문제 등에 대한 치열한 논의를 전개했다. 1901년 사회민주당 결성에 참여했

그들이 포착하는 방법을 갖고 있지 못해서다. 이에에 반역하는 소설의 주인공들은 결국 추방되든지 온정에 중화되어 종국에는 '화해'의 길을 걷는다. 시작되어야 할 곳에서 끝나 버린다. 이에의 변혁을 위해 싸우고, 당연한 결과로서 싸워서 패배하는 형태의 주인공은 등장하지 않는다. 투쟁을 버리는 인물들뿐이다. 그로 인해 이에는 한 덩어리의 이에로서 조형되지 않는다. 문학자는 모처럼 모험에 나섰지만, 끝내 적을 발견하지 못한 것이다.

그러나 앞서 사례로서 거론했던 사사키 구니는 그로부터 조금 지난 시기에는 근대적 소가족을 전면으로 제시해 천황제적 가족제도를 비판했다. 도손이 끝내 그려 내지 못한 이에를 이면으로부터 꽤 성공적으로 그려 냈다. 그는 탈각의 코스는 내놓지 못했지만, 이상理想을 내세워 탈각을 격려하고 탈각을 위한 투쟁을 격려했다.

이러한 나의 설에는 맹렬한 반대론이 예상된다. 일본 문학(혹은 문단)의 상식에 반하기 때문이다. 오해가 없도록 한마디를 보탠다면, 나는 도손보다 사사키 구니가 우수한 작가라고 말하려는 것이 아니다. 우수한지 아닌지는 따로 검토해야 하며, 여기서 간단히 결론을 내릴 수는 없다. 다만 사사키 구니에게 대중 작가라는 레테르가 달렸다는 이유로 그를 문학사에서 방출한다면 그건 부당하다고 말하고 싶은 것이다. 사사키 구니는 유머 작가라고 불린다. 유머의 질은 서구의 기준에서 보자면 그다지 높지 않지만, 그렇다고 일본 문단소설의 '심각함'이 그것보다 질적으로 높아 보이지도 않는다. 백 보를 양보해 작품의 예술적 질과 작가의 예술의식 면에서 사사키 구니가 도손과 비교할 수 없을 만큼 낮다고 치자. 그렇더라도 정치의식 면에서 양자는 비교해 볼 만큼 근접해 있는

고, 러일전쟁 직전에는 소설 『불기둥』을 연재하여 반전운동과 사회주의 보급에 공헌했다.

것이 분명하다. 거기서 내가 앞서 했던 말을 상기해 주었으면 한다. 정치 의식과 예술의식을 따로따로 병립하는 영역으로 생각하는 것이 애초 천 황제적 편견인 것이다.

또 한 가지 실례를 들겠다. 천황제를 구조적으로 파악하려고 시도 한 대표적 문학작품으로 전전에는 고바야시 다키지의『게공선』, 전후에 는 노마 히로시의『진공지대』를 들 수 있다.(나카노 시게하루의『술 다섯 잔』 과 일련의 천황물도 있지만 마음만 앞서가 힘이 달렸다.) 그런데『게공선』은 전 후에 영화로 제작되었다. 원작에서는 암시에 그쳤던 노동자들의 반란과 구축함 군대의 진압이 영화에서는 절정부로 놓였다. 이것은 원작에 대 한 오늘날의 해석으로서 올바를 뿐 아니라 작품 구성의 측면에서도 성 공적이었다. 그러나 그로 인해 작품이 엷어졌다는 일면도 부정할 수 없 다. 반란의 진압 장면은 박력이야 있지만, 나는 그 장면을 보면서 마음 속으로 이건 아닌데라는 느낌이 자꾸 들었다. 여기서는 천황제가 물리 적 폭력으로 다뤄지고 있다. 분명히 국가는 폭력의 조직이다. 하지만 천 황제 권력에는 노동자를 총검으로 찌르는 폭력을 보여 주는 것만으로는 드러낼 수 없는, 좀 더 밑바닥에 있는 잔인한 구석이 있다. 그 점에서 소 설『진공지대』쪽이 영화『게공선』보다는 천황제의 본질에 깊이 다가갔 다. 그리고 그만큼 더 예술적이다.

천황제에는 폭력과 동시에 '인자함'의 반면反面이 있다. 머리를 쥐어 박을 뿐만 아니라 쥐어박은 머리를 다른 손으로 어루만진다. 이 인자함 의 허위성에 메스를 들이대지 않는다면 천황제의 본질을 파고들 수 없 다. 영화『게공선』은 천황제의 한쪽 측면만을 주목하느라 본질을 파악 하는 데 실패했다.

일본식 저항의 유형들은 흩어져 있어서는 안 되며 유기적으로 결합 해 이 부도덕의 근원을 적출해 내야 한다. 그것이 일본 예술의 자립을 위한 근본 요청이다. 코뮤니즘을 선택할 것인가 선택하지 않을 것인가, 혹은 다른 무엇을 선택할 것인가 선택하지 않을 것인가 하는 오늘날의 과제도 천황제 처리와의 대응관계에서 생각하지 않는다면 성사될 수 없다. 코뮤니즘은 한 가지 원리를 갖고 있다. 원리를 갖고 있는 것은 이성적으로 처리할 수 있다. 그러나 천황제적 정신구조가 그것을 감싸면 원리가 융해하고 무책임의 체계에 동질화된다. 자유를 구하러 나서려다가 자유를 상실하는 결과에 이른다.

"토르소(흉상)에 모든 그리스가 있"듯이 나무 한 그루 풀 한 포기에 천황제가 있다. 우리의 피부 감각에 천황제가 있다. 예술만이 거기서 벗어나 있을 리 없다. 토르소만이 아니라 모든 예술이 천황제에 삼투되어 있다. 천황제 안에서 천황제로부터 벗어나려고 힘겨워하고 있는 것이 일본의 예술이다. 그 힘겨움으로 일본의 예술은 인간적일 수 있었고 지금도 그러하다. 만약 벗어나려는 노력을 그만둔다면, 그 순간에 천황제의 비인간성이 예술 측으로 옮겨가 예술은 비인간적이 된다. 즉 예술이 아닌 것이 되고 만다.

1958년 4월

지도자 의식에 대하여

잡지『종합문화』(眞善美社) 1948년 10월 호에 실렸다. 구판『일본 이데올로기』(1952년 8월, 筑摩書房)에 수록되고, 노마 히로시 씨와의 공저『혁명과 인간해방』(1953년 9월, 筑摩書房) 및 '현대교양전집' 제7권『일본인』(1959년 3월, 筑摩書房)에 재록되었다.

이 글의 부제는 '루쉰과 일본 문학의 안'이며 「루쉰과 일본 문학」(제1권 수록)의 속편으로 작성한 것이다. 그렇다기보다 「루쉰과 일본 문학」이『세계평론』에 실린 뒤 편집부가 권유해 같은 주제로 연작을 시도했는데, 그 두 번째 글이다. 마쓰모토 마사오 씨의 발언을 소재로 삼으려는데 괜찮겠느냐고 사전에 물어보고 괜찮다는 언질을 받은 뒤 썼다고 기억하는데, 결과는 역시 우려한 대로 게재 불가였다. 부득이『종합문화』로 가져갔다. 실을 수 없는 이유는, 당시는 부인했지만 몇 년 전 어느 모임 자리에서 담당 편집자인 A씨가 고백했는데 역시 공산당이 신경 쓰여서였다고 한다. A씨는 미안해했지만 이 사건에 관해 나는 그다지 화가 나지 않았던 것 같다. 다만 목표로 하던 고료를 못 받은 것이 쓰라렸다. 그리고 연작 계획도 자연소멸했다.

일본공산당 비판

1은 「일본공산당에 대하여」라는 제목으로『전망』1950년 4월 호에, 2는 「인민에 대한 분파행동: 최근 일공의 동향에 대하여」라는 제목으로『아사히평론』1950년 6월 호에 발표했다. 모두 「일본공산당론」이라고 제목을 고쳐 구판『일본 이데올로기』에 수록했다. 전자는 그 밖에『혁명과 인간해방』,『인생에 관한 50장』(다쓰노 유타카 감수, 1950년 12월 河出書房), '현대교양전집' 제21권『관료·정당·압력단체』(1960년 7월, 筑摩書房)에 재록되었고, 후자는 '근대일본의 명저' 제7권『일본의 좌익』(이다 모모 편, 1966년 5월, 德間書店)에 재록될 예정이다.

코민포름의 비판이 나왔던 것이 1950년 1월이다. 곧 『전망』이 앙케이트를 보내와 거기에 답한 나의 「속임수와 허튼소리」라는 단문이 여러 전문가의 글과 함께 3월 호에 실리고, 동시에 그 취지를 보다 상세하게 전개해 달라는 의뢰를 받아 다음 호에 썼던 글이 제1논문이다. 당시 편집장은 우스이 요시미 씨였고, 나는 그의 견식과 기민함에 감탄했다.

1946년 7월, 내가 일본으로 돌아오자마자 한 일의 하나는 『아카하타』 과월호를 통독하는 것이었다. 그리고 상당한 환멸을 느꼈지만 아직 절망은 하지 않았다. 『아카하타』는 분명히 1954년 무렵까지 구독했다고 기억한다. 『전망』의 앙케이트에 앞서, 즉 코민포름 비판이 일어나기 전에 『세계평론』 1949년 10월 호에서도 「일본공산당을 향한 주문」이라는 앙케이트가 있어 나는 여기에도 답했는데, 이 두 번의 앙케이트로 인해 외부에서 원고를 청탁받은 것은 아니었다. 「일본공산당에 대하여」(이 제목은 내가 아닌 편집부가 단 것이다)가 『전망』에 실리자 비로소 다른 잡지로부터 같은 주문이 몇 번인가 있었다. 그 하나가 제2논문이 되었다. 당시 『아사히평론』의 편집장은 망우亡友인 아카자키 도시오였다.

이후 평판이 높아져 마치 나의 논단적 발언 가운데 대표작인 양 세간에서 다뤄진 덕분에 후쿠다 쓰네아리 씨로부터는 '흥행의 명인'이라고 불리는 운명이 되게 한 논문이지만, 발표 당시는 친구조차 반향다운 반향을 하지 않았다. 거의 묵살에 가까웠다. 찬성도 반대도 없는 건 외로운 일이라고 루쉰은 적었는데, 당시 내 심경도 거기에 가까웠다. 16년 만에 옛 글을 다시 보며 적요감이 떠올랐는데, 말이 나온 김에 기록해 둔다.

구판 『일본 이데올로기』에는 「일본공산당론」 가운데 1부터 4까지를 모두 수록했지만, 이번에는 3과 4를 뺐다. 주안점은 1과 2에 모두 나와 있다. 나는 이후에도 시간을 두고 몇 차례 일공 문제에 대해 쓰고 말했다. 마지막 것이 「40주년의 일본공산당」이다.

코민테른도 코민포름도 사라지고, 한편 스탈린 비판과 중소 논쟁을 경과한 지금이 되어서는 시평적 성질을 띤 두 편의 글은 젊은 독자가 이해하기 어려울 것이라고 생각한다. 주석을 다는 편이 친절하겠지만, 이미 기력이 없다. 유적遺跡을 본다는 느낌으로 그냥 지나쳐도 불만은 없다.

40주년의 일본공산당

1962년 7월 초 교도통신사를 통해 몇몇 지방신문에 실렸다. '차리즘과 천황제의 전통'이라는 표제가 달렸다. 이 책에 처음으로 수록했다.

단문이지만 내 공산당론의 결론으로 읽어 주면 좋겠다.

노동조합과 관료주의

『개조』 1954년 9월 호에 실렸다. 『지식인의 과제』에 수록했다.

「일본의 민중」이 원리편이라면 이것은 응용편이다. 이것을 발표해야 할지 망설였지만 역시 발표하지 않고는 '사회의 의사醫師'라는 임무를 저버리는 것이라 여겨 단행했다. 『개조』라는 잡지는 이런 글을 기피하지 않는 용맹함이 있었다.

이 글은 예상대로 반발을 샀다. 그리하여 단행본으로 거둘 때는 다음의 '후기'를 기입했다. "이 글이 발표된 이후 두세 곳의 노조 집행부가 항의를 해 왔다. 내가 특정 조합을 비방하고 있다는 것이다. 사실 관계가 잘못되었다는 지적도 받았다. 내 의도가 거기에 있지 않았다는 점은 독자가 알아주리라고 생각하지만, 결과적으로 특정 조합이 불이익을 입었다면 나는 거기에 책임을 져야 한다. 그러나 그것은 또한 나의 지적이 유효했음을 거꾸로 증명하는 것이기도 하다. 나는 특정 조합을 중상하려는 의도가 조금도 없었으며, 사실을 일반화해 상징적으로 다룰 작정이었다. 한편으로는 나의 태도를 지지해 주는 사람도 있었다.(예를 들어 다카하시 마사오 씨, 『사회주의』 1954년 10월 호 참조) 1954년 10월."

정치와 지식인

『개조』 1952년 12월 호에 실렸다. 『혁명과 인간해방』 및 자저 『지식인의 과제』(1954년 11월, 講談社)에 수록되었다.

시평적인 내용으로 집필 당시의 분위기를 전했다는 것 말고는 그다지 미련이 없는 글이다. 앙가주망은 당시의 유행어였다. 조금 뒤에 「지식인의 정치 참여: 미요시 주로 대 시미즈 이쿠타로」(『일본독서신문』 1953년 4월 13일 호)라는 글도 썼다. 또한 1953년 6월에는 우라와 시민대회에 참가해 그 기록을 『개조』 1953년 11월 호에 「시민대회 전말」이라는 제목으로 발표했다. 두 편은 이 평론집에서 생략했다.

인텔리와 민중의 관계

『전망』 1950년 1월 호에 「인텔리론」이라는 제목으로 발표한 글에 가필하고 제목을 고쳐 시미즈 이쿠타로 편 '국민강좌' 제1권 『일본의 사상』(1951년 10월, 河出書房)의 한 편으로 실었다. 「인텔리론」이라는 원제로 돌아와 구판 『일본 이데올로기』에 수록했고, 다시 「일본의 지식인」으로 제목을 고쳐 '현대학생강좌' 제1권 『학생과 사상』(1956년 6월, 河出書房新書)에 재록했다.

지식인론은 당시 논단의 한 가지 유행이었다. 그 유행을 타고 나름으로 일반 이론의 형성에 참가하기를 기도했던 것이다. 그때까지의 독서와 사색의 결과 가까스로 도달한 자기확인이기도 하다. 그게 이 정도라면 남들이 한심하다고 하겠지만, 나로서는 있는 힘을 다했으니 만족한다. 농본주의를 향한 동경이 내 안에 있음을 알아차린 것도 이 글을 쓴 사정과 무관치 않다. 「일본의 민중」은 여기서 확인한 원리를 응용하고 전개한 것이다.

일본의 민중

'현대사강좌' 제3권 『세계사와 일본』(1953년 8월, 創文社)을 위해 썼다. 자저 『국민문학론』(1954년 1월, 東京大學出版會)에 수록되었다.

민중을 두고 네 가지 속성을 짚은 것은 특별히 독창적인 견해라고 생각하지 않지만, 노동 관념을 강조한 것은 지금도 의의를 인정하고 싶다. 이마무라 아키라 씨의 발언을 취했던 것도 그 까닭이었다. 나는 이보다 앞서 「교사의 역할과 교사의 자각」을 썼다. 그 글에서는 강좌의 속성상 「윤리강령」 중의 1항인 "교사는 노동자다"의 해석에 대해 추상적인 방식으로 불만을 꺼내는 수밖에 없었다. 그 글을 보충할 계획이었던 것이다.

리더십

강좌 '현대윤리' 제3권 『위와 아래의 윤리』(1958년 3월, 筑摩書房)를 위해 작성했다. 과제가 주어져 쓰는 것은 그 괴로움도 즐거움도 자유롭게 주제를 선택하는 경우와 다르다. 결국 자기 나름의 발상을 끌어와 답안을 쓰는 수밖에 없지만, 그 과정에서 해야 했던 공부는 유익했다. 이 무렵 아직 내게는 그만한 체력이 있었다.

군대교육에 대하여

「군대교육의 문제성」이라는 제목으로 『사상』 1951년 4월 '전후교육의 반성' 특집 호에 실렸다. 『사상』에 처음으로 기고한 글이다. 제목을 고쳐 『국민문학론』에 수록했다.

제안에 그치고 말았지만 그 제안은 지금도 의미가 전혀 없다고는 생각하지 않는다. 언젠가 교육사 분야에서 받아들여 줄지도 모른다.

인간·예술·교육

『교육』 1952년 12월 호에 실렸다. 『국민문학론』에 수록되었다. 일본문학교육연맹 편 『전후문학 교육연구사』 상권(1962년 8월, 未來社)에 재록되었다.

예술교육, 특히 문학교육에 관해 나는 몇 번이나 발언했는데, 이 글은 그 발단이었다. 이후 고쿠분 이치로 씨의 제안에 답하는 형태로 「문학 교육은 가능한가?: 이단식으로」(문학교육모임文學敎育の會 편, 강좌 『문학교육』 제1권, 1959년 6월, 牧書店)이라는 글도 썼는데 거의 같은 취지다.

교사에 대하여

이와나미 강좌 '현대교육학' 제18권 『교사』(1961년 12월, 岩波書店)에 발표했다. 교사는 교육의 전부라고는 말할 수 없더라도 그 핵심이며, 또한 교사는 사회의 교육 기능의 인격화이며, 따라서 총체의 재생산과정에서 유효하게 기능해야 한다는 나의 생각은 9년이 지난 지금도 달라지지 않았다. 그러나 구체적 교사상은 크게 바뀌었다. 또한 나 자신의 지위도 바뀌었다. 「일본 교사의 윤리」를 썼을 때 나는 아직 일교조에 관계하지 않았다. 1956년 1월에 교연집회敎研集會의 강사단 일원이 되어 1959년까지 매해 추천을 받았다. 그리고 1959년 3월에 사임해 이 글(논문이라고는 할 수 없다)을 썼을 때는 다시 일교조와의 연이 끊겨 있었다.

"교사는 노동자다"라는 「윤리강령」에 나는 찬성하는데 찬성의 이유는 노동자에 관한 나의 정의로부터 나온다. 따라서 일교조의 해석과 반드시 일치하지는 않는다. 그것은 「일본의 민중」에도 적었다. 내가 교연집회의 강사를 그만둔 것도 그와 관련되어 있다. 1959년의 제8차 전국집회 이후 강사단 사이에서 의견 대립이 생겨 내 주문이 받아들여지지 않았다. 당연하게도 나는 사임하는 수밖에 없었고

그 사정은 「위기의 교연과 일교조」(『일본독서신문』 1959년 3월 23일 호)이라는 글
(이 평론집에는 싣지 않았다)에 밝혔다.

나라의 독립과 이상

『사상』 1952년 1월 '독립의 기초조건' 특집호에 실렸다. 구판 『일본 이데올로기』
에 수록되고, 『혁명과 인간해방』에 재록되었다.

샌프란시스코 평화조약의 조인은 저널리즘에서도 활발히 논의되었다. 『세계』는
1951년 10월에 특집호를 꾸려 평판을 얻었다. 나도 그때 앙케이트에 회답을 보
냈다. 이후의 반향을 내 나름대로 응시한 결과가 비준 이후 이 글이 되었다. 여기
서 쑨원의 『삼민주의』를 원용했는데, 이 대목은 이후 몇 번이나 활용했다.

위기와 통일

『세계』 1952년 10월 호에 실렸다. 『지식인의 과제』 및 『혁명과 인간해방』에 수록
되었다.

통일전선을 제창하고, 이를 위해 중공의 경험으로부터 귀납해 통일의 조직 원칙
을 궁리해 보았는데, 이제 돌이켜보면 허무한 느낌밖에 들지 않는다. 여기서 인
용된 중공의 8·1선언 일부는 60년 투쟁과 맞닥뜨렸을 때 생각났다. 이 글과는 무
관하지만.

오키나와에서 부락까지

부락문제연구소 기관지 『부락』 1959년 1월 호에 실렸다. 부락문제연구소 편 『부
락문제 세미나』 제1권(1964년 5월, 郁文社)에 전재되었다.

내가 부락연과 교류했던 한 시기의 산물이다. 1959년 12월 부락연공개강연회에
서도 거의 같은 취지로 발언했다. 그 기록은 「기본적 인권과 근대사상」(부락연 발
행 『문화와 부락문제』 및 자저 『불복종의 유산』 1961년 7월, 筑摩書房)에 수록되었다.

민주인가 독재인가

네 가지 제안

60년 투쟁의 와중에 발표한 글 가운데 두 가지를 골랐다. 두 글 모두 자저 『불복종의 유산』에 수록되었다. 전자는 5월 31일에 써서 『도서신문』 6월 4일 호에 발표했다. 이후 『일본독서신문』과 그 밖의 몇몇 학생신문에 전문이 전재되었다. 후자는 전자를 실은 『도서신문』이 인쇄된 6월 2일, 분쿄공회당文京公會堂에서 개최된 '민주주의 국민의 모임'에서 내가 발언한 강연의 필기에 손을 댄 것이다. 「민주주의 재건의 투쟁」이라는 제목으로 『미스즈』 8월 '위기에 선 일본의 민주주의' 특집호에, 다시 「싸움을 위한 네 가지 조건」이라는 제목으로 『사상의과학』 7월 '시민으로서의 저항' 긴급특집호에 실렸다. 내가 기억하기로 필기는 미스즈쇼보 편집부가 맡았는데 『사상의과학』에는 다음처럼 기록되어 있다. "이것은 6월 2일 '민주주의 국민의 모임'이 도쿄 분쿄공회당에서 행해진 강연 속기를 다케우치 요시미 씨가 가필한 것입니다. 속기는 岩波書店·미스즈쇼보에서 취했는데 하루라도 빨리 지면으로 나오기를 바래 『사상의과학』에 양보해 주셨습니다. 기록해 주신 일에 감사드립니다." 그렇다면 이와나미와 미스즈 양쪽 모두였는지도 모르겠다. 『불복종의 유산』에 담을 때는 「네 가지 제안」이라고 제목을 고쳤다. 이에 앞서 「민주주의 재건의 투쟁」이라는 제목으로 '현대교양전집' 별권 『1960년 일본정치의 초점』(1960년 9월, 筑摩書房)에 수록되었다.

두 글은 쓰고 나서 보니 차이는 있지만 거의 같은 취지며, 이후 분트파로부터 안보와 민주주의를 갈라놓아 전선을 분열시켰다며 비난받는 계기가 되었다. 분명 목표를 축소해 동원의 폭을 넓힌다는 전술적 배려도 없지 않았지만, 전술 문제를 빼고 생각해도 '시민주의'라고 불리는 것이 요소로서는 내게 내재하고 있었음을 부정할 수 없다. 스스로 생각하건대 역시 나는 본심을 드러냈던 것이다.

다만 변명을 하자면 분열은 결과론이다. 나는 '시민파'로 불리는 것이 파로서 존재했다고는 생각하지 않지만 경향으로라면 인정할 수 있다. 그 시민파가 전선 분열을 의도했다는 분트파의 주장에는 승복하기 어렵다. 비판은 좋지만, 비판이 콜럼버스의 달걀이어서는 곤란하다.

「큰 사건과 작은 사건」(『불복종의 유산』에 수록)에서도 밝히지 않고 덮어 둔 일이지만, 5월 말의 어느 날, 나는 어느 모임에 초대받아 출석했다. 그 자리에서 요시모토 류메이 씨와 격론했다. 젊은 무리도 모두 요시모토 씨의 아군으로 나는 고립무원이었다. 시미즈 이쿠타로 씨도 동석했지만 한마디도 하지 않았다. 논의의 내용은 생략하고 대립의 요점을 말하자면 내가 프로그램의 필요를 역설하고, 그들은 그 필요를 느끼지 않았다. 그보다는 프로그램 무용설을 견지했다. 나는 그들이 분별이 없으며 아나키라는 인상을 받았다. 결국 그렇다면 서로 자신의 길을 가는 수밖에 없으니 나는 자리를 떴다.

프로그램이 필요한데 필요한 그것을 손에 넣을 수 없어 나는 궁지에 몰렸다. 필요의 유무를 논하거나 제작의 절차를 논하고 있어서는 위기 상황에서 뒤처진다. 제창과 동시에 모델이 나타나지 않으면 안 된다. 이를 위해 마침 기고하기로 약속이 되어 있던 『도서신문』의 지면을 사용했다. 이것이 실정이다.

나는 진작부터 자기 손으로 기록을 만들고 싶었지만, 그럴 만한 힘이 이미 사라진 듯하다. 혹시 젊은 사람이 연구해 주기를 바라는 마음에 힌트만을 꺼내 두고자 한다.

이제 와 생각하면 「민주인가 독재인가」는 무서명이나 가명으로 발표해야 했던 건지도 모른다. 기록을 만들 수는 있어도 괴문서를 만들지는 못한다는 것은 우리 동료의 약점일 것이다.

자위와 평화

『세계』 1962년 6월 호에 실렸다. 처음으로 본서에 수록되었다.

나도 회원으로 있는 헌법문제연구회는 매년 5월 3일에 헌법기금강연회를 개최해 왔다. 1962년에는 오우치 효에이, 다케우치 요시미, 미야자와 도시요시, 교토에서 마쓰다 미치오 이렇게 네 명이 강사로 나왔다. 그 강연의 초고인데 초고 그대로 발언하지는 않는다.

1970년은 목표인가

『전망』 1964년 10월 복간호에 실렸다. 처음으로 본서에 수록되었다.

미래 예측은 이보다 앞서 『현대시』 1961년 11월 '10년 후는 이렇게 된다' 특집호에 「본의 아닌 결론」이라는 제목으로 쓴 적이 있다.(이 평론집에서는 생략했다.) 오로지 예측의 필요성을 밝히는 데 중점을 둬서 조건을 단순화했다. 국제관계를 일부러 고정시켰던 것도 그 때문이다.

근대주의와 민족 문제

『문학』 1951년 9월 '일본 문학에서 민족의 문제' 특집호에 실렸다. 『혁명과 인간해방』 및 『국민문학론』에 수록되었다. '일본 프롤레타리아문학 안내' 제1권 『일본 프롤레타리아문학의 재검토』(1955년 6월, 三一書房)와 '감상과 연구·현대일본문학 강좌'의 『평론·수필3 쇼와편』(1963년 4월, 三省堂)에 전재되었다.(후자는 발췌)

「내셔널리즘과 사회혁명」(제3권에 수록)으로부터 연속된 주제를 추궁한 것인데, 동시에 내가 '국민문학' 논의에 휩쓸리는 계기가 된 글이다. 이 평론집으로 거둔 것만을 두고 말하자면, 「근대주의와 민족 문제」가 국민문학론의 맹아 시대의 것, 「국민문학의 문제점」이 와중의 것, 「문학에서 독립이란 무엇인가」가 노마 히로시 씨의 비판에 대한 방어를 주안으로 한 퇴조기의 것이다. 이 시기 국민문학론의 전개를 통관한 글로서는 혼다 슈고의 『이야기 전후 문학사』(1965년 6월, 新潮社)가 유익하다.

일본낭만파를 재평가하자는 제창에 대해 나카노 시게하루 씨가 일부 찬성을 담은 반대의견을 「제2'문학계'·'일본낭만파' 등에 대하여」('근대일본문학 강좌' 제4권 『근대일본문학의 사조와 유파』 하권, 1952년 3월, 河出書房, 이후 『나카노 시게하루 전집』 제10권, 62년 5월, 筑摩書房)에서 제시했다. 나는 거기에 직접 답하지는 않았지만, 이후 「근대의 초극」(제3권에 수록)을 통해 간접으로 답했다.

국민문학의 문제점

『개조』 1952년 8월 호에 실렸다. 『혁명과 인간해방』 및 『국민문학론』에 수록되었다. 『특집 지성』 제1호 '새로운 사상과 인생'(1956년 11월, 河出書房)의 '일본을 떠들썩하게 한 논쟁집'에 전재되었다.

국민문학론 최전성기의 산물이지만 이제 와서 보면 유적이라는 느낌이 강하다.

생활과 문학

문학에서 독립이란 무엇인가

두 편 모두 이와나미 강좌 '문학'(전 8권, 이후 속편으로서『문학의 창조와 감상』전 5권을 추가, 1953~1955년, 岩波書店)을 위해 썼다. 제1권『문학이란 무엇인가』(1953년 11월) 속의 1항인 '일본인의 문학생활'을 네 명이 분담해 집필했는데, 전자는 그 중 한 편이다. 후자는 제3권『세계문학과 일본문학』(1954년 4월)에 실린 한 편이다.

이 강좌는 나도 편집위원의 한 사람이었다. 혼다 슈고 씨가 말하는 '운동으로서의 국민문학'의 최성기와 만나서 잘 팔렸다. 이 강좌는 수많은 이와나미 강좌 가운데서 아카데믹한 냄새를 가장 덜 풍길지도 모르겠다. 이러한 전후의 한 시기가 있었다는 데 대해선 그리운 생각이 든다.

다만 내가 집필한 두 편만을 두고 말하자면 솜씨는 탐탁치 않다. 시대의 분위기를 전한다는 점에서는 단문이지만 내가 원안을 쓰고 편집위원회의 수정을 거친「간행의 말」이 나을지도 모른다.

권력과 예술

강좌 '현대예술'(전 7권, 1958~1961년, 勁草書房)을 위해 썼다. 제5권『권력과 예술』(1958년 4월)에 실렸다.

이 강좌도 나는 편집위원의 한 사람이었다. 특히 제5권은 담당자(제2권의 담당자는 오다기리 히데오 씨)였으며 그만큼 책임이 컸다. 국민문학론의 시기보다는 문제를 얼마간 본질론으로 심화할 수 있었다고 생각한다. 가와조에 노보루 씨가 인정해 준 일도 기뻤다.(『민과 신의 거주: 거대한 고대 일본』1960년 2월, 光文社)

책 제목의 유래를 밝히고자 구판『일본 이데올로기』서문의 전반부를 인용한다. "도사카 준 씨에게는『일본 이데올로기론』이라는 노작이 있는데 일찍부터 명저로 평판이 높았다. 나도 전쟁 중에 저항의 자세가 아름다운 그 글을 애독한 기억이 있다. 어두운 밤에 불을 켜고 있는 이 날카로운 두뇌가 만약 살아 있다면 오늘날 다시금 사상형태의 일본식 특질을 주제로 삼아 분석할지도 모른다. 일본 이데올로기는 형태를 바꿔 실제로 부활하고 있기 때문이다.

나의 변변찮은 잡문집에 같은 이름을 붙인 것은 굳이 도사카 씨의 유지를 잇겠다는 것도 아니며, 도사카 씨를 닮고 싶어서도 아니다. 그런 엄청난 소망은 없다. 자격도 없다. 나는 자신이 일본 이데올로기 영역 바깥에 있지 않다는 것, 만약 도사카 씨가 다시 붓을 든다면 나를 일본 이데올로기의 한 분파로 분류할지도 모른다는 것을 알고 있다. 다만 나는 그 안에 내가 있다는 것을 고통으로 느끼며, 거기로부터 벗어나기를 염원하고 있다는 점에서 유형으로부터는 얼마간 비어져 나온다고 생각한다. 도사카 씨도 이해해 줄 것 같다는 생각이 든다. 나 자신은 일본 이데올로기에 안주하고 있을 작정이 아니다. 벗어나기 위해 노력하고 벗어날 방향을 모색할 작정이다. 다만 주관적으로 그렇더라도 남이 인정해 줄지는 알 수 없다. 때로 나는 일본 이데올로기로부터 벗어났다고 굳게 믿는 사람의 다리를 잡아당기며 공연히 참견하는 일이 있다. 나로서는 올바른 탈각의 길을 얻고 싶어서 그리하는 것인데, 남들이 그걸 어떻게 평가할지 나로서는 알 수 없다. (하략) 1952년 6월."

지금의 위기 속에서 『일본 이데올로기』를 읽는다는 것

마루카와 데쓰시*

시작하며: '일본 이데올로기'라는 명칭

다케우치 요시미가 쓴 논문집 『일본 이데올로기』, 이 책의 제목은 분명 전전의 기억과 닿아 있다. 즉 신칸트철학에서 출발해 유물론으로 이행하던 철학자 도사카 준이 쓴 동명의 저작 『일본 이데올로기론』(1935)을 상기시킨다.(도사카는 1945년 8월에 옥사했다.) 도사카의 『일본 이데올로기론』은 철학작품으로 읽는다면, 당시 고취되던 일본주의는 물론이고 부르주아 이데올로기인 자유주의 역시 일본 사회의 지적 곤란을 넘어설 수 없었기에 유물론을 들이려고 한 지적 시도였다고 풀이할 수 있겠다. 도사카는 아마도 그때 마르크스의 「독일 이데올로기」를 떠올렸을 것이

* **마루카와 데쓰시**丸川哲史 1963~ . 메이지대학 정치경제학부 교수로 재직 중이며, 전공은 일본문학평론, 대만문화연구, 동아시아 문화지정학이다. 『냉전문화론』, 『리저널리즘』, 『다케우치 요시미』, 『루쉰과 마오쩌둥』, 『루쉰출문』, 『아Q의 연대는 가능한가』, 『사상과제로서의 현대중국』, 『동아시아론』, 『개혁개방 이후의 중국』, 『대만, 포스트콜로니얼의 신체』, 『제국의 망령』 등을 쓰고, 『다케우치 요시미 선집 1, 2』를 펴냈다.

다. 결국 그는 당시 전전 일본의 '위기'에 맞서려 했다. 그리고 그 위기의 식은 당연히도 지식 상황뿐 아니라 정치 전반에 관한 것이었으리라.

다케우치의 『일본 이데올로기』 구판(1952)의 서문을 보건대 17년 전, 당시 이십대 중반이던 다케우치는 도사카의 『일본 이데올로기론』을 읽고 있었다. 다케우치는 서문에서 이렇게 적는다. "나의 변변찮은 잡문집에 같은 이름을 붙인 것은 굳이 도사카 씨의 유지를 잇겠다는 것도 아니며, 도사카 씨를 닮고 싶어서도 아니다." 이어서 자신의 사상이야 말로 도사카가 감행한 (일본)이데올로기 비판의 한 가지 대상이 될지도 모른다고 운을 띄워 놓고는, 말하자면 내재하는 일본 이데올로기로부터 탈각을 기도하고자 『일본 이데올로기』를 세상에 내놓는다고 밝힌다. 여기서 다케우치는 전전의 이데올로기 상황과 목하의 50년대 전반의 이데올로기 상황을 견주고 있었는지 모른다. 그래서 서문에 "일본 이데올로기는 형태를 바꿔 실제로 부활하고 있다"라는, 마음에 걸리는 기술이 나오는 것이리라.

이 책의 주요 논문은 1950년부터 1952년 사이에 작성되었다. GHQ(연합군 총사령부)의 통제 아래서 진행되던 전후 개혁의 흐름이 '역코스'라고 불리는 중대 전환을 그리던 시기였다. 대륙에서 중화인민공화국이 성립하자 경찰예비대(자위대의 전신)가 발족하는 등 재군비도 추진되었다. 미국은 일본의 민주개혁보다 반공기지화를 중시해 여러 시책을 취하고 있었던 것이다. 이윽고 동서 진영 간의 전쟁 위기가 '조선전쟁'이라는 형태로 동아시아에 드리웠다. 다케우치의 표현이 올바르다면, '열전'을 통한 냉전구조가 심화되어 전전과는 다른 패턴이지만 이데올로기 비판이 필요해진 시대였던 것이다. 그리고, 이러한 시기에 일본은 재독립을 향하고 있었다.

일본 재독립의 문제

일본 재독립의 과정에 있었던 정치 현상을 열거하자면, 1950년 6월 조선전쟁이 발발하고, 전쟁의 와중에 샌프란시스코 강화조약이 조인되고, 동시에 일미안보조약이 연결되는 흐름이었다. 일본인 이외의 독자가 이 책에서 가장 흥미가 느끼는 글이라면 아마도 「나라의 독립과 이상」이 아닐까 싶다. 1940년대 후반부터 1950년대까지는 일본과 한반도 아울러 중국이 어떠한 국가로서 형성될지, 즉 '나라의 독립'이 달성될지를 가늠하는 시기였다. 여기서 다케우치를 포함한 일본의 많은 신세대 지식인들은 무엇보다 일본의 재독립을 결정하는 샌프란시스코 강화조약이 한반도의 정부도 중국의 두 개 정부도 불참한 불완전조약이라는 데 위기의식을 느꼈다. 다케우치가 밝히듯이 당시 일본 지식계 안에서는 쓰다 소키치처럼 내용이야 어떻든 간에 독립의 형식을 갖춘다면 그로써 좋다는 윗세대와, 어떠한 독립인지 그 내용이 중요하다는 새로운 세대 간의 차이가 갑작스럽게 부각되어 당시 이 대립은 '편면강화인가 전면강화인가'라는 문맥에서 논의되었다.(대체로 전면강화를 바라는 젊은 세대 지식인들은 신헌법을 받아들이고 있었다.) 다케우치의 경우는, 진정한 독립이려면 일본이 전쟁을 벌이거나 식민지로 삼았던 지역의 대표에 의한 총의와 거기에 응답할 수 있는 '독립의 이상'이 있어야 한다고 믿었다. 다케우치는 「나라의 독립과 이상」의 결론으로 쑨원의 『삼민주의』에서 나오는 말(약자를 돕고 강자 즉 패권에는 맞선다는 취지)을 인용하며 '나라의 독립'에는 이런 이상이 필요하다고 힘주어 말하고는 글을 끝맺는다.

이 시점에서 비롯된 일본 독립의 미심쩍은 실상은 지금까지도 커다란 문제로 남아 있다. 일미안보와 끼워 팔기로 성립한 샌프란시스코 강화조약에 의한 '독립'은 바로 오늘날 일본 국내의 미군기지 잔류와 더불어 동아시아 내부의 '적대성'의 근원이라고 나는 생각하고 있다.

오늘날 「나라의 독립과 이상」을 읽을 때 떠올리게 되는 문제는 현재 동아시아 내부 각 국가(혹은 잠정적 국가형식)의 독립이 어떻게 다른 모습인지에 관한 대목일 것이다. 흥미로운 에피소드로서 중국의 다케우치 요시미 연구자인 쑨거孫歌가 대만에서 이 글을 소재로 강연했을 때의 이야기를 들은 적이 있다. 회장에는 대만 독립운동을 지지하는 지식인도 있었는데, 강연이 끝나자 그들은 "대만 독립을 목표로 삼는다면, 역시 거기에는 어떠한 이상이 있을 것인가"라며 반응했다는 것이다. 이를 보더라도 「나라의 독립과 이상」은 현재 동아시아 내부의 국가(혹은 잠정적 국가형식)를 다시 성찰하는 계기로서, 한반도의 두 국가와 일본뿐 아니라 동아시아 전체적으로도 유효한 상호 논의를 불러일으킬 실마리가 될 수 있지 않을까 생각한다.

다시 다케우치의 『일본 이데올로기』로 돌아가자. 다케우치가 샌프란시스코 강화조약(일본의 재독립)과 조선전쟁 등 대문자적인 사건과 관계하며 '이데올로기'를 문제 삼았던 것은 역시 역사의 소용돌이 속에서 언설(사상)을 만들어 내는, 즉 이데올로기 형성과 관계하는 지식인의 주체성을 주목했기 때문이었다. 그 맥락에서 「나라의 독립과 이상」에서는 메이지 헌법 아래서 자란 세대와 새로운 전후 헌법을 이상으로 삼는 세대 사이의 차이가 부각되었다면, 다른 글에서 문제시된 것은 당시 많은 지식인을 흡수했던 '당'이었다.

냉전구조화 속의 '공산당'

이 책에서 나오는 '일본공산당' 비판은 한국의 독자로부터 오해를 사기

쉬운 대목이지 않을까 싶다. 다케우치의 의도는 협의의 정치적 가치로 부터 특정 정당을 비판하는 것이 아니라 당시 지식인에게 절대적 영향력을 가진 지식인 그룹으로서의 '당'을 비판하는 것이었다. 여기서 '오해'의 가능성을 언급한 것은, 나아가 일본과 한국 사이에서 이해의 낙차가 생기리라는 것은 '공산주의'와 쌍으로 대응하는 '반공' 이데올로기의 배치가 다르기 때문이다. 단적으로 한반도의 분단을 고착화한 조선전쟁을 전후하여 한국과 대만에서 '공산주의'는 알려진 것처럼 가장 혹독한 탄압을 받았다. 한편 일본에서는 한 시기, 공산당이 비합법화되고 당원이 공직에서 추방당한 적은 있지만, 기본적으로는 마르크스주의를 추구해도, 아울러 합법적 활동인 한에서라면 정치운동과 사회운동에 나서도 직접적 탄압의 대상이 아니었다. 그런 의미에서 일본은 말하자면 소프트반공국가이며, 하드반공국가인 한국이나 대만과는 차이가 크다고 말해야 할 것이다. 다만 이 차이가 어디서 연원하는지는 여기서 감당하기에는 너무나 큰 문제다. 지금은 이 책이 주요한 분석대상의 하나로 삼은 일본공산당을 일본의 당시 시대상황에 비추어 관찰하는 정도로 하고 싶다.

점령 당초 GHQ의 대일정책은 분명 연합국의 틀을 이루는 소련에 대한 배려도 있어 일본공산당을 옥중에서 석방하고 합법화하는 등의 조치를 취했다. 또한 일본공산당도 미국을 '해방자'로서 규정하고 GHQ의 통제 아래서 공산당이 주축이 되는 '민주정부'를 수립하겠다는 '평화공존 노선'을 채택했다. 하지만 대륙의 내전에서 중국공산당의 군사적 우세가 확고해지자 GHQ는 점령정책을 '반공'으로 전환한다. 그 결과 1946~47년에 성립한 '전후헌법'을 무시하듯 일본을 반공 후방기지로서 '재군비'화해 나갔다. 일본의 민주화 구상을 역회전시키는, 이른바 '역코스' 정책이 추진된 것이다. 여기에 동시기, 동아시아의 냉전에 돌입하면서 두 가지 거센 파도가 일본 열도에 들이닥친다. 하나는 GHQ의 '레드퍼지'(공산당원 공직추방) 추진이고, 다른 하나는 일본공산당의 기존 평화공존 노선에 대한 소련공산당(및 중국공산당)의 비판이다. 1950년 1월, 소련공산당은 미국을 해방군으로 규정하는 일본공산당의 방침을 비판하고 GHQ에 적으로서 맞서는 방침을 명확히 하라고 요구했다. 이에 대해 일본공산당은 처음에는 소련의 비판에 반론을 폈으나 이윽고 비판을 수용했다. 거기에 조선전쟁이 일어나자 일본공산당은 '북'을 지지하는 '국제파'와, 전쟁 자체를 반대하는 '소감파'所感派(당초 소련공산당의 비판에 반론한 그룹)로 분열해 1955년에야 최종적으로 재통합된다. 그에 앞서 일본공산당의 리더들이 베이징으로 건너가는 일도 있었다. 다케우치는 일본공산당 내외의 이러한 혼란을 관찰하고는 주체성을 결여한 권위주의적 체질이 이 '동요'를 초래했다고 비판한 것이다. 당연한 말이지만, 다케우치는 '반공'이라는 정치적 입장에서 일본공산당을 비판한 것이 아니었다.

당시 상황에서 젊은 인텔리의 대다수는 전전의 군국주의 정책에 맞서 비전향했던 일본공산당을 지지하는 쪽이었다. 거기에 「나라의 독립과 이상」에서 논했듯이 GHQ의 점령정책 변화로 인해 지식인 전반에 '동요'가 일었고, 나아가 그 위에 소련공산당(및 중국공산당)의 일본공산당 비판으로 보다 복잡한 '동요'가 빚어졌다.

권위주의(근대주의)와 자주

다케우치가 일본공산당을 비판한 이유는 「일본공산당 비판 1」의 첫 문장 "일본공산당에 대한 나의 불만을 파고들면 결국 일본공산당이 일본의 혁명을 주제로 삼지 않는다는 데 이르지 않을까 생각한다"에서 확인할 수 있다. 당시 일본공산당이 '권위'로 떠받든 소련공산당(및 중국공산당)과의 관계를 두고 나온 문장이다. 이러한 다케우치의 논의를 개념적으로 파악한다면, 그것은 반권위주의이며, 또한 쑨원 등이 정식화한 '근대주의' 비판에 이를 것이다. 쑨원의 정의에 따르면 근대주의란 국내 개혁을 추진하며 바깥의 권위에서 모델을 구하거나 그 권위에 따르는 것으로, 자주적으로 자기 사회를 해부하고 개혁하려는 의지가 감퇴해 결과적으로 주체성을 상실하고 개혁의 악순환에 빠지고 만다. 이러한 위기감에 바탕해 정의된 '근대주의'였던 것이다.

그렇다면 이를 염두에 두고 당시 일본공산당의 활동을 구체적으로 살펴보자. 코민테른(국제공산주의운동)이 전전부터 제시한 것으로 사회주의혁명보다 토지개혁(지주제를 해체하는 부르주아 혁명의 일환으로서)이 선행되어야 한다는 테제가 있었다. 그러나 1950년대에 접어드는 단계에서 일본의 토지개혁(농지개혁)은 GHQ의 점령정책으로 이미 끝나 가고 있었다. 그런데도 1949년 인민공화국 성립 이후 중국에서 토지개혁이 진전하자 거기에 촉발된 일본공산당은 GHQ와 대항해 토지개혁을 실시하려고 했다. 그래서 아직 손을 대지 않은 '산촌' 지역으로 들어가기 위해 학생을 중심으로 '산촌공작대'를 파견한다는 방침을 세운다. 그러나 지리적 조건과 역사적 축적이 전혀 다른 일본 사회에서 성공할 리 없었고, 결국 경찰권력에 의해 거의 괴멸되었다. 이 또한 전형적 사례로서, 중국공산당의 근거지 운동론을 직접 '적용'하려다가 초래된 결과라고 말할 수 있을 것이다.

이것은 하나의 사례이고 특정한 역사적 배경 속에서 일어난 일이니 한국의 독자가 이해하기 어려울 것이라고 생각한다.(실상 일본의 젊은 세대도 거의 모르는 역사다.) 특히 앞서 말했던 소프트반공국가와 하드반공국가에서, 실제로 무력을 수반한 내전으로 향했던 지역과 그렇지 않았던 곳에서는 변혁의 도정이 전혀 다를 수밖에 없는 것이다. 그러나 거듭 말하지만 다케우치 요시미의 기도는 정치적 의미의 전략전술 비판에 그치는 것이 아니었다. 어디까지나 지식인 주체성의 문제를 중시하고 있었다. 「인텔리와 민중의 관계」(93~94쪽)에서 다케우치는 이렇게 말한다.

> 근대주의에 반대하지만 실은 근대주의의 변형에 불과한 일파로서 마르크스주의자가 있다. 그들은 공식을 제시한다. 인텔리는 인류의 진보를 믿는 한 부르주아지로부터 프롤레타리아트 진영으로 옮겨 가야 하고 또한 옮겨 가고 있다고 말이다. 그러나 이 공식으로부터는 아무것도 나오지 않는다. 구체적 프로그램 없이 실천적 힘이 나올 리 없다. 주체의 조건을 생각하지 않는다는 점에서 마르크스주의자는 근대주의자와 다를 바 없다. 예를 들어 오늘날 경제적 몰락에 직면한 일본의 인텔리(넓게는 중간층)가 특권을 급속히 상실해 프롤레타리아트 진영으로 이행해 혁명세력이 될 것이라는 낙관설 따위가 얼마나 현실에서 유리되었는지는 굳이 설명할 필요도 없을 것이다. 오늘날 국민경제의 위기 상황에서 인텔리 지망자는 실제로는 거꾸로 늘어나고 있다. 그리고 이 부동성이야말로 일본 인텔리 사이에서 근대주의(마르크스주의를 포함해)가 지배적 경향이 되는 현상과 표리일체다.

근대적 인텔리의 생성을 둘러싼 문제는, 어떤 의미에서 구미 이외의 지역과 국가라면 어느 시기에 겪게 되는 공통의 현상일지 모른다. 특히 일본의 경우에는, 다케우치도 지적하듯 메이지 정부가 위로부터의 근대화를 추진해 교육 부문이더라도 국가의 수요를 만족시키는 것이 실로 첫째 역할이었고, 거기서 일본의 인텔리가 출현했다. 이어서 다케우치는 이렇게 형성된 인텔리층은 권력의 동향에는 민감하나 생산활동(생활세계로부터의 요구)에는 둔감하고, 스스로 고심해 만들어내기보다 만들어진 것을 들여오는 지름길만을 찾고 있다며 지식인의 '근대주의'를 비판했다.

　나아가 다케우치의 인텔리 비판으로부터 파생하는 원리적 문제를 한 가지만 더 짚는다면, 그것은 장기적인 역사의 관점에서 바라보는 구미와의 관계 그리고 중국과의 관계와 관련된다. 다케우치는 「역사가를 향한 주문」에서 권위주의=근대주의의 역사적 기원을 과거 중화와 일본의 관계와의 연속선상에서 파악하고 있다. 즉 지적 권위의 대상을 중화에서 유럽으로 옮겨 놓은 일본 지식인의 '기식성', '식민지성', '노예성'— 이것을 어떻게 극복할 수 있는지가 일본 인텔리(그리고 자신)의 사명이라고 결론지은 것이다.

결론을 대신하여: 1950년대의 사상유산

어느 개인적 에피소드를 소개해 결론을 대신하고 싶다. 2011년 5월의 일로 기억한다. 후쿠시마 원전의 폭발사고가 일어나 오랫동안 숨을 죽여 온 일본 사회에서 큰 데모가 일어났을 때, 그 한복판에서 만난 하나의 '목소리'에 관한 이야기다. 칠십대 여성이 메가폰을 잡고 걸으며 스피치를 하기 시작했다. 그녀는 원래 교원이었다고 했다.(아마도 교원조합의 활동 등에도 참가하고 있었을 것이다.) 그녀의 입에서 이런 말이 나왔다. "원전이 폭발해 일본은 방사능에 오염되고 말았다. 눈에 보이지 않는 피해가 어느 정도인지 정부는 밝히지 않고 있다. 이대로라면 일본 민족은 멸망하고 만다." 여기서 꽂힌 말은 확실히 '민족'이었다. 대략 70년대부터이지 않을까. 일본 사회에서, 특히 정부를 비판하는 시위에서 민족적 마이너리티 권리운동 말고는 '민족'이라는 말이 등장하는 경우가 거의 없었다고 나는 인식하고 있다.(물론 우익운동에서는 '민족'이 존재하고 있을 테지만.) 50년대 문헌을 접한 경험이 있어서인지, 일본의 좌익진영도 50년대까지는 역시 '민족'이라는 용어를 사용했을 것이며, 나는 그 기억의 '지층'이 그녀의 스피치를 타고 나타났다고 직관적으로 느꼈다. 솔직히 얼마간 유쾌해졌다. 60년대 태생인 나로서는 '민족'이라는 말이 실제로 발음된다는 것이 신선했던 것이다.

『일본 이데올로기』는 분명 '민족', '국민'이 강하게 주목받은 시기, '나라의 독립과 이상'이 문제였던 시기에 작성되었다. 그때와 지금, 역사의 배경은 다르지만 일본 사회에서 '위기'가 널리 자각되고 있음은 공통된다. 이 글을 쓰는 지금은 2015년 가을이다. 원전반대운동으로 활발해진 국회 앞 시위가 아베 신조 내각이 밀어붙이는 '안보 법제'를 둘러싸고 크게 확산되었다. 특히 젊은이의 참가가 눈에 띄게 늘어났다. 오랫동안 학생과 청년이 주체로 나서는 데모를 볼 수 없었던 일본 사회에서 변화의 조짐이 생겼다고 말해도 좋을 것이다. 거기서 청년 그룹이 "국민을 얕보지 말라"는 표현을 사용한 것이 지식계에서 하나의 화제가 되었다. 1990년대에 비판적 지식인들은 민족 혹은 국민이라는 말이 운동의 핵심에 자리 잡는 일을 꺼리는 경향이었다. 이번에도 몇몇 지식인이 '국민'을 주어로 삼는 동향을 비판했다. 나로서는 이번 운동에서 젊은이가 '국민'이라는 개념을 사용하는 것에 관해, 현 시점에서는 그 좋고 나쁨을 판단할 만큼의 재료도 없고 시간도 충분히 담보되지 않았다. 다만 '국민'을 사용함으로써 일본의 광범위한 주권자가 세대를 넘어선 관계를 재획득할 수 있었다는 점만큼은 분명히 말할 수 있을 것이다.

'안보법제' 반대운동을 하는 젊은이들은 전후헌법을 비판의 근거로 삼고 있고, 전후헌법을 지키는 것 자체가 운동의 동력이 되고 있다. 단적으로 말해 입헌주의 옹호운동인 것이다. 한편 흥미롭게도 텔레비전 등을 통해 접하는 길거리 인터뷰에서 '안보법제'에 찬성하는 시민들 대부분은 중국의 '위협'이나 조선민주주의인민공화국의 '위험한 행동'을 거론한다. 거꾸로 '안보법제'에 반대하는 젊은이 그룹은 아시아의 인국에 관해 적극적으로 문제를 제기하는 일이 거의 없다. 이는 그때와 지금, 두 시기의 위기 가운데 '아시아 민족'과의 관계가 역시 중요한 문제로 놓여 있으며, 지금은 분명히 아시아적 사고가 결여되어 있음을 의미한다고 하겠다.

아시아 내부의 '냉전'을 통한 각축 상황과 공통된 희망이어야 할 '평화에의 지향', 이 둘을 어떻게 한데 엮어 갈 수 있을 것인가. 과거 다케우치 요시미의 작업은 그것을 지향하고 있었다. 그 시기 다케우치는 그러한 위기의 때, 오히려 지식인의 주체성을 문제 삼았던 것이다. 그리고 다케우치가 던진 물음은 지금도 살아 있다고 말할 수 있으리라. 다만 당시와 지금, 하나의 차이가 있다고 한다면, 지식인의 주체성 문제를 동아시아 내부에서 논의할 수 있어야 한다는 것이다. 즉 지금, 동아시아의 위기가 표면화되고 있는 이때, 『동아시아 이데올로기』를 함께 써내야 하며, 그것은 가능하지 않을까. 나는 그렇게 생각하고 있다.

평론가, 걷고, 지다

1

다케우치 요시미는 1910년생이다. 그리고 1977년에 숨을 거뒀다. 그렇다면 1945년 패전은 생애의 꼭 절반을 가르고 있다. 그는 일본이 아시아로 지배의 손을 뻗친 시대에 생애의 전반부를 보냈다. 조선병합의 해에 태어나 1932년 만주국이 세워지던 무렵 성인이 되었다. 그리고 1943년 12월 첫 책 『루쉰』을 탈고한 뒤 바로 징병되었다가 1945년 8월 15일, 중국 웨저우에서 패전을 맞이했다. 그리고서 생애의 후반부 가운데 이십 년을 평론가로 살아갔다.

다케우치 요시미는 『루쉰 잡기』의 「후서」에 "1946년 여름에 해방되었을 때 나는 다시 한 번 걷기 시작해야 한다는 무거운 짐을 느꼈다"고 적었다. 여기서 1945년 8월이 아닌 '1946년 여름'인 까닭은 중국 전선에 있다가 패잔병이 되어 1946년 7월에야 일본으로 돌아올 수 있었기 때문이다. 그런데 왜 '해방'인가. 무엇에서 벗어났다는 말인가. 일단 포로 신세에서 자유로워졌음을 뜻하겠다. 하지만 이를 굳이 '해방'이라 부른 것은 그때야 뒤늦게 제국 일본에서 벗어났음을 의미할 것이다. 아니, 이제라도 벗어나야겠다고 마음먹은 것이리라.

중국에서 돌아온 그는 평론가로서 '다시 한 번' 걷기 시작했다. 전전의 청년 다케우치 요시미가 중국문학 연구자를 본분으로 여겼다면, 전후의 중년 다케우치 요시미는 평론가로서도 분주했다. 제국 일본의 유제遺制에서 해방되고자 전후 일본의 정신을 깊이 파고들었다. 그렇게 이십 년을 평론가로 활동하다가 그는 만년에 이르러 '평론가 폐업'을 선언하고 루쉰의 번역자가 되는 데 남은 생을 걸었다. 이 책은 평론가 다케우치가 시대를 살아간 기록이다. 그는 살아생전 숱한 저작을 펴냈지만 스스로 다케우치 요시미 평론집이라고 묶어 낸 것은 세 권이다. 『일본과 아시아』, 『현대중국론』, 그리고 이 책 『일본 이데올로기』다.*

패전 이후 다케우치 요시미는 평론가가 되었다. '일본 이데올로기'와 대결하는 평론가가 되었다. 무엇이 이 길을 걷도록 만들었는가. 이 물음에 답하려면 이 책 바깥에서 글을 한 편 끌어와야겠다. 자신의 패전 체험을 기록한 「굴욕의 사건」이다. 이 글의 서두에서 다케우치는 말한다. "8·15는 내게 굴욕의 사건이다. 민족의 굴욕이며 나 자신의 굴욕이다." 물론 패전은 일본 민족에게 굴욕이었다. 그러나 그가 굴욕을 느낀 것은 패전해서가 아니었다. 다시 말해 바깥의 적이 안기지 않았다. 패전을 받아들이는 일본인의 자세가 그에게는 굴욕적이었다. 이 글에서 그는 패전 시기에 들었던 일화를 옮겨 놓는다. "패전 소식이 전해지자 대원 모두 목 놓아 울었다고 한다. 그들은 꼬박 하루를 울었다. 그러고는 자 버렸다. 다음날 눈을 뜨자 일제히 귀국 준비를 위해 몸단장을 했다." 이

---

* 이 번역서는 완역이 아니다. 내용의 중복과 함량의 미달을 이유로 「교사의 역할과 교사의 자각」, 「예술가의 자아와 민중」, 「프롤레타리아문학」이라는 세 편의 글을 싣지 않았다. 그리고 글들의 순서를 조정했다. 번역서의 완성도를 올리고자 고심 끝에 일부러 완역을 하지 않은 것인데, 역시 확신은 없는, 미련이 남을지 모를 결정이다.

렇게 단문으로 처리한 문장에 그는 자신의 굴욕감을 꾹꾹 눌러 담았다. 일본인은 전쟁에 나설 때도 패할 때도 같은 자세였다. 총력전으로 빨려 들어갔을 때도 저항하지 못했으며, 전쟁에서 패배한 순간조차 그 사실을 묵묵히 받아들였다. 그 사실이 뼈저리게 굴욕적이었다.

그는 이렇게 토로한다. "8·15 시기에 인민정부를 수립한다는 선언이라도 있었다면, 설령 미약한 소리였고 성사되지 못했을망정 오늘날의 굴욕감으로부터 얼마간 구제되었으련만. 그런 일은 아무것도 일어나지 않았다. 우리는 고귀한 독립의 마음을 이미 8·15에 잃지는 않았던가. 지배민족으로 설쳐 독립의 마음을 잃고, 독립의 마음을 잃은 채 지배당하는 처지에 놓인 것이 오늘날 우리의 모습이 아닌가." 독립의 마음. 이 말을 기억해 두자. 그리고 그는 이 글을 쓰던 1953년 당시 상황을 이렇게 바라본다. "사회과학자들이 일본의 천황제나 파시즘을 분석했지만, 우리 내부에서 골격을 이루고 있는 천황제의 묵중함을 고통스런 실감으로 걷어 올리는 일에 우리는 아직도 성실하지 않다. 노예의 피를 한 방울 한 방울 짜내, 어느 아침 정신을 차려 보니 자유로운 인간이 되었다는, 그러한 방향에서의 노력이 부족하다. 그것이 8·15의 의미를 역사 속에서 정착시키는 데 방해가 되고 있다." 노예의 피. 이 말도 기억해 두자. 독립과 노예. 나는 이 두 단어가 『일본 이데올로기』를 읽는 핵심어라고 생각한다.

2

다케우치 요시미는 곧잘 전후 일본을 '식민지'라고 말했다. 물론 일본은 미국 국무성의 파견기관으로 기능했던 GHQ의 관리하에 놓여 있었다.

하지만 그에게 패전의 굴욕감이 적의 무력이 아닌 일본인의 자세에서 비롯되었듯, 그는 국가 주권을 온전히 행사하지 못해서가 아니라 일본인들이 정신적으로 독립하지 못했기에 일본을 식민지라고 불렀다. 그리고 식민 상태는 패전으로 갑자기 찾아온 것이 아니다. 전시기에 식민화(즉 제국주의화)에 대한 저항을 방기하고 "전쟁 중 완벽한 노예성을 발휘했을 때, 그로써 전후에는 완전한 식민지가 되었다."(「국민문학의 문제점」, 255쪽)

그리하여 1951년 샌프란시스코 강화조약이 조인되어 형식적 독립을 얻은 후에도 그는 일본을 식민지라고 불렀다. 이듬해인 1952년에 그는 「나라의 독립과 이상」을 발표해 "학문으로는 글러먹은 이야기"일지라도 "개인에게 이상이 있듯 나라에도 이상이 있어야 한다"며 이렇게 덧붙였다. "이상이 없는 개인은 독립된 인격이 아니듯 그런 나라 또한 독립국은 아니다."(「나라의 독립과 이상」, 165쪽) 그는 외관의 독립이 아니라 내실의 독립을 원한 것이다.

그에게 독립은 되찾거나 쟁취할 대상이 아니었다. 하물며 조약 체결로 달성될 일은 아니었다. 일본의 독립은 남이 가져가기에 앞서 스스로가 저버렸다. GHQ의 관리 이전에 일본인은 몸에 밴 천황제의 습속을 여전히 씻어 내지 못했다. 한 사람 한 사람이 독립된 주체가 못한 노예 상태다. "국민은 자유로운 개인을 향해 해방된 게 아니라 노예를 향해 해방되었다."(「인텔리와 민중의 관계」, 85쪽) 국민이 노예인 나라는 독립국일 수 없다. 그렇다면 그가 바라마지않은 '나라의 이상'이란 무엇인가. 그것은 개개인이 자율적이며 평등한 주체가 되고 그런 개인들이 사회를 이뤄 강자에게 굴종하거나 약자를 내리누르지 않는 나라가 되는 것이었다. 그것이 그에게 독립의 의미였다.

이 책 『일본 이데올로기』는 일본인, 일본 사회, 일본국의 독립을 가로막는 노예적 정신구조에 맞선 투철한 싸움의 기록이다. 그 싸움은 무엇보다 "나무 한 그루 풀 한 포기"(『권력과 예술』, 337쪽)로까지 스며든, 따라서 고통스럽게 "한 방울 한 방울 짜내"듯 솎아내야 할 천황제를 향한 것이었다. 하지만 상대는 천황제만이 아니었다. 그는 또 하나의 '일본 이데올로기'인, 천황제의 반대극에 자리하는 것처럼 보이는 진보주의와 맞서는 데도 매진했다.

전후의 사상공간으로는 전쟁과 총력전 체제가 끝났다는 해방감 가운데 여러 새로운 이론과 가치가 유입되었다. 서양, 특히 유럽의 지적 유산은 종종 '정치적으로 올바른' 논리로 여겨져 일본의 맥락 속에서 탈맥락화된 뒤 현 상황을 처리하는 해답처럼, 새 시대를 그리는 지표처럼 기능했다. 또한 근대화, 민주, 자유 등의 유럽산 개념, 그리고 그 바탕에 깔린 가치관과 결부되면 서양의 이론은 진보사관으로서 위력을 발휘하기도 했다. 다케우치는 그렇게 보았다. 그리하여 그는 유럽산 이론, 가치를 매개 없이 들여오는 태도를 거부했다. 근대화, 민주화가 지체된 후진적 조건에서는 바깥에서 재빠르게 이론과 가치를 기성품 삼아 들여오는 진보주의가 더 쉽게 타락하기 마련이라고 경계했다.

다케우치가 직시하고자 했던 것은 이런 이론, 가치 들로 아무리 덧칠된들 온존해 있는 일본적 노예 구조였다. 그 이론과 가치 들을 그저 가치절하하려던 것은 아니다. 하지만 그것들은 바깥에서 주어진 것이지 자기 손으로 일궈 낸 것이 아니었다. 그렇다면 그것들을 자명한 지표로 삼을 게 아니라 뒤처지고 뒤틀린 자신의 조건을 매개 삼아 역사화해야 했다. 설사 그것이 서양의 이론이 아니라 자신이 줄곧 천착해 온 중국의 혁명이더라도 말이다.

하나의 빛에 의지해 구원되기를 바라는 환상은 버려라. 창조의 근원인 암흑의 구석구석을 비출 때까지는 하던 일을 멈추고 마음을 놓아선 안 된다. 더러움을 자기 손으로 씻어 내지 않으면 안 된다. 특효약은 없다. 한 걸음 한 걸음 손으로 더듬으면서 계속 걸어가는 수밖에 없다. 중국 근대문학의 건설자들이 그랬듯이 다른 힘에 의지하지 않고 절망만을 철저히 껴안으면서 손으로 땅을 파며 한 걸음 한 걸음 나아가는 것이다. 그들이 달성한 결과만을 빌려 오겠다는 뻔뻔스런 간계는 허락되지 않는다. 설사 길이 열리지 않더라도 그때는 민족과 함께 멸망할 뿐이니, 노예(혹은 노예의 주인)로 연명하기보다야 낫지 않겠는가.(「근대주의와 민족 문제」, 246쪽)

3

다케우치 요시미는 바깥에서 주어진 이론, 가치를 자신의 현실을 가늠하는 판단기준으로 삼지 않았다. 그는 바깥에서 주어진 이론, 가치가 유혹하는 사고의 타성을 경계하고 기성의 관념을 몸에 두르려는 자들과 맞서 싸웠다. 그는 뒤처졌다는 자신의 무력감을 곱씹으면서도 따라잡는 일에 관한 회의 능력을 잃지 않았기에 길게 현역의 평론가로서 활동할 수 있었다. 그리고 그의 평론활동은 진보주의를 주된 상대로 삼았다. 왜냐하면 근대주의에 물든 진보주의는 그에게 사상에 이르지 못한 이데올로기였기 때문이다.

다케우치 요시미는 이데올로기가 아닌 사상을 갈구했다. 사상이란 무엇인가. 적어도 이 책에서 그는 이렇게 말한다. "사상은 생활로부터 나와 생활을 넘어선 곳에서 독립성을 유지해야 성립한다. 그렇다면 생활로부터 나오지 않은 것, 생활을 넘어서지 못한 것은 모두 사상이라 말할 수 없다. 그런데 일본에서는 생활의 차원에 머물러 있는 싹트지 않은 사상과 아직 생활에 매개되지 않은, 따라서 생산성을 갖지 않는 외래의, 따옴표 친 사상이 있을 따름이다."(「일본공산당 비판 1」, 35쪽)

사상은 바깥에서 들여올 게 아니라 스스로 일궈 내야 한다. "생활로부터 나와 생활을 넘어선 곳에서 독립성을 유지해야 성립한다." 즉 사상은 현실의 격류에 내맡기되 시류를 거스르며 현실에 씻겨 가는 과정을 거쳐 형성된다. 그러나 진보주의는 사상에 이르지 못한다. "일본의 진보주의자들은 진보를 믿는다. 그러나 그 진보란 진보라는 관념이지 유럽의 진보가 아니며 루쉰이 말하는 '인류의 진보'도 아니다. 루쉰의 진보는 절망을 매개로 하지만, 일본의 진보는 그림자가 없는 관념이다. (중략) 진보주의는 일본 이데올로기의 중요한 특징 가운데 하나이지 싶은데, 그것은 부정의 계기를 머금지 않은 진보주의, 즉 노예적 일본 문화의 구조에 올라타고는 안심하는 진보주의다."(「지도자 의식에 대하여」, 18~19쪽)

진보주의가 사상이 아닌 까닭은 절망을 겪지 않는, '그림자 없는 관념'이어서다. 원리와 정황 간의 긴장관계, 길항관계가 부재하기에 절망을 겪지 않으며, 생활 속에서 실험을 거쳐 깨져 나가지 않기에 그림자도 드리우지 않는다. 일본에서는 진보주의가 사상이 아니듯 진보주의를 설파하는 인텔리도 사상가가 될 수 없다. "개인으로서의 분열은 그 지적 활동이 현실과 동떨어지고 생활과 유리된 데서 비롯된다. 그러니까 사상이 자라지 않는다. 현장의 검증을 거치지 않고 빌려 온 외래사상을 유행에 따라 몸에 걸치는 게 일본의 인텔리다."(「인텔리와 민중의 관계」, 87쪽) 그리하여 "사상이 자신으로부터 멀어지고 있다. 즉 사상을 결여하고 있다. 이 차이는 근본적인 것으로서 노예와 자유인의 차이라고 말해도 좋다."(「일본공산당 비판 2」, 40쪽)

다케우치 요시미는 이러한 진보주의 비판으로 일본공산당을 겨눈다. 일본공산당은 "일본의 혁명을 주제로 삼지 않는다."(「일본공산당 비판 1」, 27쪽) 일본의 공산당은 혁명을 하는 게 아니라 혁명이론을 만지작거릴 뿐이다. 정치적 목표를 관철하고자 행동에 나서 그 행동이 초래하는 공과를 책임지지 않는다. 일본에서는 공산당조차 일본 이데올로기에 찌들어 현실을 바꿔 내는 게 아니라 기성현실에 한없이 양보하며 자기연명을 목적으로 삼는다. 전후의 '해방공간'에서 공산당은 점차 공산당원을 늘리고 선거에서 득표를 늘리고 의석 수 늘리는 것을 자신의 존재 이유로 삼게 되었다. 그리고 공산당원은 당내의 헤게모니 싸움을 혁명운동이라 착각하게 되었다. 그러나 "어느 쪽이 분파이며 어느 쪽이 올바른지의 문제가 아니다. 분파라고 한다면, 어느 쪽이든 일본의 혁명을 주제로 할 때 일본 인민에 대한 분파 행위일 뿐이다."(「일본공산당 비판 2」, 45쪽) 「일본공산당 비판 2」의 원래 제목은 '인민에 대한 분파투쟁'이었다.

4

일본 이데올로기가 답을 바깥에서 구하며 생활과 연루되지 않는 정신적 관성이라면, 그 극복은 어떻게 가능할 것인가.

이 책에서 다케우치 요시미가 제시하는 방향 한 가지는 의식적으로 전통과 얽히는 길이다. "대중은 국민적 해방을 바라며 자신의 변혁을 염원하기 때문에 오히려 한편에서는 전통과의 단절이 요구된다. 그리고 단절을 이루려면 그 자체로서는 단절할 수 없는 전통이 필요하다. 전통은 혁신이 자신을 실현하는 장이다."(「국민문학의 문제점」, 253쪽), "이 전통을 파괴하는 힘을 전통에 입각해 내부로부터 만들어 내는 것, 뒤집어 말하자면 이단을 배제하지 않는 적극적인 정통성을 만들어 내는 것을 나는 일본의 공산주의자에게 바란다."(「40주년의 일본공산당」, 49쪽)

전통과의 단절을 통해 전통을 새롭게 일군다. 이러한 전통관은 확실히 진보주의를 겨냥한다고 보인다. 과거를 지워 내고 그 자리에 새 것을 들인다는 청산주의식 진보관이라면 관념 속 초월에 그치고 말 것이다.

다케우치가 제시한 전통관에서 과거와 현재는 이렇게 얽히는 듯하다. 첫째, 만일 당대에 개입하려는 자가 역사적 관점을 체득하지 못한 채 현재의 사건을 일회적인 것으로 대한다면 그 사건은 사상성을 상실하고 머잖아 시간과 함께 떠내려가고 말 것이다. 현재의 사건은 역사화되어야만, 즉 사상사적 전통과 관계를 맺어야만 단편적 사건이길 그치고 사상사에 값하는 요소가 그 안에서 드러날 수 있을 것이다.

둘째, 현실을 바꾸려는 자라면 과거를 실천의 참조점으로서 꺼안아야 한다. 선례와 관계해 동시대로 진입하기를 기도해야 한다. 설령 그 과거가 현실의 변화를 저해하는 것이더라도 과거를 외면한다면 노로 허공을 젓듯 앞으로 나아가지 못할 것이다. 앞으로 나아가려면 이를 거스르는 저항이 필요하다. 전통은 현재의 문제의식 속에서 복잡한 전환을 거쳐야 활용 가능한 무엇이 될 수 있다. 그것은 반동적 속성을 띠더라도 변화의 내적 계기로 바꿔 낼 수 있으며, 바꿔 내야 한다. "단절을 이루려면 그 자체로서는 단절할 수 없는 전통이 필요하다. 전통은 혁신이 자신을 실현하는 장이다." 혁신은 단절이지만, 단절은 계승을 전제로 한다.

그리고 무엇보다 전통은 시간이 켜켜이 쌓인 생활의 장이다. 이 구절을 상기해 보자. "사상은 생활로부터 나와 생활을 넘어선 곳에서 독립성을 유지해야 성립한다." 일상감각으로 내려가는 검증을 거치지 않는다면, 아무리 좋은 가치를 쌓아 올린들 사상누각일 따름이다. 혁신의 가치는 전통 속에서 시험되어야 한다.

이 책에는 「교사에 대하여」라는 글이 수록되어 있다. 이 글은 "교사는 노동자다"라는 「윤리강령」의 1항에 대한 해석을 파고든다. 다케우치는 "교사는 노동자다"라는 이 명제를 지지한다. 하지만 명제는 명제일 뿐이다. 9년 전 제정되던 당시 파격이었더라도 지금은 그렇게 작용하지 못한다. 그래서 고쳐야 한다. 그런데 그는 명제의 변경이 아니라 '의미의 전환'이 필요하다고 강조한다. 그에게 의미의 전환이란 곧 의미의 침전이다. "의미의 전환이란 전의 해석을 파기하고 새로운 해석을 채용하는 것이 아니다. 간판을 새로 칠하는 것이 아니다. 새로 칠하는 게 아니라 예를 들어 유화처럼 안료를 덧칠하는 것이다. 해석은 쌓여 바닥으로 침전해야 한다. 그 역사의 무게를 짊어지지 않고서야 애초에 전환을 꾀해야 할 이유조차 없으리라."(「교사에 대하여」, 142~143쪽) 이를 두고 "몸에 익힌다, 혈육화한다고 해도 좋다"고도 표현한다.

변화는 옷 갈아입듯 혁신은 탈바꿈하듯 일어나지 않는다. 나쁜 것은 한 방울 한 방울씩 짜내야 하고, 좋은 것은 조금씩 몸에 익혀야 한다. "체질이 완전히 바뀌려면 한 세대가 필요하다."(「교사에 대하여」, 146쪽) 그 노력이 바닥으로 가라앉아 전통을 바꿔 낸다.

그래서일 것이다. 확실히 그의 평론은 흔히 접하는 시평과 다르다. 호흡과 시간성이 다르다. 그의 평론은 당면한 현실 문제에 대해 처방전을 내놓지 못한다. 대신 지금의 현실을 포함해 역사의 유동성에 관한 고도의 감수성을 담고 있다. 그의 평론활동은 현재를 과거로부터 이어져 미래에 가닿을 수 있는 사상과제로 읽어 들이고자 한 시도였다.

이 대목에서 「1970년은 목표인가」의 한 구절을 끌어오고 싶다. 그의 전통관에서 과거와 현재의 뒤얽힘은 확인했다. 그렇다면 현재는 미래에 어떻게 얽히는가.

현상 분석이란 그것이 쓸모 있는 형태이려면 응당 미래 예측을 담아야 한다. 미래는 예지할 수 없으며, 아니 예지할 수 없으니 미래지만, 미래를 예지하려고 노력하는 것, 이쪽에서부터 대상에 작용하는 것, 그러한 주체의 참가가 없다면 적어도 합목적적으로 대상을 포착할 수는 없지 않나 싶다.

그러나 예측은 당연히도 실패를 동반한다. 특히 사회의 일이라면 아무리 정밀한 관측 장치를 동원해도 빗나가는 경우가 많지 않을까. 그렇다고 실패가 두려워 예측을 그만둔다면 아무것도 이룰 수 없다. 정신의 영역에서도 모험은 필요하다. 아니, 생활자란 끊임없이 그 모험을 하는 자다.

나라는 빈약한 관측 장치가 여러 사람의 손을 거쳐 보다 정밀한 결과를 낼 수 있기를 나는 바란다. (「1970년은 목표인가」, 216쪽)

실로 그는 그리했다. 미래에 작용하기 위해 가설을 세우고 부수기를 거듭했다. 미래를 내다보며, 미래를 끌어오고자 가설을 만들어 사용하다가 새로운 국면에 이르면 가설을 다시 짜냈다. 전에 만들어 뒀던 가설이 당시에는 유용했더라도 그것을 도그마로 삼지 않았다. 역으로 당시의 가설이 틀렸더라도 버리는 게 아니라 틀렸다는 형태로 다음 가설을 위한 요소로 삼았다. 사실 그는 저작의 한 권을 스스로 『예견과 착오』라고 이름 붙일 만큼 앞일을 내다보는 일에 서툴렀다. 그러나 가설을 세우고 부수는 노력을 멈추지 않았다. 그리하여 그의 가설은 시간과 사건에 노출되어 깨져 나가고 다듬어지며 그렇게 역사성을 띠게 되었다. 자신은 '빈약한 관측 장치'이지만 이러한 '정신적 모험'에 게으르지 않았던 것은 자신이 틀리더라도 그 노력들이 쌓여 타인에 의해 결실을 볼 수 있으리라 믿었기 때문이다. 그는 평론가로서 자신의 올바름을 지키기보다 전통 형성의 매개가 되고자 했다.

5

다케우치 요시미가 평론가로서 가장 정력적으로 활동한 시기는 안보투쟁기였다. 이 책에는 「민주인가 독재인가」 그리고 「네 가지 제안」이 그 시기의 발언으로 수록되어 있다. 이 글들은 1960년 5월 19일 국회에서 안보조약이 강행체결된 이후 다케우치 요시미가 강연한 내용을 토대로 한 원고인데, 두 편에는 공히 흥미로운 문구가 나온다.

'당면 상황에 대한 판단'을 부제로 하는 「민주인가 독재인가」는 열일곱 항목에 거쳐 격동하던 상황 속에서 운동의 방향을 제시하고 있다. 이때의 단언하는 문체는 그의 다른 글에서는 좀처럼 접하기 어려운 것이다. 이 글은 이렇게 끝난다.

> 17. 승리만을 목표로 삼아서는 안 된다. 잘 이겨야 한다. 어설프게 이기느니 잘 지는 편이 낫다.(「민주인가 독재인가」, 195쪽)

"어설프게 이기느니 잘 지는 편이 낫다." 이 말의 의미는 직후에 써낸 「네 가지 제안」에서 확인할 수 있다.

> 나는 이 싸움에서 이기기란 쉽다고 생각합니다. 반드시 이깁니다. 인간성의 존엄을 믿고 이성을 믿는다면 반드시 이깁니다. 역사에서 영구히 번성한 파시즘은 없습니다. 역사는 반드시 인간과 이성의 편이 되어 줍니다. 이기는 것은 시간문제입니다. 되도록 빨리 이

겨야겠다고 마음먹습니다. 그러나 동시에 빨리 이기는 것만을 목
표로 삼아서는 안 되며, 잘 이기는 길을 생각해야 합니다. 극단적
으로 말해 저는 못나게 이길 바에야 이럴 때는 잘 져야 한다고 생
각합니다. 잘 지면 소득이 남습니다. 못나게 이긴다면 지금의 파시
스트를 쓰러뜨릴 수 있을지는 모르지만, 다른 파시스트가 성과를
훔쳐 가고 맙니다. 그런 일이 벌어져서는 절대로 안 됩니다. 이를 위
해 여러분과 함께 잘 이기자는 결의를 하고 싶습니다. 잘 이긴다는
것은 성과를 자기 몸에 익히는 것입니다. 지금의 기시 씨를 쓰러뜨
리는 것은 생각하기에 따라서는 손쉽습니다. 그러나 기시 씨와 같
은 사람이 나오는 뿌리—결국 우리 국민의 마음에 있는, 약한 마
음에 있는 의타심, 남에게 매달리고 자기 길을 스스로 정하지 못
하고 결단을 내리지 못한다는 국민의, 우리 한 사람 한 사람의 마
음속에 있는—, 감춰진 곳의 그것을 스스로 응시하기를 망설이는
약한 마음이 그러한 파시즘을 배양하고 있음을 잊어서는 안 됩니
다.(「네 가지 제안」, 199~200쪽)

"어설프게 이기느니 잘 지는 편이 낫다." 이렇게 말할 때 다케우치는
안보투쟁에 아주 큰 것을 걸었다. 긴 승부를 마음먹었다.
　그는 안보투쟁이 미국의 군사적 하위 파트너가 되기를 거부하는 운
동을 넘어, 메이지 유신 이래 백 년간의 노예화(제국주의화를 향한 식민화)
에 기댄 근대화 과정에서 자리 잡은 일본인의 노예근성에 맞서는 일본
민족의 저항운동이라고 여겼다. 보다 가깝게는 15년 전인 1945년에 일
어났어야 할 식민화와 파시즘에 맞선 투쟁이 15년의 시차를 두고 발생
한 사건이라고 여겼다. 안보투쟁은 밖으로는 독립의 회복(국가의 자주성
확립)과 함께 안으로는 민주의 회복(국민의 노예 됨으로부터의 탈각)이라는

사상사적 의의를 갖는 투쟁이었다. 다케우치는 그렇게 보았다. 그리고 후자에 보다 치중했다. 그가 안보투쟁기에 써낸 글을 읽어 보면 미국, 국제관계 같은 단어는 거의 찾아볼 수 없다. 대신 일본인의 일상감각 깊숙한 곳에 깔려 있는 노예근성을 향한 비판으로 가득하다. 그 노예근성이 기시 씨(당시 수상이던 기시 노부스케)를 만들어 냈다. 따라서 안보투쟁은 기시 정권을 무너뜨리는 데서 그쳐선 안 된다. "우리 국민의 마음에 있는, 약한 마음에 있는 의타심, 남에게 매달리고 자기 길을 스스로 정하지 못하는 … 약한 마음"과의 대결이어야 했다. 그리고 이 싸움은 한 번 크게 치른다고 성사되는 게 아니었다. 영구혁명의 과정일 테며, 따라서 이번 한 번을 "어설프게 이기느니 잘 지는 편이 낫다."

그가 단호하게 제시한 '민주인가 독재인가'도 정치제도에 관한 명제라기보다 결국은 '노예냐 독립이냐'였다. 독재를 조장해 내는 노예 상태로부터 벗어나 인민이 국가권력으로부터 자립해 혁명을 수행할 수 있느냐의 문제였다. 즉 '민주인가 독재인가'는 각성한 인민이 될지 노예 상태로 남을지를 택하라는 다그침이었다. 그리고 그때 그는 제대로 싸워서 이겨 내리라 믿고 있었다. 국민적 저항운동을 통해 노예의 피를 한 방울 한 방울 짜내리라 자신하고 있었다. 평론가 다케우치는 이 운동에 온 힘을 쏟아 넣었다.

6

이 시기, 다케우치 요시미는 혁명의 꿈에 잠겼다. 혁명을 하는 중이라는 환희가 한동안 이어졌다. 그는 「혁명전설에 관하여」에서 이렇게 적는다. "혁명은 정의가 여러 가지인데, 가령 무에서 유를 낳는 것을 혁명이라고 규정한다면 우리는 이제껏 없었던 인민주권의 전통을 창출해 냈으니 이는 일본 역사의 변혁이며 이것이야말로 혁명이다. 최종적인 권력의 탈취만을 혁명으로 생각하는 쪽이 오히려 관념적이다."「60년대 1년차 중간보고」에서는 이렇게 말한다. "지난해 5월부터 6월까지 나는 내가 전통 속에서 살아 있음을 강하게 느꼈다. '인민저항의 정신'이라 중얼거리며 바지런히 집회에 다녔다. '일본인이라는 자긍심'이 반드시 운동을 총괄하는 표제가 되어야 한다고, 그때부터 생각했다." 그는 1945년에 겪었던 '일본인으로서의 굴욕감'을 1960년에 씻어 내고 있었다.

하지만 이 감각은, 안보투쟁이 승리하는 인민저항운동이라는 평가는 길게 이어지지 않았다. 기시 노부스케를 수상 자리에서 끌어내리긴 했지만 안보조약을 무효화하지는 못했다. 무엇보다 일본인이 노예 상태에서 벗어나 인민주권을 창출해 내는 데 이르지 못했다. 물론 이 목표는 영구혁명을 필요로 하며 안보투쟁만으로 성취될 수 있는 게 아니었다. 그러나 안보투쟁은 영구혁명의 첫 단계가 되지 못하고 운동의 기운은 얼마 안 가 사그라들었다. 민중의 사회비판의식 역시 고도소비사회로의 진전 가운데서 빠르게 증발되었다.

1961년 12월에는 중앙공론사가 『사상의과학』 천황제 특집호를 폐기하고, 폐기한 잡지를 '사상의과학연구회'의 허락 없이 공안조사청에 내놓는 사건이 일어났다. 이 사건은 천황제 지배권력, 그리고 일본 이데올로기가 얼마나 건재한지를 여실히 보여 주었다. 다케우치는 곧바로 중앙공론사에 항의하며 집필 거부를 표명했는데, 이 사건은 자신에게도 내상을 안겼다. 그리고 해가 지날수록 그의 내면에서는 패배감이 짙어져 갔다.

다케우치 요시미는 안보투쟁 시기의 발언을 총괄해 『불복종의 유산』으로 펴냈는데, 「후기」의 제목이 '종말론에 대하여'다. 거기서 나오는 구절이다.

> 시작이 있으면 끝도 있다. 우주에도 끝이 있다. 하물며 한 문명, 한
> 국가, 한 집단에는 반드시 끝이 있다. 천양무궁天壤無窮에는 찬성
> 할 수 없다. 끝이 없으면 시작도 없기 때문이다. 죽음을 생각하지
> 않고 사람이 살아갈 수 있을까. 나는 의심스럽다. 취직을 하면 응당
> 퇴직을 생각해야 한다. 그렇지 않으면 자유의지의 주체임을 저버리
> 는 일로 노역과 다를 바 없다. (중략) 나는 일본 국가에도 해산 규정
> 을 두자고 요구하고 싶다. 그렇게 하지 않으면 애국심은 일어나지
> 않는다.

자신의 사회에 대한 다케우치 요시미의 비판은 확실히 니체적이라
기보다 루쉰적이었다. 일본 이데올로기에 맞선 그의 평론을 읽으면 거기
에는 절박함이 배어 있다. 자신의 사회를 비판하면서도 그 비판이 효과
를 거두지 못한다면 자신의 사회와 함께 무너지겠다는 절박함이다. 그
는 일본 국가를 위해 일종의 종말관마저 상정해 뒀다. 그 비판 어린 '애
국심'으로 자신의 비판 대상과 함께 진흙탕에서 뒹굴 수 있었다. 그리
고, 절박함은 서서히 절망감으로 번져 갔다.

7

일본 국가는 해산하지 않았다. 영구혁명도 일어나지 않았다. 대신 다케
우치 자신이 평론을 스스로 그만두었다. 자신이 입을 닫는 길을 택했다.
평론가 다케우치는 안보투쟁 이후 점차 '퇴직'을 마음먹었다. 그리

고 1965년 「자화상」에서 "올해부터 나는 신규 사업에는 일절 손을 대지 않기로 결심했다"고 밝히고, 이해에 평론가 폐업 선언을 한다. 굴욕감이 그를 평론가로 만들었고, 패배감과 실망감은 그를 은자로 이끌었다. 같은 해 발표한 「60년대 5년째의 중간보고」에서 그는 말한다. "우는 소리 말라며 질책을 살지 모르겠지만, 내게 그럴 의도도 없다. 은퇴는 전부터 바라왔던 희망이지 이제 마음먹은 것이 아니다. 젊은 시절부터 나에게 은자를 향한 동경이 있음을 자각하고 있었다. 선인仙人이 될 방법을 조사한 적도 있거니와 아편 흡연자를 몽상하기도 했다."

은자를 향한 동경이 젊은 시절부터 있었더라도 패배감과 실망감, 그리고 거기에 더해진 육체적 쇠약이 그 동경을 강하게 만들었다는 것은 확실해 보인다. 다만 패배감으로 언론활동에서 물러나 침묵으로 향한 것이 곧 패배인지는 말하기 어렵다. 이 글에는 "나에게 은자란 어떤 완성의 상징이다"라는 구절이 나오기 때문이다. 평론가가 존재함으로써 현실을 비판한다면, 은자는 부재함으로써 현실을 비판한다. 혁명은 "무에서 유를 낳는 것"이나, 혁명에 실패한 만년의 다케우치는 유에서 무에 이르는 것을 완성에 다가가는 길이라 여겼다.

하지만, 이렇게 적고는 있지만, 나는 역시 그 마음을 헤아리기 어렵다. 대신 「자화상」의 한 구절을 옮겨 두고자 한다.

> 信信信也, 疑疑亦信也. 言而當知也, 默而當亦知也.
>
> 진리와 영지英知에 대한 순자의 설에 나는 찬성이다. 부정의 방향으로도 진리에 도달할 수 있다고 믿지 않는다면 나로서는 도저히 학문 연구를 할 수 없으며, 침묵을 궁극의 목표로서 설정하지 않는다면 언론활동 따위는 불가능하다. 나는 죽을 때까지 이 버릇을 고치지 못할 것이다.

*

다케우치 요시미를 처음 번역한 지 십 년이 지났다.

그동안 다케우치 요시미는 내 안에서 나이 들어 갔다.

한 공동체의 일원이었던 이십대에 강렬하게 다가온 글은「중국문학 폐간과 나」였다. 이후 글을 써서 발표하기 시작하며 자신의 언어를 갈구 하던 때는『루쉰』을 몇 번이고 읽었다. 동아시아를 편력하던 시기에는 「근대란 무엇인가」를 줄곧 마음에 품었다.

오랜만에 이 책의 번역을 통해 다케우치 요시미와 재회했다. 그러면 서 최근 수년간 평론이라 여기며 써 온 글들이 그 입론의 방식과 문체 그리고 감정선마저 다케우치 요시미에게 빚고 있었음을 새삼 알아차 렸다. 다케우치 요시미는 읽지 않고 있던 동안에도 작용하고 있었다.

그는 뜻이 크다. 그는 나카에 우시키치中江丑吉의『중국 고대 정치 사상』에 대해 서평을 쓰며 이렇게 적었다. "나처럼 기가 약한 사람에게 는 눈이 휘둥그레질 정도의 웅대한 꿈을 세우고 부수고 세웠다가 부수 는 한 인간의 고독이 행간에서 배어 나온다. 그것은 거의 신들린 자의 모습이다." 내가 그의 글을 그렇게 느낀다. 글로 접했을 뿐이지만 나는 그에게 많은 방탕의 나날이 있었으리라고 짐작한다. 사고의 진폭이 그 렇게 상상하게 만든다. 그 웅대한 꿈이 미완으로 끝나는 것은 아마도 필 연이었을 것이다. 그의 사상역정은 좌절의 기록이며, 그가 살아가는 방 식이 좌절을 부르고 있었다. 이제 와서 보면 이 책에 적은 그의 바람은 어느 것 하나 실현되지 않았다. 하지만 거듭 좌절함으로써 그는, 사상을 갖고서 살아갔다기보다 삶의 방식 자체가 자신이 말하는 의미에서 사 상적일 수 있었다.

그는 글이 뜨겁다. 그의 말을 감도는 열기는 웅대한 꿈을 꾸고, 또

377

세우고 부수기를 거듭하는 자신의 내적 갈등에서 발생할 것이다. 문장 하나하나가 쉬지 말고 걸으라는, 자신을 향한 필사적인 설득이다. 어디로 가야 할지는 자신도 잘 알지 못한다. 하지만 쓰기를 그만두지 않는다. 문자로 결코 허튼짓을 하지 않는다. 자신을 걸고 문자를 새겨 간다. 이 몸부림은 조금은 이해할 수 있을 것도 같다.

그런데, 이 몸부림은 어느 결에 자기봉인에 이르렀다.

나는 아직 그의 침묵을 이해하지 못한다. 그를 다시 만나야 할 날은 아직 남아 있다.